历史观的新突破

史前史三分期学说的重大修正

陈明远 金岷彬（B.Jinmin） 著

山西出版传媒集团
山西人民出版社

图书在版编目（CIP）数据

历史观的新突破：史前史三分期学说的重大修正／陈明远，金岷彬著．—太原：山西人民出版社，2014.4
ISBN 978－7－203－08487－7

Ⅰ.①历… Ⅱ.①陈…②金… Ⅲ.①原始社会－世界史－研究 Ⅳ.① K 11

中国版本图书馆 CIP 数据核字（2014）第 047541 号

历史观的新突破：史前史三分期学说的重大修正

著　　者：	陈明远　金岷彬
责任编辑：	李　鑫
装帧设计：	刘彦杰
出 版 者：	山西出版传媒集团·山西人民出版社
地　　址：	太原市建设南路 21 号
邮　　编：	030012
发行营销：	0351－4922220　4955996　4956039
	0351－4922127（传真）　4956038（邮购）
E－mail：	sxskcb@163.com　发行部
	sxskcb@126.com　总编室
网　　址：	www.sxskcb.com
经 销 者：	山西出版传媒集团·山西人民出版社
承 印 者：	山西出版传媒集团·山西新华印业有限公司
开　　本：	720mm×1010mm　1/16
印　　张：	20
字　　数：	305 千字
印　　数：	1－3 000 册
版　　次：	2014 年 4 月第 1 版
印　　次：	2014 年 4 月第 1 次印刷
书　　号：	ISBN 978－7－203－08487－7
定　　价：	39.00 元

如有印装质量问题请与本社联系调换

提　要

　　近几年来，原中国科学院研究人员陈明远和从事文化史比较研究的旅美学者金岷彬（B. Jinmin）发表了系列论文，全面深入地阐述了"全盘修正史前史三分期学说"的新观点，已经在国际学术界得到重视。一些学者认为，这是件大事，必将带来深远影响。

　　这里介绍一下"三分期悬案"的来龙去脉。

　　19世纪中叶，人文－社会科学获得了迅猛的发展，国际历史和考古学术界掀起一场革命，以丹麦学者 C. J. 汤姆森（Thomsen, C. J. 1788～1865）为代表的欧洲历史考古学家们，提出"三分期学说"，把"史前史"分为三个时代：石器时代、铜器时代和铁器时代，从而奠定了欧洲史前考古学研究的基础。C. J. 汤姆森出任丹麦皇家博物馆馆长，为了安排馆藏的古物陈列，他按照当时欧洲考古发掘出的石器、铜器和铁器三大类出土文物，布置一系列的展览柜。1836年，他介绍这种"三分期"陈列法，试图通过历史上生产工具和生活用具质料的演变，说明原始社会的发展过程。从当时的学术水平看来，它具有较强的科学性，所以先后被学者们接受，逐渐对欧洲学术界产生影响。后来，欧美考古工作者们把汤姆森的"三分期学说"应用于田野考古遗迹的分期，并以发掘工作中所见到的地质层面关系进行论证，使"三分期学说"得到普遍认同，发展成为历史考古研究的一个指导思想。20世纪，以汤姆森为代表的"三分期学说"写进了大中学校的教科书，并且在全世界的历史

博物馆展览厅获得应用。"三分期学说"明显受到林奈（Carolus Linnaeus；Carl von Linna，1707~1778）生物分类学的影响，并且有力的支持了当时刚兴起的达尔文（Charles Robert Darwin，1809~1882）演化论，从而风行一时。百多年来，全世界的历史考古学界，都是在"三分期学说"的总体大框架内，从事田野考古工作和历史理论研究的，未曾逾越雷池一步。

但是近十几年以来，我国学者陈明远（还有其他几位，如旅美华人学者金岷彬、冶金学家张以诚、美学家林少雄等）对于"三分期学说"提出了挑战。

陈明远等学者认为：百多年来的考古学、历史学进展表明，人类的第一个时代应该是木器、石器和"木石复合工具"并用的"木-石器时代（Wood-Stone Age）"，而不是单一的"石器时代"。

从原始社会一开始，木质工具和石质工具就同等重要，并且还相互结合，共同发展起来，可谓"木石前盟"。木与石结合的复合型工具，发挥了比简单石质工具更强力和重要的作用。考古学提供了原始社会曾广泛使用木石工具的一些证据。人类学的调查研究，也提供了先民曾普遍使用木石工具的旁证。石器的制作，有时反而需要由木器来进行加工。木质棍棒、投枪与粗糙石器同时出现；石斧、石矛都必须装置木柄；投石索、投石器、弓箭、带柄细石器的刀、匕首、枪、刮刀、刻刀、木石锥子、木石锤子等，都是新型的木石复合工具。弓箭是人类技术的一大发明创造，也是木石复合工具的一个典型，这一远射程狩猎和战斗工具的发明，具有划时代的意义。原始纺织器械是木石复合工具的又一个例证。捕鱼业——装有石网坠的渔网以及用细石器组成的倒刺和尖头的鱼叉，也属于木石复合工具之列。先民又发明了用石燧、木燧取火的技术。史前农业革命的主要农具也是木石复合器，且以木质农具（如耒耜等）和汲水农具——水井、桔槔为主体，石质农具为辅。在建筑方面，自古以来一直是木质与石质相结合，由此加工而成的住房与车船交通等工具为人类文明打下了坚实的基础，一直影响到现代。

过去所谓"新石器技术"的唯一特征就是"磨制"技术，区别于旧石器的"打制"技术。与之密切相关的，是穿孔技术和切割技术。为制作各式各样的木石复合工具，首先就要将木质和石质材料牢固地结合在一起。结合的方式有：（1）用绳索捆绑，（2）用胶体粘接，（3）挖槽嵌入，（4）开榫卯楔合，（5）打孔穿扎。无论切割技术还是穿孔技术，都必须使用木质（包括竹质）工具。由此可见，"新石器技术"的加工制作离不开木质工具参与，它本身就是木石复合技术。

这些都表明：在木石复合工具时期，人类的智力发生了飞跃突变，加速了氏族社会的生产力发展和生活水平的提高。总之，从"现代人"的进化看，木石复合工具的出现具有关键性的历史意义。对"木－石器时代"进行全面深入论证，非常有必要。研究的重点是"木石复合工具"这个概念。二百年来"石器时代"这个片面的说法，容易导致人们忽视木制和木石复合工具在人类进化史上的重要作用，只见石质残骸而忽视全体真貌，导致历史观念的偏斜，失去了认识的完整性和深刻性。

因此，本书作者建议用术语"木－石器时代的木石并用时期"代替旧石器时期（Palaeolithic Period）表示人类进化的能人与猿人（直立人）阶段；而用"木－石器时代的木石复合工具时期"代替中石器和细石器时期（Mesolithic and Microlithic Periods）表示人类进化的智人阶段。

而且，本书作者提出，在木－石器时代和青铜器时代之间，应该实事求是地增加一个"陶器时代Pottery Age"。陶器是火技术（热力加工）的产物，而火技术直到今天仍然是社会生产力中最重要的领域。制陶业的火技术远比木石工具的打制技术、磨制技术（冷加工）更复杂更高级，而且是后世青铜技术的基础，没有陶器技术就没有青铜器时代。野蛮氏族社会高级阶段的最主要标志，是陶器的制作与广泛使用。人类史前史的陶器时代，早在中石器时期就开始形成，而陶器一直跟青铜器同时使用，甚至延伸到铁器时代，时间跨度远远超越出新石器时期。陶器时代分期的根据是：制作陶器的方法和设备；陶器本身的特点。陶器时代可分为七个时期：其中第一至第三期是旧陶器时期，第四至第七期是新陶器时期。第一期：萌芽期（与中石器时期交叉），第二期：出现陶窑，第三期：流行彩陶，第四期：（新陶器早期）普及陶车，第五期（新陶器中期）黑陶和白陶，第六期（新陶器晚期）硬陶兴盛，第七期（陶瓷器早期）。

古代汉字的起源与原始陶文密切相关，八卦由陶器时代的数符占筮发展而来，也就是说，八卦起源于原始陶文数字。陶器技术促进了史前

历史观的新突破
LISHIGUAN DE XINTUPO

社会大分工。制陶业是当时最重要的分工部门。陶纺轮、陶网坠、陶刀、陶镰、陶锉等，也是重要的生产工具。陶器时代，祭祀主要使用陶器，青铜礼器完全是由陶制礼器发展而来，夏商周的礼器中，青铜器与陶器同时并用。只有少数较高级贵族才能够使用青铜器，而在整个青铜器时代，平民日常都使用陶器。陶器对于"禮（礼）"的作用，是任何石器都无法代替的。夏商周时期，绝大多数青铜器的原型乃是陶器，或由陶器形制发展而来，如陶鬲、陶缶、陶杯、陶盘、陶盆、陶鼎、陶豆、陶爵、陶尊、陶簋、陶甑、陶甗、陶盉、陶斝、陶罍、陶觚、陶觯、陶盂等，就全都是青铜鬲、青铜缶、青铜杯、青铜盘、青铜盆、青铜鼎、青铜爵、青铜尊、青铜簋、青铜甑、青铜甗、青铜盉、青铜斝、青铜罍、青铜觚、青铜觯、青铜盂的初始型或原型。陶器技术提供了青铜器的"模"与"范"。陶窑是陶器制造最关键的技术因素。如果没有陶窑装备，就不会有成熟的陶器，也不会有后来的青铜冶铸业。几千年间，陶窑发展经过了露天堆烧的"无窑烧陶"、连通灶坑的"室内烧陶"以及横穴窑、竖穴窑等几个阶段，最后形成了集中制陶的陶器作坊区，制陶业发展为史前占首要地位的作坊手工业。

木－石器时代向陶器时代的过渡，就是从游动的攫取天然产物的掠夺经济，转变为定居的以种植农业、饲养家畜为主的生产经济的过程。使用陶器是人类定居的必要条件。陶器的发明，促进了史前社会分工——手工业与农业分离。

此外，现代考古成就表明：在全球大部分文明发源地，青铜器时代已接近或进入了文明社会，"冶炼铁器"在大多数情况下已不是野蛮与文明的分界线。从而，"史前考古学"的主要划分应该是：木－石器时代、陶器时代和青铜器（或金属器）时代。全球只有少数地区（如西欧、北欧等）在使用铁器以后还停滞在野蛮阶段。

陈明远等学者提出的新观点，把史前史三分期修正为：（1）木－石器时代、（2）陶器时代、（3）青铜器时代。这是三十年来我国历史学界一系列探讨的延续和深化。

目 录

人类的第一个时代是木 – 石器时代
  ——全盘修正"史前史三分期学说"之一 ……………（ 1 ）
史前农业革命的主要农具是木石复合器
  ——全盘修正"史前史三分期学说"之二 ……………（ 21 ）
从现代人的进化看木石复合工具的历史意义
  ——全盘修正"史前史三分期学说"之三 ……………（ 46 ）
没有陶器技术就没有青铜器时代
  ——全盘修正"史前史三分期学说"之四 ……………（ 79 ）
陶器时代的分期
  ——全盘修正"史前史三分期学说"之五 ……………（110）
八卦起源于陶器时代的数符卦
  ——全盘修正"史前史三分期学说"之六 ……………（136）
陶器时代："禮(礼)"的起源和发展
  ——全盘修正"史前史三分期学说"之七 ……………（160）
陶器促进史前社会分工：手工业与农业分离
  ——全盘修正"史前史三分期学说"之八 ……………（184）
人类历史上最早的陶器
  ——全盘修正"史前史三分期学说"之九 ……………（214）
西亚陶器时代也经历近万年
  ——全盘修正"史前史三分期学说"之十 ……………（241）

陶窑发展史:从陶窑到青铜器的冶炼铸造
　　——全盘修正"史前史三分期学说"之十一 ………… (255)

附　录

评论文章选

评论(一):关于全盘修正三分期学说的讨论(综述) …… (284)

评论(二):历史考古理论的一个新突破
　　——"陶器时代":对于史前史三分期学说的重大修正
　　………………………………………………………… (294)

评论(三):全新世与陶器时代
　　——评陈明远、金岷彬:《没有陶器技术就没有青铜时代》
　　………………………………………………………… (297)

后　　记 ……………………………………………………… (302)

跋 ……………………………………………………………… (307)

人类的第一个时代是木－石器时代

——全盘修正"史前史三分期学说"之一

【内容摘要】 在史前史三分期的第一个时代,木质工具跟石质工具同等重要、同时发展,而且经常并用——木头与石头结合起来的复合型工具,发挥了比简单石质工具更强力和重要的作用。经过漫长的历史年代,木质非常容易腐烂,所以木器或复合工具的木质部分遗物的留存极少,但是考古学提供了原始社会曾使用木制工具的一些证据,人类学的调查研究,也提供了先民曾普遍使用木器的旁证。石器的制作,有时反而需要由木器来进行加工,如"软锤技术"就是一种用木棒打制石片的方法。原始社会的先民最初是将木器与石器并用,后来发展到同一件工具上同时采用石质与木质材料,成为木石复合工具。实际例证之一就是从手斧到石斧的演化。细小石器是随着木石复合工具的发展而兴盛起来的,如果没有时代更早的木石复合工具的发明,也就不可能有为镶嵌使用的细小石器的出现。木石复合工具有:用细小石片镶嵌在木柄上的刀刃、匕首、枪头、箭头、刮刀、刻刀、木石锥子、木石锤子、尖形器、钻孔器、刮削器、切割器,等等。弓箭是人类技术的一大发明创造,也是木石复合工具的一个典型;原始纺织器械是木石复合工具的又一个例证;捕鱼业——装有石网坠的渔网以及用细石器组成的尖头和倒刺的鱼叉,也属于木石复合工具之列。由此加工而

历史观的新突破
LISHIGUAN DE XINTUPO

成的木制住房与车船交通工具，等等，为人类文明打下了坚实的基础，一直影响到现代。

总之，人类进化到智人（包括早期智人与晚期智人，即"古人"与"新人"）以后的几万年间，"木石复合工具"起了重大历史作用。远古从来没有过一个只单独使用木质工具而不用石质工具，或者只单独使用石质工具而不用木质工具的历史时代。因此，过去所谓的"石器时代 Stone Age"应该修正为"木－石器时代 Wood－Stone Age"（代替过去所谓的旧石器与中石器时代 Palaeolithic and Mesolithic Periods）、"陶器时代 Pottery Age"（代替过去所谓的新石器时代 Neolithic Period）。

【关键词】木质工具；石质工具；软锤技术；木石复合工具；弓箭；房屋；舟船；车轮。

问题的提出

不少学者推测过，几百万年前的原始人，首先利用的是木质工具——到处唾手可得的树干、树枝，然后才利用石质工具。因此，多年来好几次有人提出：在石器时代之前，首先有一个完全使用木质工具的"木器时代"。但是传统的观点认为：人类历史上旧石器时代的时间跨度最长，占99%左右，至于在石器时代前要增加所谓的"曙石器时代"或"木器时代"等提法，缺乏实证材料的依据，也没有说服力很强的阐述，所以至今得不到承认。

人类最初究竟是使用木质工具为主，还是使用石质工具为主？原始社会在石器时代之前有没有一个大量使用木器而很少使用石器的时代？至今难以断定，更未见可靠的文字记载。单凭玄想无法解决难题，得不到"非此即彼"的确切答案。这个问题的提法本身就成了问题。

从类人猿到直立人再到智人的进化阶段，在求生存的过程里，人类逐渐学会了使用天然材料作工具。例如珍妮·古道尔（Jane Goodall）等人对黑猩猩的研究，发现类人猿能够使用自然工具；猿人进而利用天然材料有意识地制造简单的工具。所以，制造和使用简单工具不再是"从猿到人"的分界线。而最早的工具必然是木与石并用。

实事求是地说，许多考古学和民族学资料可证明：原始社会的木质和石质工具是同等重要、同时发展而且经常并用的。所以，现在我们并不着眼于"石器与木器孰高孰低、孰前孰后"的争执，而是认为在人类发展史上两者各有重大作用，它们相辅相成，史前先民获得了比单一的木质工具或单一的石质工具更为有效的、木石工具共用的生产力。不妨借用《红楼梦》里一个著名的语词——"木石前盟"来比喻史前的木石工具共用。对于史前人类来说，大自然给予他们既有木头又有石头来制作工具的条件，先民自然而然地使用这样的资源，远古从来没有过只单独使用木质工具，或者只单独使用石器工具的历史时期。我们说北京猿人狩猎使用木棒，这是合理的推测。比北京猿人更早的南方古猿，狩猎已用木棒，有人观察了和南方古猿一起发现的58个被打破的狒狒头骨——伤痕常常在前额和头骨的左侧，因而认为南方古猿多使用右手。

至于"石器时代"这个片面的说法，容易导致人们忽视木质工具在人类进化史上的重要作用，导致历史观念的偏斜。由此，本文着重阐明"木石复合工具"的重大历史作用，并且建议：采用"木-石器时代 Wood-Stone Age"的说法，代替单一的"石器时代 Stone Age"这个术语。比较起来，这样的解决方案更合情合理。

原始社会的木质工具和石质工具同等重要

大约在150万年前，进化产生了直立人（Homo Erectus），活动范围由非洲扩张到欧亚大陆。以周口店北京人为例，考古学家从他们居住的洞穴中发现木炭、灰烬、烧骨等痕迹，显示人们当时已经能够使用火，也会砍取树木作燃料。考古材料表明，当时原始人猎取野兽，并采集野果充饥，同时利用了石质工具（石块）和木质工具（棍棒）。

丹麦历史学家韦代尔·西蒙森（Vedel. Simonsen）在他所著的《概论我国历史上最古老最强大的时期》一书中曾经这样写道："斯堪的纳维亚最早的居民所使用的武器和工具起初是石质与木质的，这些人后来学会了使用铜……然后才会使用铁。"[注1]

马克思在《资本论》第1卷中指出，人类使用工具的进化顺序是："由粗木棍和打制得很粗笨的石器过渡到弓箭，过渡到制造石斧……最后过渡到应用金属。"恩格斯也认为，人类"最初的武器即棍棒和戈

历史观的新突破

矛。"[注2] "劳动是从制造工具开始的……在人用第一块石头做成刀子以前，可能已经经过很长很长的一段时间。"[注3]

古人类学家贾兰坡在论述周口店北京猿人的生产工具时也认为："在当时的条件下，最得力的狩猎武器还应该是木棒和火把。"又说："按狩猎武器的发展，最早使用的不过是木棒、火把和石块。这段历史占的时间最长，进步的缓慢使人难以置信，但这又确是事实。"[注4]

应该说，从原始社会一开始，木质工具和石质工具就同等重要，并且还相互结合，共同发展起来。

木制工具、武器（棍棒、戈矛、投枪）与粗糙石器同时出现

经过漫长的历史年代，木质容易腐烂，木器或工具的木质部分不可能像许多石器那样完好地保存下来，所以，木器遗物或遗迹的留存极少。但是现代考古学终于提供了原始社会曾使用木制武器的一些证据。

在非洲早更新世（约100万～300万年前）的静水堆积中，发现过木质的工具。当时只有粗糙的石片为狩猎工具，还没有石制手斧。非洲坦噶尼喀湖南端卡兰博瀑布附近，曾发现一批保存完好的旧石器时代早期木器，经加工成单尖或双尖的木棒和短木锥，这是迄今考古所知最早的木质工具遗存，距今至少20万年以上。卡兰博木器遗物的发现，表明非洲古人类大约在从距今300万年至10万年的时期，已掌握原始的木器制作利用技术，并使之成为一种非常流行的、原始的日用制品。到木－石器时代中期，木制品的制作、利用获得进一步发展，东非桑戈文化的大型手斧、高背刨刀、侧刮器等石制品被认为是当时加工木器的配套工具。

克拉克当文化（Clactonian）是欧洲旧石器时期的早期文化。因最早发现于英国埃塞克斯的克拉克当露天遗址而得名，分布于英国和法国北部，在德国东部、匈牙利等地也有类似的遗存。地质时代为中更新世。克拉克当文化还没有手斧，石器的典型特征是石片厚而粗大，使用硬锤直接打击或碰砧技术获得石片。然而，在克拉克当遗址（距今20万年前），发现了木矛。[注5]

"欧洲已发现过两件旧石器时代早期的木器，其中一件是一个紫杉木的木矛的木梢，……另一件也是一个紫杉木做的矛头，尖端是用火烧法硬化过的"。[注6]

古椰贝丘发现有尚未完全腐烂的人类加工的木器，为一根圆形木棍，其前端已经被大火烧去大部分，形成一个圆锥形状。这是远古先民用来生火和烘烤食物的工具，表明当时人们已懂得用生火烤食物。

本文作者对上述文献提到"尖端是用火烧法硬化过的"作一点技术分析。我们认为，要使木棍棒获得尖锐的矛头，一种办法是可以在粗粝的石头上将木棍磨出尖头；另一种办法是，如果将棍头局部火烧，外层燃烧炭化后容易磨去，芯部未烧保留了木质的本来硬度，在磨削后得到了保留。火烧木棍头再磨成尖矛头的办法，显然比从"生木料"直接磨制，容易得多。由这个考古实例再展开，在讨论远古先民的使用和制造工具时，要特别加进"火"这个至关重要的技术因素。考虑到采集和添加燃料、控火用火（拨火棍、架空燃柴使通风烧旺，或者用灰烬掩埋住火种，或者掏取出埋在热灰里焐熟的食物）等劳作，就能体会到燃火作业里同时离不开木质工具与石质工具。

莫斯特文化（Mousteria）是欧洲、西亚、中亚和东北非的旧石器时代中期文化。在西亚的卡尔迈勒山发现一具木矛致伤的遗骸，也提供了原始社会使用木矛的证据。这表明：旧石器时代，先民普遍使用木制的矛。学术界公认：大约距今 20 万年前普及了木矛。考古发现，在这前后，直立人开始使用一种阿修尔手斧（Acheulean handaxes），并制造简单的木质和石质工具，从事打猎和采集活动。[注7]

大约到了 10 多万年前出现了"飞石索"。距今 3 万多年前出现了石矛头。这种复合武器（石矛头 + 木棒）的出现，是一个很大的进步。[同上注4]

仰韶文化半坡遗址、姜寨遗址，都出土了原始先民使用过的一些石斧。

1974 年南浔千金乡出土了带柄石斧（今藏湖州博物馆）。

2006 年马家浜文化余杭遗址出土了 7000 年前的带柄石器。考古人员在浙江马桥文化原生遗址附近的沙塘，出土了两件良渚文化遗物——带柄石斤（锛），其中一件保存基本完好，木柄长约 50 厘米，石斤（锛）约 20 厘米；另一件石斤与木柄分离，但木柄上有孔，插进石斤，正好匹配。

2006 年，考古人员在广东省佛山古椰贝丘遗址中发现三件尚未腐烂

历史观的新突破

的人类加工木器。

其中第一件为木槌状工具，手柄处有明显的砍削痕迹，经判断该器具为古人敲击坚果的木器。第二件为一根圆形木棍，前端已被大火烧去大部分，这是古椰贝丘古人用来生火和烤食物的工具。第三件方形木板上有数个人为钻出的孔洞，专家初步分析似乎为古人划船用的船桨。

2001年，山东出土了原始人使用的石质与木质工具。在临沂市罗庄区侯家三岗村发现了10万年前的旧石器，又发现木质工具——木制手棒。这一木质工具已部分被破坏，现有长度61厘米，直径9厘米。其表面明显有打凿痕迹，断面年轮清晰可辨，木棒内部充填有灰绿色粉沙，专家们认定，它是猿人用以保护自己和打猎的工具。历经万年保存至今的原因是，这一地区黄土剖面上部有厚达六米多的覆盖层，封闭较好，下部又有石灰岩阻挡了水分的渗透，保持了沙砾石层湿度，另外水分相对稳定。[注8]

人类学的调查研究，也提供了原始社会曾普遍使用木制武器的旁证。"澳洲土人常使用投枪，其形状亦有种种，长约三英尺之棒，其一端附之以柄，他端则附以木钩，此为主要形式"。此外，在美洲大陆，"印第安人之武器仅有极长之竹、木枪，以鸵鸟之毛羽装饰之，其尖端则附以尖锐之木枪刃"。[注9]

木棒软锤技术打制石器

有些学者认为："人类对木制工具的使用，不会比石制工具早；同时，木器的加工和修理，也只有在使用石器的基础上才能进行。因此，原始人的主要工具应是石器。"[注10]然而，这种说法难以成立。考古证明：石器的制作，有时反而需要由木器来进行加工。

在制造石器时，有一种用木棒打制石片的方法，叫做"软锤技术"。就是以木器作为打击锤，来进行打片和修整石器的技术。在西方，从阿舍利文化（Acheulian）开始，软锤技术逐渐得到普遍的使用。[注11]

阿舍利文化是在非洲、西欧、西亚和印度各地都有发现的旧石器时代早期文化，因最早发现于法国亚眠市郊的圣阿舍尔而得名。一般认为该文化的石制品是由直立人制造的。但较晚的阿舍利文化已与早期智人共存。阿舍利文化的代表性石器为手斧，它比阿布维利文化（Abbevillian）的手斧进步，是因为使用了木棒的"软锤技术"打制成高品质的手斧。[注12]

软锤技术是旧石器时代早期石器打制技术进步的主要标志之一。在西方旧石器文化中，利用木器的软锤技术，随着手斧制作技术的发展而普遍推广。

石器时代打制石器的方法大致有五种，其中的"间接打击法"，是在选择好的一块石料上面放置一根木棍，然后再用力捶击木棍，把重力传递到石料上，使其剥落下石片。这里就需要有木棍来进行加工。

此外还得考虑对加工石器坯料的寻找、搬运和翻动等加工过程必须的劳作。显然，在这一类劳作里，要使用木棍棒的工具。甚至，在用直接砸制法砸打石块时，为了防止石块的跳动/晃动，也为了避免手扶石块被砸伤，采用树棍来压住被砸打的石块，都是先民能采用的辅助性木质工具。

从手斧到石斧——简单石器进化为木石复合工具

原始社会的先民最初是将木器与石器并用，后来发展到同一件工具上将石质与木质材料相结合，构成木石复合工具。实际例证之一就是从手斧到石斧的演化。

手斧是猿人最初使用的简单石器，首先发现于欧洲与非洲，和砍砸器一样，都是直接手握使用，因而称为"手斧（hand-axe）"，这在世界各地许多考古遗址中都有发现。

大约公元前15至20万年以前，非亚欧各地的早期智人普遍使用"手执石斧"。从非洲北部、亚洲（直到东海）、欧洲（从地中海直到不列颠）各地出土的带刃石斧惊人地相似。

远古时代，石斧是直立人和智人最先用于刮削树枝、砍伐木材、砍剁兽肉、削劈兽骨等多种用途的石质木柄工具。早期石斧是用石片打制而成，形状粗糙厚重、不规整，使用时用绳索将其绑在木棍的一端。后采用磨制技术，并在石器上打孔，这种石斧一般呈梯形或近似长方形，两面有刃，多斜刃或斜弧刃，也有正弧刃或平刃。使用时，用绳索穿过斧头尾端的小孔绑在木棍上。木柄石斧是最初的木石复合工具。经久耐用，力度大，使用起来比手斧更省力方便。石斧再后来演变成一种祭祀

用具,一直沿用到商周时期。随着人类活动的演变,木柄石斧也被用于战争,成为一种武器。[注13]

将石斧与旧石器时代一些工具的形体与用途进行比较分析,可以认为石斧是由旧石器时代的长身圆头砍砸器、刮削器发展演变而来的。[注14]

石斧作为最早的木石复合工具,是考古发掘中最常见的文物,在原始社会早期的文化遗址中,普遍存在。

裴李岗文化的河南贾湖遗址,出土了近百件通体磨光石斧,形体有多种,有条形、梯形、长方形等,通常尺寸:长10至15厘米、宽5厘米、厚2.5厘米左右,有的还可见到捆绑在木柄上磨损的痕迹。[注15]

湖南澧县都督塔遗址的4件石斧,其中一件为梯形,通体磨光,横断面为扁圆形,两面刃,刃口外弧状,砂岩,长6.5厘米,刃宽6.2厘米,中厚1.8厘米。另三件均残。[注16]

河南洛阳仰韶文化遗址出土了许多石斧,就其样式可分为三型。一型略呈梯形,剖面呈椭圆形,通体琢磨,刃部磨制较精且为扁刃。二型呈长方形,上窄下宽,磨光。三型为细腰形,打制,较厚重,其中一件长13.2厘米、大端宽10.9厘米、小端宽9.5厘米、腰宽8厘米、中厚3.3厘米。[注17]

江西湖口文昌洑原始农业遗址发现石斧12件,均为双面刃。一型为长梯形,横断面为扁圆形,刃口外弧,斧背呈弧圆形,麻石质,刃口有磨损,最大的一件长19厘米,刃口宽8.5厘米,中厚3.5厘米。另有一型造型相当美观,通体光滑,长16厘米,刃宽9.5厘米、中厚3.5厘米。又一型4件均残断,梯形,两侧磨平,横断面呈腰鼓形,凸弧刃,麻石质。还有一型为长条形,横剖面呈鼓形,厚重,长17厘米、刃宽5.7厘米、中厚5厘米。[注18]

石斧形体并无规范,在考古报告及论述中,学者们花费了许多笔墨说明。就出土实物看,石斧的平面状态有条形、梯形、长方形、"凸"字形,横断面有椭圆形、扁圆形、菱形。这些形状都只是近似。石斧顶部一般比器身细而长,有的呈榫头状。有的斧有"肩"(就是在石器一头窄面上制成台阶,形如双肩)或有"段"(就是在宽面上制成台阶)。刃口有的近似直线、有的是弧线。有的石斧还钻孔,或作成亚腰形……因时地变迁,又有许多不同:如仰韶文化遗址的石斧,体形浑厚;大汶口及龙山文化晚期的石斧,形体则薄而小。广西早期石斧多为扁平砾石制作,弧刃、顶部尖细,以后演变为宽身梯形。广东、福建除可见长身石斧外还有双肩和"有段"石斧,等等,不一而足。[注19]

石斧复合工具的装柄法

早期石斧多采用绳索捆绑法,这就必须用到一种很重要的木质工具——绳索。起初绳索由木质植物的韧皮或动物的皮条搓捻而成,剥开树皮纤维,用手心抵着大腿把纤维搓成线绳。

仰韶文化河南汝州阎村遗址出土的一件陶缸上的"鹳鱼石斧图",描画了捆绑式石斧的形象,图中石质斧头与木质斧柄垂直相交,交接处还可看出几根代表绳迹的交叉线条。[注20]

青海柳湾原始墓地,出土一件装有木柄的石斧,是捆绑式石斧装柄的实物例证。[注21]

从大汶口文化山东莒县陵河遗址出土的灰陶缸上,也可见一个带柄石斧的图像。有"肩"或有"段",都是为了可以用绳索捆绑固定。

人类后来发明了木柄榫卯法。[注22]

1974年,良渚文化江苏吴县澄湖水井底,出土一件木柄石斧,是榫卯法的实物例证。这件木柄石斧,斧头长18厘米,木柄长77厘米,今藏南京博物院。

1989年,浙江省余杭良渚镇庙前遗址发掘600平方米,又发现良渚文化早期的河沟、房屋和墓葬遗址,出土了一批木矛、木箭头等罕见的木制品。此为良渚文化早期的聚落遗址。

良渚文化江苏沙河洋遗址又出土两件带柄石斧,其中一件为方柱形,平顶,除刃外斧体未经磨光,两面刃,出土时石斧装在木柄上,柄为圆形,近斧端粗大,手握端较细,柄长29厘米,粗径5.5厘米,石斧长11厘米,宽2.8厘米。另一件斧呈长条形,断面为方形,背面上有"段",通体磨光,四棱整齐,两面对刃,刃口锋利,可见到使用过的崩痕。"段"正好卡在木柄的卯口。木柄稍弯。斧长15厘米、宽4.5厘米、厚3厘米;柄长32厘米,粗径6厘米。出土时安装完好,木柄除有干裂外没有腐蚀。

可见,由于带柄石斧的用途不同,所以斧的尺寸(11厘米至18厘

米）和木柄长度（11厘米至77厘米）各不相同。

由于木质容易腐蚀，原始农业时代的出土文物中能见到这样斧头与柄结合完好的实物，十分可贵。

还有一件珍贵的实物，就是江苏海安青墩遗址发现的一件带柄穿孔陶斧。斧头由泥质红陶制作，柄为椭圆形棒状，前粗后细，粗端有浅槽，陶斧嵌入槽内，斧上有一孔，柄上粗端有三孔。孔当是用以穿绳之用。这种捆绑法与榫卯法相结合的例证不多见。当然此物较小，可能并非实用之物，但作为借鉴亦可贵。由此可知原始时代石斧装柄并非只用捆绑法，也用榫卯法，而且还会用打洞穿孔与捆绑结合法，后者的结合坚固度更好些。无论采用何种方法装柄，石斧的刃口一定是与斧柄平行的。[注23]

此外还有一种不常见的制作复合工具的方法，就是用树脂将尖石粘在木制把手上，制作成戳刺或可以抛射的武器。

类似地，装有木质把柄的石刀、石耜、石凿、石斤（石锛、石斨）等，也都是木石复合工具。人类史前时代已有石刀。在中国周口店旧石器时期遗址中发现了许多长方形、椭圆形、菱形、三角形的石刀。所用的石料以石英石和砂岩为主，也有少量的燧石和水晶，还有用动物腿骨打制成的骨刀，锋刃都很锐利。这些早期的石刀、骨刀既是劳动工具，也是随身携带的武器。薛家岗文化（公元前3500至前2800年左右）的典型器物之一是"有孔石刀"（又称为"九孔石刀"），背部较厚，有穿孔3至13个不等，但为单数，这些孔是用来穿系绳索、捆绑木柄的。有的穿孔周围还绘有规整的图案，刃部比较平直，有的刃部可见磨损的痕迹。这类有孔石刀的用途，专家们解释不一，然而肯定都是木石复合工具。

没有复合工具的发明就没有细小石器

显而易见，利用一把木柄的石斧工具，使用者可挥舞木柄带动斧头砍击到木头上，比手持单纯的石斧头砍击，要顺手得多、有力得多，也比单纯使用棍棒（木柄）强得多。就是说，木石复合工具整体所发挥的作用，大于组成工具的各部分零件的作用。由此推而论之，史前先民很自然地会把不同质料的工具材料或者器物零件，组合成为更能提高效率的复合型工具。

大约 10 万年以前，在世界范围内广泛地出现了被称为"细石器（Microlithic）"的细小石器（small stone）。细石器在亚洲、非洲、欧洲、北美洲和澳大利亚的许多地方都被发现过。在欧洲发现的细石器以"阿齐尔－塔登诺阿文化期（Azilian－Tardenoisian）"为代表。细石器的特征主要是器型为细小的几何形——斜方形、不等边三角形和新月形等。当时有些考古学家把这一文化时期称为"中石器时期"。细石器是随着（木石）复合工具的发展而兴盛起来的，没有时代更早的木石复合工具的发明，也就不可能有为镶嵌使用的细石器出现，两者有很密切的继承关系。

镶嵌细石器的工具虽然也是复合制作的，但和最初的复合工具有着明显的不同。最初的木石复合工具只是把石器捆绑在木柄上，而细石器文化的特点则是把木柄或骨柄刻出沟槽，把若干的刀片连接镶嵌到沟槽里。

还有一种方法，是用树脂将尖石粘在木杆或竹竿上，制作成尖利的可抛射的武器。例如，有一些箭镞就是如此。

几何形的细小石器，根据现有材料来看，以围绕地中海地区的发现物为最早，因此可将它称为"地中海细石器传统"。这一传统技术，向北传播到北欧；向南传播到南非；向东传播，于距今一万年前后到达印度北部，于五千年前到达了澳大利亚。[24]

世界各地的细小石器，有它们的共同特点：细石器本身都很小，主要是用细小的石叶加工成的，目的又多是为了镶嵌，即把细石器镶嵌在木柄或骨柄上作为生产工具和武器。在巴勒斯坦的"中石器时代"遗址发现有镶细石器的直把镰刀柄；在丹麦的"中石器时代"遗址发现有镶新月形刀片的曲镰柄；在瑞典的"中石器时代"遗址发现有由细石器组成的倒刺和尖头的鱼叉，此外还有箭杆的前半段，并表示用树胶固定细石器的尖头和倒刺的位置；现在澳大利亚当地人还用细石器镶嵌锯刀。

各式各样细石刀片附着于木柄、骨柄制成复合工具，可有多种用途。在华北"木－石器时代"的文化遗址中，出土了许多用细石叶刃片镶嵌于木柄、骨柄中的复合工具。它们的功能可有两种：一是切割猎获品的骨肉和皮毛；二是切割植物。

细小石器是一种用特殊工艺生产的细石核、细石叶和用细石叶加工

的工具。细石器工艺的特点是从细石核上生产细石叶，一般采用间接法或冲压技术加工。细石叶小而细长，两缘几近平行，长占宽两倍以上，用途之一是镶嵌到木骨质的柄上作为箭头、枪头和刀刃使用。其优点是能充分利用好石料，并易更换刀刃。

所以，镶嵌细小石器的木石复合工具，可以同时运用于两类经济活动——狩猎和采集活动中，具有"一器多用"的性质。[注25]

"新人"的木石复合工具

新人阶段，已进入现代人类型，例如山顶洞人与大致同时期的下川文化，已由细石器构件与木制构件组合为复合工具。在木–石器时代，细石器（Microlith）制造业的出现，正是人类进化突变的结果。

细石器制造业的两大技术系统

细石器在世界范围有着相当广泛的分布，由于文化传统等方面的差异，各地细石器的制作技术与形状不尽相同。考古界把细石器分为几何形细石器和石叶形细石器两大技术系统：

第一种是，以几何形细石器为主要特征的技术系统。主要分布于欧洲地中海周围及西亚和北非等地区。这一系统细石器的特点是：利用圆体石核剥下的窄长石叶，加工成三角形、梯形、半月形、不规则四边形等几何形的石刃，镶嵌在柄上作为箭、刀、镰等复合工具使用。

第二种是，以石叶细石器为主要特征的技术系统。主要分布在东亚、东北亚及北美地区。这一系统细石器的特征是：利用扁体（楔形、船底形）或圆体（柱状、圆锥状）石核剥落下的细长石叶，加工成为长方形石刃或柳叶形、三角形石镞等，镶嵌在骨、木柄上，作为刀、箭、镰等复合工具使用。

这两种系统的细石器有一个共性，都是作为狩猎采集和畜牧生产工具。细石器文化传统，与当时人类以游牧为主的生活方式有关。[注26]

第一种几何形细石器主要分布于欧洲、非洲以及亚洲西部、印度，直至澳大利亚等地，以围绕地中海地区的发现物为最早，很可能起源于地中海地带，因此可以把它称为"地中海细石器传统"。欧洲所谓中石器时代的最主要特征是流行微型的细石器，所以，还不如称之为"木–

石器时代的细石器时期"。大体而言，欧洲细石器属几何形细石器，形状多为三角形、梯形或不规则四边形，其主要用作箭头或嵌入其他木、骨工具或武器的凹槽中作为刃口。由于地域环境与森林的密切关系，除细石器外，欧洲许多中石器文化中都发现有石斧之类的较大型工具共存，它们也都与木柄、骨柄结合组成复合工具。

第二种石叶形细石器主要分布于亚洲东部、东北部，通常认为起源于西伯利亚的贝加尔一带，[注27][注28] 然后传布到朝鲜与日本；大致在距今10000年前这个传统的细石器已渡过白令海峡陆桥到达阿拉斯加的西北部，传布到美洲西部。[注29][注30]

在我国发现的细石器属于石叶细石器技术系统，主要遗存分布于华北、东北、西北、西南等地，包括黑龙江、辽宁、吉林、内蒙古、河北、河南、山西、山东、陕西、宁夏、甘肃、青海、新疆、西藏、云南、广东等十多个省区。上述主要的细石器遗存自东北至西南略呈半月形分布，不包括长江中下游。从这地理分布可以看出，它们绝大多数分布在草原或高原以及荒漠地带，说明细石器主要是适应草原或干旱环境的采集和渔猎经济而产生的。[注31]

朝鲜和日本的细石器文化无疑是从西伯利亚传播过去的。[注32] 向日本群岛传播的途径可能有两条主要通路，一条是通过鞑靼海峡到达库页岛，然后向南分布；一条是从堪察加半岛经千岛群岛向南分布，特别是日本与渤海湾周围地区细石叶文化的关系密切。[注33]

木质和石质材料的结合方式

为了制作木石复合工具，首先就要将木质和石质材料结合在一起。结合的方式有：（1）用绳索捆绑，（2）打孔、穿绳，（3）粘接，（4）开槽、榫卯。

磨制木－石器的进步，还表现在穿孔技术的提高。主要有钻穿、管穿和琢穿三种方法。钻穿，是将硬木棒一端削尖，或在木棒一端装上石质钻头，在要穿孔的位置加放湿沙子，再用手掌或弓弦转动木棒钻孔。管穿，是用削尖边缘的细竹管钻孔，方法跟钻穿相同。琢穿，是用敲砸器在大件石器上直接凿孔，有的则是先琢、后钻。薄工具为单面钻孔，较厚的工具从两面对钻。穿孔的目的是便于系绳，使得石器能牢固地捆

缚在木柄上，制成复合工具。

先民制作的石质工具，磨成特定规则的形状，所钻孔又选在适当位置，并与木柄对结起来。它与打制石器相比，大为提高了效率。

木石复合工具的种类不断增加。农具有耒耜、镰刀、舀等；狩猎工具有弓箭、罗网、渔网等；砍伐工具有斤斧、石铲、石锄等；谷物加工工具有连枷、杵臼等；纺织工具有石纺轮，捕鱼工具有石网坠等；还有建筑用的石础，切割用的石刀、石俎等。

除了木石复合工具外，还有骨、角、蚌等材料制作的器物。其他如木构建筑及车、船等交通工具，使人们的衣食住行各方面都取得了改善。

从细石器到弓箭的发明

距今约30000至15000年左右，细石片镶嵌在木柄上的刀、箭等的运用，使木-石器变得愈来愈精致。欧洲各地这一时期的文化阶段，即阿齐尔-塔登诺阿（Azilian-Tardenoisian）文化，细石器更加普遍（阿齐尔和塔登诺阿都以法国的小城命名）。以几何形细石器为主体，人类把三角形、半月形和梯形的石刀、石斧、石钻、石锥等，镶嵌在木质手柄上，成为新型的木石复合工具，广泛使用。[注34]

华夏的细石器文化大体分布于长城以北，昂昂溪遗址可作为代表。从镶嵌工具特征和遗存动物骨骼来看，当时的先民主要以渔猎为生，普遍使用木石复合工具。

木石镶嵌工具的出现，促使原始经济得到发展，细石器工艺也趋于成熟。特别是弓箭（矢）在中石器时期的发明和推广，使狩猎效率大为提高。木-石器时期最大的发明创造——弓箭，正和"枪炮对于文明时代一样，乃是决定性的武器。""弓、弦、箭已经是很复杂的工具，发明这些工具需要有长期积累的经验和较发达的智力。"[注35]

弓箭的发明是人类技术的一大创造，《管子·形势》曰："射者，弓弦发矢也。"说明人们已经懂得利用机械存储能量：当人们用力拉弦迫使弓体变形时，就把自身的能量储存进去了；一松手释弦，弓体迅速恢复原状，同时把储存的能量迅猛地释放出来，遂将搭在弦上的箭有力地弹射出去。

要制造箭、弓和弦，都还必须使用植物性（木质）材料。在石镞头之外还出现了竹箭头，等等。因此，应该说：石质材料与木质材料共同配合才实现了弓箭的完整功能。

作为复合工具，弓箭的构造由两部分合成：

箭（矢）

远在3万年以前的木－石器时代，华夏先民就开始使用弓箭（矢）了。最早的箭是用一根直的树枝或竹竿，截成一定长度的矢杆，在一端削尖就是箭。所以汉字"箭"从竹部。

箭杆古代称"梃干"，一般用植物材料（木或竹）制成。河南二里头遗址中出土的箭杆多用竹制，也有木制的。根据古代植物资源的分布，先秦时期，在南方云梦泽和肃慎族聚居的东北地区，均产"制矢之楛"（hù，古书上指荆一类植物，茎可制箭杆）；华南多用竹制箭杆；华北多用萑柳或桦木、杨木、柳木制矢。

矢的真正起源是在中石器时代，先民把小石片磨成尖利的形状，安装在矢杆一端，这就制成了有石镞（或骨镞、贝镞）的"矢"，比起单用木棍竹竿削的箭，进了一大步。由于远古的箭杆腐烂、无法保存至今，所以出土实物中往往仅留下箭头（矢镞——石镞、骨镞、贝镞）。石镞为细石器，有棒形、叶形、三角形等多种，有些已含镞茎和逆刺。

1963年，在山西朔县峙峪村遗址中发现了一枚用燧石打制的石镞。该遗址的年代约为距今28000年。[注36] 石镞是用坚硬而容易劈裂出刃口的薄燧石片制成的，石镞的一端具有锋利的尖头，许多石镞还制出了倒刺，与尖端相对的底端经过加工，成为嵌镶在箭杆劈缝里的镞柄。随着生产力的进一步发展，人们还在箭杆的尾部加装了飞行阻力较大的尾羽，来保证箭矢飞行时，箭镞始终向前。甲骨文字"矢"的字形，就是前面尖头、后部分叉箭尾的箭的象形。由于原始社会的弓和矢杆是用易于腐烂的竹、木制作的，难以保存下来，所以这些小石镞便是华夏已知的最早的弓矢遗物。

西班牙帕尔帕洛的洞穴遗址出土了石箭头，制作方法是：从器物的两面或一面用压削法制成尖状器——石簇，据碳14测定距今为 18940 ± 900 年到 17920 ± 190 年。

在摩洛哥，考古发现，阿特文化遗址出土了"摩洛哥尖状器"，许多

历史观的新突破

学者认为就是箭头，据碳 14 测定，早期的距今大于 30000 年，晚期的大于 27000 年，在时代上跟华夏峙峪文化期大致相当，两者都比西班牙出土者为早。

在德国北部斯特尔摩淤泥层和泥炭层中发现有尖状箭头，还发现了两段箭杆，一头有绑箭头的缺口。

在山西沁水县下川文化遗址，也发现有石簇。这个遗址的石器多是细小的，石簇分为圆底石簇和尖底石簇两种。从加工、形制以及大小来看，具备了石簇的特点，即尖端犀利，两边出刃，底端很薄。这个遗址的年代，据碳 14 测定距今为 21090±1000 年和 15940±900 年。

此外，在东北地区考古遗存中常见细石器时期的石镞，数量很大，种类很多。[注37] 在西安半坡遗址，也发现了石镞头和骨镞头。同样，在西安姜寨遗址里也发现了石镞头和骨镞头。这些考古实物说明，从木－石器时代到陶器时代，弓箭这种极先进、极重要的器械，所使用的材料亦并非石料一种，更多的是与其他材料配合使用，各采其长、各逞其能。[注38][注39]

弓

甲骨文"弓"字象形。字形有弓背和弓弦，后省去弓弦，只剩下弓背，隶变后变成现在的"弓"字。"弓"是汉字部首之一，从"弓"的字多与"弓矢"有关系。本义：射箭或打弹的器械。《说文》曰："弓，兵也，所以发矢。"《正字通》曰："弓，揉木而弦之以发矢。"可见远古以来的弓，主要是用有弹性的植物材料（竹木之类）制成的。

《吴越春秋·勾践阴谋外传》曰："弓生于弹。"弹指弹弓。在甲骨文中，弹字写作 B，为一张弓的形象，弦中部有一小囊，用以盛放弹丸。这种形状的弹弓广为流行。西双版纳和缅、泰北部的傣族人，至今仍用这种竹弹弓。看来，原始社会先民最初发明的只是发射小石子或弹丸的弹弓，之后进一步将弓用于射箭。

20 世纪初于德国汉堡出土的 Stellmoor 弓（三块碎木片），是迄今发现的世界上最古老的弓，年代大约在公元前 9500 年，因同时出土了完整的箭，由此方能确认它是弓的残片。这可能是迄今世界上可确认的最早使用弓箭的实例。目前考古发现最完整的古代弓是丹麦的 Holmegaard 榆木弓，经过碳14检测，属于公元前6000年。又，考古人员从瑞士"中石器时代"的泥炭层中发现了用榆木制的弓，还发现箭的前部——用树脂固定细石器的尖头和倒刺。[注40]

弓箭是一种复合型器械，它由发射性质的弓，与打击性质的箭两件器物组合。每一件器物，又分别由不同质料、不同职能的零件构成。这种复合型器械，其技术含量比其他的史前工具都高。弓箭是人类木–石器时代最大的发明创造。正如瓦特蒸汽机开创了非自然动力机器的新时期一样，复合工具弓箭的发明开创了木–石器时代的新时期。

结论

史前人类没有采用单一的石头来制作工具的历史阶段，而是综合利用自然环境给予的木头、石头、泥土等资源和火技术，来制造工具和各种器物。本文偏重于从加工制造技术的角度来分析"木石复合工具"这个重要的新概念。原始社会的先民最初是将木器与石器并用，后来发展到同一工具上以石质与木质材料有机结合起来，构成木石复合工具。最早的例证就是从手斧到木柄石斧的演化。细小石器是随着木石复合工具的发展而兴盛起来的，没有时代更早的木石复合工具的发明，也就不可能有为镶嵌使用的细小石器的出现。弓箭的发明是人类技术的一大创造，石质与木质共同配合才实现了弓箭的完整功能。其他一切木石复合工具的结构都是如此。

百年来对"石器时代"的传统概念，是在"以石器为主"甚至"以石器为唯一基准"的前提下做出的。但如果一味着眼仅以石质工具为考古研究对象，是极其狭隘的意识，必然引入歧途，造成误解。史前史绝不是唯石器一统天下的时代，而是一个"木石前盟"的时代，没有这种"木石前盟"，就没有最初的复合工具和机械，就没有房屋建筑和车船交通，就没有后来文明时代的工业结构基础。因此，过去所谓的"石器时代"应该修正为"木–石器时代"。

注释

[注1]〔丹麦〕西蒙森（Vedel, Simonsen）的原话引自 G. Daniel. *A Short History of Archaeology*. pp. 24. London: Thames and Hudson Ltd., 1981.

［注2］恩格斯：《家庭、私有制和国家的起源》，人民出版社1962年版，第20页。

［注3］恩格斯：《劳动在从猿到人转变过程中的作用》，载《自然辩证法》中译本，人民出版社1962年版，第137～138页。

［注4］贾兰坡：《周口店——"北京人"之家》，人民出版社1975年版。又见贾兰坡：《什么时候开始有了弓箭》，载《郑州大学学报》（哲学社会科学版）1984年第4期。

［注5］邱中郎：《克拉克当（Clactonian）文化》条，载《中国大百科全书·考古卷》，中国大百科全书出版社1998年版。1838年在英国埃塞克斯的克拉克当地方的老河床上发现了原始的燧石石片石器多件，后来被名为"克拉克当文化"（Clactonian），时代相当于旧石器时代早期之末。经过孢粉分析，气候温和，认为时代属于第二间冰期，估计距今约20多万年。1911年在克拉克当附近的泥炭质粘土沉积中发现了一件残破的紫杉制的木矛的尖头，认为和克拉克当同时。此外，在萨克逊的列林根距今十余万年前的含有古象的湖相沉积中发现了另一个紫杉的木矛。矛头用火烧过，使其变硬。

［注6］〔英〕奥克莱（K. P. Oakley）著，周明镇译：《石器时代文化》，科学出版社1965年版，第13页。

［注7］邱中郎：《莫斯特（Mousteria）文化》条，载《中国大百科全书·考古卷》，中国大百科全书出版社1986年版，第339页。

［注8］新华社消息（2001年10月15日），临沂市罗庄区侯家三岗村发现了10万年前的旧石器，又发现木质工具——木制手棒，也在旧石器层位中。

［注9］〔日〕鸟居龙藏著，张资平译：《化石人类学》，商务印书馆1951年版，第93～98页。

［注10］戴尔俭：《人类历史上究竟有没有木器时代》，载《史前研究》1984年3期；又见范志文：《木质工具在原始社会中的地位和作用》，载《农业考古》1989年第1期。

［注11］林圣龙：《关于中西方旧石器文化中的软锤技术》，载《人类学学报》1994年第1期。

［注12］邱中郎：《阿舍利（Acheulian）文化》条，载《中国大百科全书·考古卷》，中国大百科全书出版社1986年版，第6页。

［注13］上下文有多处转引自石器时代网站资料《中国农具的起源》，本帖最后由linyi于2010年5月13日编辑。原作者不详。内容多有改动，特此致谢。

［注14］肖梦龙：《论石斧石锛的安柄与使用》，载《农业考古》1982年第2期。

[注15] 杨肇清：《河南舞阳贾湖遗址生产工具的初步研究》载《农业考古》1998年第1期。

[注16] 安强：《湖南澧县都督塔原始农业遗址》，载《农业考古》1991年第3期。

[注17]《洛阳涧洞古文化遗址及汉墓》，载《考古学报》1956年第1期。

[注18] 杨赤宇：《江西湖口文昌浒原始农业遗存》，载《农业考古》1988年第1期。

[注19] 曾骐：《我国新石器时代的生产工具综述》，载《考古与文物》1985年第5期。

[注20] 郑杰祥：《鹳鱼石斧图新论》，载《中原文物》1982年第2期。

[注21] 尚民杰：《青海原始农业考古概述》，载《农业考古》1987年第1期）。

[注22] 肖梦龙：《试论石斧石锛的安装与使用》，载《农业考古》1982年第2期。

[注23] 殷志强：《中国古代石斧初论》，载《农业考古》1986年第1期。

[注24] 贾兰坡：《中国细石器的特征和它的传统、起源与分布》，载《古脊椎动物与古人类学报》1975年第2期。

[注25] 于志勇：《试论中国北方细石器的起源》，载《考古与文物》1995年第1期。

[注26] 安志敏：《海拉尔的中石器遗存——兼论细石器的起源和传统》，载《考古学报》1978年第3期。

[注27] 裴文中：《中国细石器文化略说》，载《燕京学报》第33卷（1948年）。又见《中国史前时期之研究》，商务印书馆1948年版。

[注28]〔美〕*The Paleolithic of Siberia—New Discoveries and Interpretations*. P142 - 146, Edited and Compiled by Anatoliy P. Derevanko, Demitri B. Shimkin and W. Roger Powers, American Editors; Translated by Inna P. Laricheva, University of Illinois Press Urbana and Chicago, 1998.

[注29] 陈淳：《东亚与北美细石叶遗存的古环境》，载《第四纪研究》1994年第4期。

[注30]〔美〕Smith, Jason W.: *The Northeast Asian - Northwest Microblade Tradition*, Journal of Field Archaeology, Vol. 1, No. 3 - 4., 1974.

[注31] 何锟宇：《关于细石器技法起源的一点看法》，载《四川文物》2008年第2期。

[注32]〔韩〕李隆助著，李占扬、李勇军译：《朝鲜半岛的旧石器文化——主

要记述秃鲁峰和水杨介遗址》，载《华夏考古》1998年第2期。

［注33］〔日〕加藤真二著，袁靖译：《对日本、渤海湾周围地区细石叶文化的几点认识》，载《考古学文化论集（4）》，文物出版社1997年版，第25页。

［注34］〔美〕路易斯·亨·摩尔根《古代社会》一书摘要，载《马恩全集》中译本第45卷，中央编译出版社1995年，第21、22页。又见〔德〕恩格斯：《家庭、私有制和国家的起源》，载《马克思恩格斯选集》（第4卷），人民出版社1995年，第19~20页。

［注35］朱龙华：《欧洲中石器时代》条内有关"阿齐尔—塔登诺阿（Azilian - Tardenoisian）文化"，载《中国大百科全书·考古卷》，中国大百科全书出版社1986年版，第359~360页。

［注36］陈明远、金岷彬：《史前农业革命的主要农具是木石复合器——全盘修正"史前史三分期学说"之二》，载《社会科学论坛》2012年第8期。

［注37］贾伟明：《东北地区的石镞》，载《北方文物》1985年第2期。

［注38］中国科学院考古研究所、西安半坡博物馆：《西安半坡》，文物出版社1963年版，第76页，图版第90~92页。

［注39］西安半坡博物馆、陕西省考古研究所、临潼县博物馆编：《姜寨——新石器时代遗址发掘报告》，文物出版社1988年版，第91~93页。

［注40］贾兰坡：《什么时候开始有了弓箭》，载《郑州大学学报》（哲学社会科学版）1984年第4期。又参看周一良、吴于廑主编：《世界通史·上古部分》，人民出版社1973年，第22~23页。

史前农业革命的
主要农具是木石复合器

——全盘修正"史前史三分期学说"之二

【内容摘要】 农业的起源是漫长的、渐进的过程。史前"农业革命"与"新石器"两个不同的事件之间并没有必然的联系。史料记载,华夏农业起源时期的主要农具不是石质器,而是木质器——耒和耜。"农业革命"时期,农具的种类分为农耕用具、收割用具和加工用具三类。农耕类有耒、耜、锄、铲等;收割类有刀、銍、镰、桐等;加工类有杵、臼、柫等。有些是木制,有些是石制,而大多演化为木石复合工具。在石器时代遗址中已发现了一批留存在远古土层中的木制农具的痕迹,而且近年来出土了远古农具耒耜等考古实物。民族学调查也为研究远古农具耒耜等提供了许多旁证资料。考古发掘出的磨制石器刀、斧和斤(斫、斨),大多装有木柄,是古代狩猎、格斗、切割的武器,又是伐木、砍柴、斫材的工具。到"农业革命"时期,加工木石复合农具是磨制石器最基本的功能类型。此外,先民还发明了木石复合的汲水灌溉农具——桔槔等。因此,过去所谓的"石器时代 Stone Age"应该修正为"木 - 石器时代 Wood - Stone Age"。

【关键词】 农业革命;木石复合农具;耒耜;臿;杵臼;桔槔;斧;斤;犁。

历史观的新突破

在人类历史上，农业的起源是漫长的、渐进的过程。原始农业的出现，起初仅作为采集、渔猎活动的补充而已，在先民生活中，并不占有非常突出的经济地位。后来木石复合农具提高了农业生产力。柴尔德和布雷伍德把史前农业的发明称为"农业革命"，首先指出农业在史前史上具有决定性意义，[注1]然而这个"农业革命"不是一下子产生的突发事件，而是由量变到质变的长期积累。许多学者在考古与历史研究中把"农业革命"与"新石器"两个不同的事件加以联系。由此产生了一个重要问题：最初的农具究竟跟石器有多大关联？远古农业常用的专门的"农具"究竟是怎样的？

磨制石器是农业革命的新式农具吗
—— 质疑"新石器农具"

迄今所有的历史课本与辞书告诉我们：所谓"新石器时代"包括三大特征：开始制造和使用磨制石器；发明了陶器；出现了农业（含养畜业）。有学者（如柴尔德 V. Gordon Childe）特别强调农业起源的意义，认为它才是所谓的"新石器时代的主要特征"，或者说是新石器时代革命的主要内容。这里就产生了一个基本概念问题："农业革命"与新石器之间，究竟有什么关系？

我们已经论证过：陶器的发明与新石器之间实际上并没有多少关系。本文进一步论证：农业革命与新石器之间在本质上也没有太多的关系。

常见如此人云亦云：新石器时代农业生产发展的重要物证，是石铲、石刀、石镰等农业生产工具的出现，"意味着新石器时代居民改造自然和实行了具有划时代意义的生产经济"。这方面的论述很多，如："最早的农业是新石器的产物。一万年前，人类进入了新石器时代，随着生产工具的进步，磨制石器的使用，原始人发明了石斧、石锄、石刀等农具，为种植技术的发展提供了物质条件。"[注2]

还有学者认为："犁耕文化时期，稻作农民为适应犁耕之需，除沿用石斧、石锛等砍伐工具及石耜、石锄、石铲、骨耜等翻地垦耕工具外，又新发明了石犁，石犁得到改进和推广。石犁的发现，则成为锄耕文化和犁耕文化的分界线。"[注3]

诸如此类的著述，不胜枚举，但很少具体实证。令人不禁要问：磨

史前农业革命的主要农具是木石复合器

制的新石器和细石器，究竟是不是农业革命期间最重要的"新式农具"？

众所周知：几十万年之间石器的用途，主要是作为敲、打、砸、刮、削、磨、割的工具，原始人用来狩猎野兽、攻击敌人、保护自己、切割兽肉、剥取兽皮、砍伐树木，需要质地坚硬、边缘（刃）锋利的武器和工具。我国考古发掘出的石器，有石斧、石棒槌、石凿、石刀、石斤（锛）和细石器的箭头等，基本上就是这样性质的武器和工具。在林惠祥《文化人类学》（商务印书馆1991年）一书中，举出的新石器和旧石器种类（在西方）有：石斧 stone axes、刮刀 scrapers、刻刀 gravers、尖形器 points、石锥或钻孔器 awls or borers、石锛 adze、石锤 hammers、石刀 knives、石匕首 stone dagger、石箭镞 arrow–heads、石枪头 spear–heaed、石网坠 net–sinking stone 等十几种，说明世界各地远古"石器时代"使用的，也基本上是这样性质沉重、坚硬、锋利的武器和工具。[注4] 也就是说，这些工具主要用来打猎、分割肉类和砍树、伐木，并非用来从事农业生产。

石器时代最重要的发明，是弓箭。箭头为细石器（石箭镞）。几乎同时人类发明了投枪，而枪尖为细石器（石枪头）。在这些物质基础上，游牧族成长起来，从原始人分化出去，逐渐形成与农耕族的对立。总之，考古发掘文物中的石器，大多是狩猎、采集动植食物、加工（骨角、木、毛皮、肉等）物品的用具和战斗的武器。由此，新石器、细石器（有学者认为细石器属于中石器时期）跟游牧族的形成与发展密切相关，而与农耕族、"农业革命"关系并不大，或只是间接相关。

笔者也曾垦过荒、种过地、拉过犁、收割过庄稼、挖掘过沟渠，亲身体会到：农具一要灵便顺手、二要轻便省劲，如果用很重的大块石头制作农具，又沉又笨又粗，决不会怎么好使。农具的基本形式，如锄头、铲子、耙子、犁、扬锨、镰刀……通常主体部分是木制，再以木柄装上刃口（后代定型时主要是铁片头），怎么会以沉重粗笨且难免碎裂的石头为主？——但这只是自己的感性直觉，从而萌生疑团。本文就再来理性地质疑一下。

农业革命常用的农具是木石复合器。史前农具的基本形式，并不是某些学者认为的"仍以石器为主（在石器制作上虽然已出现了磨制石器，但从数量上看，打制石器仍占相当数量）"，而是通常主体部分为木

制，再以木柄装上轻便的石质或骨质刃口（后代定型时主要是铁片头），不可能整体都由石质构成。

按照王国维先生提倡的二重证据法，可将古文献记载（纸上之材料）与考古发掘的文物（地下之新材料）两相印证。先看古文献关于农业起源所使用农具的记载：

古文献记载：最初农具是木制耒和耜（吕）

据史料记载，华夏农业起源时期，主要的农具是耒（lěi），以及派生出来的耜（sì，原文"吕"）。只有耒耜的发明，才开创了我国几千年来的农耕文化，而耒耜的主体是木制。

耒，象形字，是远古的一种翻土农具，形状像木叉，上有曲柄，下面是尖头，用以松土。

甲骨文中"耒"字，像一具直立的叉子，上端是直杆，下端分叉，旁边还有一只"手"。甲骨文里还有一个"耤"字，左边是一把"耒"，右边一个人形，上部有"手"，下部表现"足"的符号，刻画出商代木耒的大致形象：双齿之上有一横木，表明使用时以脚踏之，以利于耒齿扎入土中，也即古人所说的"跖耒而耕"[注5]。耒是最原始的木质挖土农具。最早的耒是从挖掘植物的尖木棍发展而来，将树枝的一端削尖了，用来挖松土地或点种。以后人们在耒的下端安装一横木便于脚踏，入土更容易些。再后来单尖木耒发展为双尖，称双齿耒，提高了挖土的效率。单尖木耒的刃部发展成为扁平的板状刃，就成为木耜，其形状类似后代的锹、铲。《易经·系辞》说："神农氏作，斫木为耜，揉木为耒；耒耜之利，以教天下。"《逸周书》说：神农"破木为耜、锄、耨，以垦草莽，然后五谷兴，以助果蓏之实。"《礼·含文嘉》云：神农"始作耒耜，教民耕种"。而《世本》则以为黄帝时"始作耒"。神农是神话传说中的农业始祖，并非实有其人。

虽然木制工具不易保存，但考古工作者仍在原始遗存中找到了它的遗迹或遗存。如西藏门巴族使用的掘土工具就是单尖木耒，山东武梁祠石刻的神农执耒图中神农所持的是双尖木耒，云南独龙族使用的双尖木耒是用树叉制的。

木耜挖土功效比耒大，使用得也更为普遍，延续的时间更长。木耜的刃部在挖土过程中容易磨损，人们就改用动物的肩胛骨或石头制作，耜刃绑在木柄上成为复合工具，就成为骨耜和石耜。迄今，西藏珞巴族使用的木耜形态仍很原始。

在考古发掘中出土了一些骨耜和石耜。如河北武安磁山遗址、河南新郑裴李岗遗址、河姆渡遗址和桐乡罗蒙角遗址都出土很多骨耜。这些遗址的年代距今都有七八千年的历史了，而木耒、木耜比它们还要早一些。

《诗经》中多处说起耜，如《小雅·大田》云："以我覃耜，俶载南亩，播厥百谷。"又见《周颂·载芟》和《良耜》等。耜不仅用于耕播，还用于挖沟。如《考工记》谈到以"二耜为耦""为沟洫"。

"耒"是汉字部首之一，从"耒"的字，如：耕、耘、耔、耧、耜、耙、耦、耨、耠、耥、耖……都与原始农具或农作有关。根据汉画像砖的图形可以看出："耒"是一根尖头木棍，捆绑上一段短横梁，使用时把尖头插入土壤，再用脚踩横梁使木棍深入，然后翻出。改进的耒有两个尖头或便于撬土、省力的曲柄。两个尖头的耒，是先民选用自然分叉的树枝来制作。把耒改进为有省力作用的曲柄，最初也是选用适合的具有天然弯曲度的树枝。

发明农耕的古华夏各部族，最初翻耕土地的专门农具耒，是中华农耕文明的肇始工具。

汉代有学者以为耒耜为一物。如东汉许慎以为耒为上部，耜为下部，但都属于木制。而郑玄也以耒耜为一物之两部分，上为耒，下为耜。《礼记·月令》郑玄注："耒，耜之上曲也。"他将耜看成刃口的专称。今据《管子·海王》等文献看来，直到战国时，耒、耜还是两种农具。这个判断，也被出土的实物所证实。

《周礼》记载了制作木耜的过程，《地官·山虞》云"凡服耜，斩季材，以时入之"，即选择较小的树木以作为耜材之用。《易·系辞》曰："斲木为耜。"《淮南子·泛率》曰："古者剡耜而耕。"《后汉书·章帝纪》曰："耜其柄，耜其刃。"

据《考工记》所载，"耒"通高为六尺六寸（周制），合今1.4米左右。制耒的是"车人"，不属专司青铜农器的"段氏"所管。《周礼·地官·山虞》："仲春斩阳木，仲夏斩阴木，凡服耜，斩季材，以时入之。"

郑玄注:"季犹穉(稚)也。服与耜宜用季材,尚柔忍也。"这都是以木材制作耒耜的明证。

《国语·齐语》载,管仲建议以铁代替青铜铸造农具,他提到的农器种类是"鉏(锄)、夷(铲)、斤(小鉏、锄)、剧(镢)",这大概已包括了当时最主要的青铜农器,其中并没有耒耜。[注6]

耜(吕)为木制的铲状耕田工具,到西周时仍为农民普遍使用。《国语·周语》引《周制》,其中有"民无悬耜"之句。

春秋战国时,继续沿用耒耜,《孟子·滕文公》云:"农夫岂为出疆舍其耒耜哉。"

《庄子·天下》曰:"禹亲自操耜。"《吕氏春秋·孟春纪》载:每年之春,天子要亲载"耒耜"而来到籍田。

耒耜是耕田的最早的尺度标准,有了耒耜的尺度,才有田垅、亩甽的划分,才可以设置灌溉的沟渠。在这些基础上,才有后来的"井田制"。甽同"畎",指田间的小沟。甽垅相间,甽宽一尺(秦汉一尺等于0.231米,约当今0.694尺)。《荀子·成相》云:"举舜甽亩,任之天下。"《吕氏春秋·任地》载:"是以六尺之耜,所以成亩也;其博八寸,所以成甽也。"可见耜之通高和耒相近。"其博八寸"是指其刃口的宽度。

而《考工记·匠人》则记载"耜广五寸",看来,耜刃的宽度似因地而异。

从甲骨文、青铜器铭文,到《易经》、《周礼》、《世本》、《国语》、《孟子》、《考工记》、《管子》、《庄子》、《吕氏春秋》等文献,再到汉代许慎、郑玄等人的记叙,上千年间,有关古代农具的记载(据我个人浅见)没有一句话提到什么"石鉏(锄)、石犁"等完全石制的所谓"新石器"农具。

华夏远古农具名的用字,在东汉《说文》里面,部首多为木、禾、耒、金。这有充分的道理:(1) 远古农具多为木制,即便是复式农具也离不了木。用人机工程学观点来解释古代的徒手木石工具现象,那就是与使用者身体结构尺寸相适应的(粗细、长短)木棍棒类器具——便于人体发力劳作,而相同尺寸的石头工具(如果能打制或磨制出来的话)则很笨重,人的体力不便于连续操作。所以,耕作农具以木制为多,或者为木柄石刃。(2) 农具离不开农作物"禾",所以农具名称用字从

"耒"部也从"禾"部,这反映出远古时代汉字的初创阶段,有的部落用"耒"造农具字,有的部落用"禾"造农具字,在后续的中华民族大融合里,两部的农具用字兼收并蓄。类似的情况,还反映在表示陶器的汉字部,有"缶"部字,也有"瓦"部字。(3)许多农具是由古农具"耒"发展而来,"耒"是农具的鼻祖——这从汉字的"耒"部造字可以得到证明。(4)金属(主要指铁器)发明之后,农具的刃部才大都利用铁制,"金"部的字出现较晚,在春秋战国以后。

由此,古农具名称用字出现了许多通用字,如:吕、耜;斤、斫、斩;辱、耨、耪、镈;杷、耙、钯;枷、耞;耡、锄;等等。但是,除了斫(砍)以外,几乎没有从"石"的。在仰韶文化遗址里能见到现代考古人员认定的"石锄",但是从发布的图片来看,"石锄"与"石斧"的外形没有多大的区别[注7]。特别是在西安半坡、临潼姜寨那种黄土地层地区,石锄并不是用来翻掘土壤,而是用来铲除杂草,与石斧用来对付草木,功用也是一致的。就是说,姜寨遗址里的"石锄",并不是专门的农业垦土农具。显然,耒耜才是专门的垦土农具。

考古实物:近年来出土远古农具耒和耜

考古学并不是对于历史文物的全面、通盘普查,而是随机地抽样调查、抽样统计。所能抽取到的样本,受到历史与环境条件的种种局限。远古木制农具最容易腐朽以至于在时光流逝中"销形匿迹"。还有一个重要的人为因素,那就是史前的木质农具在损坏或者使用失效之后,很可能被先民当作燃料而烧掉。直到当代仍然靠烧柴草为主要生活能源的地区,废弃的木器当作燃料烧掉仍是平常事情。近百年来史前史考古中难以挖掘到木质农具,并不等于远古未存在过木制农具。然而考古的生命力在于实证。有多少证据说多少话。由此,多年来我们对于史前史上的木制农具未置一词。

幸好,近年来对远古文化遗址的发掘,出现了新的进展——

目前所知,在木-石器时代(即所谓的"中石器时期")的遗址中,已发现了一批留存在远古土层中的木制农具"耒"的痕迹:

在北方,河北武安磁山遗址、西安半坡遗址、三里桥龙山文化遗址、

历史观的新突破

河南偃师二里头遗址、临潼姜寨遗址、庙底沟遗址、山西襄汾陶寺遗址、甘肃齐家坪遗址、山东茌平尚庄龙山文化灰坑等处，分别发现了木耒、木耜，或双齿木耒的痕迹。

在安阳殷墟发掘中曾发现清晰的双齿木耒的痕迹。

小屯西地305号灰坑，留存大型木耒痕迹，齿长19厘米，齿径7厘米，齿距8厘米。

大司空村113号灰坑，留存小型耒痕迹，齿长18厘米，齿径4厘米，齿距4厘米。

安阳武官屯村北地M260号墓地，墓壁留存着一些双齿木耒痕迹，齿长20至25厘米，齿宽3至4厘米，齿距6至8厘米，同时还发现了镢头痕迹。

齐家文化遗址，曾发现三齿耒的痕迹。

河南偃师二里头的一些灰坑，房基、墓葬壁上，见到单齿木耒和平刃木臿痕迹。

河南柘城孟庄商墓遗址，窖穴壁面上，见到木耜痕迹。

在长江中游的大溪文化遗址，也发现了许多木质和竹质工具的痕迹。[注8]

近十几年来，在木–石器时代的遗址中，已发现一批木制农具耒耜等遗物：

首先是，彭头山遗址发现木耒，年代为原始农业的初期。这件木耒是利用一节树杈制成的，长约90厘米，上部有利用树杈制作的斜扶手；下部有斜状单刃，刃宽约10厘米。[注9] 这种带有斜状刃的木制农具，初次提供了史前农具"耒"的实物资料。

浙江余姚河姆渡遗址发现木耜、木齿镰；[注10] 慈湖遗址发现三件木耜，还有若干件两端带尖的"点播棒"（笔者按：就是耒）[注11] 骛架山遗址和鲻山遗址各发现了木耜；[注12] 常州圩墩马家浜文化遗址发现了"木铲"（笔者按：就是耒耜）；[注13] 山西临汾陶寺也发现了龙山文化期的尖木棍（笔者按：就是耒）。[注14]

笔者还看见如下报道："湖南澧县八十垱遗址距今约八千年，在这里发现的木耒，是一种用双手操作的工具，长约90厘米，利用一节树杈制成,上部有斜的扶手,下部有斜的单刃,刃宽约10厘米。"

"河姆渡氏族遗址位于浙江杭州湾南岸一条狭长的河谷平原上,是1973年在农田水利建设中发现的。当年在第四文化层发现了木铲(笔者按:就是耒耜),铲面较窄,两侧及刃部较薄,中间稍厚,上部有一近方形小板,长16厘米、宽5.3厘米、厚1.5厘米。另一件木铲发现于第二文化层的一号井中,铲头近似长方形,弧肩,单面平刃,刃部较宽,中部有一浅槽,两侧有长方形孔,柄部已残,长36厘米、宽16.5厘米、厚1.5厘米(笔者按:就是耒耜)。河姆渡第二期文化遗存中发现的一件木铲,铲头(板)与柄连为一体,系用一块整木削成,柄上端有三角形手把,铲头被火烧残,残长20.3厘米,铲头宽6厘米,厚1厘米,很像后世园圃中常用的除草培土小铲(笔者按:也就是耒耜)。这件小铲制作比较讲究,说明此类农具是受到重视的。河姆渡出土的'木耜冠',已具有相当规整的几何形状,制作也比较精致,这种'耜'实际上应该称为'锹',而且当时的社会存量也绝不会仅仅是这一件,一定已具有相当的数量。""河姆渡文化的宁绍平原,共出土木耜五件,除河姆渡遗址水井中出土的一件为弧尖背外,其余四件均为方背,平面有长方形、梯形两种,正面中间起脊、稍厚,不甚光滑。而背面却较光滑,是因为翻土时磨擦所致。……1994年在余姚鲞架山遗址还发现了一件类耜的木器,与今日温州地区常用的木制平田器相似,可能是同类器物(笔者按:就是耒耜)。"[注15]

木柄骨耜——河姆渡先民种植水稻的工具。河姆渡遗址中出土了2920多件木柄骨器,其种类有耜、镞、凿、针、匕等。其中,木柄骨耜是河姆渡人从事水稻种植的主要生产工具。木柄骨耜是用偶蹄类动物的肩胛骨制成的。其上端厚而窄,是柄部;下端薄而宽,是刃部。柄部凿一横孔,刃部凿两竖孔。横孔插入一根横木,用藤条捆绑固定。两竖孔中间安上木柄(即"耒"),再用藤条捆绑固定。这样,一件骨耜就制造出来了。使用时,用手持骨耜上的木柄,用脚踏插入横孔的木棍,推耜入土,然后手腕一翻,就能掀起土来。骨耜比石器轻便灵巧,而且表面光滑,不容易沾泥,适宜在江南水田里使用。[注16]

此外,在新疆孔雀河原始公社墓地发现有单尖木耒,该物处于原始农业的末期。还有:"哈密五堡原始墓地发现的头部呈三角形的两件木

耒、一件木锹，锹头很似现代铁锹，长28.5厘米、肩宽16.5厘米、刃长13.5厘米、厚1厘米，偏上部有对称的两孔，用以捆柄，出土时孔内尚有残存的毛线绳。在孔雀河也发现一件木锹、一件木耒，耒通长达90厘米，尖部光滑锐薄，手握部分也很光洁，证明为长期使用之物。类似木质农具在新疆天山阿拉沟古墓也有发现。"[注17]

民族学为研究耒提供的旁证资料

近年来，民族学研究资料不断丰富，为揭开耒耜之谜提供了不少"活化石"式的旁证资料。

各种"民族志"表明，耒耜一类直插式农具是从原始人采集、点种用的尖头木棒演变而来的。例如，四川省甘洛县的藏族（自称"耳苏人"）在营农之初曾使用尖头木棒戳土点种，后在尖头木棒上安了扶手，使戳土得劲，后来又加上一根踏脚横木，手足并用发土，就成了木耒。由于直耒操作费劲而效率低，反复实践后改为弯柄（内角约130°），这就是斜尖耒。耳苏人现在使用的脚犁，乃是一种斜尖耒。

西藏珞巴族，近代（几十年前）还使用尖木棒戳穴播种。所用的木棒（有的也用竹竿）长约150厘米，粗细不等，以手握方便为宜。播种时，人拿木棍将尖端插入土中，再向一旁一掀，随手将种子抛入穴中，拔出尖木棒，土就自动将种子覆盖，如覆盖不严，再用脚踩一下即可。[注18]这很明显就是木耒的活化石。珞巴族的青杠木耜，长约120厘米，刃片呈叶形，长约40厘米，宽约15厘米，正面平直，背面圆凸起脊，其上有一踏脚横木，柄端有握手的横梁。

西藏错那县门巴族翻地用的木棒，也是典型的古代耒耜的活化石。这种耒用质地坚硬的青冈木制作，因此又叫青冈杈。虽说叫杈，实际上是一根尖头木棒，长约170厘米，最粗直径10厘米，下端削成正面平滑、背面圆凸起脊的尖锥。距离尖端约60厘米处绳缚一段长约15厘米的横木，左侧伸出较长，以便于踏脚。使用时双手握柄，左脚踏横木，木杈与地面成60°～70°角刺入土中，一般刺深20至30厘米，随后双手向下压杈柄，能起到翻土的作用。[注19]

云南景颇族使用的尖木棒则是斜尖式，木棒长约40厘米，短者仅20厘米左右，使用方式与西藏门巴族很相似。[注20]

海南黎族近代所用的播种农具也是尖头木棒。一般用硬木制作，粗细在5厘米左右，长180厘米左右，一端有尖。木棒并不完全笔直，而是依原有树枝那样不规则的弯曲。播种方式多是一男子在前面戳穴，一女子紧跟着点种覆土。

在云南西盟佤族的农业活动中，也有过与此十分相似的农具（耒耜）与播种方式。[注21] 聚居在我国云南边疆地区的独龙族、傈僳族、怒族、佤族、苗族、苦聪人与景颇族、纳西族，海南岛的黎族，广西壮族等少数民族，在原始形态中的一些农业操作，就是拿木棍戳穴点种作物。而木棍上往往套上或缚上一个带孔的砾石。其实，现今依旧采集、狩猎的南部非洲的桑人，还使用一种圆形钻孔的石头，装在削尖的木棒上，来挖掘可食的植物块根。布须曼人的卡拉哈里部落也用同样的工具来进行采集。这种装有穿孔砾石的尖木棒，就是原始农业工具。越南的山地民族也是如此，只是劳动方式不是一男对一女，而是一群男子在前方戳穴，一群女子在后面往穴里点种。

耒耜从木制发展为木石复合工具

原始农业只能是广种薄收，且经多次种植的田地日趋贫瘠，收获量每况愈下。这时，部落只有整体或部分迁徙，前往新的田野披荆斩棘，烧荒垦土，刺穴播种，以取得足够的收成。

耒耜（吕）为华夏古代主要的农具。耒为木制的双齿掘土工具，由一根尖头木棍加上一段短横梁构成。使用时把尖头插入土壤，再用脚踩横梁使木棍深入，然后翻出。改进的耒有两个尖头，或有省力曲柄。

耜（吕）类似耒，但尖头成了扁头（耜冠），类似今天的铲子、锹。其材料从早期的木制，发展成木石复合的农具，就是木质的长柄加上石制或骨制的石耜、骨耜。

在松软土地上翻地的木耒，尖头被做成扁形，成为板状刃，叫"耜"。"耜"的刃口在前，破土的阻力大为减小，还可以连续推进。但是木耜的木制板刃不耐磨，容易损坏。人们又逐步将它改成石制或骨制等耐磨的板刃外壳，损坏后可以更换，这就是犁的雏形了。为了适应不同的耕、播农活，先民又将耒耜的主要组成部分制成可以拆装的部件，使用时，根据需要进行组合。

历史观的新突破
LISHIGUAN DE XINTUPO

人们用石片、骨片、蚌片代替了木质平刃，原先是纯木质的耜，于是演变为复合工具。考古发现的所谓"石耜"、"石耑（铲）"、"骨耜"、"骨耑（铲）"和"蚌耑（铲）"等，实际上就是绑在木柄上的复合耜的刀片。当耜发展为木石或木骨复合工具以后，人们习惯上把入土的刃体部分称为耜。如《国语·周语》云"野无奥草，民无悬耜"，韦昭注，"入土曰耜"。

实际上，华夏先民并非依赖什么"新式石器农具"，而是在木制农具耒耜（吕）的基础上，提高了陶器时代的耕作效率。耒耜也就是后来犁的前身，所以有人仍称犁为耒或耒耜。《说文解字·耒部》："耒，手耕曲木也；从木推丰。古者垂作耒耜以振民也。""耕，犁也；从耒井声。一曰古者井田。"在《说文》成书的汉代，已经有了役牛的犁耕，所以许公用"犁也"来解释"耕"字，就是翻掘土地之意；从《说文》把"耒"解释为"手耕"之"曲木也"，证实了在汉代古人的意识里，最早的土地耕作农具是木质的。在原始的木制农具耒耜（吕）的基础上，发明了木石复合农具"石耜"，而"石耜"的使用情况并不普遍。

总而言之，远古华夏先民发明了以木制为主的耒耜，从此才有了真正意义上的"耕"和耕播农业。耒耜在我国农业发展史上占有特别重要的地位。它起源甚早，使用范围很广，使用时间很长。后代一些主要农具，如铁锹、铁犁，都可溯源于耒耜。耒耜在上古时代之所以被广泛使用，与我国主要农业起源地之一黄河流域的自然条件有关。黄河流域绝大部分地区覆盖着原生的或次生的黄土，黄土由极细的土砂组成，土层深厚，而且平原开阔，林木较稀，极便于在使用简陋的工具的条件下进行垦耕，手推足跖（踏）式发土的耒耜在这里充分发挥了自己的作用。先民们主要使用耒耜垦辟了大规模的农田，奠定了进入文明社会的生产力基础。在进入文明社会以后，先民们又使用耒耜修建了大规模的农田沟洫体系。因此，耒耜成为井田制的主要农具。[注22]

史前收割类的农具有至、镰、桐等

原始社会采集经济早期，收割时只收禾穗，不收秸秆，所用工具为细石器"至（铚）"。早期的镰和铚没有明显区别。随着原始农业的发展，先民懂得了用粟、稻的秸秆盖房子和饲养牲畜。需要收割秸秆了，

史前农业革命的主要农具是木石复合器

没有柄的铚、镰用起来都不方便，于是先民们将体形比较长的石镰、石刀装上木柄，成为木石复合工具。

《诗·良耜》提到的"至（铚）"和"艾"，是两种收获工具，类型略有不同。有木柄的为"艾"，又作刈，即镰。大镰又称芟。无柄的为"至（铚）"，即后世的爪镰，是由原始时代的石刀发展而来的。

镰是古代一种长条形弧刃的收割工具，还在先民"农业革命"以前处于最原始的狩猎-采集经济阶段时，就早已用来割取植物的可食部分。考古出土有石镰和蚌镰，可算作最早的农具之一。所谓的石镰就是石刀的一种，在旧石器时期就有了。[注23][注24]

各地考古出土实物镰，分为齿镰和光刃镰。齿镰的装柄方法与光刃镰不同：光刃镰的柄与口，一般呈90°左右的夹角，而齿镰与柄的夹角，则要大于90°，在160°～180°之间，这样能最有效地发挥锯齿的切割效应。石镰的这种装柄方法，有实物例证。古时镰刀木柄的专用名称为"柌 cí"，《玉篇·木部》曰："柌，镰柄也。"《集韵·之韵》引《博雅》曰："柌，柄也。"

考古发掘的文物证明：半坡人收获庄稼用带把手的石镰。先秦有一种兵器"戈"，就是仿造带把手的石镰和石刀等，都要捆绑在木柄上使用。此外，还有把细小石片刀刃嵌进木柄上的石镰。

《淮南子·氾论训》曰："古者剡耜而耕，磨蜃而耨。"蜃就是蚌壳。选用蚌壳作为农具，这是原始先民利用自然材料的又一实例。蚌壳也可作为多用途的复合工具，来自水源地区。考古发现有：陕西西安半坡蚌刀，长安客省庄蚌刀，山东章丘城子崖蚌镰，河南荥阳蚌铚，山西芮城西王村蚌铚，河南临汝煤山蚌铚，河南安阳后岗蚌铚，山东曲阜西夏侯蚌铚，广西南宁贝丘蚌铚，山东禹城丘寨汪蚌铚。[注25]

蚌刀和石刀相似，也有半月形和长条形，还有一些不规则的形状，一般都有钻孔，与石刀一样，是套在人的手指上使用的，也是割取禾穗的主要工具。蚌镰一般比蚌刀为长，一头窄、一头宽，平面略呈三角形，和后代的铁镰很相似。中部和宽处多有钻孔，以便捆扎或用木铆钉连接手柄，所以镰刀通常都是装木柄使用的。和石镰相似，许多蚌镰也是齿状刃，装木柄的方法分为平行装和垂直装两种。

所谓的蚌锄基本上保持了蚌壳的整体形状，北方发现不多，在江西

万年仙人洞及福建昙石山有较多出土，装上木柄可用于挖土和松土。对于这些出土的蚌锄，有人认为应定名为蚌耜，并且对其装木柄的方法作了探讨。[注26]

"农业革命"时代，石镰、石刀的出土相当丰富。收割类的石镰、石刀是装木柄使用的木石复合工具，毋庸置疑。

史前加工类的农具有臿、杵、臼、桃等

农业社会，除了耕种、播种、收割的农具以外，还必须有对谷物脱粒加工的农具。

臿（chā），起初为直插式的挖土工具，通常用于水利和灌溉的开筑造渠。最早的臿为木制，一说外形跟耜（吕）差不多，但是跟耜的用途不同，形式也就有所区别。

耜和臿的关系。《说文》："耜，臿也。"《淮南子》高诱注也训耜为臿。耜、臿似乎是同样的工具，其实它们是有区别的：耜和耒一样有踏脚横木，而臿却没有。在使用石质、骨质耜刃的条件下，耜的刃宽一般较窄。《考工记》谈到"耜广五寸"。周尺1尺合今23厘米，5寸合11.5厘米。考古发现的石质或铜质耜刃的宽度，正在此数上下，或比这稍窄。因为耜刃不可能太宽，安上木柄后，两边余地不多，难以踏脚，故需另绑上一根可供踏脚的小横木。

从"民族志"和考古学材料看，最初的臿是木臿，后来有铜锸，但数量不多，很少用于耕翻。只有铁被使用以后，锸才作为翻地起土的工具，被广泛用于农业生产和兴修水利。而耜臿合流，成为后世铁锹的原型。

《韩非子·五蠹》曰："禹之王天下也，身执耒臿以为民先。"《史记·始皇本纪》曰："禹身自持筑臿。注：臿，筑墙杵也。"《淮南子》曰："禹之时，天下大水，禹执畚臿，以为民先。"《淮南子·精神训》曰："今夫繇者，揭钁臿，负笼土。注：臿，铧也。青州谓之铧，有刃也。"《扬子·方言》曰："江淮南楚之闲（间）谓之臿，沅湘之闲谓之畚。"《汉书·沟洫志·白渠歌》曰："举臿为云，决渠为雨。注：臿，鍫（锹）也，所以开渠者也。"臿与锸字通，也就是锹。以此可见古代水利之事，皆本于臿也。颜师古曰："锹也，所以开渠也。盖古谓臿，今

谓锹。"一器二名，宜通用。

畲还有一个很重要的含义："会意。从臼，从干，干所以臼之。与舂同意。"《说文》曰："畲，舂出麦皮也。"引申为舂捣。

显然，畲，是从"耜（吕）"发展为舂捣谷物的农具。畲从臼，这就要说到杵（chǔ）臼（jiù）。杵，是从畲发展而来。

杵和臼都是远古使用的捣谷工具。杵臼二者往往配套使用。杵是舂谷物的木头棒槌；臼，象形，古文字形，像舂谷物的器皿，中间的四点表示内有谷物。本义：中部下凹的舂谷子或捣物用的器具，多用木、石制成，中间凹下，样子跟盆相似。

《说文》曰："舂杵也。从木午声。注：舂，捣粟也。其器曰杵。"《礼·杂记》曰："杵以梧。注：所以捣也。"

杵还有一个重要的用途。在"版筑"这种传统土木施工法中，通过把土捣实，来修筑墙壁或打基础。而杵就是把土捣实的工具。许多古城墙，也多是采用"版筑法"修建。

《说文》曰："臼，舂也。古者掘地为臼，其后穿木石。"《易·系辞》曰："断木为杵，掘地为臼。杵臼之利，万民以济。"贾思勰《齐民要术》曰："择满臼，舂之而不碎。"

《世本·作》曰："雍父作臼、杵，舂也。"《吕氏春秋》曰："赤冀作杵臼。"而桓谭《新论》，以杵臼为伏羲作。"断木为杵，掘地为臼"的原则是同一的，而首创者说各不一，这并不足以为怪。总而言之，捣谷工具的杵臼来源很古。

浙江余姚河姆渡遗址出土了原始农具：骨畲（或称骨耜、骨铲），以及两件木质农具：木畲（铲）和木杵。在河姆渡遗址发现的木杵较大：断面呈圆形，杵头粗大，长92厘米，头径8.8厘米，柄径5厘米。[注27]

在湖南彭头山遗址也发现了一件木杵，上有长柄、下有圆头。钱三漾遗址、临汾陶寺龙山文化期也发现了木杵。[注28]

最早的杵臼，据传说是黄帝"断木为杵，掘地为臼"。在新石器早期遗址，发现有木杵、石杵，但没有发现"臼"，因此专家推断最初的臼确实为掘地而成：在地上挖一圆坑，夯实了，就成了臼。后来，出现了木臼、石臼。由于石杵质地坚硬，不易磨损，撞击力大，因此逐渐取代了木杵。用杵臼加工农作物，可以脱壳，也可以捣成粉。

历史观的新突破

由于杵臼效率更高，逐渐取代了石磨盘的碾磨法，成为当时最重要的粮食加工器具。当时生产力低下，农业技术也有限，最重要的作物是黍稷等，因它们对生产环境要求不高，生长期较短，容易避过水旱灾害。加工这样的粮食，主要是脱壳，因此石磨盘和杵臼也很相宜。春秋之前，我们的祖先一直保持着粒食习俗，所谓"麦饭豆羹"。别说黍稷，就连小麦，也是像煮大米那样煮饭吃，因此叫"麦饭"。这种饮食习惯，直到春秋战国末期，才因石磨的发明而改变。

1973年在湖北宜都属大溪文化的红花套遗址，发现两处保存较好的"地臼"遗迹，臼形为锅底状圆坑，以火烧硬，周壁坚硬光滑。一号地臼口径44厘米，深29厘米，东壁呈斜坡状；二号地臼口径27厘米，深23厘米。这是国内罕见的明确报道的地臼遗迹。同时在地臼的附近还发现了木杵的痕迹：长140厘米，中部较粗处直径14厘米。[注29]

农业革命时代发明了石臼。木杵和石臼组成对谷物脱粒加工的木石复合农具。

此外。还有一个"柫"字，被许多学者忽略过去了。甲骨文"弗"字，像两根长棍。甲骨文中有两竖画的，也有三竖画的，分明是"连枷"的形象，是远古农业用来脱粒的木质农具。《说文·木部》："柫，击禾连枷也。"《方言》郭璞注："今连枷，所以打谷者。"枷，也叫桲枷、连枷，由一个长木柄和一组平排的木条或竹条（敲杆）组成，用来拍打谷物、豆子、芝麻等，使籽粒掉下来。工作时上下挥动长木柄，使敲杆绕轴转动，敲打谷穗使表皮脱落。

见于古文献记载的农具还有椎和梪等。

椎又称檷，是一种木榔头，用于碎土覆种，始见于《管子·轻重乙》。

梪是一头或两头尖锐的木棒，是原始农具的孑遗，春秋时还作为挖掘草根的辅助工具，始见于《国语·齐语》。梪，也是上古兵器和农器通用的一例。

以上，木耒和石耜、石镰、木杵和石臼等木石复合工具，以及一些木质农具连枷（弗）、椎（檷）、梪等，就是"农业革命"在华夏历史上的特征。

木石复合的汲水农具——水井和桔槔

远古时代即有水井,《易经》记"改邑不改井"。孔颖达疏:"古者穿地取水,以瓶引汲,谓之为井。"井,是一种用来从地表下取水的装置,传说伯益发明了井。《长物志·凿井》曰:"凿井须于竹树之下,深见泉脉,上置辘轳引汲,不则盖一小亭覆之。石栏古号'银床',……井旁可置顽石,凿一小凫。"就是说,古代水井的井栏,通常是木石结构。

河姆渡遗址发现了木结构的水井。井口呈方形,边长2米,为榫卯套接的木框,每边竖以排桩为井壁;水井深约1.35米,外围有一直径约6米的栅栏和28根木柱。据此推断,井上可能盖有简单的井亭。这是迄今发现的我国最早的水井。[注30]

关于桔槔,最早记载见于《庄子·天地篇》曰:"凿木为机,后重前轻。挈水若抽,数如泆汤,其名曰槔。"《墨子·备城门篇》作"桔皋"。元代王桢《农书》卷十八桔槔条引《说文》释作:"桔,结也,所以固属。榨,皋也,所以利转。又曰,皋,缓也,一府一仰,有数存焉。"从而推论说:"然则桔其植者而槔其俯仰者与?"据刘仙洲在《中国古代农业机械发展史》一书中推断,这种木石复合的灌溉机械在成汤时期(约公元前1765~前1760年)已经使用。[注31]

桔槔的结构,是一个大的杠杆。在横长杆的中间由竖木支撑或悬吊起来,横杆的一端用一根直杆与汲器相连,另一端绑上或悬上一块重石头,这就构成了木石复合的汲水工具。不汲水时,石头位置较低;要汲水时,人用力将直杆与汲器往下压,同时另一端石头的位置则上升。当汲器汲满后,就让另一端的石头下降,通过杠杆作用,就可将汲器提升。这样,汲水过程的主要用力方向是向下。由于向下用力可以借助人的体重,因而给人以轻松的感觉,也就大大减少了人们提水的疲劳程度。这种提水工具,是我国古代社会的一种主要灌溉机械。

由井中向上提水,如果井浅,用桔槔即可;如果井很深,用桔槔就不方便甚至无法提水。先民后来又发明了滑车,把向上提水的用力方式,彻底改变为向下用力的方式。在成都东乡出土的陶井模型上有滑车的装置。

石刀、斤、斧也是木石复合工具

有一个普遍的误读，就是把"刀耕火种"这个词语误当做原始农业。许多辞书将"刀耕火种"解释为："古时一种耕种方法，把地上的草烧成灰做肥料，就地挖坑下种。"

这种说法不妥。因为"刀耕火种"这个词语出自《旧唐书·第一一七卷·严震传》："梁汉之间，刀耕火耨。"当时已经是唐朝，离开远古几千年了。这是用词不当。

考古发掘出的文物"石刀"，是古代切割的工具与格斗的武器。用石器"刀"根本无法"耕"，后来所谓的"刀耕"，是指砍伐树木和野草，然后烧掉，开辟出农田。

斧和斤（斫、斮）原先是狩猎和战斗的武器，后来，主要用作伐木、砍柴、斫材的工具。斤、斧本来是同一类器物。

石斧是由旧石器时代的长身圆头砍砸器、刮削器发展演变而来，是在原始农业时代各文化遗址发现最多、最普遍的工具。原始遗址几乎没有不出土石斧的，特别是早、中期的遗址。

早期的石斧和砍砸器一样，都是直接手握使用，因而又称为"手斧"，以后才演化为装木柄的器形。

甲骨文的"斤"字，象形，像一把曲柄的斧头（横刃锛）之形，上面是横刃，下面是曲柄，表示砍伐林木的工具。斧头上加箭头表示它的锋利。斤的本义即指斧头。在汉字中，凡从"斤"的字都与斧头及其作用有关，如：斧、新、断、析、折、斫、斩、所、忻、斯等。

《说文·斤部》："斤，斫木斧也。象形。"本义为砍木头的横刃锛斧：运斤如风。

甲骨文和金文的"父"字，是一只手与"手斧"的组合，算是会意字，借用"斧"的音表示"父"的读音，而且表明持斧的劳作，往往是男性。

《诗经·豳风·伐柯》云："伐柯如何？非斧不克。"
《诗经·豳风·七月》云："取彼斧斨，以伐远扬。"
《诗经·齐风·南山》云："析薪如之何？匪斧不克。"
《淮南子·说林》曰："林木茂而斧斤入。"

《说文·斤部》曰："斧，斫也。"王筠句读："斤之刃横，斧之刃纵。"

《说文》曰："斤，斫木也。"徐灏笺："斧斤同物，斤小于斧。"王筠句读："斤之刃横，斧之刃纵，其用与镢相似。"

所谓的"斤刃横"即是斤的锋刃与柄垂直，那就是"锛"这种工具，所谓的"斧刃纵"即是斧的锋刃与柄平行。流传至近代的手工木工具里，斤（锛）的形式比斧还大，就像使用锄头那样双手操作。

所以，近代的斤（锛）是木柄，木身套嵌上铁刃口，否则整体的铁身锛子是很沉重的。从操作姿势来看，伐倒树木用斧（横向挥动）顺手些；而剔除树干上的枝丫，用斤（锛）（上下挥动）顺手，无论是砍立态树干还是躺态树干上的枝丫。

斤（锛）更重要的作用，还在于房梁屋檩榫卯的开坯加工里，在独木舟的开坯加工里，施力者站在木料上，横刃的砍削工具更能充分发力工作。

石斤（锛）、石斧、石凿，都是木石复合工具。事实表明：农业起源直接（或说主要）依靠木质农具耒耜，等等，而磨制石器的起源与农业起源并没有直接关系。

《孟子·梁惠王》云："斧斤以时入山林，林木不可胜用也。"是说斤、斧都具有砍伐林木的功能。

《庄子·徐无鬼》云："使匠石斫之。匠石运斤成风，听而斫之。"《庄子·在宥》云："于是乎釿锯制焉。"陆德明释文："釿，本亦作斤。"《集韵》曰："釿与斤同。"

《说文》又曰："斨，方銎斧也。"毛传曰："椭銎曰斧，方銎曰斨。"《释名·疏证》曰："斧斨同类，唯銎稍异。"銎（qióng），是斧头上装柄的孔。《说文·金部》曰：銎，斤斧穿也。段玉裁注："谓斤斧之孔所以受柄者。"就是说，头上装柄为椭圆孔的，是斧；装柄为方孔的，是斨（斫）。

王祯《农书》引《周书》曰："神农作陶冶斧，破木为耒、耜、耝、耨，以垦草莽，然后五谷兴。"说得很清楚：石斧、斤（斫、斨），主要功能是砍伐树木和加工木质器具（破木为耒、耜、耝、耨）。

有人对石斧文物进行综合分析，认为石斧的分布与形体有一定关系，

历史观的新突破
LISHIGUAN DE XINTUPO

椭圆形石斧多分布在黄河中游地区,其次为东北、华北的一些地区。扁平穿孔石斧主要分布于黄河下游、长江下游及珠江流域,其次为长江中游及辽东半岛的一些地区。椭圆形石斧多用于砍伐林木。扁平石斧主要用于生活用品的加工。两者都是木石复合工具。[注32]

磨制石器与农业起源的关系

出土文物"石铲"、"石锛"等,也都是木石复合工具。例如1978年河南裴李岗出土木-石器时代的石铲,长30.3厘米、宽10厘米。可用于垦荒、翻地。

锛(古代无此"锛"字,应为"斤"),又称"锛子、锛头",磨制,长方形,单面刃,有的石锛上端有"段"(即制成一个台阶),称为"有段石锛",装上木柄就更结实,可用作砍伐、刨土。使用时向下向内用力砍,如:锛木、锛树,也就是古人所说的"运斤"。

笔者认为锛就是斤(斫、斳)。"锛"是今人以意为之擅自所用的字,并不是远古的词语。

石斤(锛)、石斧、石凿,本来都是伐木使用的工具,主要用途是加工木材,修建房屋(木棚、木柱、木架等);也可以捆绑在木柄下端,作为挖土、松土的农具。

在良渚文化遗址中,发现有安装木柄的石斧、石斤(斫、斳)实物标本,石斧纵向套装在木柄前端凿出的透孔内,"有段石斤"(斫、斳)横向嵌装在木柄前端的未透孔中。

长期以来,学界对于石斧和石斤(锛)的安柄方式,存有不同的看法。这是因为远古石斧和石斤的木质把柄经过漫长岁月极易腐烂,很难保存下来,所以缺乏实物资料。幸好,在江苏溧阳沙河乡一处良渚文化遗址中,出土了两件带木柄的石斧和一件带木柄的石斤,于是今人终于看到了远古木石复合工具的原貌。带木柄石斧于1977年8月出土,石斧部分成方柱形,顶面比器身略小,除刃部外斧体未经磨光;两面刃至今还很锋利,有使用遗下的缺口;石质部分长11厘米,宽2.8厘米,厚3厘米。出土时,石斧即安装在圆形木柄上,木柄比较直,头部粗大,握手处较细;木柄部分长29厘米,头部最粗径5.5厘米。还有一件带木柄的石斧于1975年7月出土。石斧部分成长条形,后面上部有"段",通

史前农业革命的主要农具是木石复合器

体磨光,四棱整齐两面对称的刃很锋利,刃口有使用的崩裂痕迹。出土时石斧安装在木柄上,"段"正好卡住木柄的一端,十分牢固。[注33]

此外,在河姆渡遗址也发现了类似的木柄实物。在河南临汝阎村出土的仰韶文化彩陶缸和山东莒县陵阳河出土的大汶口文化灰陶尊上,都发现有带柄穿孔石斧的图像。这些穿孔安柄的石斧、石斤实物,就是木石复合工具的最可靠例证。

有学者指出:"从早期磨制石器种类以及新石器时代以来的一些文化现象分析,磨制石器的起源主要是基于以房屋建筑及复合工具为核心的木加工的需要而发生的,与农业起源并没有直接关系。而木加工工具当是磨制石器最基本的类型,它的发展又推动了石器工业的整体技术进步。"[注34]

木犁与石犁辨析

发明犁耕,是农业史上又一件大事。它使个体经营农业终于成为可能,从而为个体劳作的农业最后取代奴隶制农业奠定了物质技术基础。我国可能在商代末期就发明了木犁,到春秋战国时期,使牛犁耕才渐渐普及起来。然而初期普遍使用的还是硬木犁。埃及在古王国时代还主要使用木犁、木锄来耕作。据史书记载,大约公元前2686年至公元前2181年的埃及古王国第三至第六王朝时期,已有农民使用双牛牵引的原始木犁耕地。有考古学家认为,木犁是由呈杈形的树枝发展而成的。木犁的犁铧起初都是木质的。

欧洲东部和东南部斯拉夫地区,直到20世纪40年代仍广泛使用木犁;至今亚洲、非洲、拉丁美洲还有一些地区,仍在使用木犁。

中国西南地区从事农业的某些少数民族,在20世纪以前,多使用木犁。纯木质犁的犁深为8厘米左右。

在西藏土地上,木犁保持了多少世纪,……许多地方用木犁耕地和木制工具劳动的状况,一直继续到1959年民主改革以前。那时,许多农民劳动时在腰间插一把长刀,劳动一会儿,便把木制工具削一削,工效极低。[注35]

关于石犁,季曙行做了辨析:

"犁耕的起源是我国农史发展上一个重要的研究课题。然而长期来,

历史观的新突破
LISHIGUAN DE XINTUPO

人们研究的手段通常采用考古方法上的类型学与比附学，即以春秋战国时期出土的三角形铁犁铧的器形为基点，凡新石器时代出土的三角形'犁式'石器，均定为石犁，而忽视了这种器物作为耕具的可行性。例如，从已经出土的这种三角形石犁的大小来分析，最大的达60厘米强，作为犁耕农具，牵引力至少得150公斤以上，而据科学测定，一匹马正常与持久的牵引力为30至40公斤。因此，这已绝非三五个人力所能胜任了。"[注36]

又据报道，余杭星桥后头山（良渚考古）2004年出土可能用于祭祀仪式的两件套组合式石犁。犁通长106厘米，石犁头部分长51厘米，宽44厘米；木犁底部分长84厘米，其中镶于犁头部分长29厘米，在尾端有装置犁辕的榫口，残长15.6厘米，宽8厘米。这是至今发现的最早的带犁底的石犁。通过对文物的具体分析，越来越多的学者认为：这样沉重的组合式石犁，并不适用于农耕劳作，并非实用，而是用于祭祀仪式。

农业革命的下一步——铁制农具也离不开木器

冶铁业的兴起，使中国农具史上出现了一大变革时期：铁制农具出现，使农业生产力达到质的飞跃。中国铁的冶铸技术发明至迟始于春秋，铁农具的使用是农业生产上的一个重要转折点，铁质农具坚硬耐用，大大提高了生产效率，使大面积开垦农田成为可能，甚至使农业生产关系、土地耕作制度和作物栽培技术等也发生了一系列的变化。

郭沫若在《中国古代史的分期问题》[注37]里论述，正是铁制（木柄或木心铁刃）农具在春秋时期开始的普及应用，极大地发展了当时中国的社会生产力，提高了农业生产的效率和粮食的社会积累，才促使社会生产关系发生根本性的变化，表现为春秋战国时期各国先后变法。

战国时期的农具绝大多数都是木心铁刃的，即在木器上套了一个铁制的锋刃，这就比过去的木石复合农具大大提高了生产效率。从考古出土的实物看，当时使用呈V字形的铁犁头，有利于减少耕地时的阻力；铁锸可增加翻土深度；铁耨则可有效地用于除草、松土、复土和培土。铁制农具淘汰了石质，然而离不开木器。[注38]不单是农具体系是木架铁零件，古代中国以至世界各国的机械都经历过以木头为基本构架的历史阶段。那是因为木头材料来源广泛，木头材料在以人的体力作为加工制造劳作的能源的阶段，是人的能力容易加工的一种工程材料。随着技术的进步，金属零件在木质机械里的比例在提高，欧洲首先实现了全金属的机器，造出了蒸汽机引发了工业革命。而中国的传统机械始终没有走出木制材料为主的传统束缚，机械制造始终停留在手工木质的层面。

结论

按照王国维先生提倡的二重证据法，可将古文献记载（纸上之材料）与考古发掘的文物（地下之新材料）两相印证。古文献记载：最初农具主要是木制耒和耜（吕），近年来出土了远古农具耒耜等考古实物；民族学调查也为研究远古农具耒耜等提供了许多旁证资料。此外，史前最初的农具还有臿、杵臼、桔槔等，大多演化为木石复合工具。考古发掘出的刀、斧和斤（斫、斨），本来是古代狩猎、格斗、切割的武器，又是伐木、砍柴、斫材的工具，单独石器本身不能成为农具的主体。在"农业革命"时期，加工木石复合农具才是磨制石器最基本的类型。此外，人类还发明了木石复合的汲水灌溉农具——桔槔等。因此，过去所谓"石器时代"应该修正为"木－石器时代"。

注释

［注1］〔英〕柴尔德（Childe V. G.），*Man Greates Make Himself*（《人类创造了自身》），中译本原名《远古文化史》，上海三联书店2012年版，第53、64页。

［注2］方英楷：《谈谈农业的起源》，载《新疆农垦科技》1985年第4期。

［注3］杨生民：《中国新石器时代的石犁试探》，载《首都师范大学学报（社科版）》1996年第1期。

［注4］林惠祥：《文化人类学》，商务印书馆1991年版，第135～140页。

［注5］跖耒而耕，出自《淮南子·主术训》，"一人跖耒而耕，不过十亩"。指用农具"耒"耕种。

［注6］鉏，今音 jǔ；锄，今音 chú，但实际上，古代"鉏"和"锄"应为同一个字。

［注7］西安半坡博物馆、陕西省考古研究所、临潼县博物馆编：《姜寨——新石器时代遗址发掘报告》，文物出版社1988年版，第194页。

［注8］《中国农具的起源》，引自石器时代网站，2010年5月13日。

［注9］裴安平：《彭头山文化的稻作遗存与中国史前稻作农业再论》，载《农

业考古》1989年第1期。

[注10] 俞为洁：《河姆渡的谷物收割与加工》，载《农业考古》1992年第3期。

[注11] 《宁波慈湖遗址发掘简报》，载《浙江文物研究所学刊》，科学出版社1993年版，第116页。

[注12] 《鲞架山遗址调查报告》，载《考古》1997年第1期。

[注13] 吴汝祚：《太湖文化区的史前农业》，载《农业考古》1987年第2期。

[注14] 高天麟：《龙山文化陶寺型农业发展状况初探》，载《农业考古》1993年第3期。

[注15] 王海明：《宁绍平原史前农业初探》，载《农业考古》1996年第3期。

[注16] 挚宾：《原始的农耕生活·河姆渡出土的骨耜和装有木柄的骨耜复原图》，载《中小学教材教学》2003年第26期。

[注17] 王炳华：《新疆农业考古概述》，载《农业考古》1983年第1期。

[注18] 杜耀西：《珞巴族农业生产概况》，载《农业考古》1982年第2期。

[注19] 胡德平：《从门巴、珞巴族耕作方式谈耦耕》，载《文物》1980年第12期。

[注20] 罗钰：《云南景颇族的旱地农业及农具》，载《农业考古》1984年第2期。

[注21] 李根蟠等：《刀耕火种与锄耕农业并存的西盟佤族农业》，载《农业考古》1985年第1期。

[注22] 李根蟠：《青铜农具与耒耜》，载《中国古代农业》，中国国际广播出版社2010年版，第33页。

[注23] 于志勇：《试论中国北方细石器的起源》，载《考古与文物》1995年第1期。

[注24] 杨肇清：《试析锯齿石镰》，载《中原文物》1981年第2期。

[注25] 王仁湘：《论我国新石器时代的蚌制生产工具》，载《农业考古》1987年第1期。

[注26] 李恒贤：《江西古农具定名初探》，载《农业考古》1981年第2期。

[注27] 柳永明：《小议河姆渡农业》，载《农业考古》1987年第2期。

[注28] 高天麟：《龙山文化陶寺型农业发展状况初探》，载《农业考古》1993年第3期。

[注29] 任式楠：《略论大溪文化》，载《任式楠文集》，上海辞书出版社2005年版，第83~85页。

[注30] 王凌浩、黄渭金：《河姆渡水井研究——兼论我国水井的起源》，载

《农业考古》2002年第1期。

［注31］荆三林、李趁有：《中国古代农具史分期初探》，载《中国农史》1985年第1期。

［注32］钱耀鹏：《略论磨制石器的起源及其基本类型》，载《考古》2004年12期。

［注33］殷志强：《中国古代石斧初论》，载《农业考古》1986年第1期。

［注34］肖梦龙：《试论石斧石锛的安柄与使用——从溧阳沙河出土的带木柄石斧和石锛谈起》，载《农业考古》1982年第2期。

［注35］郭超人：《西藏木犁即将绝迹》，新华社拉萨电讯1963年11月17日。

［注36］季曙行：《"石犁"辨析》，载《农业考古》1987年第2期。

［注37］郭沫若：《中国古代史的分期问题——代序》，《奴隶制时代》，人民出版社2005年版，第5页。

［注38］《中国农具的起源》，引自石器时代网站2010年5月13日。

历史观的新突破
LISHIGUAN DE XINTUPO

从现代人的进化看木石复合工具的历史意义

——全盘修正"史前史三分期学说"之三

【内容摘要】 在生物进化史上，黑猩猩就开始能利用树枝和石块制作简易的工具。此后，能人与猿人（直立人）都会同时使用单一的木质工具和石质工具，如木棒、手斧等，这是"木器和石器并用"时期。智人时期，人类开始发明"木石复合工具"——木柄石斧、投枪、木柄镰、弓箭、石网坠渔网、细石器镶嵌复合器等。到现代人（晚期智人即新人）时期，人类进入农业革命。弓箭这一远射程狩猎和战斗工具的发明，具有划时代的意义；晚期智人即新人又发明了用石燧、木燧取火的技术。这些都表明新人的智力发生了飞跃突变，加速了氏族社会的生产力发展和生活水平的提高。因此，本文作者建议用术语"木-石器时代的木石并用时期"代替旧石器时期（Palaeolithic Period）表示人类进化的能人与猿人（直立人）阶段，而用"木-石器时代的木石复合工具时期"代替中石器和细石器时期（Mesolithic and Microlithic Periods）表示人类进化的现代人（晚期智人即新人）阶段。

【关键词】 木质工具；石质工具；木石复合工具；猿人（直立人）；现代人（晚期智人）。

人类和现代人的起源问题

"从猿到人"的研究是一个重大的科学难题。[注1]这个难题有两个方面，就是"人科的起源"和"现代人（晚期智人）的起源"。

关于第一个大难题，百年来学术界已逐步地、基本上达成共识：人科的共同祖先，在大约700万年前（一说距今420多万年到100万年前）起源于非洲。最早的南方古猿化石是1924年在南非开普省的汤恩采石场发现的，它是一个古猿幼儿的头骨。达特（Raymond Dart）教授对化石进行了研究。自20世纪中叶以来，从南非和东非出土了大量南方古猿和人属的化石，特别是最近两年在东非发现了许多400万年到700万年之间的人科化石，充分而有力地证实了人类的"非洲起源说"。

关于第二个大难题，学术界目前仍存在争议。人类学家应用比较解剖学的方法，检测各种古猿化石和人类化石的结构与成分，从而确定它们的距今年代；遗传学家则应用生物化学和分子生物学的方法，研究现代人类、各种猿类及其他高等灵长类动物之间的蛋白质、脱氧核糖核酸（DNA）的差别和变异速度，从而计算出其各自的起源和分化年代。从已发现的人类化石看来，许多学者认为，"人科的起源"可分为以下四个阶段：

南方古猿时期（Australopithecus Afarensis）[注2]

一般认为，古猿转变为人类始祖的时间大约在700万年或420万年前。已发现的南方古猿化石存在于420万年前到100万年前。人类学家在整个非洲大陆发现了多种残骸化石，这些早期人类主要特点就是两足行走。

南方古猿可分成两个主要类型：纤细型和粗壮型。最初，一些人还认为这两种类型之间的差异属于男女性别上的差异。纤细型又称非洲南猿，身高在1.2米左右，颅骨比较光滑，没有矢状突起，眉弓明显突出，面骨比较小。粗壮型又叫粗壮南猿或鲍氏南猿，身体约1.5米，颅骨有明显的矢状脊，面骨相对较大。从他们的牙齿来看，粗壮南猿的门齿、犬齿较小，但臼齿硕大（颌骨也较粗壮），说明他们是以植物性食物为主的，而纤细型的南方古猿则是杂食的。一般认为，纤细型进一步演化

历史观的新突破

成了能人,而粗壮型则在距今大约100万年前灭绝了。

1974年,人类学家在埃塞俄比亚发现了一具比较完整的南方古猿化石,他们给这具女性骨骼化石取名"露茜(Lucy)"。露茜大约生活在320万年前,身高约107厘米。1978年,在坦桑尼亚发现了两个并排奔跑的南方古猿的脚印化石。这些脚印是证明这些早期人类是两足行走的又一证据。

分子人类学的研究表明,人类不是从某一种古猿直接演化而来,而应是"人猿超科"不断分化的结果。[注3]人类最早同古猿分开大约发生在400万年以前,那时出现的南方古猿,其中一支被称为粗壮南猿(Australopithecus robustus),他们有的能制造粗糙的石器,但因身体构造过分特异化,终于在100万年前或稍晚一些时候灭亡了。另一支纤细型南猿则可能通过能人而发展到直立人,再发展到后来的智人(包括20万年以前的早期智人和5万年以前的晚期智人)。在这一过程中也并不排除继续存在着分化,不排除某些分支先后绝灭。这是一个很复杂的过程,目前的考古发现和研究虽已远远超出过去的水平,但仍然未能完全阐述清楚。根据对化石解剖特征的分析,南方古猿区别于猿类的最重要特征,是能够两足行走。

能人时期(Homo Habilis)

公元前200万年至前175万年,能人,亦作直立猿人,形态特征是:很矮,高度不过144厘米,门齿、犬齿较大,前臼齿比纤细型南方古猿窄,锁骨与现代人相似,手骨和足骨比现代人粗壮,头骨的骨壁薄,眉嵴不明显,脑容量约为600至680毫升。

能人化石是自1959年起,利基(L. Leakey 1903~1978)等人类学家在东非坦桑尼亚的奥杜韦峡谷和肯尼亚的特卡纳湖畔陆续发现的。一说:"人属"的最早的成员大约于250万年前生活在非洲东部,曾并存多个古猿和人属成员,包括鲍氏南猿、卢多付人、能人和工匠人等。又一说:能人生存的年代在175万至200万年之间,当时粗壮南猿还没有灭绝。与能人化石一起发现的还有石器。这些石器包括可以割破兽皮的石片,带刃的砍砸器和可以敲碎骨骼的石锤,这些都属于屠宰工具。因此可以说:脑的扩大和能够制造工具,是人属的重要特征。

从目前挖掘到的资料来看，卢多付人（Homo Rudolfensis）是我们能找到的最古老的"人属"成员。从动物分类学来看，能人归于人科下面的人属能人种（Homo Habilis）。能人的大脑明显比南方古猿扩大，并能以石块、木棒为工具，以后逐渐演化为直立人。

猿人（直立人 Homo Erectus）时期

猿人在分类上归于"人属直立人种"，俗称猿人。猿人化石最早是1891年在爪哇发现的。当时还引起了"是人还是猿"的争论。直到20世纪20年代，在北京周口店陆续发现北京猿人化石，才确立了猿人在人类演化史上的地位。猿人的存在年代约为170万年前到20余万年前。

迄今猿人化石在亚洲、非洲和欧洲均有发现。猿人虽然身体结构像现代人，但没有真正的发声器官，无法发出明显的语音。估计直立人只有（像黑猩猩那样）通过手势、体态、表情、叽咕声和尖叫等方式交流。人类学家认为，猿人来回迁徙，一个部落大约有百人或几十人的成年男女和孩子，当他们寻找食物时，可能分成若干小组。

根据出土文物可以证明，北京猿人在大约距今70万年至20万年的时期内居住于周口店地区，过着以采集为主、狩猎为辅的生活。其早期为距今70万年至40万年，中期为距今40万年至30万年，晚期为距今30万年至20万年。

北京猿人从居住地附近的河滩、山坡上挑选石英、燧石、砂岩石块，采取以石击石的方法打制出刮削器、钻具、尖状器、雕刻器和砍砸器等工具，用来满足肢解猎物、削制木矛、砍柴取暖、挖掘块根等种种需要。

猿人（直立人）的一个重要特征就是开始使用火，发现火的使用后，生火处估计就成为部落生活的中心，直立人应该已经使用火来加工食物。猿人若要保存火种，一定要有木制的篝火支架、拨火棍，还要砍伐树枝做燃料。若要用火加工食物，一定要有耐火硬木制作的烤肉叉，等等。

在北京猿人洞穴里挖掘出土的动物骨头有鹿（肿骨鹿、斑鹿）、野猪、羚羊、剑齿虎、老鼠、马、鬣狗、水牛、猕猴、鸵鸟等，不下百种。最值得注意的是肿骨鹿和斑鹿的化石特别多，个体各有2000多头，并且这些骨头有烧过的痕迹。北京猿人肯定吃这些动物。这表示北京猿人善于打猎。在他们的食物里，肉类占有相当重要的地位。

历史观的新突破

北京猿人使用的石器以细小石器为主要成分，尺寸只有1厘米到几厘米，试问：使用这样大小的石器，以很近的距离，怎么可以捕猎大型野兽——鹿（肿骨鹿、斑鹿）、野猪、羚羊、剑齿虎？如果只是近身的肉搏，仅以石块为战，他们根本不是对手。

由此推知，北京猿人肯定采用木质长矛、投枪、棍棒等狩猎工具。这时期人类处于"石器与木器并用"的阶段。

北京猿人及其文化的发现与研究，解决了19世纪发现爪哇人以来围绕科学界半个世纪的"直立人"究竟是猿还是人的争论。事实表明，在人类历史的黎明时代，从体质形态、文化性质到让会组织等方面，的确有过"直立人"阶段，他们是"南猿"的后代，也是以后出现的"智人"的祖先。"直立人"处于从猿到人进化序列中重要的中间环节。到目前为止，"直立人"的典型形态仍然是以周口店北京人为准则。

智人（Homo Sapiens）时期

智人又分为早期智人（远古智人）和晚期智人（现代人即新人）。早期智人生活在20万年前到10万年前。晚期智人的生存约始于10万年前，其解剖结构已与现代人基本相似，因此又称人体结构上的"现代人"。（说明：由于人类学各个学派以及学者们在不同时期的说法不一，迄今对于"智人"的分类尚无统一的观点。"早期智人"的说法有①40万年前，②30万年前，③20年前，④10万年前；"晚期智人"的说法有①20万年前，②10年前，③5万年前。又，关于"现代人"的说法有①晚期智人就是"现代人"，②一万年前的人类才算是"现代人"。总之，众说纷纭，各派有各派的定义，莫衷一是。）

尽管人类演化的细节尚不清楚，但是总体趋势大致如下：

首先，大约在700万年或500万年前（一说420万年前）人猿分化，关键的转变是直立行走。

第二，大约在250万年前（一说200万至175万年前）人类开始制造木石工具，真正的"人属"诞生。

第三，大约在200万年至100万年之前人类脑量迅速增加（在50万年中猛增200毫升，能人的脑量猛增到650毫升）。

最后，大约在20万年前现代人种出现，开始利用强大的思维器官逐

渐创造出艺术、语言和其他文化特征。[注4][注5][注6]

古人类的进化过程

关于人类的起源和进化的理论，一直充满争议。考古学者们对人类起源的认识，常随着化石材料的新发现而修订。过去的理论认为人类的进化是呈阶梯式进化的，即南方古猿→能人→直立人→智人。随着人科化石的不断发现，表明大约在200万年前，同时存在着三个"人科"的成员，即南方古猿阿法种、粗壮南猿和能人。因此，人类阶梯进化方式受到了怀疑，目前"枝状进化"成为人类进化的主要理论。[注7]

美国学者斯蒂芬·杰·古尔德（Stephen Jay Gould）认为：进化的顺序并不是像一个梯子上的阶梯，而是从亲缘种分裂出枝状谱系，从枝形图的基点到顶端（现在生存者）是一系列分支，现代人仅仅是曾经繁茂的枝状谱系中一个生存下来的分支。现代人在生物学上都属于同一物种，即智人种。现代人大约在距今20万年至15万年前才开始逐渐在地球上扩散，分布于不同的大洲。古尔德认为，生物和人类的进化并不像达尔文及新达尔文主义者认为的是一个缓慢的渐变积累过程，而是长期的稳定（甚至不变）与短暂的剧变交替的过程。[注8]

从20世纪20年代起，北京人被认为是中国最早的人类，后来又发现了比北京人更早的蓝田人和元谋人。1997年，中国科学院启动了找寻200万年前和更早人类的"攀登项目"。1998年至2003年，考古人员在安徽繁昌发现了一些更新世初期的石器和骨器，为中国有人类生存的最早时间有可能达到200万年至240万年前提供了间接证据（此前在1924至2002年间，河北阳原县多次发现距今约150万年至200万年的泥河湾早期人类文化遗址群，但迄今尚未找到泥河湾猿人化石）。中国已发现了不少上新世和中新世的古猿化石。

现代人单一起源于非洲的假说

"现代人单一起源于非洲说"，目前得到了国际大多数学者的支持。单一起源说，在各地发现的化石上得到如下印证：最早的现代人化石，早于10万年前都出现在非洲；至于欧洲、亚洲的现代人化石大约在5万年前才出现，均晚于非洲。其次，单一起源说得到了遗传学家的支持，

历史观的新突破
LISHIGUAN DE XINTUPO

认为它在生物学上是最合理的。

看来，人类祖先从非洲向世界各地的迁移，有几次大浪潮，每一次覆盖了前一次。其中最后一次是大约15万年或10万年前从东非出发走向欧亚大陆，逐渐散布到各地。

现代人单一起源说的基本点，即世界各地的第一批现代人（智人）都起源于东非，8万年以前到了欧洲，5万年以前到了东亚……所到之处，替代了当地已存在的人群（早期智人）。也就是说，曾经存在于各地的早期智人都早就灭绝了，现代地球上的所有现代人（晚期智人）都来自于东非。[注9]

从石器与木器并用到木石复合工具

从类人猿到直立人的进化阶段，人类在求生存的过程里，逐渐学会了同时使用天然材料——石块与树枝制作工具。

黑猩猩是与人类最相似的灵长类动物，它们有98%的DNA与人类相同。人类和黑猩猩在距今420万年或700万年前还有着共同的祖先。几百万年来黑猩猩变化得很少，因而我们可从对黑猩猩的已有知识出发，近似地推断人类和黑猩猩共同祖先的社会行为是怎样的，进而推论人类的演化历史。[注10]

简·古多尔（Jane Goodall）在非洲坦噶尼喀湖的丛林野外长期生活进行观察研究，取得了惊人的发现。她的研究显示，不仅人类能够使用工具，黑猩猩也能够利用树枝和石头制作简单的工具；同类之间能够合作捕猎，分享食物；会相互哄骗和恫吓，并有较强的侵略性，等等。这一切都含有远古人类早期的影子。人类学家路易斯·利基指出：研究黑猩猩的社群结构，有助于阐明远古人类群居社会的进化过程。

黑猩猩经常用石块砸开坚果的外壳；用树枝、石块作为进攻的武器；用粗棍扩大土蜂巢的入口；用树叶擦去身上的泥土或用来擦去粘在嘴上的食物，还会把树叶贴在流血的伤口上。简·古多尔列举了两个事实：一是黑猩猩会选择合适的草木棍，把草木棍弯折的一头咬掉，然后握紧手掌把叶子捋掉，于是便制成了垂钓的工具，可以轻松地钓取白蚁作为食物。二是黑猩猩利用树叶制作吸水的海绵体，先咀嚼树叶，吐出后就形成了一团"海绵体"，利用这种"海绵体"把树洞里的水吸出来，或者把狒狒等猎物颅腔里残留的脑髓吸干净。黑猩猩的这种习得性行为，属于萌芽状态的工具制造，但它推翻了以往区分人类与动物的基本依据。长期以来学术界认为人与动物的基本区别是"人会使用和制造工具"，现在看来这是不确切的。[注11]

不仅在非洲，还有印尼苏门答腊岛的某些沼泽地中，猩猩会制作类似棍子的工具，将种子从多刺毛的利沙树果实当中取出来。它们也会利用工具挖蜂巢中的蜂蜜，或者掏树洞中的白蚁。在使用石块与树枝工具的猩猩种群当中，所有的成员都具备这种技能。

而今，美国科学家发现，非洲雌性黑猩猩还懂得使用树枝制作木矛，捕猎洞穴中的小动物丛猴。可见，从类人猿到直立人，几百万年以来一直是同时并用树枝与石头制作工具。

人类最初的工具——石器与木器并用

猿人进而利用天然材料有意识地制造简单的木质和石质工具。

木－石器时代早期（所谓旧石器时期）文化，最基本的石质工具是刮削器、砍砸器和尖状器等，它们大多数是砍伐或修理木质器具的，可推测那时石器与木器的同时使用很普遍，但是还没有发明木石复合工具，所以应称为"木－石器时代的第一个时期——木石并用时期"。考古资料表明：在北京猿人的石器中，刮削器占70%以上；黔西观音洞的刮削器占80%；[注12][注13]在非洲，卡纳湖地区的石器也以刮削器为主；在欧洲东部和中部，石片在旧石器时期占重要地位。当时为什么会有那么多的刮削器和石片制品呢？是因为猿人要用它们刮削和加工树枝制造木质工具。甚至直到20世纪60年代，大洋洲的有些部落还仍然使用带有利刃的天然石片砍伐树木、制作木器。

刮削器加工的木棍、木矛、投枪可用来挖掘块根等植物性食物，砍斫器和木棍、木矛、投枪是猎捕野兽的重要工具，尖状器、刮削器可以处理兽肉兽皮，由此可知当时的经济主要是采集和狩猎。[注14][注15]

直立行走和使用石头、木头以制作工具，在从猿向人的转变中起了重要作用。直立行走使人腾出双手，能够用双手抓住石头和树枝来加工制作工具，促进了大脑和人体其他部位的进化，使人类真正成为地球上独一无二的高级动物。人类学家认为，能人——卢多付人能够使用石头

历史观的新突破

和棍子挖掘根、球茎和其他的植物性食物，也就是石器与木器并用。

过去所谓的"石器时代"对应于能人—猿人—智人等时期。在猿人（直立人）时期，还只会使用简单的木器和石器，这时期人类处于"石器与木器并用"的阶段，相当于"旧石器时期"。而"木-石器时代"的木石复合工具时期，对应于新人（晚期智人即现代人）时期，相当于"中石器或细石器时期"。

"新人"的出现揭开了木石复合工具时期

我们知道，前200万至前175万年的"能人"，刚刚会以石块、木棒为工具，以后逐渐演化为直立人。而属于直立人种（Homo Erectus）的猿人，年代约从170万年前开始；直到20万年前，人类还处于猿人阶段，进化非常缓慢。

尼安德特人（Neanderthal）是距今大约20万至3万年生活在欧洲、近东和中亚地区的早期智人，分布很广，西起欧洲的西班牙和法国，东到中亚的乌兹别克斯坦，南到巴勒斯坦，北到北纬53°线。尼安德特人的化石常与莫斯特（Mousteria）文化共存。他们制造并使用各样的石制工具和木制长矛。在德国霍赫勒·菲尔斯（Hohle Fels）考古点，科学家挖掘出了3.6万至4万年前生活在洞穴中的尼安德特人使用过的器皿，还发现了3.3万至3.6万年前居住在该地区类似气候与环境条件下的现代人类留下的器物。他们能用木头制作日常器具等，还能够用树脂将尖石头粘在木制把手上，制作成戳刺或可以抛射的武器。尼安德特人已经能够制造、使用复合工具，具有狩猎能力及丧葬等习俗。尼安德特人曾是欧洲大陆上盛极一时的古人类，有近20万年的历史。然而在大约3万年前，一场剧烈而又反复无常的气候变化，把他们逼上绝路。而适应能力更强的新人（晚期智人、现代人）的出现，更是加速了这群尼安德特人的灭绝。[注16]

到2万至3万年前的晚期智人（Homo Sapiens Sapiens 即新人）阶段，进化加速了。克罗马侬人（Cro-Magnon Man）属于晚期智人（新人），克罗马侬人的遗存通常和奥瑞纳（Aurignacian）文化期的工具（如经修饰的刀等）遗存保存在一起。在法国西南部的拉斯科（Lascaux）岩洞壁画中，有15000年前许多猎人用弓箭狩猎的场面。洞窟壁画为马格德林文化期的作品。

人类学家吴汝康指出：猿人在地球上的出现是一次伟大突变，新人的出现可能是又一次伟大突变。[注17]那么，木－石器时代向陶器时代的过渡，以及农业革命的出现，也正是人类进化突变的结果。新人（晚期智人）时期，人类发明了木石复合工具。

木－石器时代中期最普遍的工具是刮削器，多选用石英、水晶、火石等材料，经过二次加工，主要用于刮削木材和兽皮。这一时期有三大发明：钻孔技术，弓和箭，渔具（渔网、鱼钩、鱼叉）。

石斧、石刀、石箭头都装有木制把柄和箭杆，用绳索捆绑或树胶黏结。这一时期，工具的特点为实用性：便于装柄与杆，方便携带，根据材料质地加以利用；且有审美性，体现出对色彩、结构的初步认识。弓箭除了箭头（镞）为石质以外，弓、弦、柄皆为木质。箭的前部，用树脂固定细石器的尖头和倒刺。弓箭在人类历史上是决定性的转折点。渔网也多为木石复合工具，特别是麻绳渔网和石质网坠。

弓箭——复合工具的最重要的发明

自然环境的改变只是细石器产生的外部因素，这里的决定性因素是人类自身的进化。到晚期智人（现代人）阶段，进步的细石器工艺，适应了木石复合工具的特殊需要。最重要的一项复合工具的发明则是弓箭，细石器文化以弓箭的出现为标志。

考古证据表明：距今3万年左右就有了弓箭。弓箭的发现，在当时来说，确是一桩了不起的大事。不仅准确性强，容易命中，也便于携带。以前的矛不易携带，多带是很麻烦的事。从原始的壁画可以看出来，若猎手的手中只有一支矛，一旦不能命中，在极紧张的情况下，会手足无措。弓箭就不然，从壁画上看，有的人携带着5只箭。用弓箭猎取小动物，如獐、狐、兔、鸟等更为适用。我们从史前欧洲洞穴看到了距今20000年的弓箭狩猎图：原始的4名猎人一起用弓箭围猎一群野鹿。

1963年，在中国山西朔县峙峪村的木－石器遗址中发现了一枚石箭镞。这个发现证明了先民在距今约2.8万年已经使用弓箭。这是一件用薄而长的碎石片打制成的箭头，原来的石片台面很小，正好作了箭头的尖端。先民们为了使尖头锐利，进行了仔细加工，一个边缘保持了原来

历史观的新突破
LISHIGUAN DE XINTUPO

锋利的刃口，另一边缘作了精细修理，器身被修理得很周正，和箭头相对的一端，左右两侧都敲去一块，使之变窄，形似短短的簇。这件器物无论是锋利程度，还是尺寸大小，以及器型的轮廓，都合乎箭头的要求。这个遗址的时代，据碳14测定距今为 28130±1330 年，和欧洲的奥瑞纳文化期（Aurignacian 据碳14测定距今为 32300±675 年至 28850±250 年）的晚期相当。

在山西沁水县下川文化遗址，也发现有石簇。这个遗址的石器也多是细小的，和华北新石器时代的细石器类型最接近。石簇分为圆底石簇和尖底石簇两种。不过下川的石簇在加工技术上比较原始，形状也不稳定，但从加工、形制以及大小来看，具备了石簇的特点，即尖端犀利，两边出刃，底端很薄，与新石器时代的细石器文化中的圆底簇基本一致。这个遗址的年代，据碳14测定距今为 21090±1000 年和 15940±900 年。

木－石器时代的箭头，在欧洲和非洲也发现过。例如，西班牙的帕尔帕洛洞穴遗址（Spain's Pal Palo cave site），这个遗址具有和法国的梭鲁托文化典型地点（Solutrian）不同阶段的性质，特别是从器物的两面或一面用压削法制成尖状器——即石箭头——把一个石片放在木头上，用一个带尖的棒状物沿着石片的边缘压削，把器物压制成一定的形状。这是一种很进步的方法，压出来的边缘既薄又平齐，由此制作石质的箭头。

弓箭巧妙地利用了木质的弹性张力射出细石器箭头（石簇），比旧式的投掷武器射程远、命中率高，而且携带方便。它大大提高了狩猎生产的效率，也成了重要的战斗武器。这种高效率狩猎工具的出现，使先民猎获了大量兽类，增加了肉食，极大地改善了晚期智人（现代人）的体质。在食物充分的情况下，人类将捕获物的一部分加以驯化饲养，让幼小的食草动物（如鸡、狗、猪、羊、牛等）养大后再捕食，这样便开始了最初的畜牧业。

在野蛮时代，没有任何一种兵器（包括金属剑），能与弓箭的作用相比。可以说，直到火器诞生前，弓箭都是狩猎和战争中决定性的武装。摩尔根在《古代社会》一书中认为：弓箭的发明，对人类生活产生了划时代的影响，是蒙昧社会发展到高级阶段的分界线。[注18] 由于有了弓箭，猎物便成了通常的食物，而打猎也成了常规的劳动之一。弓、弦、箭已经是很复杂的工具，发明这些复合工具需要有长期积累的经验和较发达的智力，因而也要同时熟悉其他许多发明，例如：木制容器和用具，用韧皮或芦苇编成的篮子和手工织物。用磨制石器制作的石斧等木石复合工具，已使人能够制造独木舟，有些地方已能用方木料和木板、木柱来建筑房屋了。[注19]

农业革命常用的农具是木石复合器。史前农具的基本形式，通常主体部分是木制，以轻便的木柄装上石制或骨制刃口。原始农业的出现，起初仅作为采集、渔猎活动的补充而已，在先民生活中，并不占有非常突出的经济地位，后来木石复合农具才提高了农业生产力。本文作者已论述了史前农业革命的主要农具是木石复合器，此不赘述。[注20]

可见，木石器时代的新阶段——木石复合工具时期，是和新人（晚期智人，即现代人）的出现息息相关的。

木石复合工具——武器戈和戟

矛，在古代兵器史上使用期最长久。原始社会，先民把长木棒的尖端削磨成尖锐的"锋"，用来扎刺野兽，这就是矛的前身。后来，人们用石头打制成石矛，用绳索绑缚在长木柄上，大为提高了矛的刺杀效果。

跟矛相似的一种木制（或竹制）武器，有棱无刃，叫做"殳(shū)"——就是兵车上的长木杖——一种用竹或木制成的，用作前导或撞击作用的古代兵器。

《说文》云："殳，以杖殊人也。"段注："杖者，殳用积竹而无刃。"毛传："殳长丈二而无刃是也。殊，断也。"《周礼》云："殳以积竹、八觚，长丈二尺，建于兵车。"《诗·卫风·伯兮》云："伯也执殳，为王前驱。"《左传·昭公廿三年》载："执殳而立于道左。"远古"殳仗队"就是宫廷的"仪仗队"。木-石器时代，狩猎和战争前，"殳仗队"（仪仗队）要手持"殳"舞蹈游行、接受检阅，以祭神并鼓舞士气。

由木质的矛和殳，发展出木石复合武器戈、戟。

先秦一种常见的兵器"戈"，就是仿造带把手的石刀、石矛和石镰，捆绑在木柄上使用。

戟，是我国古代独有的一种兵器。实际上戟是戈和矛的合成体，它既有直刃又有横刃，呈"十"字或"卜"字形，因此戟具有钩、啄、刺、割等多种用途，其杀伤能力胜过戈和矛。戟的长柄，也称为"殳"。

历史观的新突破

据许慎《说文解字》记载，戈的定义为"平头戟"，字形本身"从弋"，"一横之"为象形标志。《周礼·考工记·冶氏》郑玄注，指出"戈，今句子戟也"。段注称："戈，句（勾）兵也；戈者兼句与击者也。用其横刃则为句（勾）兵。用横刃之喙以啄人则为击兵。击与句（勾）相因为用。"

《礼记·正义》指："戈，钩（勾）子戟也。如戟而横安刃，但头不向上，为钩（勾）也。"指戈的形态为长柄，前端有一内向横刃，以钩（勾）击及啄击为主要施袭手段。

春秋战国时代，大量文献皆出现戈这种兵器：

《诗经·秦风·无衣》中有"修我戈矛，与子同仇"之句。

《楚辞·国殇》有"操吴戈兮被犀甲，车错毂兮短兵接"之句。

可见戈在古代非常普及。

戈的结构由简单到复杂。最原始的戈头是石（玉）戈，二里头文化第一次出现了青铜戈。初期的戈仅有"内"和"援"两部分。青铜戈头一般由援、内（音同纳）、胡、阑等部分组成。

"援"是戈的长条形锋刃部分；"内（纳）"有纳入之意，是戈的尾部横向伸出的部分，呈榫状；"胡"是指由援向下转折延长的弧形部分。

内和援之间的凸起部分称"阑"。

内与胡上有"穿"（即孔眼），可以穿系皮条，将戈头捆扎在"柲"（丝线缠绕的木质器柄）上，保证戈头不至于在实战中脱落。

古代最常运用戈的是战车兵。《周礼·司兵》中载有"车之五兵"，郑玄注释指五兵为戈、殳、戟、酋矛、夷矛。《考工记》载："车之五兵为夷矛（长二丈四尺）、酋矛（长二丈）、戟（长一丈六尺）、殳（长一丈二尺）、戈（长六尺六寸）。"

春秋战国时代，贵族所驾驭的战车中通常有三人，中央者名为"御者"，负责驾驶战车；左侧者名"车左"，主要以弓矢为攻击手段；右侧者名"车右"，主要以戈矛作近距离白刃战，戈是守卫战车者经常使用的兵器。

春秋战国时期之所以常用戈而不是矛或长刀，是因为当时盛行车战，而车战的近战是在战车交错时展开的，用矛的话很难借助战车的冲力，同时也难以在交错的瞬间击中目标。另外，沉甸甸的长刀不但比戈笨重，而且更容易磨损、失效。于是善于啄杀的戈就成了当然的主力。

战车有了更多的战马、更厚更多的盾甲。战车两侧轴头都装了驱杀步兵的夷矛和酋矛。戈也发生了变化，头部变成弧形，内刃加长像镰刀，外刃增强了推的杀伤力，用推来对付步兵的围攻。

"戈"后来成了借代兵器的泛用常称，《说文解字》中"武"字的定义就是"止戈为武"。戈常与其他武器并称组词，如"戈矛"、"戈戟"、"戈殳"、"戈矢"、"戈甲"、"干戈"、"兵戈"等。兵士手执兵器者泛称为"执戈"、"荷戈"；将兵阵前背反者称"倒戈"；"枕戈待旦"形容军人以戈为随身兵器，即使连休息都以戈为枕的备战状态；"投戈释甲"则指军队投降。

《礼记·曲礼上》："正义曰：戈，钩（勾）子戟也。如戟而横安刃，但头不向上，为钩（勾）也。直刃长八寸，横刃长六寸，刃下接柄处长四寸并广二寸，用以钩（勾）害人也。刃当头而利者也，利故不持向人也。在尾而钝，钝向人为敬，所以前后刃也。"

銎（qióng），《说文》云："銎，斤斧穿也。"段玉裁注："谓斤斧之孔所以受柄者。"这就是木石复合工具或武器上面装柄的孔。

木石复合工具——鱼叉

1972 年考古人员在瑞士发现了史前鱼叉遗物，鱼叉的特点就是有倒钩。在欧洲与非洲的奥瑞纳文化、梭鲁特文化和马格德林文化时期，出现了鱼叉、标枪、投矛器等新工具。

2008 年考古学家在撒哈拉沙漠发现了木-石器时代的墓葬群，除了人类遗骸，还发现了鱼叉和石器。考古发现的单个墓葬多达 200 处，较早的文化距今 1 万年至 8000 年，较晚的距今约 7000 年至 4500 年。先民以野外狩猎为生，当时正处于已知的撒哈拉历史上最湿润的时期，当时人们已经会用长木鱼叉捕鱼。

在华夏文化中，最早发现的骨鱼叉是在江西万年仙人洞遗址（距今约 8000 年），鱼叉的两侧倒钩磨得比较尖锐、锋利。

辽宁海城小孤山遗址出土的骨鱼叉、骨标枪头，加工细致、器形精美。鱼叉残长 188 毫米，尖端缺断，结构可分头部、主干和尾部。头部成扁锥体。主干为棱柱体，一侧有一个倒钩，另一侧有两个倒钩，这些

倒钩位于主干的前部。鱼叉尾部被剥刮得较薄，剖面呈楔状的叶片，可插入安柄的木杆上。[注21][注22]

距今约6000年的半坡遗址，也发现了生产工具：箭头、鱼叉、鱼钩等。这说明了：先民不仅在陆地上打猎，还能在水中捕鱼。

河姆渡遗址出土的木石复合工具

浙江余姚河姆渡文化，据放射性碳元素断代并经校正，年代约为公元前6000年。出土文物为木石复合工具提供了大量的第一手证据。

《周易·系辞下》记载远古"刳木为舟，剡木为楫"，"断木为杵"，以及"弦木为弧，剡木为矢，弦矢之利，以威天下"。而《韩非子·五蠹篇》所谓"构木为巢"，则反映了木结构建筑的出现。

不过，由于木质构件易腐朽，存留年代受很大限制，现已很难直接看到几万年前有关的实物遗存。河姆渡遗址的发现，使我们对远古时代的木作技术有了比较真切的认识。除木制耜、铲、杵、矛、刀、桨、槌、纺轮等工具外，还发现了不少安装多种工具的木质把柄。

至今在宁绍平原共发现河姆渡文化遗址49处，其中以姚江两岸最为密集，共有31处。

由于历时久远，残存至今未完全腐烂的木质构件有300件以上，大多出土于第四文化层。这说明当时木质构件已被广泛用于生产和生活的各方面，木器制作技术已达到相当高的水平。

出土的圆木棍、尖头小棒等残迹，多用作农具（骨耜、骨镰等）和木柄斧、木柄斤（锛）、木柄凿的手柄，是河姆渡先民的重要生产工具。

该遗址出土骨质构件有3000多件，是河姆渡先民的重要生产工具，按使用功能分为木柄骨耜、木杆骨箭头、木柄骨凿、木柄骨锥、木柄骨镰等，以木柄骨耜最具特色。

遗址出土的（木柄）骨耜是一种很具特色的农业生产工具，有170件之多，与数量巨大的稻谷堆积物相对应。这说明河姆渡农业已从采集进入到耒耜耕作的生产阶段。骨耜的外形基本保持原骨的自然形状，上端厚而窄，下端刃部薄而宽。骨面正中有一道竖向浅槽，下端呈圆舌形，其两侧有两个平行的长方孔，上端有一横穿方銎，是为绑扎竖向木柄而设计的。这种制作方法为河姆渡文化遗址所特有。

河姆渡遗址出土的石器数量和种类都不算丰富，共出土874件。按功能分，主要有木柄斧、木柄斤（锛）、木柄凿三种，器形较小，磨制不精，尚留有不少打击和琢制的痕迹。大多属于砍伐树木和加工木构件的工具，但并非主要农具。

最重要的木器还有纺织工具和木桨。

纺织工具有木（或陶）纺轮、齿状器、木机刀、卷布棍、木（骨）匕等。纺织专家认为这些是踞织机的零件。有了纺织，说明河姆渡先民已脱离茹毛饮血的野蛮生活，进入穿着植物纤维（麻衣）的阶段。

木桨共8件，采用整块木料加工制作而成，柄部为圆形，桨叶呈柳叶形。有桨必有船，早在7000年前，河姆渡先民就划桨行舟，用于捕捞和邻近氏族之间的交通往来。

在河姆渡遗址出土的许多建筑木构件上还可看到榫卯结构，尤其是燕尾榫、带孔榫和企口板的发明和使用，标志着当时木作技术的成就。

河姆渡遗址还出土了漆碗，用整段木头镂挖而成：口径9.2厘米至10.6厘米、底径7.2厘米至7.61厘米、高5.7厘米，外壁雕刻成瓜棱形，敛口，扁鼓腹，矮圈足。这件器物距今已有7000年历史，斑驳的红色涂料经鉴定为有机漆，这为中国的髹漆工艺找到了源头。除陶器外，木器是原始人生活中的重要器皿，涂漆不仅可以增加美观度，更使器表光洁，易于清洗。只是漆木器保存难度大，因此发现较少，这只漆碗是反映河姆渡人生活的典型器物。

不仅如此，此漆碗的朱漆已属调色漆，比使用漆树上采割下来的天然漆有了很大的进步，说明河姆渡人使用天然漆已有很长时间了。这件稀有的漆碗，对于漆工艺研究有着重要的学术价值。

火·木·石——从猿人到现代人的演化

讨论远古工具史，不能不注意"火"这个至关重要的技术因素。

无论黑猩猩、南方古猿或能人，都不会使用火。用火与造火技术，是人类第一项重大发明。

用火离不开燃料——木。尽管在非洲和欧洲的一些地点曾报道过原始人用火的遗迹，但多不能十分肯定。例如，在肯尼亚切索万加地区早更新世地层中，就发现了40多块与石制品、化石共存的烧土块，有细小

历史观的新突破
LISHIGUAN DE XINTUPO

的碎块和一些5厘米到7厘米的团块，经钾氩法测定年龄为距今约147万年±7万年左右。又据报道，南非也曾发现距今一百多万年前燃火的木炭痕迹。[注23]在距今180万年的西侯度旧石器地点，曾发现烧过的骨头。在距今170万年前的元谋猿人化石地点和距今一百万年左右的蓝田猿人化石地点，也曾发现过一些炭屑。对于上述发现，有学者认为这是人类用火的遗迹；也有学者认为这些被火燃烧过的物质，多发现在搬运埋藏类型的地层中，因而不能排除是自然火燃烧结果的可能性。

迄今考古资料能够确切证明：中国猿人是最早一批利用和保管天然火种的人。20世纪30年代，在北京猿人遗址中发现黑灰土和颜色呈黑灰浅蓝的骨片，经化学分析证明是火烧的结果。以后在文化堆积中的许多层次中均发现大量的用火遗迹。如鸽子堂西侧第3层下的一块约60平方米的巨石上，曾发现两大堆厚约1米的灰烬；在第4至5层，灰烬最厚处可达6米；在第8至9层，有的地方灰烬厚达4米；第10层的底部也有厚约1米的灰烬。这些成堆分布的灰烬无疑是火堆的遗迹，灰烬中的黑色物质经化验是草木灰素。所有的灰烬中均包含有数量很多的烧骨、烧石、烧土、烧过的朴树籽等烧烤熟食后的剩余物和木炭等。烧过的地面或土块，土质变硬，土色变成红色或红褐色；朴树籽被烧成灰白色。就世界范围而言，北京猿人遗址发现的用火遗迹，是已知确定无疑的人类用火的遗迹。[注24]

燃火作业离不开木质工具与石质工具的共同作用。草木是必须经常添加的燃料，以拨火棍等控火用火、堆建篝火框架，或用灰烬掩埋火种，或掏取埋在热灰里焐熟的食物，都要使用木棒；而采集、砍伐和劈断木材燃料，就要使用石刀、石斧等。

原始农业最初的耕作方式都是"火耕"，先用石斧等工具把树木砍倒，晒干后用火焚烧并烧掉野草。这样开辟荒地，烧后的草木灰也成了肥料。经火焚烧后堆积草木灰的土地较为疏松，先民就用一端砍尖的木棒掘洞，在洞内点播种子。此后就等待谷物成熟，届时再去收获。那时人们还不懂施肥与中耕。一块地种了几年，待肥力减少时，就弃置不用而另开耕地。这种耕作方法在近代一些落后民族中仍能看到。《旧唐书·严震传》云："梁汉之间，刀耕火耨。"刀耕，指用石斧、石刀砍树；耨，指放火除草。而所谓"刀耕火种"的说法离不开"火、木、石"的共同作用。

"钻燧取火"：石燧与木燧

在北京猿人遗址中发现的几处灰烬层，厚度达到 1 米、4 米，甚至 6 米，说明猿人必须长时间不断添加草木燃料，维持火堆持续燃烧，而当时除了引用自然火（如雷电击火、森林火灾等）以外，尚未找到人工取得火种的方法。许多万年以后，人类才发明了利用石器敲击取火和利用木器摩擦生火的技术。

恩格斯指出："就世界性的解放作用而言，摩擦生火还是超过了蒸汽机，因为摩擦生火第一次使人支配了一种自然力，从而最终把人同动物分开。"又说："人们只是在学会了磨擦取火以后，才第一次迫使某种无生命的自然力替自己服务。"[注25]

古代关于原始先民利用木与石取得火种的记载——"钻燧取火"，见于《韩非子·五蠹篇》。类似的语词还有"钻燧改火"、"钻燧生火"、"钻燧出火"、"钻木取火"、"小枝钻火"等。

"钻燧改火"见于《论语·阳货篇》。有关注解说：古人钻木取火，四季所用木头不同，每年轮一遍，称为"改火"。《管子·轻重篇》载："炎帝作，钻燧生火，以熟荤臊，民食之，无兹胃之病，而天下化之。"关于远古钻燧取火用于熟食的传说，《韩非子·五蠹篇》曰："上古之世，人民少而禽兽众，……民食果蓏蚌蛤，腥臊恶臭而伤害腹胃，民多疾病，有圣人作，钻燧取火以化腥臊，而民说（悦）之，使王天下，号之曰燧人氏。"

后来的古籍所载，如汉代《尚书大传》云："遂（燧）人为遂皇，伏羲为戏皇，神农为农皇也。遂人以火纪，火，太阳也。阳尊，故托遂皇于天。"如《尸子》云："燧人上观星辰，下察五木以为火。"如东晋《王子年拾遗记》云："遂明国有大树名遂，屈盘万顷。后有圣人，游至其国，有鸟啄树，粲然火出，圣人感焉，因用小枝钻火，号燧人氏。"如魏晋之际《古史考》云："太古之初，人吮露精，食草木实，山居则食鸟兽，衣其羽皮，近水则食鱼鳖蚌蛤，未有火化，腥臊多，害肠胃。于是有圣人出，以火德王，造作钻燧出火，教人熟食，铸金作刃，民人大悦，号曰燧人。"这些，都来自《韩非子·五蠹篇》而加以悬想，是后

历史观的新突破

人的附会，如顾颉刚所指出，是"层累地造成的"。至于《韩非子·五蠹篇》所谓的"燧人（suìrén）氏"，只不过是他构想的神话中的"英雄人物"，为虚称而非实指。

关于"钻燧取火"的传说记载，得到了现代考古学和民族学的实证。据民族学调查，有些少数民族地区至今还保留着人工取火术。

我国古代取火的工具称为"燧"，有石燧、木燧之分。石燧取火于石，采用敲击取火的方式；木燧取火于木，采用摩擦取火的方式。

石燧是古代一种生火的工具。敲击石块所发的火，叫"石火"。用打火石敲击硬质的材料，如花岗岩等，火石上面垫着易燃的火绒、干草或枯树叶等，敲击火石后便燃着。越是有棱角的石头，敲击的效果越好。在德国杜塞尔多夫附近的尼安德特人遗址中发现了用敲击燧石的方法取火的遗迹。"敲击取火"的方法，直到近代仍为许多民族使用。如四川木里县的普米族人，利用白色火石跟赤铁矿石敲击取火，在火石上先放置引火的干草，引火草上再放一些炭末，待引火草烤焦，火星才容易燃烧起来。又如云南的苦聪人，用一种"黄石"击石取火，以晒干的芭蕉根作引火物。[注26][注27]

木燧取火于木，就是"钻木取火"，即根据摩擦生热的原理产生火种。木料是易燃物，强烈的摩擦力会产生热量，生出火来。达尔文在1813年环球旅行途经南美洲时，曾看到印第安人摩擦取火的情形：他们用一根木棍的钝端，在另一根木棍上刻有槽缝的地方用力摩擦，于是就得了火种。在埃及地方（Kabun），考古人员发现了公元前1890年的钻木取火工具。它由四个元件构成：圆形石帽、发火钻杆、钻弓、钻孔木板。一坨沉重的圆形石帽，压在木质发火棍的钻杆上面，把钻杆压进木板钻孔里。取火者运用钻弓带动钻杆往返迅速旋转，引发的火花点燃了木板钻孔里的艾绒（引火干草）。木板上的钻孔是预先烧烙出来的，残留着木炭层。木炭的着火点比木材低得多。钻杆与木板孔洞摩擦时，木炭层容易达到着火点而迸出火花。[注28]

1976年甘肃省居延考古队发掘出土了先民取火工具——木燧，由一根木杆和一块有孔的木板组成。海南岛黎族的钻木取火工具包括两部分，一是长约37厘米的"山麻木"削制的木板，在其一侧挖若干小穴，穴底往下有一竖槽，是火花运行的通道；二是钻火杆，长约53厘米，下端略尖,"取火时,由一人操作,先用脚踩住木板,竖槽下放好艾绒,然后把钻杆插在小穴内,以双手撑钻转动钻火杆,使其垂直地在小穴中转动。钻孔时速度要快,还要有一定的压力。当小穴附近迸出火花后,火花沿竖槽下降,将艾绒旨燃"。云南西盟佤族则用锯木法取火。取火工具是一段刻有凹槽的木头和一长竹片。取火时,需两人配合进行:"一人取一竹片,置凹槽中来回摩擦,另一人双手各持一小团火草置凹槽两端,摩擦到火花迸出,即可点燃其旁火草。"[注29]

有些民族(如云南的苦聪人)可同时采用石燧、木燧两种方法取火。

由此可见,在人类开始用火以来,都不能离开"木"和"石"两种材料。人类在进化到猿人(直立人)阶段开始会使用火,但是除了引用自然火以外,尚未找到人工取得火种的方法。而人类在进化到现代人(晚期智人即新人)阶段,才发明了利用木与石取得火种的技术。

渔网和网坠

还有一类很重要的木质工具——线绳,包括细线与粗绳。

起初绳索由木质植物的韧皮纤维或草叶搓捻而成。直到 5000 多年前,人类一直用树皮制成纤维,用手心抵着大腿把纤维搓成线。公元前 2800 年,华夏先民已掌握了制造麻绳的技术,开始用大麻纤维制绳。到公元开始后,大麻纤维已成为世界上大多数地区的主要制绳材料。世界各地生产的绳索,约有一半以上用于航船和捕鱼业。其他绳索的应用也很广泛,从晒衣绳到载重缆绳,随处可见。

渔网由麻绳或其他植物性(木质)绳索编结,这是众所周知的绳索工具。而石网坠(一种细石器)是原始渔网上必须的配件,此外还有用细石器组成的倒刺和尖头的鱼叉。在这个意义上,可以说史前渔猎时代的捕鱼工具也属于木石复合工具。原始人以渔猎和采集维持生命,其中在江河湖海地区离不开捕鱼。远古人群使用粗布加上麻作为原料,通过捆卷的方法制成渔网。虽然这种渔网易腐烂,坚韧度差,但是其捕鱼效率比较高。随着渔业的发展,渔猎的对象不只是鱼,捕捞的方法也与时俱进。在长江流域,例如三峡地区,一些远古遗址中普遍发现大量的鱼类骨骼,不少遗址中甚至堆积有成层的鱼骨层,鱼骨骼最长的可达 1.7 米以上。在新石器时代的墓葬中还发现有专门用大鱼为墓主人随葬的现

象。三峡长江沿岸地区远古居民的肉食食物主要是鱼类，其次才是哺乳动物类。

作为木石复合工具，出现了石头网坠和陶器网坠，还出现了鱼钩以及不少捆绑方法。

原始纺织设备——线绳、纺轮和腰机

前文所述的一些木石复合工具，把木质结构件与石质结构件结合在一起的连接物，就是绳索。可以说，没有绳索就没有木石复合工具。

后文还要论述到，绳索还是史前先民盖房、造船的重要工具。

史前先民最初的衣服，不论是兽皮的缀连，还是树叶的串制，都离不开线绳。

远在木石器时代早期，就出现了骨针、骨锥、石锥、石钻用来缝补麻衣和兽皮、做衣服。考古出土了纺轮等纺纱工具，在半坡仰韶等文化遗址里，也发现不少纺织品遗迹，表明当时人们已经掌握织布技术了。公元前5000年，各文明发源地就有了纺织品生产，例如北非尼罗河流域的亚麻纺织、华夏的葛纺织和丝绸纺织等。从河姆渡与草鞋山、钱山漾遗址出土的文物看来，华夏纺织起源于纺轮和腰机。[注30]

原始的纺织设备包括两道工序：纺纱，织布。

原始石纺轮是木石复合工具

纺轮是原始的纺织工具，又称为纺坠。从搓捻绳线发展到使用纺轮的阶段，最初使用石制木杆的纺轮，也有骨质（后来还有陶质）的纺轮。石纺轮是历史上最早用于纺纱的工具，它的出现至少可追溯到8000年以前。石纺轮也是木石复合工具之一。

各地出土的早期纺轮，一般由石片经打磨而成，如圆钱大小，多呈鼓形、圆饼形、扁圆形、四边形等状，中间穿孔，有的轮面上还绘有纹饰。石纺轮多采用青色页岩或灰色砂岩等石料，经初步加工，再精细琢磨成圆纺轮。木石复合工具——纺轮，是原始的纺织工具，由缚盘和缚杆组成。缚盘为圆形，中间有圆孔。例如，河姆渡遗址出土的石纺轮，直径3.8至5.9厘米、厚0.5至0.8厘米；龙山文化遗址出土的石纺轮，质地为凝灰岩，直径为4.5厘米，石纺轮中间穿一小孔，直径为0.5厘

米或 0.6 厘米左右。

纺轮的使用方法，是用一根带倒钩的木棍或竹枝，将其无倒钩的一端穿入纺轮中间圆孔，加以固定。使用时将所纺的麻或其他纤维品，挂在倒钩上，然后用手拨动纺轮，利用其自然垂力和圆心轴旋转来带动麻纤维，拧成线或绳。除了需要转动惯量比较大的重砣物之外，还要有与重砣连接在一起的纺杆用来缠绕搓捻好的线绳。

纺轮中的圆孔是插进木制缚杆用的。人手用力捻动缚杆，使纺盘转动，缠于缚杆一头的线头便从一堆乱麻似的纤维中连续不断地向外牵伸拉细，缚盘旋转时产生的力，使拉细的纤维拈成麻花状。在纺缚不断旋转中，纤维牵伸和加拈的力也就不断沿着与缚盘垂直的方向（即缚杆的方向）往上传递，纤维不断被牵伸加拈，当缚盘停止转动时，将加拈过的纱缠绕在缚杆上，即纺成了"纱"。到了陶器时代，石质纺轮才逐渐被陶质纺轮取代。

原始织布机也可认为是木石复合机械

远古的编织技术大致分为两种：一种是"平铺式编织"，即先把线绳水平铺开，一端固定，使用骨针，在呈横向的经线中一根根地穿织。另一种则是"吊挂式编织"，把准备好的纱线垂吊在转动的圆木上，纱线下端一律系以石制的重锤，使纱线绷紧。织布时，甩动相邻或有固定间隔的重锤，使纱线相互纠缠形成绞结，逐根编织。使用这种方法，可以编织出许多不同纹路的带状织物。先民发现，如此编织速度太慢，而且织品的密度不够均匀。经过长期的摸索，发明了腰机。

原始腰机的结构是：前后两根横木，相当于现代织机上的卷布轴和经轴。它们之间没有固定距离的支架，而是以人来代替支架，用腰带缚在织造者的腰上；另有一把刀（石刀）、一个杼子、一根较粗的分经棍与一根较细的综杆。织造时，织工席地而坐，依靠两脚的位置及腰脊来控制经丝的张力。通过分经棍把经丝分成上下两层，形成一个自然的梭口，再用竹制的综杆从上层经丝上面用线垂直穿过上层经纱，把下层经纱一根根牵吊起来，这样用手将棍提起便可使上下层位置对调，形成新的织口，众多上下层经纱均牵系于一综。"综合"一词便出于此。当纬纱穿过织口后，还要用木片或石片刀（即打纬刀）打纬。杼子可以是一

历史观的新突破
LISHIGUAN DE XINTUPO

根细木杆，也可以是骨针，上面绕有纬丝。

原始腰机已经有了上下开启织口、左右穿引纬纱、前后打紧纬纱三项主要功能，具备了最基本的纺织制造功能，实现了经纬纱纵横交织，织成了布帛。木－石器时代的河姆渡遗址、良渚文化遗址、江西贵溪墓群中都出土了一些腰机的零部件，如：打纬刀、分经棍、综杆等。

原始腰机尽管简陋——其主体只有几根木棒，外加穿纬线的石片或木片（打纬刀），但每一部件各有其特定职能和动作方式，组合完成织布工艺。[注31]

特别要指出："打纬刀"部件起初是用一块木片，后来改进为薄石片。在考古发掘的薛家岗文化（距今约6000年）遗物中，出土了30多件多孔石刀，从1孔到13孔均有，且全为单数孔，典型的器物"九孔石刀"，穿孔周围绘有规整的图案，刃部比较平直，一些刃部有磨损的痕迹，有学者考定这就是织布用的打纬刀部件。这些石质打纬刀最短者13.7厘米，最长者50.9厘米。

过去有关原始织机资料的报道比较罕见。因为原始织机的机体是以木棒、竹棒和麻等有机物质构成的，不易保存下来。同时，有些织机零件如打纬刀等虽然是用石料制作，但由于今人对原始织机的形制缺乏足够的了解，也不容易把石质打纬刀识别出来，而将它们误认为是其他生产工具了。近年来经过专家鉴别，发现了一些薄石片打纬刀（或称为"机刀"），确认了原始织布机为木石复合结构。[注32]

考古资料证明，我国原始的纺织设备（包括纺纱与织布两部分）也属于木石复合工具组成的复杂机械。

显然，即便是最原始的织布机械腰机，其生产效率也比"手指挂经、手送纬线"的纯手工编织要高得多。但这种原始腰机，还不能算作真正的机械，原因就是上述几根木棍和一片打纬刀并没有组成一架固定结构的装置。

在世界范围内，没有使用单纯石头来制作的史前原始机械结构，但是有单纯用木头来制作的原始机械结构，例如全木质的腰机。

原始社会的木制住房与交通工具

木石复合工具是人类社会最初的原动力，在上百万年的历史阶段，

提供了多方面的生产和生活资料。它们的功用，影响深远，为各时期的机械结构形式奠定了基础。[注33]

房屋建筑技术

古代关于原始先民利用"木"建造房屋的记载——"构木为巢"，分别见于《庄子·外篇·盗跖》和《韩非子·五蠹篇》。庄子，名周，是战国时期宋国蒙（今安徽蒙城）人（约公元前369年~前286年）；韩非是战国末期韩国（今河南新郑）人（公元前281年~前233年），他们离开远古都已经有几千年甚至上万年。所以，庄子和韩非子的记载，也只能够视为历史传说，供现代考古学作参考。

关于远古木制房屋的传说，《庄子·外篇·盗跖》篇曰："且吾闻之，古者禽兽多而人少，于是民皆巢居以避之。昼拾橡栗，暮栖木上，故命之曰有巢氏之民。"《韩非子·五蠹篇》曰："上古之世，人民少而禽兽众，人民不胜禽兽虫蛇，有圣人作，构木为巢，以避群害，而民悦之，使王天下，号之曰有巢氏。"

鲁迅在《汉文学史纲要·第一篇·自文字至文章》里说："至于上古实状，则荒漠不可考。君长之名，且难审知，世以天皇地皇人皇为三皇者，列三才开始之序，继以有巢、燧人、伏羲、神农者，明人群进化之程，殆皆后人所命，非真号矣。降及轩辕，遂多传说，逮于虞夏，乃有著于简策之文传于今。"

可见《韩非子·五蠹篇》所谓的"有巢氏"和"燧人氏"等，只不过是构想的神话中的英雄人物或英雄氏族，为虚称而非实指。如果只因为有庄子、韩非的构想神话而误信为远古实有其人，那就不是做学问的态度，而是"人云亦云"的弱智轻信之言。

远古"构木为巢"的传说记载，得到了现代考古发掘文物的实证。

从考古出土文物看来，干栏式建筑最早出现在9300多年以前。1976年长江下游地区浙江余姚的河姆渡遗址发现了干栏式建筑（公元前7000多年）。干栏式建筑是指在木（竹）柱底架上建筑的高出地面的房屋，史书中又将这种建筑称为干兰、高栏、阁栏和葛栏等，主要分布于我国长江以南地区。[注34]

干栏式建筑体系的形成有一个过程。原始社会早期，先民曾利用天

历史观的新突破

然崖洞作为居住处所，或构木为巢。在北方，先民在利用黄土层为壁体的土穴上，用木架和草泥建造简单的穴居，以后逐步发展到地面建筑（半地穴）。南方出现了干栏式木构建筑。简单的木构架，经过不断改进，已成为华夏建筑的主要结构方式。

对河姆渡遗址的两次发掘，考古人员发现了大量干栏式建筑遗迹。特别是在第四文化层底部，建筑遗迹分布面积最大、数量最多，其中一座长23米以上，进深6.4米，檐下还有1.3米宽的走廊，总面积达160平方米，蔚为壮观。

河姆渡遗址中的干栏式建筑以大小木桩为基础，用榫卯连接木构件，其上架设大小梁，铺上地板，形成高于地面的基座，然后立柱架梁、构建人字坡屋顶，完成屋架部分的建筑，最后用苇席或树皮等构建墙壁，建筑外观与现在云南等地少数民族的干栏式民居很相似。

这种底下架空，上带长廊的干栏式建筑很适应南方地区潮湿多雨的地理环境，但是建筑过程要比同时期黄河流域居民的半地穴式建筑复杂得多，不仅要用到大量木材，还要经仔细计算后进行分类加工，需要大量人员协同分工劳作，对技术要求也较高。从河姆渡遗址的遗迹分析来看，干栏式建筑的建造技术在当时已经基本定型。[注35]

大约8000年前，瑞士日内瓦湖上，先民也大量建造两坡式的干栏式木屋。工匠用坚实的木钉固定横梁，或在两头各用榫眼，或用横梁切入V形凹槽来加固两侧。地板铺粘土，墙壁则用篱笆编成支架，再敷以粘土，屋顶用树皮、稻草、灯心草或芦苇铺成。

在半坡遗址、姜寨遗址的文献里，可以见到依据遗址的房屋柱洞遗迹来复原的仰韶文化房屋。[注36][注37]

两处仰韶文化遗址的房屋，都是半地下半地面式，有方形平面的，也有圆形平面的。在室内柱子顶部，架有水平态的檩条，那是比椽子要粗壮一些的树干。屋椽上部就斜搭靠在檩条上。在椽子交互构成的屋面格子之上，用更细的树枝条或者草席箔苫盖，苫盖层之上，再抹上屋顶保温层的泥（北方）或者用茅草铺盖屋顶（南方、北方）走雨水。整个屋盖和屋墙的承重结构骨架，都是木树干做的椽、檩、柱，而这些木料构件之间的连接，则是用木本植物的韧皮纤维绳索来绑扎。木料构成屋架承重结构，整个房屋通过栽埋在土洞里的柱子，把重量传递到了夯实的地面。在柱洞的底部，往往要垫上截面积较大的石头，使得柱子不会因承受的大重量而下沉。华夏史前民居就是采用木石结合的房屋结构，形成了独特的木结构建筑体系。

在河姆渡遗址，考古人员还发现了中国境内最早的榫卯结构的木质遗物。[注38]

那些榫卯的制作工具，是石锛（石镑）、石斧、石钻、石凿。但是，使用粗笨的石质刀具来加工出木构件上的榫卯连接形式，非常不易。

从机械结构的技术观点去看石质刀具下的榫卯，就会感到它们作为连接构件还不成熟，很难做到榫头与卯眼之间合适的过盈配合牢固连接。只有在后世的金属工具广泛应用于木构件建筑的条件下，木结构的建筑才发展到了大型宫室和多层房屋。

从世界范围来看，古埃及、古印度、古希腊、古罗马都有很强势的石构建筑技术，留下了许多宏伟的石质构筑物、石质建筑物和精致的石刻艺术品。

在西亚，距今约9000至8000年，有规模的聚落遗址已普遍出现。耶利哥遗址（Jericho Site）位于西亚约旦河口，在20世纪30~50年代被发掘，属于游猎向定居生活过渡的阶段（约公元前8000年），前期村落建筑出现了石墙。哈吉拉尔遗址（Hacilar Site）位于土耳其西南部布尔杜尔镇西南约26公里处。遗址直径135米，高5米。1957~1960年英国考古学家J.梅拉尔特进行发掘。建筑层7个，厚达1.5米。据放射性碳元素断代，其年代为公元前第7千年前半期。房屋为方形，用泥砖建造，大墙有石基。壁面及地面涂有灰泥，重要房间的地面铺小石子或卵石。现存9座房屋，皆长10.5米、宽6米左右，方砖墙厚达1米，以石为基，每座房屋开有两门。

公元前6000~前5000年的基罗基蒂亚遗址（Hirokitia Site）位于塞浦路斯岛一座陡峭的小山上，20世纪50年代发掘。这里曾是一个相当繁荣的村落。遗址中房屋密集，有小路穿过。房子平面呈圆形，墙壁下半部用石灰石砌筑，规模较大的还用石柱支撑阁楼。房屋墙壁的下半部一般用石灰石砌筑，上部和圆屋顶用粘土等材料建造，大型房屋内则有两根石柱，用来支撑半圆形的阁楼，屋内石铺地面上设有灶等生活设施，房屋中还建有走廊、石桌等。

历史观的新突破

作为中西文化的对比研究，可以看出中国建筑体系以木构为主、石构为辅；而西方建筑体系以石构为主、木构为辅。这或许是由自然条件决定的。

独木舟，木筏

古籍中，有先民砍木材制造舟船的记载。如《易·系辞下》曰："刳（kū）木为舟，剡（yǎn）木为楫。"《说文》曰："楫，舟擢也。"《诗·大雅·棫朴》曰："淠彼泾舟，烝徒楫之。"《诗·卫风·竹竿》曰："桧楫松舟。"《韵会》曰："棹，短曰楫，长曰棹。"

刳 kū，就是挖空。刳木，指"剖凿大木，使其中空"，即把大树干从中间破开，再挖空，制造出最早的船——独木舟。剡（yǎn），就是刮削。楫是划船的用具，如桨橹等。

先民用石斧、石斤、石锛等木石复合工具，将圆树干削平，再挖空。后来发现还可以利用火的力量，通过燃烧手段来剡刳出独木舟的槽子。这就要有控制地局部引燃圆木，而不能让圆木本体大幅度超过着火点温度猛烈燃烧。只能把大量的红木炭堆放在需要剡刳的区域，让需要除去的木头"阴燃"（指没有出现明火焰的燃烧状态），烧成一层炭，再用石斧砍。今人根据独木舟遗迹残留的焦木部分，推测当时的制作工艺。

江苏武进遗址出土4条独木舟，有一条长7.45米，经碳素测定，距今已有2800余年的历史，是我国目前保存最完整的古代独木舟，现存中国历史博物馆。

浙江萧山跨湖桥遗址出土了8000年前的独木舟遗存。[注39][注40]

古代独木舟大致有三种类型：

第一种是平底独木舟，底是平的，或接近平底，头尾呈方形，没有起翘。

第二种是尖头方尾独木舟，头部尖尖向上翘起，尾部是方的。它的底也是平的。如1965年在江苏武进淹城内城河出土的独木舟，尖头敞尾，尖头微上翘，舟尾敞开宽而平，属于尖头方尾独木舟一类。其中一条长4.22米，舱上口宽0.32米，深0.45米，尾舱宽0.69米，系用楠木制成。

第三种是尖头尖尾独木舟，舟头翘起，尾部也起翘。如1958年在江苏武进淹城出土的一条独木舟，舟形如梭，两端小而尖，尖角上翘，属于尖头尖尾独木舟一类。舟舱中间宽，全长11米、舱上口宽0.9米、深0.45米，系用整段楠木挖空制成。外壁光滑，木纹依旧，内壁布满焦炭和斧凿斑斑痕迹，这是先民经过数十次用火烤焦后不断用斧凿制加工而成的。

现在的舰船是从以上三种类型独木舟演变过来的。

世界各地也有许多考古发现。在英国、瑞士，均发现八千年至一万年前的独木舟。在英国发现的一只独木舟，长达16米，宽1.5米。在荷兰发现的一只独木舟，其年代约为公元前6300年。在苏格兰境内佩斯湖层里，也发现了独木舟。

除此之外，印第安人的独木舟和波利尼希人的双体独木舟也较有名。印度有种独木舟，其船侧装有可以放置货物的横木板。新几内亚的独木舟可以几条横排在一起，上面用横梁固定，横梁上铺坐席，还装有风帆，可以航海。

还要特别提到古埃及的"莎草船"。古埃及人利用尼罗河两岸沼泽里丰富的莎草资源，不仅制作了记写文字用的"莎草纸"，还用绳索将莎草秆茎集束绑扎成为了莎草船。这种莎草船甚至能到地中海里去航行。

独木舟后来演变成木板船和木结构船，直至今天的各类船舶。可以这样说，没有独木舟，就没有现代舰船。

再说木筏。

《广韵》曰："筏，大曰筏，小曰桴，乘之渡水。"

考古表明，至少在7000年前，华夏已能制造竹筏、木筏。最早的竹筏是由多根竹竿捆扎而成的竹排，沿江河顺流而下，也可以用桨、橹、篙来推进。

原木与原竹本身是要另作他用的基本原材料，故一般不对其作加工，只是绑扎起来便于漂流运输。史前的木筏、竹筏，是一种比单根圆木/竹筒可靠的渡水工具，多半只能顺流而下，也可以在水流缓慢的地域里往返渡人。但是，把单根的浮木、浮竹绑扎起来的用具，是绳索。把草/树皮纤维搓成粗绳索的工具，不再是纺线、织布、缝衣的那种石坠、陶坠纺轮，而是木杆型的绞杠。将分散的纤维绞成单股"纽绳"的，是木杆绞杠。把两股以上的"纽绳"结合成为不易松散、能可靠实用的绳索，

历史观的新突破

仍然是木质的绞杠。在绞杠的基础上，后世发展出了手工业制绳索的"绞绳机"；直到1958年，在四川的宜宾小城里，还能见到手工业作坊用木质的绞绳机来搓绞船用的棕绳、麻绳。

此外，史前的原始独木舟、筏都需要驱动的工具——桨，这也是木质工具。在英国约克郡沼泽里，发掘出了一支公元前7500年的木桨。这支桨是用来划一种中间掏空的独木舟的。1956年浙江出土的木桨，被鉴定为4000年前的遗物。[注41]

木轮和车

车，在人类进步史上的地位极其重要。

史前时代，车的资料有三类：实物、模型（土制和陶制等）、图案（包括岩画）。迄今所知，世界上最早的车出现在中东地区与欧洲。

苏美尔遗址（公元前3500年）发掘出带轮的车，是在橇板下面装上木轮而成。

中东的两河流域，在乌鲁克文化时期的泥版上，出现了表示车的象形文字。从这些文字来看，当时的车是四轮的。

1974年，在叙利亚的耶班尔·阿鲁达（Jebel Aruda）发现了一只用白垩土做的轮子模型，直径8厘米，厚约3厘米，其年代也为乌鲁克文化时期。轮子两面都有突出的轮毂。从整个模型来看，它应当是车轮的模型，这也是中东地区发现的最早的车轮模型。在土耳其东部阿尔斯兰特坡（Arslantepe）也出土过一只用泥土做的车轮模型，直径约7.5厘米，时代相当于乌鲁克文化时期。这个车轮模型的两侧同样有突出的轮毂。

多数学者认为，最早的车大概发明于两河流域，然后向周围传播。但也有人认为，车是在东西方各地分别独立发明出来的。

在西方，车的演变有比较完整的发展序列：从四轮到双轮；从实心车轮到辐式车轮；从用牛（或驴）拉车到用马拉车。

在欧亚大陆北部，从中亚到蒙古高原，发现了不少车辆岩画。在亚美尼亚西部秀尼克（Syunik）山上的几千幅岩画中，约有50幅是车辆岩画。这些车虽然都是独辕的，但类型甚多，有实心车轮的四轮车，有辐式车轮的四轮车，有实心车轮的两轮车，也有辐式车轮的两轮车。辐式车轮上的辐条基本上是四根。车岩画基本属于公元前2千年。再往东，在哈萨克斯坦、塔吉克斯坦、吉尔吉斯斯坦、蒙古、中国新疆及内蒙古等地，也都发现了车辆岩画。

从中亚到中国北方，车辆岩画具有这样一个特征：越是往西，车辆的式样越是与欧洲及西亚的相类似，越是往东，车辆的式样则越是接近华夏式。

从中亚到蒙古高原的车辆岩画具有这样一个趋势：越是往东，时代越晚。学术界普遍认为，公元前3000年后半期至前2000年初期，西伯利亚南部已出现了车辆岩画，而蒙古高原车辆岩画的年代是在公元前2000年末至公元前1000年初。

狭隘的"石器时代"意识必然引入歧途

百年来许多学者对"石器时代"的传统概念，是在"以石器为主"甚至"以石器为唯一基准"的前提下做出的，主要着眼以石质工具为考古研究对象。这是一种狭隘的意识，必然引入歧途，形成误区。

几百万年以来的人类进化历程，难道99%以上漫长的史前史，只有"旧石器"这一种工具吗？

从类人猿到直立人，几百万年以来人类一直是同时并用树枝与石头制作工具。北京猿人（直立人）使用的石器，尺寸只有1厘米到几厘米，试问：使用这样大小的石器，以很近的距离，怎么可以捕猎大型野兽？由此推知，直立人肯定采用木质长矛、投枪、棍棒等狩猎工具。原始人类处于"石器与木器并用"的阶段。

距今大约20万到3万年，生活在欧洲、近东和中亚地区的早期智人——尼安德特人的化石常与莫斯特（Mousteria）文化共存，他们制造并使用各样的石质工具和木质长矛。他们能用植物性材料制作线绳、麻衣、日常器具等，还能够用树脂将尖石头粘在木质把手上，制作成戳刺或可以抛射的武器。尼安德特人已经能够制造、使用复合工具，具有狩猎能力及丧葬等习俗。

人、猿的最根本区别之一就是人会自主能动地制造工具，这显然指的是广义的工具，不限质料，但看现实需要。原始人类是群居性动物，是已有了血缘家族结构的社会性动物。因此原始人对于工具的需求，不

仅在于生产性，而且在于生活性，还在于精神性——婚嫁、丧葬、艺术、祭祀，等等。史前社会有石质以外的其他工具，主要是木质工具。史前人类还制造和使用了职能不同于石器的生活与精神用具，如农耕、渔业、房屋建筑、车船交通、美术工艺、祭祀用品，等等，复合工具与设备。

还有一个重要观念，就是加工类工具必须跟加工的对象配合，加工的对象才是最终具有使用价值的器物。在史前木石复合工具的加工对象里，植物性木料才是首要的。史前的木料作用，除了本身作为加工工具之外，还表现于人类离开巢居、洞居、穴居，走向自营房屋、宫室；还表现于纺织衣着，以及帮助渡水、负重的舟车交通方面，等等。

所以，我们更证实了：人类的第一个时代不是所谓的"石器"时代，而是木-石器时代。

注释

[注1] 吴新智：《古人类学研究进展》，载《世界科技研究与发展》2000年第5期。

[注2] 张寿祺：《探索南方古猿的学者——利基一家》，载《化石》1982年第4期。

[注3] 高等灵长类在动物分类学上被称为类人猿亚目，它们的现生类群包括分布在欧亚和非洲地区的狭鼻猴次目（又称旧大陆猴类）。狭鼻猴次目包括两个超科——猕猴超科和人猿超科；人猿超科中包括猿科和人科。

[注4] 陈淳：《人类探源的新进展》，载《中国文物报》2006年11月17日。

[注5] 柯越海、金力等：《Y染色体遗传学证据支持现代中国人起源于非洲》，载《科学通报》2001年第5期。

[注6] 吴新智：《对21世纪发展中国人类起源研究的若干建议》，载《第四纪研究》，2001年第3期。

[注7] 鲍晓红：《进化论之结构——古尔德的生物进化观》，载《国外科技动态》2002年第11期。

[注8]〔美〕斯蒂芬·杰·古尔德（Stephen Jay Gould）：《人类的枝状进化与梯状进化》，见《自达尔文以来》（中译本），海南出版社2008年，第32页。

[注9] 盛桂莲、赖旭龙、王頠：《分子人类学与现代人的起源》，载《遗传》2004年第5期。

[注10] 张柯：《从黑猩猩看人类行为演化》，载《森林与人类》2004年第10期。

[注11]〔英〕简·古多尔（Jane Goodall）：《非洲黑猩猩向我召唤》（中译文），载《化石》1978年第1期。又见〔英〕简·古多尔、菲利普·伯曼：《希望的理由》，上海译文出版社2001年，第69页。

[注12] 裴文中等：《贵州黔西县观音洞试掘报告》，载《古脊椎动物与古人类》1965年第3期。

[注13] 李炎贤：《观音洞文化在中国旧石器时代文化中的地位》，载《史前研究》1983年第2期。

[注14] 张森水：《对中国猿人石器性质的一些认识》，载《古脊椎动物学报》1962年第3期。

[注15] 武仙竹：《圆端刃刮削器——古老的文化传统》，载《四川文物》2004年第6期。

[注16]〔美〕凯特·王：《气候变化毁灭了尼安德特人》，载《环球科学》2009年第9期。

[注17] 吴汝康：《人类起源与进化过程中的几个基本理论问题》，载《自然辩证法研究通讯》1960年第2期。

[注18]〔美〕路易斯·亨·摩尔根（Lewis Henry Morgan）《古代社会》一书摘要，载《马恩全集》（中译本）第45卷，中央编译出版社1995年版，第21、22页。

[注19]〔德〕恩格斯：《家庭、私有制和国家的起源》，载《马克思恩格斯选集·第4卷》，人民出版社1995年版，第19~20页。

[注20] 陈明远、金岷彬：《史前农业革命的主要农具是木石复合器——全盘修正"史前史三分期学说"之二》，载《社会科学论坛》2012年第8期。

[注21] 黄慰文等：《海城小孤山的骨制品》，载《人类学学报》1986年第3期。

[注22] 刘俊勇、刘倩倩：《辽东半岛早期渔业研究》，载《辽宁师范大学学报（社会科学版）》2010年第5期。

[注23] 陈淳：《肯尼亚发现142万年前的用火遗迹》，载《人类学学报》1983年第2期。又见卫奇、李超荣：《南非发现最早的人类用火证据》，载《化石》1989年第2期。

[注24] 贾兰坡、王建：《人类用火的历史和火在社会发展中的作用》，载《历史教学》1956年第12期。

[注25]〔德〕恩格斯：《劳动在从猿到人转变过程中的作用》，载《自然辩证法》中译本，人民出版社1971年版，第99页。

[注26] 宋兆麟、杜耀西：《摩擦取火及其在历史上的意义》，载《化石》1976年第1期。

[注27] 汪宁生：《我国古代取火方法研究》，载《考古与文物》1980年2期。又见宋兆麟：《中国原始社会史》，文物出版社1983年版，第83页。

[注28] 〔美〕Rosalie David：*Handbook to Life in Ancient Egypt*，p 170. Facts On File，Inc. 1998. New York.

[注29] 张寿祺：《中国古代取火方法考证》，载《社会科学战线》1981年第1期。

[注30] 周启澄、屠恒贤等编著：《纺织科技史导论》，东华大学出版2003年版，第18~21页。

[注31] 高汉玉、赵文榜：《中国纺织原始文字记录》，《中国大百科全书·纺织卷》，中国大百科全书出版社1988年版，第357、334页。

[注32] 宋兆麟：《考古发现的打纬刀——我国机杼出现的重要见证》，载《中国历史文物》1985年第10期。又见宋兆麟：《考古发现的打纬刀》，中国历史博物馆1984年编印。

[注33] 金岷彬：《古代中国的机械及其制造材料——从汉字溯探古代中国的社会生产力（之二）》，载《陕西历史博物馆馆刊》2011年第18辑。

[注34] 劳伯敏：《河姆渡干栏式建筑遗迹初探》，载《南方文物》1995年第1期。

[注35] 浙江省文物考古研究所：《河姆渡——新石器时代遗址考古发掘报告》，文物出版社2003年版，第26页。

[注36] 中国科学院考古研究所、西安半坡博物馆：《西安半坡》第二章《聚落的范围和房屋的分布及其它建筑遗迹》，文物出版社1963年版，第15、27页。

[注37] 西安半坡博物馆、陕西省考古研究所、临潼县博物馆编：《姜寨——新石器时代遗址发掘报告》，文物出版社1988年版，第17、20页。

[注38]《河姆渡新石器时代聚落建筑遗址榫卯木构件》，载《中国大百科全书·建筑卷》，中国大百科全书出版社1988年版，彩图第1页。

[注39] 蒋东平：《跨湖桥独木舟三题》，载《跨湖桥文化论集》，人民出版社2009年版，第33页。林华东：《独木舟与水文化的萌芽》，载《跨湖桥文化论集》，第102页。

[注40] 郑明：《跨湖桥遗址独木舟与中华海洋文明起源探讨》，首届跨湖桥文化国际学术研讨会参会论文，2010年9月24日。

[注41] 杨槱、刘百庸、章研阳：《船舶运输发展史》，载《中国大百科全书·交通卷》，中国大百科全书出版社1986年版，第615页。

没有陶器技术就没有青铜器时代

——全盘修正"史前史三分期学说"之四

【内容摘要】 历经大约250万年的木－石器时代以后,在公元前一万年左右,在旧大陆的六个地区,不约而同地出现了最早的陶器。这是人类文明史前最重大的创造之一。本文作者认为,史前先民对陶器的制作,涉及以下四方面:陶坯泥料的选择和配合、烧制陶器对火的使用和控制、泥坯的成形技术和艺术——陶钧、技术装备——陶窑的建造。这些工艺,都是单纯的石器打制(旧石器)和磨制(新石器)所没有的。特别要指出:陶窑和陶钧(以及快轮陶车)已经超越了石器时代简单的手持工具层次,进步到了技术装备层次。相比之下,后来的青铜冶炼和铸造,需要以下先决条件:事先制作泥模和陶范,调整铜锡(铅)合金的成分比例,火的加热和温度控制,浇铸前对铸范预热,冶炼和熔铸炉以及预热窑等技术装备。并非石器的打磨制作方法,而正是陶器的制作方法、装备,为青铜器制作奠定了配料、造型、制范、用火、控火的技术基础。绝大多数青铜器的原型是陶器,或由陶器形制发展而来。所以,在石器时代进一步发展过程中,如果没有陶器技术装备的创始与积累,就不会有后来的铜器时代。因此,本文作者认为,在石器时代与青铜器时代之间,必须划分出一个"陶器时代"。

【关键词】 陶器时代;青铜器时代;制陶工艺;陶钧;陶

窑；青铜器制作；泥模；陶范。

陶器的发明是史前史的重大突变

迄今的史前考古表明：从古猿进化到早期智人的几百万年之间，历史进程十分缓慢。其间最主要的进展是人类学会用火，以及使用天然材料制作工具。"木－石器时代"并非仅仅使用石质工具，此外还用木质（植物的枝杈、藤条、硬果壳等）、骨质（动物的骨头、角、蚌壳等）制作采集和狩猎的工具。早期智人，一直到大约20万年前才出现。总之，这几百万年之间，人类的原始生活变化并不很大。

到了大约一万年以前，也就是现代人（晚期智人，即新人）时期，发生了一件意义重大的突变，就是出现了原始的陶器。社会结构开始由游动群体走向半定居或定居生活，这标志着原始群体的解体，氏族社会的开始。[注1]

最早的陶器在新石器时期以前就已产生

日本列岛是世界上陶器出现最早的地区，例如爱媛县上黑岩阴遗址第9层的陶器，测定年代为公元前1万年左右；蒙古和西伯利亚（俄罗斯阿穆尔河中下游）也有一些遗址的陶器年代距今约1万多年。但这些地区的磨制石器一直不很发达，仍处于旧石器或中石器时期，农业出现的年代也很晚（与西亚情况正好相反），也就是说：这些地区的陶器时代早于新石器的出现。

近年来考古发现在中国南部陆续有陶片出土，例如广西桂林的庙岩、湖南道县的玉蟾岩、江西万年的仙人洞和吊桶环都出土了陶片或陶器，其中以玉蟾岩的陶器比较完整，它们的年代也距今约1万多年，早于新石器时期。湖南澧阳平原彭头山遗址（公元前7500年至前6100年）处于旧石器或中石器时代，出现了持续发展的陶器。又，在印度恒河中游的一些遗址中，也发现了公元前第9千年至前第8千年的陶器。[注2]

最早的陶器是如何制作出来的

最早的陶器是怎样制作出来的？恩格斯《家庭、私有制和国家的起源》一书给出这样经典的答案："可以证明，在许多地方，也许是一切地方，陶器的制造都是由于在编制的或木制的容器上涂上粘土使之能够耐火而产生的。在这样做时，人们不久便发现，成型的粘土不要内部的容器，同样可以使用。"[注3] 恩格斯这个论断受到摩尔根的影响，摩尔根在《古代社会》一书中认为："人们将粘土涂于可以燃烧的容器上以防火，其后，他们发现只是粘土一种可以达到这种目的。因此，制陶术便出现于世界之上了。"[注4]

而摩尔根的说法又来自人类学家泰勒《人类远古史研究》，泰勒又是借鉴了戈盖的观点："戈盖于上一个世纪最先提醒大家注意陶器发明的过程，他说，人们先将粘土涂在这样一些容易着火的容器之上以免被烧毁，以至后来他们发现单单用粘土本身即可达到这个目的，于是世界上便出现制陶术了。"这是根据美洲印第安人用木制容器或编织物（篮子）涂上泥土的作法而做出的推论（猜测），并没有科学实验和考古学的证据。可谓"人云亦云。"

从冶炼工艺原理来看，以上猜测是不能成立的。食物的烧烤温度在 200 度左右，有水烹煮时，温度在 100 度以下。而泥土陶化的最低温度至少要 600 度以上。假若在烧食过程中要把泥器烧为陶器，食物早就糊得全部碳化了。况且，未陶化的泥盆、泥罐也不能装水烧煮。所以，"用篮子涂泥当炊器而获得陶器"的猜想，在烧制温度和烧制时间上都不能成立。传统的"泥涂容器炊爨而领陶"的说法，是以讹传讹。

考古发掘表明：在华南及其他地区，早期的制陶方法主要是捏制、片状贴塑（泥条盘筑法应更晚一点）。迄今发现最早的陶器有捏制的证据，而无敷泥于筐篮烧制的证据。陶器如因在编织物（或木制容器）上敷泥烧烤而起源，那么在早期陶器、陶片上必会留下证据：或者陶器、陶片里面有编织物痕迹，或者陶胎的中间层有编织物痕迹，但迄今并未见有这样的证据。

那么，最早的陶器究竟是怎样制作出来的？

现代考古学的多次发掘表明，先民定居的半地穴房址是与陶器同时出现的。笔者认为，启发先民烧制陶器的技术诱因，应是穴居室里的火塘灶坑泥土被火烧而硬化甚至陶化现象。理由如次：

（1）温度——火塘灶坑四周的泥土经常遇到比烧烤食物时高得多的

81

燃烧温度。

（2）保温时间——寒冷季节里的持续烧火取暖，其燃烧和保温时间也比烤食所需要的时间长得不可比拟。

（3）在实际生活中，用火塘灶坑烧火取暖、烤食的机会，比"为防火而涂泥的筐篮偶然被火烧硬"（旧说如此认为）的机会，多得多。

（4）实物考古的证据——科学考古所发掘到的大量不同时期和地域的史前文化灶坑遗址，周围的泥土都被长期高温烧烤得硬化甚至陶化。

以上理由，令笔者产生如下观点：由火塘灶坑的烧土硬化甚至陶化，启发了先民制陶灵感。

考古发现表明：最早的陶器是出自模仿与代替石制或木制的容器（如瓜果外壳、葫芦等）而为。中石器时代贝达遗址文化堆积层中有石制的臼、杵、碗、盆等容器；哈吉拉尔遗址有大理石碗；基罗基蒂亚遗址有大小不一的石制容器，器型有盆、碗、盘、长柄勺等。但是，石制容器加工比较困难，而先民认识到经火烧烤能够使粘土坚硬、不透水，于是用水糅合粘土成型，然后用高温的火力加工来制作容器。

陶器的起源地是多元的，"远古人类会发现粘土遇火变色而发硬的特性，在考虑制造新的代用品时会有人尝试利用这种特性，有意识地用泥土捏成一定的形状加以烧烤，陶器就会应运而生"。[注5]

西亚最早的陶器，可上溯到的中石器时代，那时候种植农业已开始萌芽。考古学家在黎凡特北部的穆赖拜特遗址发现了西亚最早的陶器，"这些陶器过于粗糙，烧得不透，气孔犹存，不能盛水，还不能完全代替木石制作的容器"；[注6]在土耳其卡塔尔休于遗址出土的早期陶器"胎中掺有草和砂砾，颜色为奶黄色或浅灰色，表面光亮，器型常见平底的深碗、浅盆，火候较低"，考古学家认为当时"陶器数量不多，是由于当时的居民仍使用木制、石制容器及篮子之故"。[注7]

在发明种植农业之前，先民已经认识到火能使粘土坚硬乃至不透水。显然，陶器的出现是因模仿和替代木、石容器，而不是出自编织物。这是陶窑前时期，露天堆烧方式的低火候现象。

陶器的发明与原始人类的定居生活有关

《中国陶瓷史》一书认为陶器的产生是和农业经济的发展联系在一起

的，有了农业的同时出现了陶器。

但是后来发现西亚很早就有农业而没有陶器，日本很早就有陶器而没有农业，但有捕鱼业。所以，不能认为陶器的起源与农业的发生有必然联系。[注8]

笔者认为：陶器的发明与原始人类的定居生活息息相关。定居生活标志着原始群体的解体，氏族社会的开始。陶器主要作为容器和炊具之用，有的是为了储存食物和种子等，有的是为了装盛水或酒，有的是为了烧煮食品。总之，与相对定居的生活和集约化的采集经济有关。当然，农业生产也促进了陶器的发展。

假如我们把印度河和恒河的分界线向北延伸，把欧亚大陆分成两半，就会发现一个很有意思的现象：

西边的广大地区，包括西亚、北非和欧洲在内，是种植小麦和大麦的起源地，陶器起源较晚，一些地方有所谓的前陶新石器。这些地区，原始的陶器主要用来作为容器，而未见用作炊具；当地先民用面粉和水做成面团，依靠阳光与火烘烤成面包；饮用凉水、啤酒与葡萄酒等，而不习惯喝热水。

东边的广大地区，包括东亚、东南亚、东北亚在内，是种植粟（小米）、黍（黄米）和稻米的起源地和主要分布区，陶器起源早于西方，有的同稻作农业一起出现，有的早于农业出现。这些地区，原始陶器不仅用作容器，而且用来烧热水，煮粟（小米）、黍（黄米）、稻米等不便于烧烤的小粒性食物，以及煮食鱼虾之类。

而且两边的人种也不相同，西边基本上是欧罗巴人种，东边基本上是蒙古人种。值得注意的是，这条分界线在旧石器时代就已经出现，形成不同的饮食习惯，以后一直延续到文明时代。

对陶器制造的工艺分析

从考古发掘出的史前陶器来看，在木－石器时代的中晚期已经出现了纯泥土的陶器（泥陶）、泥土掺和含有砂粒的夹砂陶、泥土掺和含有贝壳粉末的陶器。特别应该强调指出，陶器的萌芽，要早于新石器时期。

历史观的新突破

先民从陶器的制作过程中,积累了陶土配料技术

对陶器原料土的预先处理,采用不同的原料比例来配制烧器的"料土",目的都是为了获得不同性能的陶器。比如,制作钵、釜、鼎、鬲等一类炊煮陶器,要求陶器能经得住火的反复炙烧而不裂不炸,多半是用夹砂陶;为了控制泥坯的变形或皱裂而加进了比例不同的其他羼料;而追求造型细致的装盛类容器,兼有美化、摆设的作用,就采用了淘洗过的纯净泥土来制作。

调节陶土的成分配比,来达到不同的制陶目的,这是制造石器工具所没有的技术内容,这为后世的先民获得不同原料配比的青铜冶炼和青铜器制作,掌握"金有六齐"的生产技能和理性知识,奠定了技术基础。

陶器的造型技术与造型艺术

人们利用湿态泥土柔软易于成形的特性,塑造了各式各样的陶器。而对于石料,很难加工,只能制成一些外形简单的工具。

把泥土塑造成各种实用的器具,先民经历了简单的捏塑法、胎模靠贴法、泥条盘筑法、陶轮(陶钧)修制法等不同的造型技术阶段,积累起了陶器制作的造型技术。

而且,在追求陶器功能实用性的同时,先民们也追求陶器造型的艺术性。即使是石质料的工具和礼器(如河姆渡文化的玉琮、红山文化的玉龙),先民们也是努力追求造型的艺术性。然而,能够普遍推广和影响到后世青铜器造型艺术的,则是陶器的造型艺术。笔者以为,这是因为陶器坯的艺术造型手法,比石器、玉器的造型手法容易实现和变更,也较容易普及和被后世继承。

陶窑烧制的火控技术

陶器被誉为"土水火的文明结晶",是人类在进化历程的早期,用水调和泥土再以火烧相结合创造出来的人工制品。

陶器制作中,火技术是最关键的环节。陶器的制造显示了人类有意识地用火来造物,具备了一定能力来控制火势,以达到自己造物的目的,是用火技术的新阶段。用火技术与石器制作技术，是两个等级不同的技术。而陶窑这种人类先期的技术装备，使用陶窑来烧制陶器的技术实践和技术理念，则明显高于单纯的石器工具徒手制造。

用火使泥土陶化烧成陶器，一开始就要求掌握两项基本的技术参数：其一，最低限度的烧制温度。低于这个低限温度泥土就不会发生陶化，只能是烧成"硬化土"的泥器。其二，在可陶化温度下最低限度的保温时间。即使达到了最佳的陶化温度，如果没有足够的保温时间，泥土坯子也不会完全陶化。这两个要素的综合表现就是一个术语"火候"——只有烧够了火候，才能得到真正的陶器，否则就只会是泥器或夹生陶。显然，无论是中国北部在公元前4800年至前2900年的仰韶文化彩陶制作，还是江南杭州湾公元前5000年至前4000年的河姆渡文化黑陶制作，或者长江中游公元前4400年至前3300年的大溪文化白陶和薄胎彩陶制作，这些成熟了的陶器类型，都共同显示出先民们掌握了烧陶的两个基本技术要素。

烧制陶器的火技术，包括两个方面：其一，燃烧技术，要求在当时技术条件下获得尽可能高的温度——火候高的陶器质量好，而且先民还得控制陶火的氧化气氛或者还原气氛，分别获得红陶或者灰陶。其二，加热技术，要求对陶坯加热均匀，避免变形开裂，要烧透，还要避免局部过热、烧塌、烧熔。陶窑的发明，妥善地分析和综合了燃烧与加热——陶窑由火膛与窑室两部分构成，火膛与窑室之间由多条火道连通起来。陕西西安的仰韶文化半坡遗址[注9]、姜寨遗址[注10]、陕西华阴横阵遗址[注11]，马家窑文化甘肃东乡林家遗址[注12]，分别发现了多座陶窑。此外，广阔的华夏地域里还有更多的史前陶窑被考古发现。考古发掘出陶窑遗迹，证明了先民是在专门的制陶装备里烧制出陶器的。如果没有陶窑装备，就不会有发展成熟的陶器。史前陶窑的大量发现，证明了陶器时代是比石器时代徒手技术更为进步、社会生产力水平更高级的新的历史时代。

耐火陶土

陶器时代先民掌握了制作炊煮陶器（陶炊具）与制作盛装陶器（陶容器）的配料差别。

历史观的新突破
LISHIGUAN DE XINTUPO

陶炊具必须耐火，耐高温，在陶坯泥土里掺入一定量的细砂粒，可以提高炊煮陶器经历火焰反复炙烧随后冷却的抗受能力，华夏史前先民的陶炊具都是夹砂陶质料。

而陶容器不必耐高温，但除了装盛物品的实用之外还有美观的要求，以及祭祀用具的要求。陶容器是单纯的粘土质料，一些造型精美、作工细腻、带有装饰性质或者成为最初礼器性质（祭祀用）的装盛器，甚至要挑选优质泥土品种，并且事先淘洗泥料，从质料上预处理成为"澄泥陶土"。

砂子的掺入虽然提高了陶器的耐火性及反复冷热循环的抗疲劳性（借用金属材料学的术语），但是降低了陶泥的可塑性。

陶火技术的发展，促使先民追求某一类陶器的高耐火性，于是逐渐出现了石英砂含量高的耐火陶土。耐火陶土是后世青铜熔炼坩埚的制作原材料，也是青铜炼炉、铸炉的筑炉材料。

陶器技术对青铜技术的探索与积累，是必不可少的中间环节。因此，在石器时代与青铜器时代之间，必须划分出一个关键的"陶器时代"。

陶钧和陶窑是人类最早突破手持工具的技术装备

石器时代的工具，是一些结构简单的手持器具，如石斧、石锛、石箭镞之类。早期人类从使用简单手持工具，到摸索出较复杂的、组合的装置，进一步制作综合的技术装备。这是一个漫长而艰巨的过程。制陶的机械工具和设备相继发明，一部分先民集合起来从事具体而专业的生产活动，成为史前所有生产领域的先锋，从而达到人类社会生产力的一大飞跃。

史前时代最早的技术装备之一，是由陶钧和陶窑复合成的制陶装备。陶窑的发明和广泛使用在陶钧之先。陶钧（又作陶均、陶轮），是制造陶器坯的转轮。陶钧后来从慢轮进步为陶车（快轮），成为后世研究陶器时代技术分期的一个重要标志。

据中国社科院历史研究所《中国历史年表》记载，中国在公元前3000年出现了轮制技术。但是，迄今的考古发掘里，还没有发现史前陶钧的完整遗物。依据《辞海》1999版的"陶钧"词条，《史记·鲁仲连邹阳列传》使用了"陶钧"这个词，裴骃《集解》注："陶家名模下圆转者为钧。"司马贞《索隐》注"陶，冶；钧，范也。作器下转者为钧。"《说文解字》释："钧，三十斤也，从金匀声。古文钧，从旬。"

《说文》里对"钧"字的硕大重量注释，符合陶钧的工作原理——陶钧是一个较大质量的旋转轮盘，才能有较大的转动惯量，实现制陶时的持续高速旋转功能。陶钧，显然是比徒手工具技术含量高出许多的技术装置。

如前所述，现代考古已发现了仰韶文化阶段的多座陶窑。陶窑由燃烧室（火膛）和加热室（窑室）两大部分组成。火膛的修筑，便于添加燃料，便于通风助燃，便于火焰和燃气的聚集与保温，获得了当时尽可能高的燃烧温度。把窑室与火室分隔开来，首先是避免了添加燃料、翻动柴火时对陶器制品的损伤；火道和窑箅的布置与讲究，可以使陶坯在窑室里均匀受热，避免了陶坯的开裂变形，提高了烧陶的成品率；火室与窑室进气的调节与配合，可以得到氧化性的或者还原性的窑内气氛，分别烧成红陶和灰陶。仰韶文化的竖型陶窑是比横型陶窑更先进的装备。

陶钧制坯和陶窑烧制陶器的方式，为后世的精美青铜器具造型，奠定了可靠的技术设备基础。

陶器的礼制组合是青铜礼器的前驱

在二里头文化遗存中，陶制酒器有温酒和注酒用的陶盉、陶爵，以及饮酒用的陶觚等。这些酒器当时用于神圣的祭祀仪式，因此都是用经过淘洗的黏土精心制作而成，有的用白陶，有的用黑陶。它们很少出土于日常生活场所，而大多随葬于墓中。

古代华夏号称"礼仪之邦"，所谓"礼以酒成"，无酒不成礼。"礼（禮）"字的本意就是以"醴（酒）"举行的仪式。古代社交礼仪中伴有饮酒礼。所以有学者把肇始于龙山时代、兴盛于夏商时代的礼制概括为"酒礼"。有酒则必有酒器，酒器是礼仪制度的重要载体。

黑陶和白陶是大汶口文化遗址制陶业中出现的两个新品种，表现了当时制陶工艺的显著进步。黑陶的特点是纯黑、精致、薄、轻、光亮、尊贵，一般不作日用，而成为礼器。在良渚文化遗址中，也发现了黑陶礼器。

白陶是火候较高的白色陶土器皿，属于硬陶，比红陶、灰陶的质地都优秀。考古发掘的白陶遗物显示，白陶器物颜色洁白，制作精美，品

味高于其他陶器。公元前 4400 至前 3300 年的大溪文化遗址，就出现了白陶。山东泰安和宁阳一带的大汶口文化墓葬里出土的白陶器皿有数十件之多。白陶在龙山文化及二里头文化的多处遗址里都有发现。陶制礼器出现后的相当长时期内，还没有青铜礼器。

青铜酒器出现于二里头文化晚期（约公元前 1700 年）。青铜礼器的制作与白陶器的器形有极大关系，白陶与青铜礼器和玉器构成了二里头文化的独特器物组合。[注13] 白陶器的烧成温度较高，是后来瓷器的先驱。[注14] 青铜器的造型继承了白陶器的造型，而没有仿造玉器的造型。白陶与黑陶的礼器乃是最初的礼器，它们跟青铜礼器一同，逐渐成为了从史前文化历夏商而至两周的礼器主体。

礼器是中华古代文明的重要标志，而外观和质料独特的白陶礼器与黑陶礼器，则是华夏礼制文明起源的最初物质表现。

青铜器技术与陶器技术的相互促进

后世的青铜器制造过程中，许多工艺就是在制陶技术的基础上发展起来的。中国古代冶金史表明，制陶技术是冶金技术里用火技术、造型技术、铸造技术的基础；反过来，金属冶炼和熔铸技术的发展，又把先进工艺反馈给制陶技术。金属技术的出现，淘汰了旧时的石器工具制造技术；而金属工具的出现却加强了传统的制陶技术，这是石器技术与制陶技术的本质差别，也是本文作者主张史前史应独立划分出陶器时代的重要理由之一。

陶器时代夏家店文化遗址彩绘陶上的纹饰有饕餮纹、切曲纹、夔纹、云纹、二方连续的卷曲纹等，这些纹饰与商代青铜器上的纹饰相同。有学者认为商代青铜器上的纹饰是来源于夏家店下层文化的彩绘陶。从器形看，陶器时代夏家店文化遗址的陶鬲、陶甗、陶罍、陶豆等，都重现于商代青铜器，在制作技术上也是一脉相承。

陶器技术提供了青铜器的"模"与"范"

商周时代的青铜礼器与同时代的陶器形状非常相近，有力地说明了：青铜器形制继承了先期的陶器形制。

要制作青铜器铸件，必须先有目标铜器的"模"，先民充分利用了泥土良好的塑性，制作出未来铜器的模子。

有了待铸铜器形状的模子，还必须再次翻制成"范"，目的是用"范"所围成的空腔来承接熔融的铜液，冷却以后成为实在的铜器。用模型来翻制"范"，这仍然应用了陶器技艺。

铜器模子（泥型）和铜器范的使用性质不同，工作条件也各不相同。"模"是在常温下使用，只需要泥土有良好的塑性和充分表现未来铜器细节的能力，要求泥型在随后的翻范工艺过程里不要变形和开裂。而对于"范"，则除了有上述模子泥料的性能外，还要求能承受铜液的极高温而不裂、不炸、不化（融），要能承受浇注铜液时的冲刷和对范腔的挤胀力（铜的比重是水比重的近九倍）而"范"不破损不跑铜水。于是，泥模的配料与泥范的配料有很大区别，这些都出于长期制陶实践所积累的经验。

制作陶器的粘土其强度比金属低得多。所以见到的史前陶器尺寸都比较小，长、宽、高在30厘米以内，比如炊器"鬲"，所煮的饭或米汤只够一个人吃一顿，因而农夫需要每人携带一鬲去野外炊煮，于是古代文献里用"鬲"来计数劳动力。铜器的强度和刚度都比陶器大，于是制作大型青铜器物有了新的材料基础，产生了商代后母辛鼎（0.8米高、128公斤重）、后母戊鼎（1.3米高、875公斤重）（按：原名"司母辛鼎"、"司母戊鼎"，2011年3月国家博物馆正式更名），那样特大型青铜器铸件。大型器的制作技术反过来又促进了大型陶器的制作。有了大型陶器的制作技术基础，才促成了后世秦始皇陵兵马俑那种大型陶塑群的创造。

范的干燥与烘烤、焙烧

在二里头文化遗址的青铜器作坊墟里，集中发掘出大量的陶范[注15]，考古证据表明，夏商时代青铜器的制造，已大量采用了陶范。用于浇注青铜器的范具不能含有水分，否则高温的铜液会使水分迅速气化撑坏型范。特别是一些大型的青铜重器，更是先要把泥范烧成陶范，再用于浇注。

形状复杂的青铜器要用复合范来铸造，也就是用多个的范块（包括范芯）来组装成为整体范。显而易见，陶范比泥范更能胜任复合范的组

合要求。[注16]

烧制好的陶范不一定马上就用于铜器浇注，这既是要服从于青铜熔铸炉的时间安排，也要对陶范的烧制质量作最后的铸前仔细检查。总之，在浇注之前，为了减少铜液与陶范之间的温度差，或者也为了驱除陶范存放时吸收的潮气，还都需要对陶范作临铸前预热。烧制陶范和预热陶范的技术和陶窑装备，显然也都是制陶技术对铸铜技术的转移与应用。

冶金史专家华觉明研究员在复制商代青铜觚等一系列的试验里，就把泥范的焙烧温度定在900℃～950℃，获得了很好的青铜器仿制品。在900℃～950℃这种焙烧温度下的较长时间保温，泥范烧成了陶范。所以，在华觉明主编的《中国冶铸史论集》[注16]里，始终采用"陶范"这个术语。

青铜的冶炼及温度水平

史前的先民为了改善制陶的粘土原料的工艺性能，有意识地往粘土里加入砂子、稻壳、贝壳粉屑等"羼和料"。这些羼和料在陶坯干燥收缩和烧成收缩中，起着降低陶坯变形与开裂的作用，砂子（石英颗粒）也较一般粘土耐高温，因此砂质陶器又常用作炊具。

史前先民在往陶土里加入羼和料时，在铜矿石产地会有加入含铜矿石粉的事件发生，这种羼和有含铜矿石粉的陶器坯，在随后的烧陶高温还原气氛里会有少量的铜被还原出来。这是铜矿区的先民认识铜矿石的可能之一，给先民从矿石炼铜以启示。

远古人类在寻找石器的过程里认识了矿石，并在烧陶生产中发展出了冶金技术。

仰韶文化烧制陶器的过程，烧成温度多半在800℃～1000℃[注17]，已经为青铜器的出现，准备了火技术的基础。人们在仰韶文化多处遗址里分别发现了青铜器遗物。在龙山文化阶段，烧制白陶等火候较高的硬质陶器，烧成温度已达到了1050℃～1100℃；相应的在龙山文化遗址也出土了更多的青铜器。现代考古发掘获得的二里头文化遗址的铅青铜刀，其合金的成分为：铜81.31%，铅18.34%，锡0.35%；[注18]从相关二元相图可查得，该合金在1000℃的温度时，就可以全部呈液体状态[注19]。二里头文化遗址的锡青铜刀成分为：铜94.43%，铅1.16%，锡

4.41%[同注18]。该合金由于锡含量比较低,铅量更低,要接近纯铜熔点1084℃,才能全部熔融。当锡的含量在25%时,只要加热到800℃,就可以获得全液态的青铜合金[同注19]。

实际工艺里,铸造青铜器的铜液温度并不是只达到相图上的液相线温度就能浇注器物,熔炼温度需要比液相线的温度高200℃左右。因为这里有一个铜液出炉到浇进范腔的转移过程,在不断散热降温。所以,青铜的熔炼温度要达到1200℃以上。炼铸青铜器所获得的高温技术,又反过来帮助制陶技术获得更高的窑温,提高了陶坯烧成器的火候,烧制出了更多的硬陶。就是说,冶铜技术所获得的高温与制陶技术所获得的高温,相互促进,这是一种良性循环的技术发展模式。

在古代的冶炼设备方面,最早被使用的是陶制的容器,从外面加热或者直接埋入木炭里燃烧加热,以得到高温和还原气氛,后来发展成为带有风嘴的地炉。在中国,早期使用陶尊,外部涂草拌泥,起到绝热保温作用。内面涂有耐火泥层,铜矿石和木炭直接放入炉内。这一装置不同于从外部加热的"坩埚"熔炼,可以使炉内温度提高,这种内热式陶尊炉发展成为泥砌或者预制陶圈叠成的竖炉,下部有可以直接出渣、出铜的孔,如山西侯马春秋冶铸遗址的炉子[注20]。

显然,从矿石冶炼出金属的火技术与装备,都是在陶器技术的基础上发展起来的。

炼铜造渣的助熔剂对陶釉的催生

在冶金反应里,从矿石熔炼出有用的金属,矿石里的杂质遂熔成炉渣。可以说:炼好了渣也就炼成了金属。炉渣,在以前的陶器和铜器考古中都不为人重视。然而从冶炼技术角度来看,还得配合讨论炉渣。

在湖北大冶铜绿山古矿冶遗址,矿石在矿区用竖炉冶炼,附近遗留有流动性良好的玻璃质炉渣约40万吨,渣中含铜量平均0.7%。根据炉渣成分和炉旁赤铁矿石推测,冶炼时使用了熔剂,以调整炉渣成分,提高炉渣的流动性,说明冶炼时铜液与炼渣之间的反应很充分。笔者在此讨论炉渣的玻璃质,以及使用熔剂生成低熔点的炉渣技术。

添加了比铜熔点低的锡、铅,可以得到比纯铜容易熔化的合金。在铜合金的矿冶炼和铸造熔化过程里,还发现:添加一些助熔剂可以降低

炼铜渣的熔点，增强炉渣的流动性，便于排渣。看来，冶炼铜的这种经验反馈到制陶技术，就促使先民探索某些陶坯涂料，可以像用铜渣玻璃质那样的低熔点而表面光洁的涂料来充实彩陶的装饰性陶衣。这种探索就会出现低温的釉。陶釉的出现，是从冶炼炉里添加助熔剂（石灰石等）造成低熔点的玻璃质炉渣，而受启发得到早期的低温石灰釉。

在西安半坡遗址和陕县庙底沟遗址，分别发现了在细砂质陶器碎片外表敷有一层厚约0.2厘米的陶衣，深红色，光亮而坚硬，是加有某种成分的陶土而制作的。这层薄薄的深红色陶衣，就其表观来说，光亮而坚硬，可说是陶釉——瓷器的萌芽。

可见，先民从炼铜造渣的助熔剂受到启发，催生了陶釉，发明了最早的陶瓷器。釉在陶瓷发展史上是又一个里程碑。

青铜器时代铜制品、陶制品、木–石制品等并行使用

在仰韶后期文化遗址、龙山文化遗址，都发现了许多器形规则、轴线对称的陶器。这些轴线对称的陶器表明：当时的陶器制作，已经有慢轮修整技术，并发展到了快轮的高速度旋转轮制技术。虽然考古学者迄今没有发现仰韶文化或龙山文化的陶轮（陶钧）遗物或者遗迹，但是肯定当时已使用了陶轮。陶器大量生产，并且得到广泛使用。史前陶器上留下的不同制坯纹路，是反推远古成型手段的客观证据。

一些学者对二里头文化遗址的研究注意到："铜器集中出土的地区为二里头遗址的铜器作坊，可见所谓的工具类产品也是与青铜加工和生产密切相关，而很少用于农业或其他经济生产中。这说明该时期铜制品仍然是稀缺的自然资源和社会资源，较少直接用于农业生产……"[参见注18]

二里头遗址出土的夏商青铜器数量并不多，而同时期出土极大数量的陶器，石制、木制和骨制工具，这也说明，当时的青铜器使用并不广泛（主要供给社会上层的王公贵族作为礼器、兵器等）。日常大量的生活用具仍以陶制器皿为主，而生产工具仍以木–石制、骨–蚌制和陶纺轮、陶网坠、陶刀等为主。

青铜器的形制来自陶器

提起鼎、爵、尊、簋、甑、甗、盉、斝、罍、觚、觯、盂，等等，

通常人们立即联想到：它们都是青铜器。岂不知，在公元前2000年至前500年左右的夏商周时期，绝大多数青铜器的原型乃是陶器，或由陶器形制发展而来。

一般情况下，夏商周青铜器往往是礼器或者上层王公贵族才可以使用的器具，而同一时期的、相似形制的陶器，则是社会平民百姓广泛使用的日用器具（有时也作为礼器），两者并行不悖。历史上陶器使用的时间跨度，甚至比青铜器还要长远。

本文举出一些在博物馆常见于展览的青铜器形制，具体说明它们与相应的陶器形制的亲缘关系。

从陶鬲到青铜鬲

甲骨文就有"鬲"（音lì）字，象形。陶鬲是最早的一种炊煮器。

陶器时代早期已出现陶鬲，或有柄，或有耳，或有盖。安特生曾提出早期的鬲都是分裆鬲，由一个圆底器下面加三个尖底瓶式袋足而成。这是华夏陶器和青铜器的最重要特点。

鬲是远古陶器时代常用的一种炊器，可用以煮小米粥和烧水。在陶器时代，三鼓足（空心袋足）陶鬲很普遍，青铜器鬲明显是由陶鬲演化而来的。陶鬲通常无耳或单耳，而青铜鬲多数有两耳。商周出现青铜鬲，并逐渐进入了礼器行列。商周出土文物中，仍然有大量的陶制鬲。陶鬲乃为当时老百姓及农民、奴隶都常用的炊器和食具，几乎"人手一鬲"，一直绵延到战国时代，陶鬲才消失。

商代早期的青铜鬲，是仿陶鬲制成的，"其形似鼎，圆腹，两耳或无耳，三足。足中空"，因为有三个袋足，炊煮时易于受热。"联裆鬲"，是区分商文化与周文化的重要考古学标志，直到西周以后才开始在中原地区流行。新干大洋洲遗址出土了许多联裆鬲，除铜鬲外，还有更多的联裆陶鬲。山西太原金胜村出土的联裆陶鬲，无耳，为春秋晚期器物，高11厘米，口径14.4厘米。

商、周两朝除使用陶鬲外，兼用青铜鬲，形式上亦有变化。[注21]商代云雷纹圆肩青铜鬲（联裆）高10.1厘米，口径9.5厘米。平谷刘家河出土的弦纹青铜鬲，通耳高15.2厘米，口径17.1厘米。西周时又有一种方形的青铜鬲，鬲体分上下两部分，下部有门可以开合，门内可放木

历史观的新突破
LISHIGUAN DE XINTUPO

炭。陕西扶风就曾出土过一件"刖人守门"方形鬲，又称为"鬲式鼎"，通高17.7厘米，口横11.9厘米，口纵9.2厘米，腹深6.3厘米，重1750克。类似的还有一个"刖人守门"方形鬲，通高18.6厘米，通宽16.7厘米，在赤峰宁城小黑石沟遗址出土。

从陶鼎到青铜器鼎

鼎，是古代最重要的礼器，由炊器发展而来。鼎一般为圆腹、立耳、三足，少数为方形、四足。鼎耳可以穿杠或搭钩。赵汝珍《古玩指南续编·古代礼器》曰："古时盛馔用鼎，常饪用鬲。《博古图》言，鬲之用与鼎同，惟祀天地鬼神、礼宾客必以鼎，常饪则以鬲。其制自腹所容通于足，取爨火易达，故常饪用之。"就是说：空足（袋足）曰鬲，实足曰鼎；日常炊具用鬲，祭祀和礼宾客时用鼎。鼎跟鬲的功用，就如此区别开来了。

目前见到的陶鼎最早实物，有河北武安磁山、河南新郑裴李岗遗址出土的钵形陶鼎、盆形陶鼎等（公元前6000年）；陕西宝鸡北鸡首岭出土的双联陶鼎；河南安阳后冈出土的折沿圆腹鼎（公元前4000年）。在仰韶文化遗址（约公元前3000年）中也出现了陶制的鼎，与殷周鼎的基本形制接近，一般为圆腹环底，三足两耳。

远古祭祀时鼎为炊煮牲肉（牛羊肉）及盛放牲肉的用具，成为祭祀的重要礼器。先秦文献中有"夏铸九鼎"的传说。商朝开始铸造大型的青铜鼎，而形制来自陶鼎。

通常使用的鼎的尺寸也就跟如今的压力锅差不多，高度在20至30厘米之间。例如，商早期的兽面纹扁足鼎，高14厘米，口径13.1厘米。商晚期王室使用的几个礼器鼎：徽号鼎，高19.3厘米，口径15.7厘米；邑鼎，高21.9厘米，口径18厘米；禹方鼎，高23厘米，口长16.6厘米，口宽14.2厘米；共鼎，高24厘米，口径19.5厘米；大禾方鼎，高38.5厘米，口长29.8厘米，宽23.7厘米。但是极少数特别铸造的大鼎，高度也不超过1.50米，如商代晚期的青铜鼎"后母戊"大方鼎，长方、四足，高133厘米，重875公斤，是现存最大的商代青铜器，鼎腹内有"后母戊"三字，是商王为祭祀他的母亲戊而铸造的。

甲骨文和金文也常见"鼎"字，跟"鬲"同样是象形字。当时，鼎是国家政权的象征。《周礼》规定贵族用鼎须遵照礼制，按等级使用不同数量的鼎，如天子九鼎、诸侯七鼎、大夫五鼎、士三鼎。其形制也有方形四足者。足为圆柱形或方形。鼎内铭文，商代较少，周代渐多。[注22]

一直到东周和汉代，古人还常用陶鼎作为随葬的明器。

从陶豆到青铜器豆

豆，甲骨文和金文里的象形字，盛食器，也是祭祀的礼器。豆最初指一种高脚木制器，形如盘子，后来有陶器豆。豆起初是古代盛肉、盛菜（副食）的器皿，后常用以装酱、醋之类的有汁调味品，但也用来盛酒。《考工记》有"食一豆肉，饮一豆酒"的记载。《说文》云："豆，古食肉器也。"《诗经·大雅·生民》云："卬盛于豆，于豆于登。"《郑玄·笺》解释说："祀天用瓦豆，陶器质也。"意即：祀天用的瓦豆是陶制的礼器。"登"是豆的一种，也是陶器。

仰韶文化遗址中，即已出现陶豆，只是形制古朴，无明显的柄。以后的陶豆出现高柄、浅盘者，与高圈足者并行。山东大汶口文化遗址，出土了八角星纹彩陶豆，通高28.4厘米，口径26厘米，足径14.5厘米。河姆渡遗址也出土了陶器豆，高17.4厘米，口径26.4厘米。

从出土情况看，彩陶豆多来自墓葬，豆盘内往往盛着猪蹄、猪头、颚骨等供品。如此精美的彩陶，在5000年前的原始社会不可能是日常普通用具，应该是先民最畏惧、最崇尚的祭祀活动中的礼仪用品。

常州新岗遗址，出土了陶豆、陶鼎等随葬器物。这些器物均小巧精致，带有大量纹饰，具有典型的崧泽文化时期明器的特征。[注23]

整个陶器时代，陶豆一直在民间广为使用。造型多为浅盘、浅钵形，高圈足。豆的形制从陶豆开始，到青铜豆，始终保持着它的基本造型，而且始终是祭祀礼器组合中的一员。东汉出土文物中还有陶器豆。这种泥质红陶酱色陶豆，高6.7厘米，底径7厘米，口径11.5厘米，重266克。

山西保德出土的商代晚期青铜豆是目前所见最早的青铜豆。山东长清出土的青铜豆，大圈足，盘腹较深。西周时期，长江流域出土的釉陶豆，大貌与前者相近，但有的豆盘则为敛口。春秋战国时期，礼器中的陶豆和青铜豆都很盛行。一般盘腹加深，形似小碗，而且高柄、有盖，

甚至有的柄极高。今河北易县东南（战国燕下都）出土了圆柄方豆。

又，最初的灯（镫）就是在陶豆中盛膏油燃捻，后来才分离出独立的灯。

从陶尊到青铜器尊

尊，在礼器里跟鼎和簋类似，处在高端地位。常见者为侈（chǐ）口（即大口），高颈，鼓腹或筒腹，圈足。陶器时代很早就出现了陶尊，形制为大口，或兼有尖底。山东大汶口文化遗址中一些引人注目的刻画符号，就出现在大口陶尊上，这种陶尊可能是用来酿酒的。河南洛阳出土了西周的白色陶尊，高23厘米，其造型和装饰跟同时期的铜器相像。

商代以后的铜尊，则为盛酒器。在郑州铭功路和黄陂盘龙城商代中期的遗址中，出土了我国目前已知最早的釉陶尊。这种釉陶尊，主要为敞口、折肩、深腹、凹底的形制，个别已有圈足的。商末周初还有一种特大侈口、筒状的尊，学者或称之为"觚形尊"。

尊的尺寸基本上跟鼎相当。商代饕餮龙纹青铜尊，直径23厘米；四羊方尊，高58.3厘米，口长58.3厘米，口宽52.4厘米，重34.5公斤。安徽阜南出土商青铜器龙虎尊，高50.5厘米，直径44.9厘米，重约20公斤。

古人说"决胜于尊俎之间"，就是与谈判对方在饮酒食肉的酒宴上取胜。俎是盛肉器。由于它使用普遍，后人将"尊（樽）"作为酒杯的代称。陶尊还有一个更重要的技术用途，被后人称为"将军盔"的带蒂把大口陶尊，是冶炼铜的坩埚。

从陶爵到青铜器爵

爵，是一种三脚、大腹、有把、饰有禾纹的酒器，或饰有鸟雀图形的敞口酒器。

《说文·鬯部》曰："爵，礼器也，象爵（雀）之形，中有鬯酒。"爵是一种典礼时用的酒器，君王赐酒给臣下用。所以派生出"爵禄"、"爵位"等名词。礼器"爵"用以饮酒，兼可温酒。古书上说可容酒一升（按：古代每升合今日约200毫升）。爵这种酒器的命名，是由于它的造型像一只雀鸟，前面有"流"就是饮用口（即壶嘴），好像雀喙，后面有"尾",腹下有细长的足。古代"爵"与"雀"同音互通。考古发掘出来的"爵",起初是陶制的,后来才有青铜制的。

关于陶爵的起源,考古界众说纷纭。二里头文化遗址出土的陶爵,极可能是从豫西王湾、三里桥类型和豫北后冈类型龙山文化晚期的一种原始陶爵(许多学者称为鬶)演化而得。陶爵作为酒器中的一种,夏商时期仍然使用不衰,在陶质礼器中具有重要的地位。[注24]

青铜爵很明显是从陶爵直接仿造而来。

目前发现最早的青铜爵是偃师二里头遗址出土的,它也是已发现的最早的青铜礼器。其形态与二里头的陶爵十分近似,但制作规整,壁厚均匀。《礼记·礼器》载:"贵者献以爵,贱者献以散(斝)。尊者举觯,卑者举角。"贵族使用酒杯,依身份高低有严格的区别,身份最高的贵族才能使用铜爵。当时用铜爵饮酒,并非专为饮食,更着重于"礼"。

铜爵的产生并不意味着陶爵退出了历史舞台。在夏商周相当长的时间内,陶爵和铜爵相伴而生,同时并存。

商代早期的青铜爵,器身与足有明显分段,"流"短而狭,无柱,腹底平。安徽肥西馆驿出土的兽面纹铜爵,高38.7厘米,流至尾长21.5厘米。20世纪50年代湘乡出土的兽面纹铜爵,腹径11.5厘米,口径12至27厘米。商代晚期,凸圜底的爵盛行,"流"长而宽于早期制品,多有柱。商代晚期的爵出土最多,首都博物馆藏青铜爵,高16.1厘米,流至尾长14厘米;还有一件青铜爵,高24.6厘米,长20.7厘米,长流短尾。到西周晚期,爵渐渐消失,被实用、便利的杯子代替。

从陶簋到青铜簋

簋(音 guǐ),本意是远古的竹篮子,后发展为陶制或青铜制的盛食物(黍稷)的容器,圆口,双耳或四耳。《说文》曰:"簋,黍稷方器也。"青铜器铭文或作"毁"。

《仪礼·公食礼》曰:"宰夫设黍稷六簋。"《周礼·掌客》曰:"鼎簋十有二。"《易·损》曰:"二簋可用享。"《诗·秦风·权舆》曰:"每食四簋。"《诗·小雅·伐木》曰:"陈馈八簋。"

《韩非子·十过》曰:"臣闻昔者尧有天下,饭于土簋,饮于土簠。"《史记·始皇纪》曰:"饭土簋。"可见从传说中的尧就使用"土簋、土

簋"等陶器，一直到秦始皇时代，人们（尤其是老百姓，农业和手工劳动者）还在普遍用陶器的簋来盛装饭食——簋廉，指的是盛酒的瓦器，即陶器；簋实，指的是放在簋器内的粮食（黍稷）

三门峡考古发现西周的陶簋（实用器），高34厘米，口径21厘米，同时出土的还有陶鬲和陶罐。这说明了直到西周时期古人仍然使用陶簋等陶器。[注25]此外，吉林辽源白泉镇出土了小型陶簋（明器），高9厘米，直口圆唇，圆口直径9厘米，属于手制夹砂粗陶，表面抹光，呈黑褐色。

目前已知最大的铜簋，是陕西扶风出土的周厉王礼器簋，重60公斤。三门峡虢国墓发掘出明器青铜簋，如：重环纹簋高16厘米，口径13.6厘米，腹径19.1厘米，腹深7.8厘米，圈足径17厘米；素面簋，器盖与器身浑铸一体，高12.6厘米，腹径12.8厘米，尺寸与明器鼎相匹配而略小一些。通常实用器青铜簋的高、口径、腹径、腹深是明器青铜簋的两倍左右。

从陶壶到青铜壶

壶是远古就有的一种饮用容器，可以盛酒，也可以盛水。《诗·大雅·韩奕》云："显父饯之，清酒百壶。"《礼记·礼器》云："门外缶，门内壶。"郑玄注："壶大一石。"《周礼·秋官·掌客》云："夫人致礼八壶、八豆。"磁山文化以及差不多同时的裴李岗文化遗址都已出土陶壶。不过后者所出的陶壶形体较矮，与罐近似。仰韶时期的陶壶，则与瓶近似。安庆夫子城遗址出土的陶壶，口径6.8厘米，底径6.5厘米，高10.4厘米，为灰白色泥质陶，外表饰褐陶衣，口微侈（chǐ大），高领，鼓腹。石家河遗址群（公元前3000年至前2000年）出土的彩陶高足壶，高16.1厘米。河南偃师二里头文化遗址出土的鸭形陶壶，高10厘米。以后的陶壶是商代青铜壶的雏形。

商代的青铜壶为扁圆形，有耳，圈足。首都博物馆藏商周青铜壶，高30厘米，口径15.1厘米，直颈无盖。周代青铜壶，其圆壶形体小巧，大腹，长颈，有盖，兽耳衔环。铭文自名为饮壶，故为饮酒器。河北平山中山王墓出土的青铜壶内就保存有2300年前的古酒。春秋时的青铜壶扁圆，长颈，有盖，盖上常作莲瓣装饰。古人以陶或青铜簋盛饭，以陶或青铜壶盛饮料，称为"箪食壶浆"。

从陶甑到青铜甑

甑（音 zèng）圆形炊器，如罐或盆，底有方孔或圆孔，有的在器壁近底处也有孔。或箍以甑带，使其紧固。甑是蒸食器，使用时需放置在釜或鬲上，燃火后，釜、鬲内的蒸气通过甑底的孔，将甑内的饭蒸熟。陶甑相当于现在的蒸锅或蒸笼。仰韶文化半坡遗址中已有出土。龙山文化下王岗遗址出土的陶甑为双耳陶罐形，而山西陶寺遗址出土的陶甑腹壁下收成直线。岐山双庵村遗址出土汉代一个陶甑，口径约 30 厘米，底有 16 孔气眼。又一东汉陶甑，高 7.1 厘米，底径 5.4 厘米，口径 14.3 厘米，重 275 克，是泥质灰陶，施土红色陶衣。敞口，侈唇，腹斜收，平底，底部有 21 个小圆孔。在富城镇圣佛峪遗址，考古发现汉代灰陶甑，底径 15 厘米，高 18 厘米。

殷墟出土铜甑，甲骨文中的"皿"字与其形状极相似（参看下一节青铜甗）。

甑的使用，延续了数千年。商周至秦汉的青铜甑，常是分体甗的上部。

从陶甗到青铜甗

甗（音 yǎn）是组合炊具，上部为甑，下部为鬲，或分体，或浑体，是两者结合的蒸食器。多为圆形、立耳，少数为方形。甗的主要用途是蒸饭，下部煮水，蒸气通过中间的孔将上部的米蒸熟。所以《陈公子甗》铭曰："用征用行，用羹稻粱。"甗主要为日用器，亦兼作礼器，并与鼎、簋、盘、匜等配合使用。

陶器时代的陶甗，上部陶甑较大，下部陶鬲较小。而山东胶县三里河出土的陶甗则相反，上部陶甑小，下部陶鬲大，且无明显的袋腹。

商代早期出现了青铜甗，但数量很少，到商代晚期有所增加。商代青铜甗多为甑鬲合铸，连为一体，铜甑上多立耳，甑体较深。这种青铜甗不仅见于中原，边远地区也有发现。还有上下两体分铸可以分合的青铜甗，一般为一甑一鬲。晚商出现了"一鬲三甑"的青铜甗，三件甗联为一体，故名"三联甗"，如河南安阳殷墟妇好墓出土的"妇好甗"。

妇好青铜三联甗，是目前所见的唯一的甗复合炊具。通高：68 厘

米，长：103.7厘米，宽：27厘米，甑高：26.2厘米，口径：33厘米，底径：15厘米，重量：138.2千克。它将三个甗的鬲合为一体，铸成一个长方形中空的案，案下有六条实足，案面上保留着三个下鬲口；上甑仍然是三个，分别套接于三个下鬲口内，形成一个下鬲加三个上甑的格局。使用时，鬲腔内的热蒸汽分别进入三个甑内，三个上甑中可分别放置不同的食品。"妇好甗"出土时案面有丝织物残痕，腹部、足部都有烟炱痕迹，可见为实用器。这样的三联甗可以同时蒸煮几种食物，为后代制造的一灶数眼炊具，打下了基础。

商周之际的铜甗，铜甑部分降低；西周多浑体，东周多分体。铜陵顺安镇出土了春秋中晚期青铜器，兽足弦纹青铜甗，上甑下鬲连体，甑高35厘米，鬲高26厘米，口径31厘米。兽足弦纹青铜甗同河南洛阳出土的青铜甗形制相似。

从陶盉到青铜盉

盉（音hé）是远古一种盛酒的陶器，也用来调和酒与水，以节制浓淡。一般为敛口（口小腹大），有盖，大腹，管状流（饮用口），大鋬（pàn把手），三或四个袋状足。浙江余姚河姆渡遗址出土的陶器中就有盉；偃师二里头文化中，也已出现陶制的盉。陶盉是三星堆遗址出土数量较多的一种陶器，一般高47.9厘米，宽19.6厘米，器顶有半圆形口，有三个中空的袋状足与器身相通。东汉许慎《说文解字》云："盉，调味也。从皿，禾声。"王国维《说盉》云："盉乃和水于酒之器，所以节酒之厚薄者也。"[注26]

商代，由陶制盉发展为青铜盉，形状较多，一般为深腹，圆口，有盖，前有长"流"（壶嘴），后有鋬（把手），有三足或四足。盛行于殷代及西周初期，如"妇好盉"、"上士盉"、"祭侯盉"等。商代前期还有一种异形盉，"流"在顶上。《博古图》载："阜丁盉：三足，有流有鋬，盖与器铭共六字；执戈殳癸盉：缺盖，有流有鋬，铭三字，两面作饕餮，周以连珠，流有名，以上商盉。……三螭盉：三足，有提梁，无铭，有盖，立三螭以戏于旁，以上周盉。"北京琉璃河西周墓出土的青铜盉，高15厘米，底径20厘米，口径9厘米。战国时期秦青铜蟠虺纹扁盉，高21.5厘米，宽25厘米。铜陵县钟鸣镇出土的西周龙柄盉，上部盆形为敞口，下部鬲形为三袋足，器高18.2厘米，口径12.6厘米，柄长18厘米。

从陶斝到青铜斝

斝（音 jiǎ），异体字：𣪊，是中国古代用于温酒的酒器，源于陶器。三足，或为袋足，或为实足，或为棱锥足。一鋬（pàn 把手），两柱，圆口呈喇叭形。

甲骨文中有"斝"的象形字。王国维认为，《周礼》中称为"散"的礼器实际上与斝为一种器物。而后世珍贵的饮器，往往亦称为"斝"。《诗·大雅·行苇》："或献或酢，洗爵奠斝。"《说文·斗部》："斝，玉爵也。夏曰盏，殷曰斝，周曰爵。"

斝最早产生于龙山文化时期，而非自殷商始。公元前3000年就已出现了陶斝，如庙底沟遗存中，就发现了很多。河南济源原城遗址出土的陶斝，形似圜底深腹盆下接三袋足，口径25厘米，通高20.5厘米。这件龙山文化晚期的陶斝底面的烟炱和腹内残存的水垢，足证当时陶斝是煮水熬粥的炊具，而不是专用的酒器。但进入夏代以后，斝渐以盛酒、温酒为主，商代流行青铜斝，已无炊具功能。

青铜铸造的斝初见于夏代晚期，由陶斝发展而成，盛行于商。斝的侈口（大口）较同类的爵要宽。口沿有柱，一侧置鋬（即"耳"），长足，有盖和无盖的形制并存。据说由商汤王打败夏桀之后，定为御用的酒杯，诸侯则用角。商代以后，斝由盛转衰，以至绝迹。

皖南铜陵狮子山出土的青铜斝，平底，三角锥足，腹部上下各饰一周饕餮纹，高33厘米，口径18.1厘米，腹径13.8厘米。

从陶罐到青铜罐

陶罐，是一种盛水、酒或食品的陶制容器。乾县灵源镇佛东村出土的古陶罐高约110厘米，口径宽而阔，直径大约40厘米，最粗处直径有50多厘米，其底部尖而锥，直径大约只有15厘米。又，山东济宁出土的"任城陶罐"为泥质灰陶，口径14厘米，通高33.8厘米，敞口，平沿，方唇，短颈，广肩，圆腹，小平底，肩部刻"任城厨酒器容十斗，弟十，平"11个字，字体为隶书，为民间书写体。这酒器有十斗的容

历史观的新突破
LISHIGUAN DE XINTUPO

量,"弟十"同"第十","平"同"瓶",为容器的编号。用量杯实测,测得陶罐容水 19950 毫升,《汉书·律历志》载,汉代"一斛为十斗,一斗为十升"。长沙马王堆汉墓出土的容器,测得汉代每升合今日约 200 毫升,与"任城陶罐"每古升合今日 199.5 毫升接近。

与陶罐同类而形态较小的有陶瓶,小口,尖底,有耳,可供系绳。陶瓶的作用是汲水。古人可将陶瓶抛于水中,待瓶灌满了水并浮起后,就可以收起绳索,提或背瓶回家去。崧泽文化嘉兴南子村大坟遗址,出土的人首陶瓶,高 21 厘米,腹围 28 厘米。此陶瓶很可能与当时祭丰收、求甘雨等原始祭祀活动有关。青铜瓶罕见。

青铜罐,数量不多。考古出土商周时期的一件青铜罐,高 22 厘米,上口径 14.5 厘米,下口径 13 厘米。另一件青铜罐,高 22 厘米,直径 11.3 厘米。青铜罐的形制完全来自陶罐。

从陶罍到青铜罍

罍(音 léi)为大型盛酒器,也用于盛水。罍是从陶罐分化出来的一种容器,形体大,容量多,使用时,是礼仪中的第一道酒具,即先要将罍中的酒分注于尊内,然后再用勺、枓挹入爵、觚等酒器。罍有高、扁两类,高者小敞口,口上有盖,肩有兽耳衔环,下腹前有鼻。扁者大口,口亦有盖,肩有兽形耳,但常无环。

龙山文化(公元前 2310 至前 1810 年)出土了很多精美的陶酒器,如黑陶罍、高柄杯、白陶鬶等。黑陶罍为小口,鼓腹,与商代青铜罍酷似。制作如此精美的黑陶容器多出土在规格较高的墓葬中。山东龙山文化遗址出土的一件黑陶罍,高 22 厘米,口径 13.3 厘米。

《诗·周南·卷耳》说:"我姑酌彼金罍。"又《仪礼·少牢馈食礼》载:"司宫设罍水于洗东。"可以为证。罍多作生活用器,也有时作礼器用。《礼记·礼器》云:"庙堂之上,罍尊在阼,牺尊在西。"一件战国青铜罍,通身饰变形夔纹、重环纹、勾云纹等,制作精良,有人认为是东胡与中原交流之物,高 28 厘米,口径 20.5 厘米。

从陶觯到青铜觯

觯(音 zhì)为饮酒器,形制像觚,用途与觚相同。《礼记·礼器》

云:"尊者举觯,卑者举角。"觯,侈(大)口,短颈,鼓腹,圈足,或有盖,似尊而小,状如小瓶,大多数有盖。觯,多为椭圆形或圆形,个别有方形的,自身铭文称为"鍴"(如王义楚鍴),就是觯。

陶觯出现于公元前3000多年,青铜觯盛行于商及周初,在春秋时演化为长身、侈口、圈足,但很少见。考古出土的商代青铜觯,一般高23厘米。桓台史家遗址出土的商晚期青铜觯,高12.9厘米,口径8.3厘米。

从陶觚到青铜觚

觚(音 gū)大口,细腰,高圈足,酒器。商代以前即有陶觚,如二里头早期遗存中,有陶盉、陶爵、陶觚的组合。考古所见商代最基本的酒器组合,也是觚与爵。陶觚的形状为小侈口,腰粗而短、平底,商代早期的铜觚也大体如此。商代晚期的觚变为大侈口,腰细短。觚也有方形的。西周中期以后,觚和相关的酒器(如爵、罍、觯、盉等)一同衰落了,渐渐被实用、便利的杯和壶所代替。[注27]

考古出土的商代晚期的兽面龙纹青铜觚,高29.7厘米,口径16.7厘米。河南安阳殷墟西区出土的兽面纹觚,高15.1厘米,宽10.7厘米,重0.37公斤。

周朝时,对青铜酒器作了明确的规定:一升曰爵,二升曰觚,三升曰觯,四升曰角,五升曰散(斝),六升曰壶。汉代容量每升约合今200毫升,相当于2两。这种青铜酒器的规格,一直沿袭到清朝。

从陶釜到青铜釜

釜的形制近似于后代的锅,敛口束颈,口有唇缘,鼓腹圆底,口径小于腹径甚多,肩部有两个环状耳。因不同的时期或不同的质材,釜的形制有所发展。陶釜是古代民间使用最广的烹饪器,以至逃亡避难时也必负携而行。周太王亶父初居邠,"狄人攻之,仗策而去,百姓负釜、甑,逾梁山而国乎岐"。(据李昉《太平御览》卷七五七引《淮南子》)釜亦军中必备炊器,所以项羽救钜鹿,"皆沉船,破釜甑"。(据司马迁《史记·项羽本纪》所载)

陕县庙底沟新石器时代文化遗址中出土的陶釜,呈扁圆形,中央鼓,

上面开口，小沿。河姆渡文化遗址所出的陶釜，形体更为鼓圆，口更大，卷沿。河南陕县庙底沟遗址出土多件陶灶，灶上坐着陶釜。龙山文化陶寺遗址出土过釜灶一体的陶灶。原始社会发明的这种陶釜灶，一直影响到周代。

周代有了铜釜，春秋战国时代流行于秦国、齐国。出土战国时的陶釜，如禾子釜、陈纯釜，都作坛形，小口大腹，有两耳。战国以后，铜釜出现颇多，其形态的发展日趋鼓圆，如陕县后川出土了战国时期的配套铜釜、陶甑。有的铜釜形制已演化得近乎今日的铁锅了，由此可见：釜是锅的前身。釜作为民间广泛使用的炊具，在汉代大为盛行。当时釜有铜制或陶制的，也有铁制的。汉代的铜釜和甑多有衔环双耳，一直发展为后代的双耳锅。

一个饶有兴趣的考古资料，很好地说明了从陶釜、陶甑到青铜釜、青铜甑的历史发展——以前宜宾曾出土整套的陶器炊具陶釜和陶甑，后来又在东汉时期贵族墓葬中发现了青铜釜和青铜甑，它们可以组成一对完整的青铜炊具。[注28]

从陶盂到青铜盂

盂，是古代盛水或饭的器皿，侈口、深腹、圈足、有附耳（把手），很像有附耳的簋，但比簋大得多。

磁山文化遗址（公元前5000多年），曾出土陶盂。后来发展为商代和西周的青铜盂，有个别方座。临淄齐都镇河崖头村出土的青铜盂，口径62厘米，高43.5厘米，重35.5公斤，侈口，深腹，腹部有横向的两耳（杵形把手，失一）。[注29]

此外还有"碗"和"钵"也值得一提。碗，旧作"盌"或"椀"，《说文》解释它是"小盂也"，敞口，深腹，小圈足，个别有平底的。尺寸与如今的碗差不多，口径约10到20厘米，用途也为进食、盛汤。碗的出现很早，在公元前6000至前5000年的陶器时代早期文化遗址（如陕、甘一带的老官台文化遗址）中已有手制的砂质红褐陶圈足碗，比较粗糙，松脆易碎。碗在陶器时代各类文化遗址中均有发现，除陶制的以外，还有石制的、木制的。陶钵，是陶器时代的食具和盛水器，通常用来"盛米饭（主食）"，配合陶豆（盛肉菜，即副食）使用。马家窑文化临夏水地陈家遗址出土的陶钵，高10.4厘米，口径29厘米。

秦汉以来，陶瓷碗和钵也逐渐兴盛，一直流行到今天。但是考古学家迄今未曾发现青铜碗和青铜钵。

后世佛教所用的击奏体鸣乐器"铜钵"，正式名称为"铜磬"、又称为"梵磬"、"天竺磬"、"僧磬"等，与古代陶钵无关。铜磬由青铜铸成，形似大钵，外侧常铸有花纹、文字，以木棒击之发声，从印度传入中国，大多用作佛教法器，诵经时，至段落处敲击，音色明净，余音昂长。宋人陈旸《乐书·俗部·金之属》载："铜磬，梁朝乐器也，后世因之方响之制出焉。今释氏所用之铜钵亦谓之磬，盖芒名之。梁间文氏击铜钵赋诗，盖亦磬之类，胡人之音也。"

从陶盆到青铜盆

远古早期陶器时代制作了大量的彩陶盆。公元前4000年的仰韶文化遗址出土的彩陶盆有：人面纹彩陶盆、鹿纹彩陶盆、鱼蛙纹彩陶盆，等等。仰韶文化河南庙底沟遗址（约公元前3500年），出土了彩陶盆。大汶口文化早期（约公元前4200年至前3600年）山东兖州王因遗址，也出土了彩陶盆、彩陶钵。陕西华县泉护村出土的彩陶，代表作品有：彩陶花瓣纹盆、勾叶纹彩陶盆、植物纹彩陶盆、鱼鸟纹彩陶盆、漩涡纹曲腹盆，等等，其风格挺秀饱满，轻盈而稳重。

青铜盆显然由陶器盆发展而来。湖北襄樊出土的一件商周青铜盆，口径23.5厘米，高21厘米。安庆大枫乡黄花村春秋墓出土的一件青铜盆，口径20厘米，底径14.2厘米，高8.4厘米，方唇略外侈，折腹。腹身纹饰分为三部分，平底，成对。山东魏家庄汉代墓葬，出土了彩绘青铜盆。[注30]

从陶盘到青铜盘

盘是盛放物品的圆形用具，扁而浅。仰韶文化遗址出土了大量的陶盘，大小不一。《礼·丧大记》云："沐以瓦盘（即指陶制的大盘）。"《大学》云："汤之盘铭。注：沐浴之盘也。"商周的陶盘、青铜盘多用于盥洗，亦盛食物。

《列子·汤问》云："及日中则如盘盂。"《史记·平原君虞卿列传》

载:"毛遂奉铜盘而跪进之楚王。"又,《窦大将军鼎铭》云:"禹镂其鼎,汤刻其盘。纪功申戒,贻则后人。"说的是青铜器铭文大多镂刻在铜鼎和铜盘上。

陶寺遗址出土了彩绘陶盘,里面用彩色画了一条蛇形动物,无足,头部形状凶猛,有牙,身有斑块(可能象征鳞片),尾部卷曲,基本上像蛇,但是有人认为是"龙纹陶盘",斑块可能象征龙身的鳞片。又有人认为是"鳄鱼"。然而它明明没有四足,怎么可能是"龙"或"鳄鱼"呢?又据报道,淮北双堆孜汉墓出土的釉陶盘为东汉(25~220年)文物,通高8.5厘米,口径29厘米,底径5.6厘米,敞口,平沿,斜弧腹,圈足。[注31]平谷刘家河出土的三鱼铜盘,高9.5厘米,口径25.5厘米。双鸟柱龟鱼纹铜盘,高20.5厘米,口径38.8厘米。

从陶杯到青铜杯

杯,也称"耳杯",本来是小型木制饮具的总称。《大戴礼记·曾子事父母》云:"执觞、觚、杯、豆而不醉。"注:"杯,盘、盎、盆、盏之总名也。"《礼记·玉藻》云:"杯圈不能饮焉。"河姆渡文化四期遗址出土有陶杯,高10.9厘米、口径6.0厘米。

大汶口文化晚期的黑陶高柄杯,出自较大型的墓葬,在墓中不与其他随葬品混杂,位置显要。黑陶高柄杯是龙山文化时期的高级随葬礼器。黑陶杯经快轮成型,杯壁厚度均匀,薄如蛋壳,最薄处仅为0.2至0.3毫米,但质地却极为细腻坚硬。黑如漆,亮如镜,薄如纸,硬如瓷,掂之飘忽若无,敲击铮铮有声,被称为"蛋壳陶"。

西周中期以后,实用、便利的青铜杯、陶瓷杯,逐渐代替了爵、斝、罍、觯、盉等酒器。铜陵遗址出土的青铜杯,两边有耳,是耳杯的典型。

从陶缶到青铜缶

缶(fǒu)亦作"瓿",《说文》曰:"缶,瓦器,所以盛酒浆,秦人鼓之以节歌。象形。"甲骨文"缶"的字形,上面是"午"的古文形体字,即"杵",下面是"缶"的本体。"杵"是棒子,可用来制坯。可见陶缶和杵也是用来做制造陶坯的工具。

陶器缶,类似瓦罐,形状很像一个小缸或钵,是古代盛水或酒的器皿，大腹小口，有盖。古人使用的缶多是陶制。考古发掘显示，只有少数较大的墓中才有青铜缶。一般铜缶并不列入礼器，所以出现的并不多。例如，湖北宜城出土的青铜器蔡侯缶。湖北随州曾侯乙墓出土的青铜冰鉴缶，即曾侯乙铜鉴缶——用以冰镇酒水的器具。这个青铜鉴缶有夹层，由内外两件器物构成：外部为鉴，鉴高63.2厘米，鉴内置一尊缶，缶高51.8厘米，共重170公斤。夹层里面放冰，缶里面放食物或饮料，实际上就是古代的冷藏设备。

曾侯乙墓还出土了青铜大尊缶，为大型盛酒器，通高124.5厘米，口径48.4厘米，足径69厘米，重327.5公斤。这是目前所知的先秦酒器中最大、最重的一件。大尊缶出土时，里面还残留着两千多年前的酒液，可见青铜大尊缶的密封性能之好。

由以上许多实例可以看出：夏、商、周绝大多数青铜器的原型是陶器，或由陶器形制发展而来。如今我们的饮食器皿早已不用青铜制的了，然而陶瓷器的饮食器皿和炊具却流传了几千年，锅、碗、盘、盆，作为经久耐用的日常生活必需品，至今不衰。

结论

总而言之，在石器时代进一步发展的过程中，如果没有陶器技术的创始与积累，就不会有后来的青铜器时代。在中国发现的新石器时代遗址达6000多处，而这些文化遗址都有陶器的遗存。[注32] 陶器时代前后长达万年，它的许多特点被青铜器时代继承下来了。陶器工艺、形制从根本上影响了青铜器工艺和形制，而青铜器的冶炼、铸造并没有接受石器的多少影响。因此，本文作者认为，在木-石器时代之后、青铜器时代之前，必须划分出一个关键的"陶器时代"。

注释

［注1］陈明远：《修正"史前史三分期学说"》，载《社会科学论坛》2011年第4期。

［注2］陈明远：《陶器文化传播的源流》，载《质疑四大文明古国》，中央编译出版社2011年版，第210~218页。

［注3］〔德〕恩格斯：《家庭、私有制和国家的起源》，《马克思恩格斯选集·

第4卷》，人民出版社1995年版，第20页。

［注4］〔美〕摩尔根（Lewis Henry Morgan）著，杨东莼译：《古代社会》，商务印书馆1977年版，第16页之注释3（引用泰勒关于筐篮涂泥的叙述）。

［注5］严文明、〔日〕安田喜宪主编：《稻作、陶器和都市的起源》，文物出版社2000年版，第5页。。

［注6］林志纯：《西亚中石器时代文化》，载《中国大百科全书·考古学卷》，中国大百科全书出版社1986年版，第562页（对西亚最早陶器的描述）。

［注7］《中国大百科全书·考古学》，中国大百科全书出版社1986年版，第373页。

［注8］叶喆民：《中国陶瓷史》，生活·读书·新知三联店2006年版，第2页。

［注9］中国科学院考古研究所编：《西安半坡》，文物出版社1963年版，第156、157页。

［注10］西安半坡博物馆、陕西省考古研究所、临潼县博物馆编：《姜寨——新石器时代遗址发掘报告》，文物出版社1988年版，第278、279页。

［注11］《考古》编辑部编：《考古学集刊·第四集·陕西华阴横阵遗址发掘报告》，中国社会科学出版社1984年版，第4页（火膛、窑室由火道连接）。

［注12］《考古》编辑部编：《考古学集刊·第四集·甘肃东乡林家遗址发掘报告》，中国社会科学出版社1984年版，第124页。

［注13］陈国梁：《二里头铜器研究》，载中国社会科学院考古研究所编，《中国早期青铜文化——二里头文化专题研究论文集》，科学出版社2008年版，第199、209页。

［注14］冯先铭主编：《中国陶瓷》，上海古籍出版社2001年版，第19页。

［注15］陈国梁：《二里头文化铜器研究》，载中国社会科学院考古研究所编，《中国早期青铜文化——二里头文化专题研究论文集》，科学出版社2008年版，第161页。

［注16］华觉明：《殷墟出土商代青铜瓿铸造工艺的复原研究》，载《中国冶铸史论集》，文物出版社1986年版，第81~84页。

［注17］冯先铭主编：《中国陶瓷》，上海古籍出版社2001年版，第4页。

［注18］陈国梁：《二里头文化铜器研究》，载中国社会科学院考古研究所编，《中国早期青铜文化——二里头文化专题研究论文集》，科学出版社2008年版，第168页。

［注19］〔俄〕Н.П.梁基谢夫主编，郭菁蔚等译：《金属二元系相图手册》，化学工业出版社2009年版，第523、524页，铜锡二元合金相图，第510页，铜铅二元合金相图。

［注20］路迪民、王大业：《中国古代冶金与金属文物》，陕西科技出版社1998年版，第64页。

［注21］《商代亚徽青铜鬲出土》，载《甘肃日报》2002年7月30日。

［注22］俞伟超：《周代用鼎制度研究》，载《先秦两汉考古学论文集》，文物出版社1985年版，第63页。商不用仿铜陶鼎，周礼乐制度用鼎。

［注23］《常州新岗出土陶鼎、陶豆》，载《常州日报》2008年12月24日。

［注24］杜金鹏：《陶爵研究——中国古代酒器研究之一》，载《夏商周考古学研究》，科学出版社2007年版，第708页。陶爵是商代最基本和最主要的陶制礼器。

［注25］《三门峡考古发现陶簋陶鬲》，载《新华日报》2008年7月23日。

［注26］王国维：《观堂集林》卷三。原文又说："盉之为用，在受尊中之酒，与主酒而和之，而注之于爵。"

［注27］夏鼐：《殷周金文集成·前言》，载《考古》1984年第4期。又见功猷：《评介殷周时代青铜器之研究》，载《考古》1986年第3期。

［注28］《宜宾境内第一套出土的整套青铜炊具》，载《宜宾晚报》2010年11月22日。

［注29］徐龙国：《临淄青铜盂及年代》，载《管子学刊》1989年第4期。

［注30］《山东魏家庄出土彩绘青铜盆》，《济南时报》2009年8月21日。

［注31］《淮北汉墓出土釉陶盘》，《中国文物报》2006年10月18日。

［注32］李辉柄：《新石器时代的陶器》，载《紫禁城》2004年第3期。

陶器时代的分期

——全盘修正"史前史三分期学说"之五

【内容摘要】 人类史前史的陶器时代,早在中石器时期就开始形成,而陶器一直跟青铜器同时使用,甚至延伸到铁器时代,时间跨度远远超越出新石器时期。陶器时代分期的根据是:(一)制作陶器的方法和设备;(二)陶器本身的特点。陶器时代可分为七个时期:其中第一至第三期是旧陶器时期,第四至第七期是新陶器时期。第一期:萌芽期(与中石器时期交叉);第二期:出现陶窑;第三期:流行彩陶;第四期:(新陶器早期)普及陶车;第五期(新陶器中期)黑陶和白陶;第六期(新陶器晚期)硬陶兴盛;第七期(陶瓷器早期)。

【关键词】 陶器时代;制陶工艺;陶窑;陶轮;陶车;旧陶器时期;新陶器时期。

陈明远在《社会科学论坛》2011年第4期发表《修正"史前史三分期学说"——在"石器时代"和"青铜器时代"之间须划出一个"陶器时代"》一文以后,引起学界讨论。为了深入探讨在历史上延续万年之久的"陶器时代",首先,必须指出它与"新石器时期"的不同实质;其次,有必要从年代学的角度对它进行分期。

"陶器时代"并不等同于"新石器时期"

一些学者表示同意作者的观点，但有学者提出："如果'陶器时代'等同于'石器时代的新石器时期'，如果两者只是名称上的区别而无实质上的区别，那么，长期以来历史学界已经把陶器的出现作为新石器时期的主要标志了，有没有必要再特别划出一个'陶器时代'来呢？"本文就回答这样的问题。

"陶器时代"与"木－石器时代的新石器时期"并不是相互等价的。新石器时期原指"人类使用磨制石器与发明陶器的文化阶段"，实际上，考古发掘的成果表明：人类史前史的陶器时代，早在新石器时期以前（中石器时期甚至旧石器晚期）就开始形成；而在青铜器时代里，青铜金属主要用作兵器、礼器以及青铜冶炼自身作业的工具，量大、面广的农具仍然是木器、石器、陶器、骨器。[注1][注2] 直到铁器耕具的广泛使用，才真正完全淘汰了石、骨、角器耕具。

而陶器一直跟青铜器同时使用，甚至延伸到铁器时代，远远超越出新石器时期。许多考古发现表明：陶器的起源是在旧石器晚期或中石器时期。例证如下：

欧亚大陆许多地区的陶器时代，在旧石器或中石器时期就出现了

（1）我们知道，新、旧石器的基本区别，就在于是否出现了磨制石器。日本列岛是世界上陶器出现最早的地区之一，朝鲜、蒙古和西伯利亚也有个别遗址的陶器年代距今1万年以上。但这些地区的磨制石器一直欠缺，还处在石器时代的旧石器或中石器时期；农业出现的年代也很晚（与西亚情况正好相反）。在日本列岛，陶器多绳纹，故日本的陶器时代又称为绳纹时代，并不对应于新石器时期。日本列岛的农业只是在公元前1000年以后，因受华夏大陆的影响，才急速发展起来的。至于西伯利亚则一直以渔猎和采集经济为主，很晚才进入新石器时期。[注3]

（2）我们还应该注意到这些事实：在华南出现最早的陶器，发生在石器时代的旧石器时期，当时尚未出现磨制的新石器。湖南彭头山遗址（公元前7500年至前6100年）陶器制造古朴简单，全部为原始的贴塑法制成，胎厚而不匀，大部分陶器的胎泥中夹有炭屑，一般呈红褐色或

灰褐色。此处发现了世界上最早的稻作农业痕迹——稻壳与谷粒。出土遗物中的石器绝大多数都是打制石器，既有大型砾石石器，也有黑色细小燧石器，与本地旧石器晚期传统区别不大。[注4]

（3）塞北地区的陶器时代，也没有进入磨制石器的新石器时期，却是广泛使用细石器。细石器文化，是以细小打制石器为特征的文化。出现于石器时代的旧石器晚期，盛行于石器时代的中石器时期。甘肃秦安大地湾文化是仰韶文化的先驱，是黄河中游已知最早的陶器时代文化（约公元前6000年至前5000年），陶器类型简单，烧制温度不高，陶片分层，色彩不均匀，显示出当时制陶的方法原始。出土的许多打制石器，说明大地湾文化仍有旧石器时期的特征。[注5]

（4）中亚哲通文化（Dzheytun Culture），年代为公元前5000年至前4000年，分布于今土库曼斯坦境内的科佩特山支脉。陶器手制，以泥条盘筑法成形，胎中掺有大量草末。器形有碗、罐、大杯等。一部分陶器施有红彩，纹饰母题有横向或纵向的波浪纹、直线纹、三角纹等。工具多为几何形细石器，其中最重要的是嵌入骨柄的镰刃，也有加工兽皮的刮刀和加工箭杆的凹口石片，属于中石器时期。该文化的遗址与西亚的耶莫遗址、耶利哥遗址等有许多相似之处，石器则与本地中石器时代的细石器传统有联系。[注6]

这说明：陶器的发明，在很多情况下早于新石器时期，是中石器时期的产物。

陶器的传承路线，并不等同于石器的传承路线

人类史前史的发展很不平衡，史前某些地区，到了木－石器时代的新石器时期以后，还并未进入陶器时代。

西亚最早进入木－石器时代新石器时期的是所谓的"农业起源的新月形地带"，即利凡特（Levant）、安那托利亚（Anatolia）和扎格罗斯（Zagros）山前地区。这一地区陶器时代基本上与石器时代的新石器时期同步。中东、近东及埃及的制陶技艺，在新石器时代即已传至欧洲的希腊与爱琴海的一些岛屿。公元前3000年，希腊中部的特萨里区和爱琴海的克里特岛已成为当时的制陶中心。

但在人类其他地区，情况并非如此。例如：大洋洲在殖民者进入以前基本上仍处于木－石器时代的新石器时期狩猎、采集经济阶段，本土居民不会制造陶器。所以有学者认为那里的新、旧石器时代的界线不大明显。非洲中南部在石器时代的新石器时期，仍不会制造陶器，同东南亚的情况有些类似，并没有进入陶器时代。

磨制石器与陶器的发明之间，并不存在相关性。所以，本文作者提出的"陶器时代"，并不等同于"新石器时期"。"陶器时代"的历史包容度，远远大于"新石器时期"。

整个青铜器时代仍然一直使用陶器

青铜器时代处于铜石并用时代之后，早期铁器时代之前，在世界范围内的编年范围大约从公元前4000年至公元初年。

世界各地进入青铜器时代的时间有早有晚。安那托利亚、伊朗南部和美索不达米亚一带在公元前4000年至前3500年已使用青铜器。印度和埃及在公元前3000年至前2500年也有了青铜器。希腊和中国于公元前约2500年进入青铜器时代，欧洲其他地区较晚，约在公元前1400年出现青铜器。美洲并没有青铜器时代，因为欧洲探险家将铁直接引进，使美洲直接从石器时代跳到了铁器时代。

而陶器时代的历史跨度，是从公元前13000年至公元以后，下接公元后的铁器时代。在世界范围内的整个青铜器时代，陶器仍然被广泛使用：社会上层使用青铜制造了炊食器、礼器、武器、工具等，而在社会中下层的老百姓和奴隶中间，陶器仍然是最重要的日用品。

本文作者已论证过：一方面，如果没有陶器的造型和烧制技术作为冶炼技术基础，就没有青铜器时代；另一方面，金属冶炼技术（青铜器和铁器）也反作用于陶器技术，它们之间形成了交互作用的良性循环。青铜器并没有全盘取代陶器，而是约有两三千年间两者在社会上同时使用，并行不悖。正是由于制陶技术与冶金技术之间有反馈互动，才促使陶器时代不断更新发展，不像石器那样被金属工具彻底淘汰。

如果说，陶器时代的前期（旧陶器时期）覆盖了新石器时期，那么，新陶器的使用，则可以延伸到整个青铜器时代。铁工具完全代替了石器，却与新陶器相辅相成——人类社会发展史就是如此交叉运行的。这是一个重要的历史现象，值得注意。

历史观的新突破

陶器时代各时期划分的标准

历时 1 万多年的陶器时代，必须进一步分期。本文作者提出分期的根据是：（一）制作陶器的方法和设备；（二）陶器本身的特点。

制作陶器的方法和设备，主要有陶轮（又称陶均、陶钧、陶塼等，本文统一称为"陶轮"。陶轮分为慢轮与快轮两种，陶车专指快轮）和陶窑等。制作彩陶器则必须具备着色的工艺条件。陶车技术（快轮拉坯成型法）的使用，是陶器时代发展史的转折点。

陶器依质地可分为夹砂陶、细泥陶、硬陶、釉陶等。按照陶器表面的颜色特征，可分为灰陶与红陶、彩陶、白陶、黑陶等。

夹砂陶是陶器时代一种普遍的陶器，为使陶坯烧制受高热时不会爆裂，人们特意在陶土中掺入一定数量的砂粒和其他碎末，主要用于制作炊器。胎土内掺杂着许多颗粒砂子，陶胎显得粗松。用于烹饪的器具由于掺入了砂土，在支架的柴火中煮食时比较安全，类似今日的砂锅。夹砂陶延续时期很长，以红陶和灰陶为主。

比较高级的饮器、食器，则用筛选过的泥质和细泥制作陶坯，细泥陶器表面光滑、细致，便于饮食，有白陶、黑陶、硬陶、釉陶等。龙山文化还出现了白陶质和黑陶质的祭器、礼器。除了直接使用的物质功能之外，还分别赋予了特定精神性的内涵，这是史前野蛮时代向文明时代演进的标志。

从陶器本身的质地看来，彩陶属于陶器时代的前半期，细泥陶器（白陶、黑陶、硬陶、釉陶等）属于陶器时代的后半期。

陶器时代的七个时期

如果说石器时代先民最重要的发明是弓箭——石簇箭头，那么，可以说陶器时代先民最重要的发明是陶车和陶窑。

石器时代的进一步分期，根据制作石器的形式和方法。磨制石器是否出现，是区别新旧石器时期的基本标准：旧石器为打制石器，新石器为磨制石器。

陶器时代的进一步分期，主要也根据制作陶器的形式和方法。陶车技术（快轮拉坯成型法）使用与否，是区别"新陶器时代"与"旧陶器时代"的基本标准；旧陶器时代主要生产灰陶、红陶与彩陶，新陶器时代出现了黑陶器、白陶器即"原始青瓷"以及硬陶器。

本文作者将陶器时代划分为七个时期，其中第一至第三期是旧陶器时期，第四至第七期是新陶器时期。

陶器时代第一期：萌芽期（与中石器时期交叉）
（约公元前13000年至前7000年）

远古，大约距今一万多年前后，在旧大陆有六个地区各自分别独立地出现了最早的陶器：（1）日本列岛；（2）俄罗斯阿穆尔河中下游；（3）华北地区；（4）华南地区，南至东南亚；（5）西亚新月形地带；（6）非洲北部，撒哈拉周边。它们的地理位置，恰好处于东、西两大块。东部一块分布在太平洋西岸自北而南一线，西面一块分布在地中海周边。

最早的陶器出现在距今约1.5万年前（一说距今约两万年前）。考古发现最早的陶器都是露天烧制的，火候不够，形体粗陋。

（1）日本列岛

起初在日本的爱媛县上黑岩阴遗址出土了距今约1.2万年前的陶器，有些人不相信年代会如此久远。1999年，日本青森县大平山元一号遗址出土了无纹饰陶器，其陶片附着碳化物的碳测校正年代为1.6520万年至1.4920万年，在国际考古界引起了轰动。近年来，在日本除北海道和冲绳以外的其他地区，相继发现了早期陶器，于是，在日本考古学分期上单独划分出了一个绳纹草创期。在长野县下茂内和鹿儿岛县简仙山，都出土了经测定约为距今1.5万年前的陶片，其中鹿儿岛的陶片烧成温度只有400℃～500℃，质地疏松，还没有完全陶化，可谓名副其实的土器。

人类最早使用的陶器是灰陶与红陶（Terracotta）。公元前1万年左右，东北亚地区的陶器有一个共同的特点，就是筒形罐流行，一般为灰褐色，饰刻画纹或压印纹。在日本列岛，陶器多绳纹，故日本的陶器时代又可称为绳纹时代。[注7]

绳文时代的划分，是用碳元素年代测定法所测定的。草创期（约15000年至12000年前）陶器上还没有使用绳纹，只有所谓隆线纹陶

和爪形纹陶器。它们与以后的绳文陶器大相径庭。这对于研究绳文文化的产生，无疑具有重要的意义。早期（约12000年至7000年前）以捻线纹、刻板型纹、无纹、贝壳纹等陶器群为代表，这些名字是根据陶器表面留下的花纹而起的。捻线纹→刻板型纹→无纹→贝壳纹的顺序，除了表示发展阶段以外，其分布的地区也不尽相同。捻线纹陶器不仅大量存在于关东地方，并几乎遍布全国，但刻板型纹陶器只分布在九州到关东之间，东北地方没有。这说明除了时代不同以外，文化圈也不相同。另外，这些陶器是尖底深钵形的，这点和欧洲最早的陶器形状有共通之处。

（2）俄罗斯阿穆尔河中下游

俄罗斯阿穆尔河中下游的格罗马图哈（Громатуха）、加夏（Гася）[注8]、符米（Фуми）[注9]以及乌斯季诺夫卡（Устиновка）[注10]遗址均出土了早期陶器。加夏遗址的碳十四测年值为距今12960±120年（文化层底部）和10875±90年（文化层上部），符米遗址的测年为距今13260±100年和10345±110年。过去，日本学者曾一直热衷于在西伯利亚寻找日本绳纹文化陶器的起源，[注11]虽然在阿穆尔河流域终于发现了一万年前的陶器，但像加夏这样的遗址所出陶器的面貌却和绳纹文化草创期的陶器差别很大，同时，无论在北海道还是在朝鲜半岛都不曾发现早期陶器的迹象，因此，尽管阿穆尔河下游和日本本州岛的旧石器晚期在以石器为特征的文化面貌上有着一定的共性，但仍有人主张两地陶器的产生应理解为各有自己的来源。

（3）华南地区

近几年来，华南不断发现远古原始陶器遗迹，例如广西桂林的庙岩、湖南道县的玉蟾岩、江西万年的仙人洞和吊桶环都发现公元前17000年至前13000年的陶片或陶器。

根据湖南道县玉蟾岩、江西万年仙人洞和吊桶环的考古发现，中国至迟在公元前17000年就出现了原始陶器，但发现的数量较少，绝大多数为陶片，器皿中普遍掺杂了较大的石英砂粒，使用原始的模制技术和泥片贴塑方法捏塑成型，工艺粗糙、器类简单，无刻意的装饰。

彭头山文化（约公元前6200年至前5800年）遗址位于湖南澧阳平原中部，是长江流域最早延续下来的陶器时代文化。出土的陶器较原始，器坯系用泥片粘贴而成，胎厚而不匀。大部分陶器的胎泥中夹有炭屑，一般呈红褐色或灰褐色。器类不多，主要是深腹罐与钵，普遍装饰粗乱的绳纹。胎泥所夹的炭屑中明显有稻谷与稻壳的痕迹。制陶方法是原始的堆烧法，考古发现大片的红烧土和厚达数十厘米的草木灰，这是堆烧制陶的明显痕迹。

（4）华北地区

在华北，河北徐水南庄头也发现了公元前9000年至公元前8000年的陶器。徐水南庄头遗址、江苏溧水神仙洞遗址出土的中国最早的陶器遗物，主要是红陶。在母系氏族社会繁荣时期的陶器中，红陶仍占很大比例。以后各个历史时代，红陶的使用虽然逐渐减少，但一直没有中断。[注12]

红陶在中国出现最早，红陶烧成温度在800℃左右，根据考古发掘资料，黄河流域距今8000千年的裴李岗文化和仰韶文化早期，都以泥质红陶和夹砂红褐陶为主。

可大体看出：华北早期的陶器多为红陶，平底；江南早期的陶器多为灰陶，圜底；陶器的制作方法、器表的装饰手法也有明显的差异，说明华夏陶器的发生有南北两大源头，后来交流汇合起来。[注13]

（5）西亚新月形地带

西亚新月形地带各地先后进入陶器时代，以往一般认为在8000年前。但扎格罗斯山区的宝谷丘（Ganji Dareh Tepe）遗址的D层曾出土过罐类器，有人认为那只是用泥做成的罐，受火灾后才有些像烧成的陶器。而较大的一件陶器，其烧成火候在500℃～600℃之间，与其说是泥罐，不如看作是一种原始陶器，同层出土的尚有球形小陶器，这一层的年代距今9300年前左右，[注14]大约相当于地中海岸边前陶新石器的早段和晚段之间。此外，在土耳其托罗斯山脉东部地中海北岸附近的贝尔狄比（Beldibi）还曾发现过距今一万年前的陶器。[注15]所以，实际上西亚的陶器在接近一万年前就已出现。西亚早期的陶器发现于利凡特（Levant）北部的穆赖拜特（Tell Mureybet）遗址，这些陶器很粗糙，没有烧透，气孔犹存，不能盛水，还不能代替木石制作的容器。在今土耳其卡塔·休裕（Çatal Hüyük）遗址出土的早期陶器，胎中掺有草和砂砾，颜色为奶黄色或浅灰色，表面光亮，器型常见平底的深碗、浅盆，火候较低，考

历史观的新突破

古学家认为当时陶器数量不多。

西亚最早的陶器可称为土器，火候极低，稍后有厚胎的素面灰褐陶。西亚首先出现的是泥塑、灰泥容器和陶器，比较原始的类型有粗红陶器，黑灰陶器，灰泥容器和黑褐色陶器。此后流传到中亚（公元前6000年至前5000年）。[注16][注17]

（6）非洲北部，撒哈拉周边

非洲北部的撒哈拉周边也曾发现早期陶器，如阿尔及利亚南端的阿麦科尼（Amekni）[注18]、利比亚南部的阿卡库斯（Acacus）、尼日尔的塔马亚·麦里特（Tamaya. Mellet）[注19]以及马里的廷巴克图近郊的欧泰得特（Outeidat）[注20]等遗址所见，时间在距今9000年前后。至于地处尼罗河流域的苏丹的哈尔特姆（Khartoum）遗址出土的早期陶器[注21]，其年代甚至还可能更早些。

最原始的制陶方法是堆烧法，把晒干的陶坯放在露天柴草中烧。陶器时代初期，采用柴草就地燃起篝火，有时以泥土封闭烧陶（残留灰坑），可称为"无窑烧陶"（欧洲最早出土的陶器是在希腊半岛马其顿，约在公元前6000年；在美洲大陆，已发现最早的陶器约在公元前5000年）。

陶器时代第二期：普遍出现陶窑
（约公元前7300年至前3500年）

从无窑烧陶到有窑烧陶是一大突破。到大地湾文化、仰韶文化期间，才发明了用泥土筑堆的简易穴式窑，如西安半坡仰韶文化早期的陶窑。

陶窑的发明，妥善处理了燃烧与加热的过程。陶窑由火膛与窑室两部分构成，火膛与窑室之间由多条火道连通起来。陕西西安的仰韶文化半坡遗址、姜寨遗址，陕西仰韶文化华阴横阵遗址，马家窑文化甘肃东乡林家遗址，分别发现了多座陶窑。如果没有陶窑装备，就不会有成熟的陶器。

灰陶，是灰色和灰黑色的陶器的统称。因成型的陶坯在烧制时，粘土中的铁发生还原作用呈现灰色，故名。灰陶见于距今6000年前的陕西宝鸡北首岭仰韶文化遗址。陶土中掺细砂的称"夹砂灰陶"，不掺砂的称"泥质灰陶"。特别是用于蒸煮的器皿，多为夹砂灰陶。二里头文化早期出土的陶器，以灰陶和夹砂陶为主。

灰陶的烧制原理是：坯体入窑以后，用还原焰焙烧，陶胎的铁氧化物还原为二价铁，使陶胎现出灰色。烧成温度一般在840℃～900℃左右。根据胎质的粗细及含砂与否，可分为泥质灰陶和夹砂灰陶。龙山文化、屈家岭文化后期等都以灰陶为主。

红陶是器表颜色呈土红色、砖红色或褐红色的陶器，分细泥红陶和夹砂红陶两种，主要原料是粘土。它的烧成原理是：陶坯入窑焙烧时采用氧化焰气，使陶胎中的铁转化为三价铁，器表便呈红色。根据陶胎粗细及含砂与否，可分为泥质红陶和夹砂红陶。

制作陶器的设备：陶窑（kiln）。烧制陶器的窑，是人类工具史和矿冶史上一的项重大发明。

地矿史与矿业城市研究专家张以诚指出："在距今9300至7150年的裴李岗文化时期，烧制陶器已有了简单的窑，早于裴李岗的陶器烧成温度大约700℃左右，裴李岗陶器的烧成温度在820℃～920℃之间。"[注22]

（1）大地湾文化的陶窑

大地湾文化（约公元前6000年至前5000年）亦称"老官台文化"，是黄河中游已知最早的陶器时代文化。主要分布在渭河流域、关中及丹江上游地区，大地湾遗址迄今共发现35座用于制陶的窑址，进入了"有窑烧陶"的阶段。

早期陶窑的结构简单，都是就地挖掘泥土而成，窑室较小，略呈圆形，直径约1米。烧陶时都是在窑底以柴草为燃料，火焰由窑室四周火道进入，起初无烟囱，温度分布比较均匀。尽管窑型结构还很原始，但有了陶窑以后，不仅热损失小，而且燃烧时进入窑内的火力较集中，温度较高，坯体易于烧结。

制陶工艺比较原始，以夹细砂红陶和褐陶为主，火候低、器类少，彩陶尚处于萌芽阶段。

考古工作者研究大地湾一期出土的陶器和窑址等实物资料后发现，公元前6000年左右的大地湾先民采用了一种"内模敷泥法"，是我国迄今为止发现的最早制陶方法之一。

（2）仰韶文化的陶窑

迄今考古已发现仰韶文化（约公元前4700年至前3700年）各时期

的陶窑上百座，构造先有横穴窑，后有竖穴窑，以横穴窑最为常见。横穴窑是较原始的一种陶窑，由火膛、火道、窑箅和窑室四部分组成。其特点是火膛、火道与窑室作横向排列，窑室在火膛后方并略倾斜向上，两者通过两条或更多的火道相连。窑室底部为窑箅，上有箅孔（即火眼），火苗经过火道和火眼进入窑室。横穴窑还可依其火道和箅孔的长短、形状而细分为四种形式。至于竖穴窑，主要特点是火膛位于窑室的下部，两者基本相垂直。如在偃师汤泉沟所见的一座典型的竖穴窑，火膛中还有立柱以支撑上部有七个火眼的窑箅。[注23]

大汶口遗址发现了一座晚期的横穴式陶窑，在陶器时代的同类陶窑中属于比较进步的形式。

本世纪以来，陕西省南部城固宝山遗址陆续发掘出仰韶文化时期一批形状特别的陶窑，数量达13座。这批陶窑构造奇特，窑室底部向上铸起一个桶形卷，为窑室内壁，高度略低于外壁。内外壁之间形成一周宽为十几厘米的空间，与火塘相通，是火道。窑室底中部开有长条形洞槽，通向窑室侧面，再由此沿窑壁往上是一个封闭形烟道，烟道上部高于窑室口部。烧制陶器时，将做成的窑坯装入窑室，火塘内火苗向上进入火道，由于开口窑室底部的烟道形成冲力，火塘内火苗迅速漫过窑室内壁上延而冲入窑室，形成倒火焰。这种陶器不是直接用火烧出来的，而是烤出来的。这种方法提高了产品的烧成率，消除了废品，陶器颜色均匀，不容易变形。[注24]

（3）红山文化的陶窑

红山文化（公元前4000年至前3000年）因首次发现于赤峰红山，故名，主要分布在辽宁西部一带。陶器中有细泥的彩陶和带篦纹、划纹的粗陶。彩陶纹饰，以勾连式三角纹和菱形纹最具特色，具有鲜明的地方色彩。彩陶的制法、质地、部分器形与花纹，同仰韶文化彩陶相近似。

红山文化的窑场，在四棱山前老哈河东岸的敖汉旗白斯朗营子村南，考古清理出六座窑址。这些陶窑结构各有差异。窑场中有的陶窑比较原始，一座长方形单室窑，直接在黄土上挖成窑室和火膛，窑室内有两个窑柱，窑柱与窑壁都利用原来的黄土面再加抹一层羼砂粒的草拌泥。这类陶窑，当时为数不多。

较多的是平面呈马蹄形的单室窑，窑门很窄，窑门至窑室的底部逐渐升高呈斜坡状。窑室用石块砌成，里壁抹一层泥土，厚约1厘米，已烧结成砖灰色。窑室内有4个排列整齐的窑柱，使窑室中心形成十字形火道。靠近火膛的两个前排窑柱呈圆角三角形，宜于火焰进入火膛；后排两个窑柱为圆角方形。4个窑柱皆用石块砌成，周围也抹着一层草拌泥。这种窑火焰可以在窑室内畅通，陶器放在窑柱上直接与火接触。前排窑柱既起到火焰分流的作用，也起到窑床的作用，整个窑室的建筑形制是比较先进的。

还有一种双火膛的连室窑，比单室窑更为先进。窑室平面为长方形，全窑可分前后两部分，前边是火膛，后边是窑室，火膛与窑室之间有一道隔梁，斜坡状的火道经过隔梁进入窑室。窑室内有8个窑柱，左右各2个圆角三角形窑柱对着火膛，中间4个窑柱为椭圆形。窑柱与窑壁均为土石结构，里壁抹一层草拌泥。两个火膛分设两边，两头窄，中间宽，火膛直接在黄土上掏洞挖成，上面呈券顶式。这种连室窑，是马蹄形单室窑的扩大和改进，也是华夏陶器时代中晚期十分先进的陶窑。

四棱山下的窑场出土了不少陶器，器型有罐、钵、盆、碗、瓮、器座、器盖、斜口器、带流器、船形器等。总的看来，这个部落制陶工艺还比较原始。虽然陶窑比较先进，但陶器的制作技术并不很高，夹砂陶器的含砂量约占一半，质地粗糙，火候较低，吸水性强，遇水很容易破碎。大量陶器的器口不圆，器底不平，器表不光滑，只是口沿加以修饰。当时的陶器全部为手制，纹饰较多，但彩陶很少。相比之下，陶质较好的都是泥质，种类也比夹砂陶多。一些陶器有制坯时用手蘸水抹平表面的痕迹。泥质陶器是作为容器的，夹砂陶器是炊煮器，有些器表留有烟炱。

由于地域相邻，红山文化与河北境内的仰韶文化后岗类型有密切的关系，[注25][注26]在农业经济生产方式和制陶技术上都受到后岗类型氏族部落的较大影响，如口沿有一道红彩的"红顶碗"式陶钵，及彩陶中较多的平行线纹、平行斜线组成的三角形纹饰等，都与后岗类型一致。

(4) 大溪文化的陶窑

大溪文化（约为公元前4400年至前3300年）——在长江中游的氏族部落，当时的制陶业有其自身的创造。划城岗遗址发现了一座保存较好的窑址，先在地下挖坑，结构分为斜坡状火道、火膛、窑室、出烟口几部分。窑的底和壁都用大块红烧土铺垫或垒砌而成。火膛直径为1.2

121

米,其上未见窑箅,在高出火膛底部0.3至0.4米处,围绕窑壁一周有宽0.2米的平台,构成直径1.6米的窑室。待烧制的陶器就摆放在平台上。这种陶窑使用的材料和构筑形式,在中国陶器时代尚属少见。

大溪文化陶器的种类比较多,制作也精美耐用。有一种工艺精良的薄胎彩陶和另一种浅浮雕式的印纹白陶制品,标志着这一地区的制陶业已达到较高水平。薄胎彩陶多为细泥制作的橙黄色的单身杯和圈足碗,胎厚仅0.1至0.15厘米,绘画着棕红色、黑色的纹饰。试验证明这种彩陶的烧成温度为830℃,比同一时期的红陶、灰陶、黑陶的烧成温度都要高。

从陶器制作的总体看,大溪文化的彩陶数量、种类、花纹式样、烧成温度等都不如黄河流域仰韶文化和马家窑文化那样发达,但其薄胎彩陶却显示出长江中游原始文化独特的制陶技艺。[注27]

(5) 马家窑文化的陶窑

马家窑文化(公元前3700年至公元前2700年)遗址位于甘肃省临洮县。马家窑文化的制陶业十分发达,制陶工匠可能已有更多细致的技术分工。已经发现了一些规模很大的制陶窑场,如该文化较晚阶段的兰州东郊白道沟坪遗址的一座窑场,紧临黄河北岸,高出河面约60多米,共发现5组12座陶窑,还有一些已被后代破坏的陶窑残迹。每组陶窑共用一个烧火坑,各窑的窑门都朝向这个烧火坑。窑场中有一个备料坑,里面装有制造陶器的熟料和余料,其中的红胶泥条正与马家窑文化诸遗址出土的大量泥条盘筑而成的陶器相印证。窑场中还出土了用于研磨颜料的石板和调色、配色用的陶碟。这种陶碟是分格式的,上面还清楚存留着紫红色的调料,这些都是描绘陶器花纹的实用工具。

白道沟坪窑场发现的遗迹、遗物表明,当时的制陶工业中包括淘土备料、制作熟料、制坯、彩绘、火工、成品包装、运输等一系列工序,掌握多工序有关技术的制陶工匠应该是有相应分工的。窑场的各窑室都呈方形,窑箅上有九个火眼,三三排列,非常整齐。

与这个窑场同时的兰州青岗岔陶窑,以及更早一些时候的陶窑,窑室也都是方形的,这是马家窑文化陶窑的一大特点,与黄河中游普遍流行的圆形窑室判然有别。

大规模而又分组排列的窑场,充分显示了在原始公社制度下氏族成员有组织、有分工地进行生产劳动的情况。在这类窑场里生产的陶器，显然不仅是为了氏族内部的生活需要，必然有相当一部分产品用来同其他氏族或部落进行交换。

在河南蒲城店遗址考古发掘中，工作人员发现了约公元前3000年的原始社会的完整陶窑。这是一座国内极为罕见的保存完好的陶窑。平顶山市文物管理局成功地将这座古陶窑进行了整体迁移，以永久保存这座距今约5000年历史的远古陶窑。[注28]

陶器时代第三期：流行彩陶

（约公元前6000年至前3000年）

彩陶（Color Pottery）是精美陶器，不仅为实用品，还是艺术品。多为手工制作，常见的器形有碗、盆、钵、罐、瓶等饮食器、盛贮器和汲水器等。

彩陶大多数是先在陶坯上彩绘赭、红、黑等色，然后入窑烧制，颜料发生化学变化后与陶胎融为一体。彩绘不易脱落，经久耐用。还有一类是在烧成以后的陶器表层，绘制颜料贴附在上面，称为"彩绘陶"，使用过程中彩绘易损坏脱落。上述两类彩陶几乎同时出现。

早期制陶工艺尚未成熟，不具备彩陶生产的技术条件，因此，陶器发明上千年后才出现彩陶。

陶器发明之初，没有刻意装饰的纹饰，但由于在手捏、片状物刮削、拍打器壁等加工过程中，往往留下一些印痕。先民逐渐将这种无意的印痕转变为有意的、规则的纹饰（如成排的剔刺纹、成圈的手窝纹等）。早期陶器上大量出现的绳纹，是在木棍上缠绕绳索滚压器壁而形成的纹饰，既可增强陶胎的坚实度，又能装饰陶器外表，一举两得。后来，纹饰种类越来越多，逐渐演变为单纯的装饰花纹。随着工艺条件的具备，彩陶便应运而生。[注29]

彩陶产生的工艺条件有三：

第一，对矿物颜料的要求。必须掌握天然矿物颜料的特性，在高温烧窑时不分解（比如含量较高的赤铁矿具有耐高温性能）。颜料经磨粉、稀释后才能使用，粉末的粗细程度、加水稀释的浓度，都有一定的规格。

第二，对陶坯的要求。陶坯表面必须细腻，有光洁度，以便矿物颜

料渗透到陶胎里面。于是必须对陶土进行筛选、淘洗，拉坯成型后对器表还要反复打磨。考古发现的彩陶大多是泥质陶，即便是夹砂陶（如辛店文化），器表也都较为细腻。

第三，对陶窑的要求。陶窑火力烧制陶坯的温度越高，颜料的附着力就越强，纹饰就越牢固。彩陶烧制发展到一定时期，先民逐渐改进了陶窑结构，加大了窑室的密封力度，以达到更好的效果。

公元前3200年至前2000年的马家窑文化彩陶技术曾被西方考古学家认为由西亚两河流域传入。直到公元前5000至前4500年仰韶文化半坡期彩陶出土，才纠正了这一看法。

欧洲在进入铜石并用时代后，在特里波利耶—库库泰尼地区出现了彩陶文化。

南亚次大陆，大约到公元前4500年左右才出现陶器，并且很快出现了彩陶，到公元前3500年左右进入铜石并用时代。

到了这一时期，制陶工艺快速发展，流行泥条盘筑法，慢轮修整技术得到普及，部分地区开始出现轮制技术，陶器颜色仍以红色为主，但色泽纯正。随着时间的推移，黑灰陶比例逐渐增多，装饰手法多样。

世界各地区各种古代陶器文化最早期的彩陶，都有如下两个显著的共同特征：一是早期彩陶的彩绘都是红彩或者以红彩为主，二是纹样都以围绕器物口沿一周的宽带纹为标志，从而形成了早期彩陶以红宽带纹为主的世界性特征。这些早期彩陶虽然彩绘特征相同，年代也大致相同，但它们遍布于西亚、中亚、埃及、印度、欧洲、中国、美洲，绝不可能是在某一个地方首先产生以后传播到另一个地方去的。

西亚、中亚早期彩陶器，带有简洁纹饰，产生于公元前6000年至前5000年之间。考古发现的遗迹有：两河流域东北部耶莫彩陶器，伊朗中西部以古兰遗址为代表的早期彩陶器，两河北部哈孙纳遗址早期彩陶器，伊朗南部法尔斯地区早期彩陶器（达休特彩陶器），伊朗东北部和中亚地域的早期彩陶器，安那托利亚中部地区的早期彩陶器以及地中海东海岸地区的早期彩陶器，等等。

两河流域欧贝德文化（Ubaid Culture）时期（约公元前5000年至前3500年），陶器以手制彩陶为特征。

彩陶的分布带有世界性，地点相对集中于东亚、中亚、西亚一带，核心鼎盛时期大约在公元前 4000 年。华夏与之基本同期，但一直持续到西周。

华夏全境基本上皆发现彩陶，只是分布多寡有很大差异，最发达的彩陶文化在甘肃与青海两地，很明显在华夏的最西北端，然后是陕西、山西、河南等地延伸下来。较丰富的彩陶地区主要集中在黄河上游与中游地区。

仰韶文化——典型的彩陶。仰韶文化各种类型遗址发现的彩陶花纹形式与风格互有区别，但也有它们的共同特点。早期以红地黑彩或紫彩为多，中期流行先涂绘白色或红色陶衣为地，再加绘黑色、棕色或红色的纹饰，有的黑彩还镶加白边，十分美丽。绘画所用的颜料、磨砚、研磨锤等工具，在西安半坡、临潼姜寨、宝鸡北首岭等遗址的营地、墓葬中都有发现。从彩陶图案纹饰的痕迹分析，当时绘画已经使用毛笔一类较软的工具。

半坡遗址和姜寨遗址出土的彩陶器，主要是陶钵、陶盆、陶碗、陶罐、陶甑以及尖底瓶等。仰韶文化遗址的彩绘陶器上都有渔网的描画。半坡类型的彩陶盆内及其他一些彩陶器皿上常有鱼网纹和鱼纹，显然是长期捕捞活动的真实写照。

半坡类型的陶器，彩绘图案是在钵的口沿外绘画一周紫色、红色宽带纹，盆的内外绘画人面、鱼、鹿、植物等象生性花纹和三角形、圆点组成的几何形图案。在圜底钵口沿的宽带纹上，发现有二十多种不同的刻画符号，可能是中国古代文字的渊源。[注30]

庙底沟类型的陶器，彩陶纹饰除象生性的蛙纹外，最富特征的是大量以圆点、曲线、涡纹、弧线、三角涡纹、方格纹组成的繁杂图案。

后冈类型的陶器以红顶碗、钵、圜底罐形鼎居多，彩绘纹饰流行成组的平行短线，具有鲜明的地方特征。

西王村类型是仰韶文化晚期的遗存，彩陶已很少，出现了一批形制较小的泥质红陶平沿盆。

大河村类型的仰韶文化分为早晚两个发展阶段，早期阶段的文化特点基本上与庙底沟类型一致，陶器种类与彩陶纹饰也大体相同，不过更多的彩陶施以淡黄或白色陶衣。这种类型的晚期文化堆积很典型，陶器形制主要有各式陶鼎、陶盆、陶钵、陶壶、陶瓮、陶罐、陶豆、陶甑、

陶缸及大口尖底器，彩陶花纹有六角星纹、太阳纹、星月纹、网纹、~形纹、X 形纹，等等。

大河村类型发展到最后阶段，有许多因素与相邻的山东大汶口文化、湖北屈家岭文化相同或相似，表现出向龙山文化过渡的同一趋势。

黄河中游地区仰韶文化各种类型的制陶业，在近两千年的发展过程中，生产规模和工艺技术非常稳定。总的趋势是泥质红陶和彩绘陶器逐渐减少，灰陶、黑陶的比重越来越大，最终发展到以黑陶为主的龙山文化时期。良渚文化，极少出现彩陶，常在器表用镂刻技巧加以装饰。

美洲的玛雅文明基本上属陶器时代和铜石并用时代，手工制品有各种陶器、棉纺织品等。其彩陶有很高的艺术价值。

考古发现中美洲古印第安人的陶器，年代为公元前 2500 年至公元 1520 年，包括前古典期的奥尔梅克文化和陶器，古典期、后古典期的文化和陶器，还有玛雅文化的陶器。北美东部森林区以及平原区发现的原始陶器，年代为公元前 2000 年至公元 1600 年；南美洲古印第安人的陶器，年代为公元前 1800 年至公元 1532 年。

陶器时代第四期：（新陶器早期） 普及陶车
（约公元前 3700 年至前 2000 年）

新陶器早期，与新石器晚期、铜石并用期交叉。

陶轮（potter's wheel），我国古代叫做"陶均"，是制作陶器坯体所用的转轮。最简单的陶轮只需一对盘形的轮子，轮盘之间装一根轴，轴直立竖放；陶工一面用脚旋转下面的轮盘，一面用手将柔软的粘土置于上面的轮盘中，塑捏成形。

最初制陶是没有陶轮的。从初期的手制法，经慢轮修整工艺，发展到快轮制陶法——陶车，经历了漫长的历程。大约在公元前 5000 年才出现了慢轮修整工艺。慢轮的起源，其实就是一块承放陶器坯的平板，陶工将自己面前的坯件修整好后，牵转放坯的平板，使待修整的坯面随着转到自己面前来，方便了修整操作。这是从纯手工制作迈向用机具辅助制作的可贵的第一步。

一说：迄今世界最古的陶轮发现于西亚两河流域，时间是公元前 3700 年至前 3300 年。两河流域最早的陶轮只是一些圆形的板，和轴牢牢地钉在一起。南亚在公元前3500年至前2700年使用陶轮。乌鲁克（Uruk）文化和杰姆代特·奈斯尔（Jemdet Nasr）文化时期（公元前3100年至前2900年）开始出现轮制陶器。一说：制陶用的轮子，是车轮的前身。

英国牛津大学《技术史》一书认为："我们从波斯湾和底格里斯河越往西走，利用陶车（快轮）制成的花瓶首次出现的时间就越晚。大致的时间是这样的：苏美尔，公元前3250±250年；叙利亚和巴勒斯坦的地中海沿岸，公元前3000年；埃及，公元前2750年；克里特岛，公元前2000年；希腊大陆，公元前1800年；意大利南部，公元前750年；苏格兰，公元前400年。……苏美尔和印度河流域的陶工所共同拥有的陶轮，是一种由带凹窝的圆盘组成的旋盘，它可能已经从印度河流域传播到印度的其他地区和中国。"[注31]

《技术史》一书的作者们没有看到，华夏地区的陶轮与陶车——快轮制陶工艺是跟西亚同时甚至更早出现的。

前期：慢轮修整工艺。杭州萧山跨湖桥文化遗址被发掘后，考古发现了迄今为止最早的用陶轮（慢轮）修整加工的陶器。陶器口沿上有一道道环纹，平行环状弦纹明显是用陶轮加工过的。[注32]

而在跨湖桥文化遗址出土的最早的陶轮（慢轮）底座，年代为公元前5200年至前5000年（经用树轮校正）。[注33]

在陕西西安半坡、长安马王村、铜川李家沟、甘肃宁县阳呱等遗址，发现有仰韶文化的陶质转盘（慢轮），足见当时的慢轮修整技术已经相当普及。[注34]

考古学者鉴别手制（包括慢轮制陶）和快轮制陶的主要依据，是仔细观察陶器表面和底部遗留下的制作痕迹。手制和慢轮制陶，往往器表有各种拍印。仰韶文化的一些陶器上面，发现有用陶轮（慢轮）修整、加工的特征。多数的陶器是慢轮手制陶，发展到仰韶文化晚期，有一些小型陶杯、陶碟等开始使用快轮制作，由慢轮改进为"陶车"。到了龙山文化和夏、商时代，快轮制陶则相当发达。

在转速低的情况下，陶钧只能用以修整坯体。慢轮虽已用于制陶，但无法使陶器迅速成型，只可作为辅助手段修整坯体，所以不能归入正规的"陶车轮制法"——快轮拉坯成型法。

历史观的新突破

成熟期：快轮拉坯成型法。在公元前 3000 年前后，黄河下游的龙山文化使用了陶车（快轮制陶法）。此后制陶工艺进步，陶车制陶工艺——快轮拉坯成型法逐渐普及，产量增加。

只有陶轮转速达到每分钟 90 周以上，才能够使得坯体迅速成型。将泥料放在转动的陶车（亦称辘轳）上，当陶轮快速旋转时，轮盘上的粘土，由于离心力作用而向外离去，把这种力量的运动加以管制，用双手将泥料拉成陶器坯体。快轮制陶留下的痕迹是器体造型端正，器壁浑圆匀称，陶器底下留有偏旋痕迹。

陶车——快轮拉坯法的发明，是制陶工艺的一大飞跃。在陶器时代中晚期，我国很多地区制陶已采用此法。如龙山文化的匀而薄的黑陶，多是快轮制的产物。大汶口文化已出土有使用陶车成型的陶器。

宋应星《天工开物·陶埏》描述了使用这种方法的陶车："造此器坯，先制陶车。车竖直木一根，埋三尺入土内，使之安稳。上高二尺许，上下列圆盘，盘沿以短竹棍拨运旋转，盘顶正中用檀木刻成盔头，冒其上。凡造杯盘，无有定形模式，以两手捧泥盔冒之上，旋盘使转，拇指剪去甲，按定泥底，就大指薄旋而上，即成一杯碗之形。"

后世的陶车由一水平圆盘和轮轴组成。使用时，由一人转动轮盘，使其急速旋转，由另一人借助陶轮转动形成的离心力，配以双手灵巧的动作，将陶土塑成需要的器皿。用快转陶车制坯，数量多，质量也好。烧制技术也有提高。

大汶口文化后期及龙山文化制陶业——典型的快轮技术。大汶口文化经历了近两千年的历程，陶器的生产表现出明显的阶段性。[注35] 早期的陶器均为手制，砂质陶器火候较低，种类也不多，造型简单。中期开始使用轮制技术，有了少量轮制（慢轮修整）的小件器物。到了大汶口文化后期（约公元前 3000 年至前 2300 年），人们已能用陶车（快轮）生产大件陶器，如大汶口墓地中就出土了轮制的大陶盆。陶车——快轮制陶技术，包括在快速运转的陶轮上拉坯成型和修整定型两个方面，不仅极大地提高了劳动效率，而且制作出来的陶器外形规整，厚薄均匀，棱角分明，纹饰简洁流畅，显得十分优美典雅。

龙山文化时期（约公元前 2350 年至前 1950 年），陶器已用快转陶车来制造。

良渚文化（约公元前2700年至前1900年）的陶器也已经普遍采取陶车——快轮成型的方法制造，各种陶器造型优美，胎质细腻，器壁厚薄均匀，火候较高。

陶车制陶业的兴起，要有专门制造的机具，才能实现轮盘的惯性高速旋转；还要有专门的操作技艺，才能把软泥拉坯成型，劳动的专业性大为提高；还需要长期、固定的制陶人员，并有相当一部分人专门从事这项专门技术，以积累技术经验。于是，制陶业就逐渐由氏族中妇女和老人们的共同工作，转变为氏族内部一些富有经验的家族掌握的手工业部门。大批陶器成为家族的私有产品。他们用陶器与其他家族或氏族、部落交换各种物品，一部分陶器具有了商品的属性。交换增加了社会财富，也进一步增加了有特殊技艺的家族的财富。新的历史时期即将诞生。

陶器时代第五期：（新陶器中期）黑陶和白陶
（约公元前2300年至前1000年）

新陶器中期与青铜器时代重叠。

黑陶和白陶是大汶口文化中晚期制陶业中最早出现的两个新品种，为其后山东龙山文化更高水平的制陶技术准备了条件。

白陶主要出土自大型遗址的高规格墓葬，或者史前大型祭祀场所中，多数为礼制意义的酒器或者祭祀用的礼器。[注36]

白陶（white pottery）是以瓷土和高岭土为原料，在1200℃左右的温度中烧成的陶器，由于胎质中所含氧化铁比例极低，大约只有1.6%，因此烧成后表里和胎质都呈白色。

白陶出现于新陶器时代中期，商代后期发展到顶峰，至西周逐渐衰落。白陶多为手制，兼有泥条盘制和轮制法。

黑陶（black pottery）是一种特别的陶器。陶土原料里掺有游离的碳粉，又在还原性窑氛里烧制而呈黑色，故名。陶器出窑时趁热涂上油脂或树胶也呈黑色。最早见于大汶口文化晚期烧制的黑陶，例如，薄胎磨光黑陶高柄杯，代表了这个古老部落制陶工艺的最高水平。晚期龙山文化黑陶数量增多，制品有杯、盘、碗、盆、罐、甗等。造型规整，胎体致密，表面漆黑光亮。

历史观的新突破

黑陶兴旺于龙山文化时期，普遍采用竖穴窑烧制。黑陶的烧成温度达1000℃左右，黑陶有细泥、泥质和夹砂三种，其中以细泥薄壁黑陶制作水平最高，有"黑如漆、薄如纸"的美称。这种黑陶的陶土经过淘洗、轮制，胎壁厚仅0.5至1毫米，再经打磨，烧成漆黑光亮，有"蛋壳陶"之称。黑陶制造表现出惊人的技巧，饮誉中外。这时期的黑陶以素面磨光的最多，带纹饰的较少，有弦纹、划纹、镂孔等几种。

龙山文化制陶业以黑陶和白陶为主。这时的制陶业已广泛采用快转陶车。烧制技术也有提高，扩大了窑室，缩小了火口，增加了火道支道和窑箅箅孔的数量，使热力分布更加均匀。这时采用了高温下严密封窑技术，使陶土中的铁元素得以还原，有的还在陶土中掺过炭，因此烧成的陶器多为黑色。

黑陶最早出现在公元前2310年至前1810年，距今已有4000多年的历史。1928年首次发现于山东章丘龙山遗址。山东龙山文化又称"黑陶文化"，黑陶器特征极其明显。里外皆黑，器腹皆经抛光，亮可照人，俗称"黑又亮"陶器。黑陶罍为小口，鼓腹，与商代青铜罍和瓿酷似。制作如此精美的黑陶容器多出土在规格较高的墓葬中，常与黑陶极品蛋壳陶杯和白陶鬶共出，应是一套完整的酒器，盛、斟、饮功能俱全。山东龙山文化出土了很多精美的陶酒器，如黑陶罍、高柄杯、白陶鬶等。

山东龙山文化（约公元前2350至前1950年）是继承大汶口文化而发展起来的，主要分布在山东、江苏北部和辽东半岛等处，时代距今4千多年。[注37]山东龙山文化的陶器在制法上有了很大的进步，普遍使用快轮技术。因而器型相当规整，器壁厚薄十分均匀，产量和质量都有很大提高，山东龙山文化陶器以黑陶为主，灰陶不多，还有少量的红陶和白陶。黑陶的烧成温度达1000℃，红陶达950℃，白陶为800℃~900℃。黑陶有细泥、泥质、夹砂三种。细泥乌黑发亮，学者们称为"蛋壳黑陶"。蛋壳黑陶是山东龙山文化最有代表性的陶器，反映了当时高度发展的制陶业的水平。

白陶用高岭土制造，制造时努力保持陶土的纯洁，因而烧成了白色。白陶的出现有重大的意义，它为以后瓷器的制作奠定了技术基础。

大溪文化后期，陶器精美且耐用。白陶制品标志着这一地区的制陶业已达到较高水平。浅浮雕式的印纹白陶，器形以圈足盘为主，烧成温度为880℃，是华夏陶器时代中期白陶工艺的杰出作品。长江流域的白陶在马家浜文化前后有较多发现。

屈家岭文化的制陶业，在手工业生产中占有最重要的地位。陶器主要是泥质黑陶和泥质灰陶两个系统，与以前的大溪文化以红陶为主判然有别，而与黄河流域的龙山文化则有相似之处，充满了时代气息。

薛家岗文化晚期，制陶业也吸收了山东地区龙山文化的典型先进技术，出土了一些袋足鬶、蛋壳黑陶高柄杯等，说明黄河下游和长江下游的原始部落在陶器时代末期，出现了日益加强的交流与融合。

陶器时代中后期，长江下游一带继崧泽文化之后兴起的是良渚文化，在这些遗址中出土的刻纹黑陶等，显示了长江三角洲陶器时代中晚期到青铜时代初期的经济发展水平。

新陶器中期，华夏已初步进入文明社会。自商代中期开始，白陶器即"原始青瓷"出现了；同时发明了比较高级的黑陶器（山东龙山文化）。白陶的烧制成功，对由陶器过渡到瓷器起了十分重要的作用。在商代和西周遗址中发现的"青釉器"，明显地具有瓷器的基本特征。它们质地较陶器细腻坚硬，胎色以灰白居多，烧结温度高达1100℃~1200℃，胎质基本烧结，吸水性较弱，器表面施有一层石灰釉。但是它们与瓷器还不完全相同，被称为"原始瓷"或"原始青瓷"。商代发明了带釉陶（如殷墟），江西同期出土了青黄釉等。

中亚地区在那前后也出现了上釉的陶器。

陶器时代第六期：（新陶器晚期）硬陶兴盛
（约公元前1000年至前500年）

硬陶，亦称印纹硬陶（Stamped Ornamentation Pottery）。在华夏陶瓷史上，硬陶是一个特殊的品种。硬陶在长江以南和东南沿海地区出土数量较多，是承袭当地软陶发展起来的。

时间，晚于普通陶器而早于原始瓷器；地域，南方地区出土量很大而北方发现较少；成分，硬陶较普通粘土细腻而坚硬，却比原始瓷器含杂质较多；烧成温度也较普通陶器高而未达到烧结程度。南方地区发现的硬陶多与原始瓷器一起烧造，胎质也较为接近。

硬陶的胎质比一般泥质或夹砂陶器细腻坚硬，烧成温度比一般陶器

高，而且在器表又拍印以几何形图案为主的纹饰，所以统称为"印纹硬陶"。根据化学组成分析，其胎质原料，有的已接近原始青瓷。印纹硬陶所用原料为一般黏土，含铁量较高，胎色较深，而多呈紫褐、红褐、黄褐和灰褐色。印纹硬陶坚固耐用，绝大多数是贮盛器。其中以紫褐色硬陶烧成温度最高，有的已达烧结程度。成型基本上采用泥条盘筑法。

陶器时代晚期，在江西、湖南和福建等地的遗址中已经出现最早的硬陶。

商周时期，几何形印纹硬陶主要盛行于南方的福建、台湾、广东、广西等地和长江中下游地区，北方的黄河中下游地区也有少量发现。西周是印纹硬陶发展的兴盛时期，春秋时硬陶器是质量上乘的盛贮器。[注38]

到了西周，由于印纹硬陶器和原始瓷器的较多烧制与使用，白陶器不再烧造了。

陶器时代第七期：（陶瓷器早期）
（约公元前500至公元200年）

原始瓷器从商代出现后，经过西周、春秋、战国到东汉，历经了1600至1700年的发展，由不成熟逐步到成熟。

汉代出现了一种在釉料中加入助熔剂——铅的釉陶，又称"铅釉陶"。铅釉陶的制作成功，是汉代制陶工艺的杰出成就。釉料中加入铅，可以降低釉的熔点，还可使釉面增加亮度，平正光滑，使铁、铜着色剂呈现美丽的绿、黄、褐等色，但绿釉为多，绿如翡翠，光彩照人。

此后，陶瓷史进入了"瓷器时代"。然而，陶器的生产并没有终止。特别在民间，陶器的缸、坛、罐、盆、盘、瓶、砂锅，等等，一直使用到今天。

陶器时代长达万年，它的历史跨度甚至超过了青铜器时代。

结论

如上所述，陶器时代又可划分为旧陶器时期和新陶器时期。旧陶器时期与石器时代的中石器、新石器时期交叉，新陶器时期与整个青铜器时代重叠。即使在人类社会进入铁器时代以后，青铜器几乎绝迹时，新陶器仍在大量使用。陶瓷史一直贯穿到现在。

因此，本文作者认为：在木-石器时代之后，必须划分出一个长达万年的陶器时代。

注释

[注1] 张光直：《青铜拂尘》，上海文艺出版社2000年版，第7、294页。

[注2] 陈国梁：《二里头铜器研究》，载《中国早期青铜文化——二里头专题研究》，科学出版社2008年版，第156、191页。

[注3] 陈明远：《修正"史前三分期学说"》，载《社会科学论坛》2011年第4期。

[注4] 湖南省文物考古研究所编著：《彭头山与八十垱》，科学出版社2006年版，第128、286页。

[注5] 李文杰、郎树德、赵建龙：《甘肃秦安大地湾一期制陶工艺研究》，载《考古与文物》1996年第2期。

[注6] 王涛：《国外早期陶器的发现与研究》，载《中原文物》2007年第2期。

[注7] 〔日〕『横浜市ふるさと歴史財団埋藏文化財センタ（1995）』，转引自朱延平：《中国陶器起源阶段及相关问题》，载北大未名网站，1999年。

[注8] 〔日〕メドウエーヂエフ，V.E.1993，『ガシヤ遺跡とロシアのアジア地域東部における陶器出現の問題について』，『日本考古学協会1993年度大会研究発表要旨シンボジウム：环日本海における土器出現期の様相』。

[注9] 〔日〕A.P.デレビヤコ.V.E.メドウエージエフ1995，『極東における最も古い土器センターの一つとしてのアルム河流域』，『国際シンボジウム：東アジア.極東の土器の起源』予稿集，東北福祉大学。

[注10] 〔日〕尾原洋，『ロシア沿海州における旧石器時代の展開と新石器時代への移行に関する諸問題』，『考古学ジヤナル』（1994）No.373。

[注11] 〔日〕土肥孝，『縄紋文化起源論』，『縄紋文化の研究』（1983）第3卷，雄山阁。

[注12] 保定地区文物管理所等：《河北徐水县南庄头遗址试掘简报》，载《考古》1992年第11期。

[注13] 朱延平：《中国陶器起源阶段及相关问题》，载北大未名网站，1999年。

[注14] 〔美〕Smith, P. E. L. 1968, *Ganji Dareh Tepe*, Iran 6, PP. 158-160。

[注15] 〔英〕W. C. Brice (ed.) 1978, *The Environmental History of the Near and Middle East Since the Last Ice Age*, PP111-139, London.

[注16] 陈明远：《再论陶器文化传播的源流》，载《质疑四大文明古国》，中央编译出版社2011年版，第210~218页。

[注17] 王涛：《中国早期陶器研究》，北京大学博士学位论文（未刊稿），2005年。

[注18] 〔法〕Camps, G. 1974, *Les Civilizations Prehistoriques de L' Afrique du Nord et du Sahara*, Paris.

[注19] 〔英〕Williams, M. A. J. and Faure, H. (eds.) 1980, *The Sahara and the Nile*, PP451-465, Rotterdam.

[注20] 〔法〕Gallay, A. 1966, *Quelques Gisements Neolithiques du Sahara Malien*, J. Soc. Africanistes, 36: 167-208.

[注21] 〔英〕University Museum of Archaeology and Anthropology, Cambridge.（作者按：取材于英国剑桥Cambridge考古学与人类学博物馆展品）。

[注22] 张以诚：《陶器时代争论》，引自国土资源网2010年3月18日。

[注23] 石兴邦：《仰韶文化》，从中国百科网"仰韶文化"下载，2007年2月1日。又见刘笑春：《河南偃师汤泉沟新石器时代遗址的试掘》，载《考古》1962年第11期。

[注24] 西北大学宝山考古队：《陕西发现我国最早全倒焰结构陶窑》，《三秦都市报》2003年6月25日。

[注25] 张星德：《红山文化研究》，中国社会科学出版社2005年版，第68、69页。

[注26] 陈国庆：《红山文化研究》，载《华夏考古》2008年第3期。

[注27] 王友富：《考古中国110年·巫山大溪文化遗址》，金城出版社2010年版，第16~18页。

[注28] 《河南蒲城店遗址发掘5000年前陶窑》，新华网2004年11月2日。

[注29] 吴耀利：《略论我国新石器时代彩陶的起源》，《史前研究》1987年第2期。

[注30] 郭沫若：《奴隶制时代》，人民出版社2005年版，第191~192页。郭沫若认为："彩陶上的那些刻画记号……就是中国文字的起源，或者中国原始文字的孑遗。"又见：郭沫若给西安半坡博物馆题词："殷墟文字已合乎六书规律，则文字之起源必尚可逆溯三二千年。仰韶龙山似已进入有文字的时期。今来半坡观先民遗址，其建筑结构、器制花纹、生活礼制均已脱出原始畛域。陶器破片上见有刻纹，其为文字殆无可疑。将来发掘更多时必能进一步解决此问题。1959年7月6日。"载半坡博物馆编：《史前研究——西安半坡博物馆成立四十周年纪念文集》，三秦出版社1998年版，铜版图第1页。

[注31]〔美〕查尔斯.辛格、E.J.霍姆亚德、A.R.霍尔主编,王前等主译,《技术史·第Ⅰ卷》,上海科技教育出版社2004年版,第132~133页。

[注32]周膺、吴晶:《杭州史前史》,中国社会科学出版社2011年版,第118页。

[注33]柳志青、施加农、沈忠悦、柳翔:《跨湖桥文化先民发明了陶轮和制盐》,载《浙江国土资源》2006年第3期。

[注34]王然主编:《中国文物大典·陶器》,中国大百科全书出版社2001年版,第415页。

[注35]山东省文物管理处、济南市博物馆:《大汶口——新石器时代墓葬发掘报告》,文物出版社1974年版,第115页。"大汶口文化晚期出现轮制,山东龙山文化则大量采用轮制。"

[注36]张素俭、李伟东、王芬:《中国古代白陶》,载《中国陶瓷》2011年第4期。

[注37]佟柱臣:《龙山文化》,载《中国大百科全书·考古学卷》中国大百科全书出版社1986年版,第290页。

[注38]刘毅:《商周印纹硬陶与原始瓷器研究》,载《华夏考古》2003年第3期。

八卦起源于陶器时代的数符卦

——全盘修正"史前史三分期学说"之六

【内容摘要】 远古华夏陶器时代首先出现了数目字的刻符。陶文数字刻符与占筮术结合起来,就出现了"数符卦"。如崧泽文化遗物、安阳殷墟陶罐以及商代朱家桥遗址出土的陶器上,都出现了数符卦,这与用甲骨占卜同时。古代汉字并非起源于八卦,而是相反,八卦由陶器时代的数符占筮发展而来。也就是说,八卦起源于原始陶文数符(十进制而非二进制)。因陶器时代一直延伸到春秋战国之际,所以可说八卦是陶器时代的产物。

【关键词】 易;陶文数符;八卦;数符卦;奇偶卦;阴阳卦。

追寻远古汉字的起源,是学术界尚待解决的艰巨任务。通常认为在殷商甲骨文之前,最接近文字的刻画符号是远古彩陶器上面的"陶文"。郭沫若曾指出:"彩陶上的那些刻划记号,可以肯定地说,就是中国文字的起源,或者中国原始文字的孑遗。"[注1]

远古华夏陶器时代首先出现了数目字的刻符。在仰韶文化西安半坡遗址出土的陶器上、陕西姜寨遗址出土的陶器上、河南二里头文化遗址出土的陶器上,分别刻有最早的数目字。

八卦起源于陶器时代的原始数字

考古学者在距今4650年前的马家窑彩陶人像画（两件）周围，发现了几个形似甲骨文"巫"的陶文。这可以解释为：当时原始氏族社会已经有了巫师的活动。

"易"为神权时代盛行的占筮，至今仍具有很大影响。今本《易经》中的基本符号为阴阳八卦以及六十四卦。有学者认为（推测）阴阳八卦是一种"二进制"数理体系，也是文字的根本。关于汉字的起源，古人曾有各种假说，主要有："仓颉造字说"、"结绳造字说"、"伏羲（庖牺）八卦造字说"。前两种假说显然不能成立而早已被否定，比较通行的观点认为"汉字起源于八卦"，即汉字以八卦为根本，这种观点以宋代郑樵为代表。[注2]

千百年来，人们一直沿用世代相传的《易经》的经典说法："古者庖牺氏之王天下也，仰则观象于天，俯则观法于地，视鸟兽之文与地之宜，近取诸身，远取诸物，于是始作《易》八卦，以垂宪象。"[注3] 所以郑樵提出汉字起源于阴阳八卦，有一定的历史文献作为依据。然而事实表明：这种玄学的推断实际上是不成立的。

笔者认为，由近年来一系列考古发现的实证，可以确定：八卦起源于陶器时代的原始十进数字，由数字占筮（算命、预测吉凶）发展而来，而不是来自"二进制逻辑"或"一阴一阳之谓道"的阴阳二元对立观。

对于《易经》和阴阳观念的关系问题，学术界早就有不少人进行过质疑。如人们列举出在六十四卦的爻辞中，没有一个"阳"字，而"阴"字亦仅见于中孚卦九二爻辞（"鸣鹤在阴"），且无哲学思想上的意义。因此，在古代《易经》中谈不上有什么阴阳对立变化的思想。[注4]

至于"河图、洛书"以及"太极图"，等等，是宋代才衍生出来的后起物，并非远古所有。

一系列考古发掘的成果显示，华夏陶器时代首先出现了数目字的刻符，而不是"二元对立"。如：西安半坡仰韶文化遗址出土陶器上，刻有"丨、丨丨、乂、十、＞＜、)"，就是"一二五七八"等数目字；陕西姜寨仰韶文化遗址出土陶器上，刻有"丨、丨丨、丨丨丨、X、∧、十"，就

是"一二三五六七"等数目字；河南二里头文化的陶器上刻有"丨、
丨丨、丨丨丨、×、+、＞＜、)（"，就是"一二三五七八"等数目字；江苏
海安县崧泽文化遗址出土的骨器上刻有"二、三、三、乂、∧"，就是
"二三四五六"等数目字；陕西周原出土的甲骨上，刻有"－、丨、二、
丨丨、三、丨丨丨、三、乂、×、∧、+、＞＜、)（、从"等，就是一二三四
五六七八九等九个数目字。

也就是说：在陶器时代，最早出现了实用的九个自然数字，而根本
不是阴阳二分。

值得注意的是，在出土文物的数目字刻符中，发现了一系列由三个
数字联合组成的数符卦画，例如：

（1）河南安阳殷墟出土文物刻有"∧∧∧"，就是"六六六"；

（2）甘肃庄浪徐家碾寺洼出土文物刻有"∧∧∧"，也是"六六
六"；

（3）陕西长安张家坡出土文物刻有"一∧一"，就是"一六一"；

（4）河南洛阳北窑西周墓出土文物刻有"一∧一"，也是"一六
一"；

（5）陕西岐山凤雏村出土文物刻有"+)(("，就是"七八八"；

（6）西周盘铭文记有")（一∧"，就是"八一六"；

（7）董伯殷铭文记有")（×一"，就是"八五一"；

（8）仲游父鼎铭文记有"+×)（"，就是"七五八"。[注5]

这些由三个数字排列组成的字符串，称为"单卦"。有的旁边带有文
字，如殷墟卜骨上刻的"∧∧∧"旁有"田"字，田可释为"地、坤"，
可见"∧∧∧"也就相当于原始的☷坤卦。然而仅此一个孤证，不带有
普遍性。绝大多数的数符卦还很原始。

远古的占卜和筮术——自然数符卦

《礼记·曲礼上》曰："龟为卜，策为筮。"说明远古时期（商周）
卜用龟甲，筮用蓍草。"卜筮"，就是古人用龟甲、蓍草等工具算命（预
测吉凶）。陶器时代"卜"和"筮"随着巫术盛行，经常同时运用（在
本文中，用龟甲算命称为占卜，用筮草算命称为占筮）。

远古以蓍草占卦，近年来考古发掘的一系列出土文物表明：远古策

八卦起源于陶器时代的数符卦

筮最初的"卦画"并非用阴（——）阳（—）两种符号构成，而是用简单的自然数目字依照顺序排列构成的，其中不用"二、三、四"而用"一、五（乂×X）、六（∧）、七（+）、八（）（><）、九（九）"等六个数目字。原因可能是"二（ǀǀ）、三（ǀǀǀ）、四（三）"这3个数字皆用一竖（或一横）重复叠加构成，容易造成混淆，故弃而不用。

在我国古代原始迷信中，占吉凶的方法有许多种，其中主要的方法则是"卜"和"筮"两种。占卜法是用龟甲或兽骨，先施钻凿，后用火灼，于是会出现裂纹，即所谓卜兆，巫史们即据兆而推断所问事的吉凶。殷商和周初，盛行用龟甲和牛骨等占卜。

占筮法则是运用蓍策，按一定的规则反复多次求数，得出若干个数目字（数符），然后按先后顺序排列成一组数列，即原始卦画（起初还没有形成秦汉时期那样规则的六十四卦），巫史们则据此数列及其变化，而自作解释、推断所问事件的吉凶，也就是"算命"。关于占筮法，朱熹在《周易本义》前的《筮仪》中，做了详细叙述。他是根据《系辞传》中"大衍之数五十"的说法推测，但这并不一定就是原始的占筮法。张政烺先生在《试释周初青铜器铭文中的易卦》中还有《筮法拟测》的猜测，又西南少数民族较原始的"数卜法"，也可供参考。[注6]

占卜尚"兆象"，占筮重"数变"。《左传·僖公十五年》云："龟，象也；筮，数也。"《说卦》注："蓍，数也。""蓍极数以定象，卦备象以尽数。"占筮法起源于数，是古代先民对"数变"的一种莫名其妙的崇拜。今本《系辞传》中说："极数知来之谓占"；"凡天地之数五十有五，此所以成变化而行鬼神也"；"参伍以变，错综其数。通其变，遂成天地之文；极其数，遂定天下之象"，等等，都反映了原始占筮法对"数变"的迷信。

自然数字的陶文刻符与远古占筮术结合起来，就出现了"数符卦"。

先有自然的原始的"数符卦"，然后在数符卦的基础上，发展出"奇偶卦"，最后形成"阴阳八卦"。

文物考古所得的例证如下：

（1）陶器时代崧泽文化遗物上刻有"三乂三三∧三"，就是"三五三三六四"，另一件遗物上刻有"∧二三乂三一"，就是"六二三五三一"，共两组数字。

注意只有这个最早的例子中采用了"二三四"。这以后（殷商和西周）的例证都不再出现"二（‖）、三（川）、四（≡）"了。

（2）河南安阳殷墟出土的商代晚期陶片、陶罐上刻有"十）（∧∧十十"，就是"七八六六七七"。

此外，河南安阳殷墟陶片（一）有一个卦：七七八六六七。

殷墟陶片（二）有两个卦：六六七六六八，六六七六七五。

殷墟陶爵范上有两个卦：五七六八七七，一七六七八六。

殷墟孝民屯村陶范（一）有一个卦（残缺）：五八七□□□。

殷墟孝民屯村陶范（二）有一个卦（原释为"八六一六六六"，细看拓片，与"一"交叉的一小竖不是"六"延伸上去的，而是单独一竖，故释为"七"）：八六七六六六。

殷墟孝民屯村陶范（三）有两个卦，都有残缺：□□六六六七，□□七六七六。

殷墟孝民屯村陶范（四）有两个卦，其一有残缺：一一六六一六，六一一六□□。[注7]

（3）山东朱家桥殷代遗址出土的陶罐上刻有"一）（）（∧一一"，就是"一八八六一一"。

以上共发现15个卦。

（4）殷墟四盘磨村出土的卜骨，第一处刻有"十Ｘ十∧∧∧"，就是"七五七六六六"，有简单爻辞为"曰魁（一释作：曰畏）"；另一处刻有"十）（十∧十∧"，就是"七八七六七六"，也有爻辞为"曰隗"；第三处刻有"）（∧∧Ｘ＞＜十"，就是"八六六五八七"。[注8]

（5）1976年至1977年，在陕西发现了周原遗址，并在岐山凤雏村甲组周初宫殿（宗庙）房基2号西厢11号窖穴中出土了甲骨17120片，清理出带字的卜甲190多片，计有581字。周原甲文有卜祭、卜告、卜出入等内容，还有六片卜甲刻有用数字组成的易卦。[注9]

其中85号卜甲刻有数符卦及卦辞："曰其囚圉既鱼（吉）。"

张政烺先生《试释周初青铜器铭文中的易卦》一文[注10]将数符卦与《周易》中单卦和重卦相互对勘，无一不合。

其中几片周原卜甲如下（卜甲原竖行数符卦画用今体写出，横排）：

陕西岐山凤雏村周原遗址出土的7号卜甲上，刻有"）（十＞＜十

＞＜X"，就是"八七八七八五"；85号卜甲上，刻有"＋∧∧＋一
)("，就是"七六六七一八"，爻辞为"曰其亡咎既鱼"；81号卜甲上，
刻有"＋∧∧＋∧∧"，就是"七六六七六六"；91号卜甲上，刻有
"∧∧＋＋＞＜"，就是"六六七七八□"（末位数字残缺）；117号卜甲
上，刻有"＋∧)∧＋∧"，就是"七六八六七六"。[注11]

（6）陕西长安张家坡西周遗址出土的卜骨上刻有"一一∧一一一"，
就是"一一六一一一"。[注12]

（7）2002年在陕西扶风周原遗址（齐家村北）出土一片卜骨。[注13]
在骨面上横刻有三条筮数和卜辞。自下而上，顺序为："翌日甲寅其商，
由瘳。八七五六八七"；"祷，由又（有）瘳。八六七六八八"；"我既
商，祷，由又（有）。八七六八六七"。

（8）1986年至1990年在北京房山区镇江营发掘出土有字卜骨一片，
年代相当于西周中期偏晚。[注14]卜骨残长13.1厘米，最宽处9.5厘米。
在这片卜骨扇部正面钻的左下方，刻有小如粟米的两条筮数：六六六六
七七，七六八六五八。

在西周青铜器铭文上，也发现了一些数符卦画，例如：

（9）周琥铭文记有"∧＋＋一一一"，就是"六七七一一一"。

（10）父乙盉盖铭文记有"＋∧＋∧＋∧"，就是"七六七六七六"。

（11）召仲卣铭文记有"＋X∧∧∧＋"，就是"七五六六六七"。

（12）召卣铭文记有"一一∧)一∧"，就是"一一六八一六"，爻
辞为三个字，待解读。

此外，在考古文物中还发现一些"初筮后再筮"就是两度占筮的记
录：

（13）安阳殷墟出土陶罐上刻有"∧∧＋∧一)(,)(∧＋∧＋一"，
就是"六六七六一八，八六七六七一"。还有一个陶罐上刻有"X＋∧
)(＋＋，∧∧＋∧＋一"，就是"五七六八七七，八六七六七一"。表
明为初筮后再筮。

（14）陕西长安张家坡西周遗址出土卜骨上刻有"∧∧)(一一∧，
∧一∧∧∧一"，就是"六六八一一六，六一六六六一"；另一片刻有
"∧)(一一X一、X一一∧)(一"，就是"六八一一五一，五一一六八
一"。这也表明为初筮后再筮。[注15]

由此可以认为：殷商和西周时代，已经初步使用6个数目字"一，五（乂X），六（∧），七（+），八（）（＞＜），九（久）"等排列组成的数符卦占筮。这与用甲骨占卜同时出现。

最早是张政烺先生指出："湖北省孝感县在宋代（1118年）出土过六件西周初期的铜器，都有铭文，学者称为'安州六器'。其中有一件中鼎，长篇铭文之末有'+)(∧∧∧∧、(+∧∧∧∧'（载《啸堂集古录》卷上，10页下）。这本来是两组数字，前者释文应为'七八六六六'，后者应为'八七六六六六'，但以前学者未能释出，而误认为这是两个"奇字"。20世纪30年代初郭沫若作《两周金文辞大系》收录此器，谓'末二奇字殆中之族徽'（载《两周金文辞大系图录考释》六页下）。带有这类奇字铭文的铜器，自宋以来八百年间时有发现，公私藏品或见著录，但未被学者注意，罕有加以考证者。"[注16]

张政烺先生首先推断这些数字都是筮数。他在学术报告"易辨——近几年根据考古材料探讨《周易》问题的综述"中认为："金文中三个数字的是单卦，周原卜甲上六个数字的是重卦……从考古材料看，甲骨之外又见于金文，且不限于周原一地，是传播已久，其开始或更在文王以前。"[注17]

从"数符卦"到"奇偶卦"的过渡

"易"为神权时代盛行的占筮术，汉代以后两千年间《易经》流传不衰，注家蜂起，儒者必读，众说纷纭，至今在社会上和群众中尚有广泛影响。据《周礼》记载，周代设有"太卜"之官，依据"三易"，职掌占卜。郑玄《周礼·春官·太卜》注："易者，揲蓍变易之数可占也。"《管子·山权》："易者，所以守成败吉凶者也。"《贾子·道德说》："易者，察人之情、德之理，与弗循而占其吉凶。"由此《易》被人们称为"占筮之书"。"易"作为一种占卜、占筮活动，本身即是巫术的一种。

殷周时代"易"占筮活动之初，并没有建立"阴阳卦"的符号（--和—），而是在很长时期内采用数符卦。文物考古的一系列结果表明，战国期间，是占筮从"数符卦"向"奇偶卦"过渡的重要阶段。

近年来出土的古代竹简易筮，集中在湖北江陵、荆门与河南新蔡一带，也就是战国时期楚国京城郢都周边地区。从下面一些竹简的残存片段，我们可以看出公元前4至前3世纪易筮的演变过程：

（1）湖北江陵天星观楚墓竹简易筮（战国中期，公元前350年左右）。

（2）河南新蔡楚墓竹简易筮（战国中期，公元前340年左右）。

（3）湖北荆门包山楚墓2号墓竹简易筮（公元前316年）。

（4）湖北江陵望山楚简易筮（公元前300年左右）。

（5）湖北江陵王家台秦墓竹简《归藏》（公元前278年以后，不晚于秦代）。

（6）上博藏战国楚竹书易筮（战国晚期至秦汉之交，公元前255±65年）。

因陶器时代一直延伸到春秋战国之际，所以可说八卦是陶器时代的产物。

江陵天星观楚简易筮

湖北江陵天星观邸阳君番敕墓，于1978年春出土竹简，年代为战国中期（约公元前350年左右），有一部分是易筮的"占筮记录"，记载了墓主有关占筮的事，约2700字，"特别是有的简文在句末或句中还记录了占筮的卦象"。这是一次极重要的发现。[注18]

张政烺先生根据湖北江陵天星观楚墓竹简《周易》的材料指出：

"这种'卜筮的卦象'我见到的有八处，皆于一行之中两卦并列，实际上是十六个卦，当有九十六个爻。其所用数字最常见的是一和六，约占十分之九，仔细观察也有七、八、九这三个数字，但是很少，不过十分之一。今举几处为例：'一一一一一六'，'六六一六一六'，'一一一六七六'，'八一一一六六'，'一六一六六一'，'九一一一一一'，'一六六六六六'，'六六六六六六'……"[注19]

这些数符卦的占筮记录表明，当时还没有形成"阴阳"的概念，没有区分"阴爻、阳爻"的二元对立，也没有正式的卦名。各个卦象的吉凶判断，可能只有口头的解释，罕有书面记录。

河南新蔡楚简易筮

河南新蔡战国楚平夜君成墓，1994年5月发掘成功，出土了一批战国楚竹简，[注20][注21]年代为战国中期，楚悼王末年或稍后（公元前340年左右），其中多数为占筮祭祷记录简。内容可分为三种：第一种与包山楚简的占筮祭祷类简相似，为墓主人平夜君成生前的占卜祭祷记录，占卜的内容以求问病情为主。格式亦与包山简非常相似，由前辞、命辞、占辞等部分组成。第二种为平夜君成自己的祈祷记录，数量很少，简宽字大。第三种内容单纯，仅是与祭祷有关的记录，不见占卜。这类简以前发现不多。

根据《新蔡葛陵楚墓出土竹简释文》，共有15组卦，每组两卦，完整的有12组24卦。由"一"（一）、"∧"（六）、"×（X）"（五）三种数字组成，无卦名。其中：

甲三184-2、185：×∧×∧∧　　乙四79：一×∧一×∧

荆门包山楚简易筮

湖北荆门包山的战国中期楚墓2号墓（公元前316年下葬），于1986年11月至1987年1月发掘成功。出土有占筮祭祷简。[注22][注23]

楚墓2号墓的战国占筮祭祷简共54枚。可分为二十六组（件）。其中22件专记占筮之事，另外4件则专记祷祠之事。简文中6组12个易卦画，每组卦画由两个卦组成，左右并列，简文中没有卦名，也没有对卦画的具体解说。当时还没有阴阳卦的名称和概念。

卦由"一"（一）、"∧"（六）、"×（X）"（五）、"＞＜"（八）四个数字中的两个、三个或四个数字组成，其中"一"恒有。

简201：∧∧一∧∧∧（六六一六六六）∧一一∧一一（六一一六一一）

简210：一∧∧）（∧一（一六六八六一）∧∧∧）（一一（六六六八一一）

简229：一∧∧一∧∧（一六六一六六）一∧×）（∧∧（一六五八六六）

简232：∧一一∧一一（六一一六六一）一∧一一∧一（一六一一

六一）

简239：一∧∧）（∧一（一六六八六一）一一一∧∧一（一一一六六一）

简245：∧∧一一一）（（六六一一一八））（一∧一一一（八一六一一一）

江陵望山楚简易筮

湖北江陵县纪南城（春秋战国楚国郢都故址）周边望山1号、2号楚墓，于1965年冬至1966年春出土了竹简，年代为战国中期，其中易筮资料简出于1号墓。[注24]内容主要是为墓主占筮祭祷的记录。这类简在全国属首见。这批简的保存情况不佳，残断较甚。其占筮祭祷的格式、内容和用语与包山楚简十分近似。但望山简未见卦画，可能是残断过甚的缘故。

江陵王家台秦简《归藏》

湖北江陵荆州镇王家台15号秦墓于1993年被发掘，出土了一大批竹简，年代上限不早于战国晚期（公元前278年"白起拔郢"楚国灭亡），下限不晚于秦代。

秦简中关于易占的竹简164支，未编号的残简230支，共计394支，总计4000余字。值得注意的是：这批易筮的竹简，开始有卦画、卦名、卦辞三部分。[注25][注26]

每卦的卦画皆由一∧组成，为"六画别卦"。70组卦画，重复者不计，有54个卦画。70个卦名，重复者不计，有53个卦名。

但是，卦名下的卦辞，有许多与保留在古书中的《归藏》佚文相同，而与今本《周易》不同。故有学者据此推断，王家台出土的秦简易占的原本为《归藏》（东汉学者桓谭在《新论正经》中说"《归藏》四千三百言"），更有学者进一步认为这就是《归藏·郑母经》的原始文本。

《归藏》之书名，先秦已有之。《山海经》曰："黄帝得河图，商人因之曰《归藏》。"《周礼·春官·筮人》里面就提到："筮人掌三易，以辨九筮之名……一曰巫更，二曰巫咸，三曰巫式，四曰巫目，五曰巫易，六曰巫比，七曰巫祠，八曰巫参，九曰巫环，以辨吉凶。"所谓的

"三易",其中就有《周易》。《周礼·春官·大卜》:"太卜掌三易之法,一曰《连山》,二曰《归藏》,三曰《周易》。"从《周礼》中我们可以看到,"巫"和"筮"字原本是通用的,掌管三易的人就是巫(筮)人。汉代的桓谭就在《新论正经》中说过:"《易》:一曰《连山》,二曰《归藏》,三曰《周易》。《连山》八万言,《归藏》四千三百言。"

有的汉代学者认为《归藏》为殷商所传的"殷易"。其实,最早提及《归藏》的文献《周礼》并没有说《归藏》是殷《易》。当今学术界基本达成共识:《归藏》不是殷《易》。

按文献记载,《归藏》是以坤(地)为首,殷墟出土的数符卦有崇尚坤(地)之倾向。《归藏·易》卦图与《周易》六十四卦卦图,在卦名与排列顺序上有许多不同的地方。

竹简本《归藏》有一些卦名,其意义比《周易》卦名更为原始。如劳卦、丽卦、毋亡卦,各种《周易》版本分别为坎卦、离卦、无妄卦。竹简《归藏》卦辞皆用"卜"字,带有浓厚的龟卜的痕迹。

秦简《归藏》与楚简《周易》(上海博物馆版)均由64个卦画构成,正如《周礼》所说的"其别皆六十有四",《归藏》中的"六"在《周易》中画作"八"。《归藏》和《周易》尽管在卦画方面基本一致,大多数卦名在写法和读音上与《周易》相近,但是二者的文字内容却有着很大差异。

一直到战国中期,才出现原始的"卦名",但各种竹简所载占筮的卦画还没有规范,占筮所用的卦名、卦辞都还没有统一。所谓今本《周易》的卦名、卦辞是在汉代才最终定型的。

上海博物馆藏楚简《周易》

1994年,上海博物馆从香港文物市场购得一批楚竹书,被称为"上博藏战国楚竹书"。[注27] 竹简的出土地点不详,据说出自湖北荆门郭店,但缺乏直接根据。年代为战国晚期或秦汉之交,即公元前 255 ± 65 年。其中有楚竹书《周易》,共58简,涉及34个卦的内容,共1806字,其中有3个合文,8个重文,还有25个卦画。每一卦,或占两简,或占三简。据专家认为:它是迄今所发现的最早的《周易》文本。但是专家们对于其出处尚存疑。

八卦起源于陶器时代的数符卦

其卦画，以"∧"表示阴爻。这与马王堆《帛书·易》相同，而与王家台《秦·易》（以"∧"表示阴爻）及今本《易经》（阴爻作"– –"）不同。文字表述方面，它与《帛书·易》和今本《易经》类似，即由卦名、卦辞、爻题、爻辞组成。用字、用辞、用句有所不同。本篇只有经没有传。此文物只可作为参考。由于出土情况和来历不明，未能作为确证。

由上述例证可以看到，在战国中期的出土竹简中，每组卦画由两个卦组成，左右并列，简文中还没有后来《易经》所谓的"乾☰兑☱离☲震☳巽☴坎☵艮☶坤☷"等正式的卦名。卦画由"一、×（乂X）、∧、+、)(（＞＜）、乆"等，就是一五六七八九等六个数目字排列组成，而不是由阴（– –）阳（—）组成。这一情况，应该特别引起我们的注意！

从"奇偶卦"到"阴阳卦"的过渡

"奇偶卦"到"阴阳卦"过渡的典型是西汉阜阳双古堆西汉汝阳侯墓（西汉初期即公元前2世纪）的出土竹简《周易》。

安徽阜阳双古堆西汉汝阳侯夏侯灶墓（葬于公元前165年）出土竹简《周易》，其中《周易》的卦画留存下来的很少，有卦名，仅见"临""离""大有"三卦，其阴爻作"∧"形，与今本《易经》、马王堆《帛书·易经》等皆不同。如"临卦"卦画今本作☷☱，马王堆帛书作"∧∧∧∧∧—"，阜阳简则作"∧∧∧∧∧—"。[注28]

∧就是古文的"六"，这里用作偶数的符号；而"—"则表示奇数。

上述王家台出土的秦简易占，每卦的卦画也是皆由"—∧"组成。

然而在易卦中，它的数符卦痕迹并未消失，直至今本《易经》卦画中，"– –"还是以"六"来称呼。按照此爻在卦画中所处的位置，自下而上分别以初六、六二、六三、六四、六五、上六为名称；坤卦在六爻之后更专出"用六"一条。过去对这一情况有种种解释，但总觉得牵强附会，现在，若从"– –"即"六"的变形来理解它，则一切都涣然冰释了。也就是说，爻象"– –"是由"六"这个数符卦演变而来的，它的原始意义就是筮数"六"，以后成为占筮中一切偶数的代表，因而它的名称叫做"六"，还有"用六"。[参见上注3]

湖南长沙马王堆汉墓，于1972年3月开始发掘。马王堆汉墓出土的

历史观的新突破

大批帛书和竹简,在反映汉初文字隶变方面最具代表性。马王堆 3 号墓下葬于汉文帝十二年(公元前 168 年),在汉朝开国后 38 年。

在马王堆文物中,最有历史文献价值的莫过于 3 号墓出土的帛书。这些帛书用墨把古书抄录在帛上,字体为小篆或隶书,共有 12 万多字,大部分是已经失传了 2000 多年的古籍。其中,有《帛书·易》4000 多字;佚书还有《易说》约 7000 字。

长沙马王堆 3 号汉墓出土的《帛书·易》的发现、整理与研究,是当代文化史的一件大事。[注29] 应该注意到,《帛书·易》卦爻辞中的阴爻,并非写为"− −"而是写为"八"也就是"八"字。马王堆《帛书·易》以"八"用作偶数;而"一"则表示奇数。

以上阜阳汉简《周易》和马王堆汉《帛书·易》,都有卦名,但卦画都是用"奇偶卦"表示,所不同的是阜阳汉简《周易》使用∧(古文六)表示偶数,而马王堆汉帛书使用八(古文八)表示偶数。

考古文物证明:战国中期的数符卦和奇偶卦还没有"阴阳"的概念,更没有"乾坤八卦"和六十四卦的卦名。约在秦汉之际或西汉时期,奇数一五七九等才被称为"阳爻",九为老阳,七为少阳;偶数六八等被称为"阴爻",六为老阴,八为少阴;一直发展到秦汉之交,才正式出现"乾☰兑☱离☲震☳巽☴坎☵艮☶坤☷"等卦名和阴阳卦画以及六十四卦。到汉代的《系辞》才有"一阴一阳之谓道"的说法。这些演变,是由汉代儒士与阴阳家最终完成的。详细事实待另文考证。

从"奇偶卦"到"阴阳卦"的演变情况如下:

从)(一一(九一一),一一一等,至少两个卦(奇奇奇),合并演变而成今本一个乾卦☰。

从)(一一(八一一),∧一一(六一一),)(X 一(八五一)等,至少三个卦(偶奇奇),合并演变而成今本一个兑卦☱。

从一∧一(一六一),一∧×(一六五),×∧×(五六五)等,至少三个卦(奇偶奇),合并演变而成今本一个离卦☲。

从)(∧一>(八六一),∧∧一(六六一)等,至少两个卦(偶偶奇),合并演变而成今本一个震卦☳。

从一×∧(一五六),一一)((一一八),一一∧(一一六),+X)((七五八)等,至少四个卦(奇奇偶),合并演变而成今本一个巽卦

☵。

从∧+∧（六七六），)(一∧（八一六），∧一∧（六一六）等，至少三个卦（偶奇偶），合并演变而成今本一个坎卦☵。

从一∧∧（一六六），+)()（七八八），至少两个卦（奇偶偶），合并演变而成今本一个艮卦☶。

从)(∧∧（八六六），∧∧∧（六六六）等，至少两个卦，合并演变而成今本一个坤卦☷。

今本《易经》中"阳爻称九，而阴爻称六"，如上所述，"九一一"为"乾'，很明显，这里的"九"就是"阳爻称九"的根据；"六六六"为"坤"，这里的"六"就是"阴爻称六"的根据。

又云"阳数有七有九，阴数有八有六，但七为少阳，八为少阴，质而不变，为爻之本体。九为老阳，六为老阴，文而从变，故为爻之别名。且七既为阳爻，其画（+）已长。今有九之老阳，不可复画为阳，所以重钱，避少阳七数，故称九也。八为阴数而画阴爻，今六为老阴，不可复画阴爻。故交其钱，避八而称六。"

就是说，在几百年的演变中，将奇数"七、九"都作为"阳数"归纳成"九为老阳、七为少阳"，再将"一、五（×）、七（+）、九（乂）"合并为阳爻"一"；而将偶数"六（∧）、八（）(><)"都作为"阴数"归纳成"六为老阴、八为少阴"，再将"六（∧）、八（）(><)"合并为阴爻"– –"。

由此看来，这些玄而又玄的文字，正透露出古代"数符卦"的痕迹。

后来统一为，奇数为阳（一），偶数为阴（– –）。

从数符卦到奇偶卦再到阴阳八卦的演变过程，经历上千年，列表如下：

今本易经	战国中期楚简	包山楚简	阜阳及王家台简	马王堆《帛书·易》
乾☰	九一一等	一一一	一一一	一一一
兑☱	八一一等	∧一一	∧一一	八一一
离☲	五六五等	一∧×	一∧一	一八一
震☳	八六一等	∧∧一	∧∧一	八八一

巽 ☴	一五六等	一一 > <	一一 ∧	一一 八
坎 ☵	六七六等	> < 一 ∧	∧ 一 ∧	八 一 八
艮 ☶	一六六等	一 ∧ ∧	一 ∧ ∧	一 八 八
坤 ☷	八六六等	> < ∧ ∧	∧ ∧ ∧	八 八 八

数符卦是爻的真正起源

爻，是《周易》最基本的符号，构成卦的最小单位。《周易·系辞》："爻也者，效天下动者也"，"爻象动乎内，吉凶见乎外"。《周易·系辞上》："爻者言乎变者也。"

关于爻的起源，过去有如下几种说法：

（1）结绳说。《周易·系辞下》称伏羲氏"用结绳而为网罟，以佃以渔，盖取诸离"。"上古结绳而治，后世圣人易之以书契；百官以治，万民以察，盖取诸夬"。东汉郑玄猜想上古之时记大事打一大结，记小事打一小结。近代有人认为阳爻"—"和阴爻"– –"是古代结绳没有打结和打结的反映。李镜池《周易探源》、范文澜《易经概论》、陈道生《重论八卦的起源》持此说。

（2）竹节蓍草说。认为阳爻、阴爻是占筮所用竹节或蓍草的符号化，一节之竹或一根蓍草为"—"，两节之竹或断开蓍草为"– –"。高亨《周易古经今注》等持此说。

（3）龟兆说。殷商时代占卜盛行，其法是烧灼龟甲察看裂纹，根据其兆纹，向上为吉，向下为凶，等等。还有用烧灼兽骨判断吉凶。从兆纹断"– –"或连"—"的线条，发明阴阳爻。屈万里《易卦源于龟卜考》、余永梁《易卦爻辞的时代及其作者》、日本国的本田成之《作易年代考》等持此说。

（4）日月星象说。认为阳爻"—"来源于日象，阴爻"– –"来源于月象。如《易传·系辞上》说："刚柔者，昼夜之象也。"《系辞下》云："日往则月来，月往则日来，日月相推，而明生焉。"

（5）生殖器说。认为阳爻"—"像男根，阴爻"– –"像女阴，内证是《周易·系辞》曰："乾道成男，坤道成女。"章太炎《易论》、钱玄同

《答顾颉刚先生书》、郭沫若《中国古代社会研究》等持此说。

（6）算筹说。认为爻是古人用的筹形，类似罗马数字，以Ⅰ、Ⅴ为基础加减而成阳爻阴爻。日本国的三上义夫《中国算学之特色》等主此说。

以上一些说法，采用的思维方式，或为神学思维的冥想、联想，或为玄学思维的推理、猜测，却都不是采用实证的科学思维方式。

文物考古的一系列证据表明，八卦由远古的数字占筮发展而来。也就是说，八卦起源于原始数字（十进制，而不是二进制）。

本文考证了千百年来从"数符卦"到"奇偶卦"再到"阴阳八卦"的演变过程，以上六种"想当然"的说法就都不攻自破了。

八卦的象征性解释根本就是牵强附会

汉代谶纬迷信风行。战国邹衍创立的阴阳五行说，在秦汉受到统治者欢迎，成为迷信和愚民的根据。董仲舒等汉儒，树立了"天人感应"等神秘观念，形成一套神学体系。迷信色彩渗透于社会生活的各个领域，在这种背景之下，由远古数符卦巫术积累而来的算命手册《周易》大行其道、大行其事，术士与儒者编撰了建立在阴阳五行说基础上的《易经》。

易学的《经》是整理加工历代数符卦、奇偶卦而成，易学的《传》也即《十翼》托名孔子，实际上为汉儒所撰写。

《周易》的爻、卦，经过千百年的历史堆积，从远古的数符卦，记录了一些神话或夏商周三代传说，作为象征性的解释。这原本是巫师的牵强附会、胡言乱语，并没有多少真正的哲理内涵。

由于八卦本为数符卦，所以爻名与爻辞之间、卦名与卦辞之间实际上并不存在确切对应的关系，并不能用后来的"阴阳"观点得到说明。例如：

"乾☰"，由数符卦"从一一，一一一"等至少两个卦演变而来，根本不能用"阴阳"观点说成是"万物资始，乃统天"。也不能凭何理由说"九一一"象征什么"天"？

"兑☱"，由数符卦")(一一,)(Ⅹ一，∧一一"等至少三个卦各自演变而来，根本不能用"阴阳"观点说成是"兑为泽"，凭何理由说"八一一，八五一，六一一"这些数符象征什么"泽"？

"离☲"，由数符卦"一∧×，×∧×，一∧一"等至少三个卦各自演变而来，根本不能用"阴阳"观点说成是"离为火"，凭何理由说"一六

五，五六五，一六一"这些数符象征什么"火"？

"震☳"，由数符卦"）（∧一，∧∧一"等至少两个卦各自演变而来，根本不能用"阴阳"观点说成是"震为雷"，凭何理由说"八六一，六六一"这些数符象征什么"雷"？

"巽☴"，由数符卦"一×∧，一一）（，+X）（"等至少三个卦各自演变而来，根本不能用"阴阳"观点说成是"巽为风、为木"，凭何理由说"一五六，七五八"这些数符象征什么"风"？什么"木"？

"坎☵"，由数符卦"∧+∧，）（一∧，∧一∧"等至少三个卦各自演变而来，根本不能用"阴阳"观点说成是"坎为水、为云"，凭何理由说"六七六、八一六"这些数符象征什么"水"？什么"云"？

"艮☶"，由数符卦"一∧∧，+）（）（"等至少两个卦各自演变而来，根本不能用"阴阳"观点说成是"艮为山"，凭何理由说"一六六、五八八"这些数符象征什么"山"？

"坤☷"，由数符卦"）（∧∧，∧∧∧"等至少两个卦各自演变而来，根本不能用"阴阳"观点说成是"坤为地，万物滋生，乃顺承天"，凭何理由说"八六六、六六六"这些数符象征什么"地"？

如果周易八卦一开始就建立在阴阳对立的基础上，那么根据"阴阳（－－）（—）二元相反相成"的一套玄而又玄的道理，来解释八卦的象征，还总算带有一点哲理的玄学味道。然而我们现在知道历史的真相是"八卦来源于数符卦"，回溯各种原始数符卦的不同形式，那么显然八卦的象征性解释根本就是牵强附会了。

讨论

由近来一系列考古发现为依据，经过比较研究，可以看出：

（1）从仰韶半坡文化、大汶口文化时期以来，古代陶器上陆续出现了原始的数目字一至九（刻画的线形符号）。

（2）由原始的数目字线形符号，引申出原始的占卜——数符卦。这一阶段延续数千年，一直到殷商时代。甲骨文中有"卜"字、"占"字、"巫"字，同时也有"爻"字，"爻"是占筮所用的蓍草交叉的象形，表示占筮的基本符号。然而甲骨文中没有"卦"字，西周青铜器铭文中也没有"卦"字。也就是说，殷商到西周的时代还不可能有"八卦"的概念。

（3）在战国中期的出土竹简中，由数符卦发展为奇偶卦，每组卦画由两个卦组成，左右并列，卦画由"一、×（乂 X）、∧、+、)（> <）、八，即一五六七八九"六个数目字排列组成，而不是由阴（– –）阳（–）组成。一直到战国中期（公元前4至前3世纪），各种竹简所载占筮的卦画还没有什么卦名。

（4）战国期间，是占筮从"数符卦"向"奇偶卦"和"阴阳卦"过渡的重要阶段。战国晚期一直到秦朝，才开始出现"卦名"，但是占筮所用的卦名、卦辞都还没有统一。所谓今本《周易》的卦名、卦辞是在秦汉之交（公元前2世纪）才初步形成，到东汉（公元1世纪）才最终定型的。《周易》中本没有"阴爻、阳爻"的概念，东汉的《易传》才把"—"叫做阳爻，把"– –"叫做阴爻。

（5）汉初阴阳家和儒家将奇偶卦定型为阴阳八卦，但在写法上，一种以偶数六（古文∧）表示阴爻，另一种以偶数八（古文八）表示阴爻。这都是数符卦和奇偶卦的痕迹。

（6）古代周文王占卜时演周易是可能的，而所谓的"伏羲（庖牺）氏始作《易》八卦"乃是出于后人传说，是假托的神话和鬼话。

（7）带有阴阳八卦"乾☰兑☱离☲震☳巽☴坎☵艮☶坤☷"等正式卦名及六十四卦的《周易》，正式成书年代不是战国时期，而是在秦汉之交或汉代。因为一直到战国中期的数符卦和奇偶卦都还没有"阴爻、阳爻"的概念，更没有"乾坤八卦"和六十四卦的卦名。

（8）总之，殷商和西周时代的祖宗并不是先有"阴阳对立"的先验思想演绎出"八卦"与"周易"，而是首先创造了数目字及简单数符卦，经历了千百年的占筮事例的堆砌、积累，才在秦汉之交或汉代推演出《易经》的阴阳卦，本质上仍然没有脱离巫术的范畴。八卦及六十四卦辞三百八十六爻辞跟现代数学的二进制逻辑运算完全是两码事。

（9）数符卦是爻的真正起源，八卦的象征性解释根本就是牵强附会。

（10）由此，本文认为，"伏羲氏创八卦"以及河图洛书之说是后人编造的神话，而《易经》的象数、义理的神秘主义和玄而又玄的观点，如"穷则变、变则通"等乃出于牵强附会或某种比喻。《易经》实质是源于数符卦的算命手册。虽号称"预测"，但从根本上不是什么真正的哲学，不宜过高的评价。

历史观的新突破

[附记1] 我国社会科学的发展需要现代化，在思维方式和研究工具方面，必须完成"从玄学到科学"的彻底转变。目前形形色色的"易学研究"中，充斥着玄学乃至神学思维，重联想、猜测、直觉、片面的思辨推理，而往往忽视实证，难免歪曲真相，因而每见夸夸其谈、不知所云，或神乎其神、玄而又玄，牵强附会、谬论百出，这种不良的学风、文风，误人误己，亟需来一个根本的改造。

[附记2] 史前时期的埃及陶器上有一些刻画符号，相当一部分陶器符号与后来的文字有渊源关系，埃及历史上最早的王名，是从陶器刻画符号发展演变而来的。[注30]

[附记3] 西周有字卜骨的筮数和卜辞（数符卦）

2001年在陕西长安县西仁村获得一个"有字陶拍"，自谓"系于调查时采集"，未见出土遗址及发掘报告，来路不明。

什么是"陶拍"？陶拍是远古物件，是制作陶器未定型前加工陶坯的辅助用具。一般用木制，也有陶制的。使用陶拍在陶坯成型的外壁拍打，可使裂缝弥合，陶坯紧密牢固。本来陶拍是陶窑遗址中常见之辅助物，但远非占卜专用，在陶拍上刻筮数更从未出现过。

2001年"采集"所得，可能为3000年前的这个"陶拍"上仅见刻有一种"筮数"，据说：有可能是当时占筮的记录，自云"陶拍实占如此"。何为"实占"？西周"实占"是占筮者（如巫师）所为，应为专门人员使用专门占筮器具来操作的。陶拍并非龟甲、兽骨，亦非陶罐、铜器，何以用作"实占"的器具？何以成为"实占"的记录？此外，还有哪一个"陶拍"用于"实占"？一个也没有。这于情理上是说不通的。

"采集"所得3000年前的"陶拍"，而"陶拍"跟筮数占卜毫不相干，因此应存疑待考，不宜轻信。

但有人却认为这是"西周存在《周易》经文的证明"，[注31]按照考古的原则，无出土遗址证据，无发掘报告，来路不明，更不知年代，且为孤证、无旁证，陶拍远非占筮者"实占"的器具，怎么可以拿来作为严肃的"《周易》经文的证明"？

有多少证据说多少话。以如此薄弱而显然并不可靠的"证据"，绝难得出如此重大的结论。什么叫做"《周易》经文"？何时正式称为《周易》？"《周易》经文"何时成简册或帛书？即使陶拍所刻几个筮数得到什么旁证可认为确实曾经出现过，也难以得出"西周存在《周易》经文的证明"如此重大结论吧。

我们知道：战国期间是占筮从"数符卦"向"奇偶卦"和"阴阳卦"过渡的重要阶段。战国晚期一直到秦朝，才开始出现"卦名"，但是占筮所用的卦名、卦辞都还没有统一，所谓今本《周易》是在秦汉之交（公元前2世纪）才初步形成的。

所以，声称"西周存在正式的《周易》经文"缺乏根据。

又见该文称："共有四组筮数，两组纵刻，两组因拍柄有凹穴而横刻，依次序为：八八六八一八，八一六六六六，一一六一一一，一一一六一一。每组字的排序可按'六'字的方向决定。最末一组最下面的一字原缺，但看残损的大小，只能补以一字。这四组筮数，数字以'一'为最多，其次为'六'、'八'。又一同形的蕈形陶拍，完整，高10.5厘米。以拍面朝上，柄部纵刻筮数两行，按自右迄左次序为：六一六一六一，一六一六一六。"[同上注31]

"每组字的排序可按'六'字的方向决定"？很难说。凭什么断定"柄部纵刻筮数两行，按自右迄左次序为：六一六一六一，一六一六一六"？为何不是"自左迄右次序"？也很难说。

有人仅凭主观断定："依照奇阳偶阴的原则，将上述筮数转化为《周易》卦爻，四组依次为师、比、小畜、履四卦。""两件陶拍上的筮数，转化为《周易》的卦，全然与传世《周易》卦序相合。师、比、小畜、履四卦是《周易》第七、八、九、十卦，既济、未济二卦，是《周易》第六十三、六十四卦。这样的顺序排列，很难说出于偶然。尤其值得注意的是，师、比、小畜、履四卦在上经十八卦中自成一组。师与比互覆，为五阴一阳之卦，小畜、履互覆，为五阳一阴之卦。既济、未济也是互覆，为三阳三阴之卦，在下经十八卦末自成一组。"

但我们知道，带有阴阳八卦"乾☰兑☱离☲震☳巽☴坎☵艮☶坤☷"等正式卦名及六十四卦排序的《周易》，成书年代是战国以后、秦汉之交或汉代。一直到战国中期的数符卦和奇偶卦都还没有"阴爻、阳爻二元对立"的概念，更没有"乾坤八卦"和六十四卦的卦名，更谈不上六十四卦的卦序排列。

再说，"六十四卦的卦序排列"是建立在只有两个元素（阴爻、阳爻二

元对立）的基础上，也就是"2 的 6 次方，$2 \times 2 \times 2 \times 2 \times 2 \times 2 = 64$"方可称为六十四卦的卦序。但如果数符卦画包含"一、六、八"这三个元素（符号），就不是二元，而是三元，那么其排列形式应该为"3 的 6 次方，$3 \times 3 \times 3 \times 3 \times 3 \times 3 = 729$"也即七百二十九卦的卦序排列，远远多于"六十四"。因此，729 个单元的排列，根本就不可能有"师、比、小畜、履四卦和既济、未济二卦"那样的六十四卦序排列。

当然，今本《周易》是从数符卦发展而来。在《周易》文本的形成过程中，数符卦的发展是个不可或缺的环节。这是肯定的。但是，要说"由师至履、既济至未济"两处局部卦序，就推测当时所用《周易》的卦序等同于今传本卦序，难道今传本《周易》那时业已存在？难以成立。从《周易》文本角度来讲，这是有问题的。很简单的事实是数符卦并无爻题。春秋时代还无爻题，今传本《周易》还处在发展的过程中。

有人由两陶拍分列"师至履四卦、既济与未济两卦"，就猜测当时已存在六十四卦"非覆即变"错综关系的概念，这已经超越一般的占筮行为。有人断定这两组数字卦实占的可能性很小，而可能是占得其一，余下由续配而成。问题是这种配对是否来自今本《周易》？再则是否符合"非覆即变"的筮占实际？

什么叫做"非覆即变"？所谓"非覆即变"必须建立在"阴爻、阳爻二元对立"的基础上。如果"八"、"六"并存，请问如何"覆"又如何"变"？既然西周尚无"阴爻、阳爻"的二元概念，也就根本不可能有"非覆即变"的概念。

如上所述，直到战国中期出土的多种竹简原件中，全都只有"数符卦"和"奇偶卦"，对于八卦还缺乏"阴爻、阳爻二元对立"的概念，西周时期"八卦阴阳"的概念尚在形成的过程之中，还没有"阴阳八卦"即六十四卦的排序。某人的牵强附会，实在无法成立。

再看数符内容。只限于"一、六、八"这三个字的卦画，初现于战国中期，而西周时期的数符卦画绝不只用这三个，如：

周原卜甲
7 号卜甲　　八七八七八五；
81 号卜甲　　七六六七六六；

85号卜甲　七六六七一八；
91号卜甲　六六七七一八；
177号卜甲　七六八六七六。

北京房山区镇江营出土有字卜骨一片，年代相当西周中期偏晚。刻有两条筮数：六六六六七七，七六八六五八。

齐家村北H90出土的卜骨：
八七五六八七；
八六七六八八；
八七六八六七。

沣西甲骨：
七六六一五囗（末一字不清）；
五一一八二一；
六六八一一六。

在西周青铜器铭文上，也发现了一些数符卦画。
周琥铭文记有：六七七一一一；
父乙盉盖铭文记有：七六七六七六；
召仲卣铭文记有：七五六六六七。
……

以上数符卦画分别包含"一、五、六、七、八"等五个数符，决不只限于"一、六、八"这三个字。必须到战国时期，"五"和"七"方才归为"一"。

可见"陶拍"上卦画的年代必定大大晚于西周时期或为后人所刻。

此外，西周时期根本还还没有《周易》第七、八、九、十卦（师、比、小畜、履四卦）和《周易》第六十三、六十四卦（既济、未济二卦）的名称，更没有这样"巧合"的顺序。其时六十四卦的正式排序尚未形成。

由上可见：（1）该"陶拍"系2001年"采集"所得，无出土遗址及发掘报告，自谓西周文物（三千年前），来路可疑；（2）该"陶拍"充其量

只不过是制作陶器未定型前加工陶坯的辅助用具,并非占筮者所用的占筮器具,无法"被证明"为占筮者(巫师)"实占"的记录;(3)该"陶拍"每组字的排序很难说;(4)西周时期还没有六十四卦的卦名,更谈不上六十四卦的卦序排列;(5)该"陶拍"所刻只限于"一、六、八"这三个字的数符卦画,不符合同时期(西周)其他许多数符卦画的惯例,而是战国中期的惯例;(6)六十四卦的卦序排列,是建立在只有两个元素(阴爻、阳爻二元对立)的基础上,也就是"2 的 6 次方"为六十四。但如果数符卦画包含"一、六、八"这三个元素(符号),那么其排列形式应该为"3 的 6 次方"为 729,根本不可能有"六十四卦序"的排列。

综上所述,该"陶拍"无法说成是"西周存在《周易》经文的证明"。

本文不揣冒昧,试图运用科学实证的现代方法,做一些初步探讨。一得之见,引玉之砖。不妥之处,尚祈大方之家不吝赐教,以便今后改正和加深思考。

注释

[注1] 郭沫若:《古代文字之辩证的发展》,载《考古》1972 年第 3 期。

[注2] 郑樵:《通志·六书略》,中华书局 1987 年版,第 170 页。

[注3] 《十三经注疏·周易·系辞下》,浙江古籍出版社 1998 年版,第 86 页。

[注4] 楼宇烈:《易卦爻象原始》,载《北京大学学报》(哲学社会科学版)1986 年第 1 期。

[注5] 张立文:《帛书周易注释》,中州古籍出版社 1992 年版,第 12~13 页。

[注6] 汪宁生:《八卦起源》,载《考古》1976 年第 4 期。

[注7] 濮茅左:《楚竹书〈周易〉研究》,上海古籍出版社,2006 年。

[注8] 曹定云:《殷墟四盘磨'易卦'卜骨研究》,载《考古》1989 年第 7 期。

[注9] 陕西周原考古队:《陕西岐山凤雏村发现周初甲骨文》,载《文物》1979 年第 10 期。

[注10] 张政烺:《试释周初青铜器铭文中的易卦》,载《考古学报》1980 年第 4 期。

[注11] 徐锡台,楼宇栋:《西周卦画试说——周原卜甲上卦画初探》,载《中国哲学·第三辑》,生活·读书·新知三联书店,1980 年。

[注12] 何汉南、唐金裕:《陕西长安沣西张家坡西周遗址的发掘》,载《考古》1964 年第 9 期。

［注13］曹玮：《周原新出西周甲骨文研究》，载《考古与文物》，2003年第4期。

［注14］北京文物考古研究所：《镇江营与塔照——拒马河流域先秦考古文化的类型与谱系》，中国大百科全书出版社1999年版，第388、389页。

［注15］张立文：《帛书周易注释》，中州古籍出版社1992年，第4~6页。

［注16］张政烺：《试释周初青铜器中的易卦》，载《考古学报》1980年第4期。

［注17］张政烺：《易辨——近几年根据考古材料探讨〈周易〉问题的综述》（未刊稿抄本）。

［注18］《江陵天星观一号楚墓》，载《考古学报》1982年第1期。

［注19］张立文：《帛书周易注释》，中州古籍出版社1992年版，第12~13页。

［注20］河南省文物考古研究所、河南省驻马店市文化局、新蔡县文物保护管理所：《河南新蔡平夜君成墓的发掘》，载《文物》2002年第8期。

［注21］河南省文物考古研究所：《新蔡葛陵楚墓》，大象出版社2003年版，第167~173页。

［注22］包山墓地竹简整理小组：《包山2号墓竹简概述》，载《文物》1988年第5期。

［注23］湖北省荆沙铁路考古队包山墓地整理小组：《荆门市包山楚墓发掘简报》，载《文物》1988年第5期。

［注24］湖北省文物考古研究所、北京大学中文系：《望山楚简》，中华书局1995年版，第1页。

［注25］荆州地区博物馆：《江陵王家台15号秦墓》，载《文物》1995年第1期。

［注26］王明钦：《王家台秦墓竹简概述》，载《新出简帛研究》，文物出版社2004年版，第36页。

［注27］马承源主编：《上海博物馆藏战国楚竹书（三）》，上海古籍出版社2003年版，第14、21、24、28、30、32、34、36、38、40、42、44、47、49、52、54、56、59、60、62、65、66、67页。数符卦的竹简上书写形式。

［注28］《阜阳汉简简介》，载《文物》1983年2月号。

［注29］《马王堆帛书六十四卦释文》，载《文物》1984年3月号。

［注30］颜海英：《前王朝时期埃及的陶器刻画符号》，载《世界历史》2006年第2期。

［注31］李学勤：《新发现西周筮数的研究》，《周易研究》2003年第5期。

陶器时代:"禮(礼)"的起源和发展

——全盘修正"史前史三分期学说"之七

【内容摘要】 "禮(礼)"是华夏文化的主要特点之一,"礼"是随着原始公社解体、阶级出现而萌芽的。"礼"最初表现为:(1)尊重死者的随葬品,(2)祭祀天神和崇拜祖宗,(3)人际关系出现等级观念。"礼"起源于陶器时代。远古祭祀礼仪制度中,陶器是最早的也是首要的礼器。通常认为"华夏礼仪之邦"使用的礼器主要是青铜器,这是一种很普遍又很久远的误解。实际上,"礼器"包括陶器和青铜器,甚至在陶器时代,祭祀主要使用陶器,青铜礼器完全是由陶制礼器发展而来,夏商周的礼器中,青铜器与陶器同时并用。只有少数较高级贵族才能够使用青铜器,而在整个青铜器时代,平民日常都使用陶器。陶器对于"礼"的作用,是任何石器都无法代替的。因此,从"礼"的角度也应该说:没有陶器时代就没有青铜器时代。

【关键词】 禮(礼);祭祀;墓葬;陶制礼器;酒器。

华夏文化的首要特点"禮(礼)",在历史上有一个发生、发展、兴旺、蜕变、衰竭的漫长曲折过程。"礼"的最初物化载体是陶器,最后的形式之一也在于陶器。因此"礼"的发展史从头到尾离不开陶器。

《说文》曰:"禮(礼),履也。所以事神致福也。"对于"禮

（礼）"可以解释为（1）敬神祈福的仪式；（2）符合统治者整体利益的行为准则；（3）社会生活中，由于风俗习惯和道德观念而形成的规范；（4）表示尊敬、庆贺、友好的态度和动作。

然而，"礼制"的本质就是体现等级划分与秩序，就是"不平等"。它与原始的平等观念之间，有着根本区别。远古各地氏族社会的原始习俗尽管有所不同，但内涵的核心都为氏族成员平等的观念和全体一致的原则。而植根于私有制基础上的宗法等级制，所体现的则是特权和不平等。礼制的核心是等级名分制度，用以确定上下、尊卑、亲疏、长幼之间的隶属服从关系。礼器，是"礼"的物化载体，它们既是社会地位的象征，又是用以"明贵贱，辨等列"区别等级的标志物。[注1]

"礼"最初表现为：（1）尊重死者的随葬品，（2）祭祀天神和崇拜祖宗，（3）人际关系出现等级观念。由此，先来考察陶器时代的墓葬情况。

从陶器时代的墓葬考察"禮（礼）"的起源

本文着重考察：
大地湾文化和关桃园遗址（约公元前6000年至前5000年）
仰韶文化半坡遗址（公元前4800年至前4300年）
大溪文化遗址（公元前4400年至前3300年）
大汶口文化遗址（公元前4300年至前2500年）
崧泽文化遗址（公元前3800年至前3300年）
龙山文化遗址（约公元前2350年至前1950年）
良渚文化遗址（约公元前2300年）
陶寺文化遗址（约公元前2300年至前1900年）
通过以上先后4000年间的墓葬情况，从而探测"礼"的起源。

秦安大地湾、关桃园遗址墓葬

大地湾文化是黄河中游已知最早的陶器时代文化，存在于约公元前6000年至前5000年，亦称"老官台文化"，主要分布在渭河流域、关中及丹江上游地区，出土的许多打制石器说明它仍有旧石器时代的特征。大地湾文化处于陶器时代第二期，是仰韶文化的先驱。秦安大地湾遗址

历史观的新突破

和关桃园遗址，考古发现有墓葬，但不见集中的公共墓地。在大地湾遗址，发掘出先民村落长约120米，宽约40米至60米，残存4座房址、17个灰坑以及15座墓葬。在关桃园遗址，发掘面积2500多平方米，发现房址4座、墓葬6座、灰坑120余个，出土陶、石、骨器300多件。遗址墓坑呈长方形或圆形，葬式以单人仰身直肢为主。关桃园有屈肢葬和二次葬。

大地湾的葬俗流行双手交叉于胸前，腰腿一侧随葬少量陶器和石器等。这些器物均为死者生前使用的生活、生产用品，并不是专事随葬的礼器。关桃园还发现一座幼儿尸骨装殓在绳纹鼓腹罐中的墓葬，这是考古已发现的时代最早的第一例瓮棺葬。[注2]

看来，在大地湾文化时期，先民尚未形成"礼"的观念。

仰韶文化西安半坡遗址墓葬

陶器时代第三期的仰韶文化半坡遗址，地处黄河中游，位于陕西西安半坡村。年代为公元前4800年至前4300年。[注3]

半坡遗址面积大约五万平方米，分居住区、制陶作坊区和氏族公共墓葬区三部分。这个部落已有人口400至600人。房子有氏族公共仓库和家庭住房，室内有烧火的灶，居住区外围还有排水的壕沟。制陶的窑址计6处，分布集中，可分为竖穴式和横穴式，窑室较小，直径只有1米左右。制造的陶器以红地黑花的彩陶为主。墓坑计250处，按血缘序列安葬，随葬品多为尖底瓶和陶钵、陶罐、陶壶。此外，还出土了大量石制和骨制的生产工具。这是黄河流域规模最大、保存最完整的原始社会母系氏族村落遗址。

当时人们日常生活用的器具主要是陶器。在遗址中收集的陶片在50万片以上，超过全部出土物总数的80%，完整的和能够复原的器皿近1000件。从其形状、质地和生活需要来看，可以分为饮食用器、水器、饭炊器和储藏器等。有的陶器口部或陶片上有刻划符号，计22种，100余个，可能为记事或记数用的。

墓葬位于西安东郊半坡村（今西安半坡博物馆）。总计发掘面积1万平方米，发现半坡氏族的较完整的房屋遗迹40多处，各种墓葬250座，获得生产工具及生活用具将近万件之多。

陶器时代:"禮(礼)"的起源和发展

随葬陶器的组合有一定规律,是按生活习惯和用途配置的,有作炊器或者贮藏用的粗陶罐,作水器用的尖底瓶和各种陶壶类,还有覆盖东西和盛物的陶钵,器型共有21种。随葬品的组合有陶钵、陶罐、尖底瓶;或陶钵(两种)、尖底瓶;或陶罐(两种)、陶壶;或陶钵、陶罐、陶壶等几种。这些都是日常生活用品,并不是专用的礼器。

半坡氏族的墓葬共发现250座,分两种:成人墓和小孩墓。埋葬小孩的墓有73座,是瓮棺葬。有随葬品的墓葬共71座,共出土随葬品308件,类别有工具、用具和装饰品,其中以陶制的容器最多,共277件;装饰品次之;随葬工具的是极个别的现象,仅M154墓出石球和穿孔蚌刀各1件,M32墓出土陶锉1件。

合葬墓随葬陶器较多,如M38墓四人合葬,随葬陶器有17件;M39墓两人合葬,随葬陶器有8件。但看来仍然是以单人来计算的,如M39墓两个男人合葬在一起,随葬陶罐2件、陶壶2件、陶钵4件,平均每人2件陶钵、1件陶壶、1件陶罐。M38墓是四个女性合葬在一起的,年纪都很轻,约十四五岁,有陶钵7件、粗陶罐4件、尖底瓶2件、陶盆1件及3个陶钵的残片,共17件。从每个人的腿上都压有器物来看,随葬品似乎有些专属,分配也比较平均,基本上体现了原始的"平等"观念。

小孩墓葬绝大多数是以陶瓮作葬具的瓮棺,共发现73座,陶瓮棺葬所用葬具,以陶瓮为主,另用陶盆或陶钵作瓮棺的盖子,有极少是三种器物共用的。共发现各种葬具129件,其中陶瓮74件,陶钵39件,陶盆12件,小陶钵4件。在半坡遗址出土的各类陶器中,保存最好而纹饰最美的是从这些瓮棺葬中出土的。如人面鱼纹、人面纹和鹿纹的彩陶盆等,同时在陶钵口沿的宽带纹上,还刻有符号。这些器物与遗址中出土的相同,说明都是日常用品,非为死者特制的葬具(不是所谓的礼器)。由遗存的几个遗骸来看,每个瓮棺只埋葬一个小孩,骨架的头向与瓮棺口部的方向大体是一致的。从骨架保存较好的几个瓮棺来看,其瓮棺的葬式和方向,与成人埋葬的头向多向西的习俗基本上是相同的。仅W32墓发现一随葬小粗陶罐。绝大部分作为瓮棺的盖子的陶盆或陶钵的底部中间,都有一个小孔,这与当时人们对灵魂的信仰有关。[注4][注5]

看来,在仰韶文化半坡时期,随葬品比较平等,先民尚未形成"礼"

的观念。

陕西临潼姜寨遗址墓葬

陕西临潼姜寨遗址在1972年至1979年先后经11次发掘，共揭露面积17084平方米，发现仰韶文化早期至客省庄二期文化等前后相继的五期文化遗存。姜寨遗址是陶器时代的一个原始村落，规模不大，但很完整，延续时间很长，上下大约2000年。在姜寨遗址，共发现墓葬700多座，最早的约公元前4600年至前3800年，最晚的相当于龙山文化时期。

姜寨第一期遗址发现陶片超过100万片，完整陶器及复原的陶器近千件，而石斧、石铲等仅有300多件。在一个灰坑的坑壁，还发现有用于犁地的木耒的痕迹。可见，姜寨第一期的居民已在陶器时代过着定居的农业生活，主要农作物为黍。[注6]

出土半坡类型墓葬约400座。其中成人土坑墓集中在沟外的墓地，坑位多数较规整；多为单人仰身直肢一次葬，亦有单人或数人的二次葬，头多向西；普遍有少量随葬品，多为陶器、装饰品和生产工具。儿童瓮棺葬大都分散或成群分布在房屋附近，亦有与成人同埋公共墓地的。葬具为夹砂红陶瓮上扣陶钵或陶盆，也有陶罐、陶钵相扣者，有的盖上有小孔，个别小孔上盖一块小陶片。极少数瓮棺内有数件随葬品。

史家类型墓葬294座。其中土坑墓集中在公共墓地内，墓坑多为方形或长方形竖穴；盛行多人二次合葬，一坑内常有20具左右人骨，多的达70至80具，一般分排分层头朝西整齐安放，头亦有向西南、西北的。随葬品有陶器和石、骨、角、蚌制工具，个别器物内有黍（糜子）。瓮棺葬多分布于墓区的东部和东北部，葬具用陶瓮、陶罐、陶缸、陶钵、大型尖底器等，盖有用陶钵、陶盆等器盖。有25座是成人二次瓮棺葬，77座为儿童瓮棺葬，1座为成人或3个小孩合葬。

姜寨遗址墓葬的出土情况，表现了氏族公社的习俗，大致上可与仰韶文化半坡遗址相验证。[注7]两个遗址出土的彩陶盆上，有很相近的"人面鱼纹"图画。

看来，在仰韶文化姜寨时期跟半坡时期类似，先民尚未形成"礼"的观念。

陶器时代:"禮(礼)"的起源和发展

大溪文化遗址墓葬

大溪文化（公元前 4400 年至前 3300 年）因巫山大溪遗址而得名。其分布东起鄂中南，西至川东，南抵洞庭湖北岸，北达汉水中游沿岸，主要集中在长江中游西段的两岸地区。大溪遗址共发现 300 余座墓葬。死者头向普遍朝南，除个别为成年女性和儿童的合葬墓外，绝大多数实行单人葬。葬式，一类为直肢葬，数量占半数以上，以仰身直肢为主；另一类为屈肢葬，其中多数是仰身屈肢，以双脚压在髋骨下的仰身跪屈葬和下肢向上曲的仰身蹲屈葬最为特殊。下肢弯曲程度很大的屈肢葬，当是将死者捆绑后埋葬的。

大多数墓有随葬品，一般数量少，质量并不高，最多的有 30 余件小型物件。在漫长的母系社会，最基本亲属体是血亲集团，子女的世系从母方计算，因此女性享有较高的埋葬礼遇，女性墓一般较男性墓丰富，说明当时处于母系氏族公社阶段。出土时,有的女性死者的石镯、象牙镯等饰物，还佩戴在臂骨上。在几座墓里发现整条鱼骨和龟甲，有的把鱼摆放在死者身上，或是置于口边，也有的是把两条大鱼分别垫压在死者两臂之下。以鱼随葬的现象，尚属少见。另外还有以狗作牺牲的。大溪墓地儿童与成人的葬制基本相同，但在红花套遗址和关庙山遗址则是瓮棺葬。

大溪文化与仰韶文化比较，两者都有外形近似的陶器，如折沿陶盆、敛口陶钵、陶瓮和小口直领陶罐等，反映了在同一时期南北流行的器物形制，明显存在相互交流的因素。如淅川下王岗遗址的早一、早二期遗存中的陶豆、陶盉、筒形瓶式细高器座等，是受大溪文化影响的产物；大溪、关庙山、红花套等处发现的圆点钩叶纹和花瓣纹的彩陶罐、垂幛纹彩陶钵片、双唇小口尖底瓶片等，是仰韶文化庙底沟类型南下影响所及的实物例证。[注8]

看来，在大溪文化早期，先民尚未形成"礼"的观念，而晚期随葬品开始出现不平等，出现了"礼"的萌芽。个别大型墓出现了较多的礼器，但并不普遍。

大汶口文化遗址墓葬

大汶口文化渊源于北辛文化（青莲岗文化），后继为山东龙山文化。

大汶口文化绵延时间很长，基本上属于从母系氏族向父系氏族过渡的史前阶段。

大汶口遗址的早期墓葬无葬具，中、晚期出现木椁；早期有反映氏族成员血统的同性合葬墓，中、晚期有属于父权制葬俗的夫妻合葬墓。1959年发掘墓葬133座，大、中、小墓差别很大。大墓常有木椁葬具，随葬品丰硕，有白陶、黑陶和彩陶，还有玉器、石器、骨器等。小墓墓坑局促，多数无随葬品。有的仅随葬1件陶鬹或再加1件獐牙。[注9]

凡是有随葬品的墓，随葬品数量和质量悬殊。少者一二件，多者百件以上。在老祖母当家（母权）时期，女性享有较高的埋葬礼遇，一个特殊的例子是大汶口M10墓老年女性墓葬。墓坑东西长4.2米，南北宽3.2米，墓底有二层台和涂漆棺椁。随葬品陶器达90多件，其中白陶、磨光黑陶、彩陶共38件；装饰于头和颈部的3串77件石质饰品，玉臂环、玉指环各1件，还有象牙雕筒2件等。此外还有猪头、兽骨、鳄鱼鳞板等。发掘出有猪头的墓葬，陶器的数量比半坡仰韶文化遗址为多。可见，这位老年女性或是母系氏族的领袖人物（老祖母），或即使在父系氏族阶段初期，也是备受尊重的权威人士。随葬品的多少、丰简，反映了贫富悬殊和社会分化。可惜考古报告没有提供M10墓的年代，看来属于中期墓葬。[注10]

看来，在大汶口文化早期，先民仍然尚未形成完备的"礼"的观念。大汶口文化中晚期，陆续出现"礼"的萌芽。个别大型墓出现了较多的陶制和玉制礼器，但并不系统规范，也还不普遍。

崧泽文化遗址墓葬

崧泽文化（公元前3800年至前3300年）经发掘的墓葬遗存，有崧泽遗址148座、南河浜遗址92座、昆山遗址61座。考古资料表明，崧泽文化像马家浜文化一样，仍流行氏族公共墓地，在氏族公共墓地内部，可以分出若干墓葬相对集中的区块，各区块之间留有一定的空隙，表明不同区块就是同一个氏族内不同家族成员的葬处。崧泽文化墓葬，不论是早期还是中晚期，都发现在同一墓地内，有的墓有随葬品，有的墓无随葬品，有随葬品者也有多少之分的现象。在早期的8座墓葬中，有两座即M23墓、M28墓没有随葬品；有随葬品的墓中，M24墓只有1件石锛，M26 墓只有 1 件陶盆，而 M21 墓则随葬陶釜、陶豆、陶壶等陶器 8 件和斧、锛、凿等石器 9 件。这说明崧泽文化早期，氏族成员之间分化并不严重。这和与其大体处在同一时间段的北方红山文化早期、中原地区仰韶文化中期、山东半岛大汶口文化早期、长江中上游大溪文化中期等呈现出的面貌没有太大差别。

张家港东山村遗址，略呈圆形，南北、东西各长约 500 米。经 2008 年和 2009 年的发掘，除发现 11 座马家浜文化墓葬和少量马桥文化及更晚时期的遗存外，主要是揭露出一处崧泽文化时期的聚落。发掘时自东向西所分的 1、2、3 区内，2 区处于聚落中心，主要是房屋建筑区，迄今已发现房屋基址 5 座；1 区位于偏东部位，主要是小型墓葬区，迄今已发现早、中、晚期墓葬 27 座，墓葬长 2.2 米，宽 0.8 米左右，每个墓葬的随葬品一般在 10 件以上，多的达 26 件，少的有 2 件至 3 件；3 区位于偏西部位，主要是大型墓葬区，现已发现 10 座，有 8 座都是大型墓，有早期的，也有中期的，墓坑长度多在 3 米左右，宽度多在 1.6 米左右，随葬品数量多在 30 件以上，其中玉器多在 10 件以上。

属于早期的 M90 墓，是迄今所知崧泽文化墓葬中随葬品数量最多的一座，有 56 件，包括陶鼎、陶豆、陶罐、陶鬶、陶壶、陶盘、陶缸等陶器 26 件，镯、璜、块、管、耳挡、饰件等玉器 19 件，大型石锛 1 件，大型石钺 5 件，有一件石钺上发现有朱绘痕迹。属于中期的 M91 墓是迄今所知崧泽文化墓葬中墓坑规模最大的，墓口长 3.15 米，宽 1.76 米，随葬陶鼎、陶豆、陶罐、陶鬶、陶缸、觚形杯等陶器 23 件，石钺等石器 2 件，玉钺、镯、环等玉器 13 件，总数达 38 件。[注11] 可见，早期的 M90 墓和中期的 M91 墓的墓主，乃是备受尊重的权威人士，或是氏族社会的领袖人物，在他们的大型墓中随葬了较多礼器。

看来，在崧泽文化早期，先民仍然尚未形成完备的"礼"的观念。崧泽文化中、晚期，开始出现"礼"的萌芽，个别大型墓出现了较多的陶制和玉制礼器，但并不算普遍。

龙山文化遗址墓葬

龙山文化（约公元前 2350 年至前 1950 年），因首次发现于山东历城龙山镇而得名，分布于黄河中下游的山东、河南、山西、陕西等省。属

于陶器时代的新陶器时期（第四期）。大汶口文化出现的快轮制陶技术，在这一时期得到普遍采用，磨光黑陶数量更多，质量更精，烧出了蛋壳陶，是中国史前制陶史上的顶峰时期。[注12]

龙山文化时期，氏族公社逐步分化解体，出现了等级。

诸城呈子遗址的87座龙山文化墓葬，可划分为4个等级。第一等为大墓，共5座，占全部墓葬的5.7%，这类墓葬有二层台、木椁，随葬品质高量多，还随葬了猪下颌骨和精美的薄胎黑陶高柄杯，属于专用礼器。第二等共11座，占全部墓葬的12.6%，墓穴略小，葬具不普遍，有较多的随葬品，有的随葬高柄杯或猪下颌骨。第三等共17座墓葬，占全部墓葬的19.5%，均为小墓，皆无葬具，随葬品量少质低，一般不超过3件。第四等共54座墓葬，占全部墓葬的62.0%，墓穴仅容尸骨，既无葬具又无随葬品。呈子遗址作为一个中等规模的遗址，贫富悬殊很明显，墓葬是墓主财富、地位的反映。此外，呈子墓地的3个墓区被认为是3个家族墓地，富的墓主（第一等）在北区，穷的墓主（第四等）在东区，这说明家族之间也出现了分化。

尹家城遗址发掘的65座墓葬，是一个宗族墓地，可分为5个墓群，由5个以上家族构成。大型墓葬的5个墓均为成年男性。每个家族墓群里都有大中小型墓，墓葬差别非常显著。这种不平等，不但是个人之间，亦表现为家族之间，甚至是宗族之间的不平等。这批墓葬，有随葬品的39座，占墓葬总数的60%，一无所有者26座，占40%，墓葬之间差别很大，最大的墓室面积25.3平方米，二椁一棺，最小的只有0.54平方米，有的墓葬还发现人骨被捆绑的现象。随葬品多的40余件，少的1件，一般3至4件。如15号墓，东西长5.80米，南北宽4.34米，深1.55米，两椁一棺，随葬有精致陶器23件，其中有带盖白陶或磨光黑陶的陶鼎、陶鬶、陶盆、陶匜、陶壶、陶盒、高柄陶杯等，还有20付幼猪下颌骨、130块鳄鱼骨板、50件陶质小圆锥体。这说明墓主在家族中的地位非常高。

西朱封龙山文化遗址发现一批墓葬，等级有别。东北部是小墓，西南部发掘的三座都是大墓，其中两座墓为两椁一棺，一座墓为一椁一棺。棺椁上均有彩绘。这类大墓随葬器物很丰富，多放在边箱和脚箱内，有的放在棺椁之间或棺内，出土有大批陶器和一些玉器、石器、骨器、牙器等,还有大量彩绘木器残迹。陶器中有制作精美的蛋壳陶高柄杯、黑陶罍等,已属于礼器。

黑陶罍为小口,鼓腹,是盛酒器。精美的黑陶容器多出土在规格较高的墓葬中,常与蛋壳陶杯和白陶鬶共出,应是一套完整的专用酒器,盛、斟、饮功能俱全。

玉器中有象征权威的钺,还有引人注目的玉头饰(冠)、刀和簪等。202号墓,东西长6.68米,南北残存宽度2.20米至3.15米,一棺一椁,棺椁之间放置有边箱,边箱上有红、白等色绘成的彩绘。箱内放有蛋壳陶杯、陶罍、若干鳄鱼骨板。出土陶器有20余件,玉器中有玉钺2件、坠饰4件、串饰18件等。1号墓出土重棺一椁,墓主为中年女性,仰身直肢,手握獐牙,头戴绿松石耳坠,胸部有玉管项饰,随葬品放在脚箱,陶器有陶鬲、陶罍、陶鬶、陶罐、陶豆、陶盆、蛋壳陶杯、单把陶杯、三足陶盆等,另有骨匕和蚌器等,共30余件。边箱中有两件蛋壳陶杯,椁顶上有白陶鬶和两块猪下颌骨,椁外还有兽骨、泥弹丸、网坠和动物泥塑。从随葬品可以看到,随葬品已经具有"冥器"或"礼器"的性质。显然1号墓的墓主乃是备受尊重的上层妇女。贵重的蛋壳陶、黑陶罍,精美的玉器,不是一般人的享用之物,特别是墓内随葬的蛋壳陶高柄杯(从形制看来并没有使用价值),应是身份和地位的象征,是一种专用的礼器。[注13]

总之到了龙山文化时期,"礼"的观念已经初步形成,阶级分化明显,并普遍出现专用的陶制礼器。

良渚文化遗址墓葬

良渚文化稍晚于龙山文化(约公元前2300年),发现于浙江余杭县良渚镇,由此得名。遗址分布于江苏南部和浙江北部,钱塘江下游和太湖地区。出土陶器以泥质黑陶(包括灰胎黑皮陶)数量最多,最有特点的是薄胎黑陶,器壁厚2毫米左右,颇似龙山文化的蛋壳黑陶。梁思永先生根据出土陶器的某些特点,认为良渚文化作为龙山文化的一个地区,称为杭州湾区。

从良渚文化的反山、瑶山遗址墓葬出土了一些陶器、石器、玉器的随葬品。[注14][注15]反山墓地是就地取土堆筑起来的。墓葬的随葬品比较丰

富，均有陶器、石器、玉器，少者数十件，多者数百件，尤其是大多数墓都有玉琮、玉钺、玉璧等大量礼器。这种人工堆筑起来的少数人专用墓地，不仅在同时代的其他文化所不见，就是良渚文化迄今亦仅此孤例。[注16]

此后，考古人员陆续从富阳遗址、青浦福泉山遗址、临平玉架山遗址、桐乡姚家山遗址等处的墓葬出土了许多陶器、石器、玉器。例如，浙江桐乡姚家山遗址发掘出贵族墓葬7座，祭祀坑21个，出土陶器、玉器、石器、牙骨器等260余件（组）；青浦福泉山遗址发现4座墓葬，出土陶器、玉器、石器约360件。[注17]但是没有发现任何青铜器。

看来在良渚文化时期，"礼"的观念也已经形成，阶级分化明显，并普遍出现专用的陶制和玉制礼器。

陶寺文化遗址墓葬

陶寺文化，是山西龙山文化的代表（约公元前2300年至前1900年），与"夏墟"有关。早期的小城，约在公元前2300年至前2100年；中期的小城，约在公元前2100年至前2000年；晚期的小城，约在公元前2000年至前1900年。[注18]

约公元前2000年或稍早的晚期墓群，已分割成若干小的墓区，似乎标志着家族墓地的出现。墓葬大致可分为大、中、小3类。

大型墓：占墓葬总数的不到1%。长3米上下，宽2米多。使用木棺。随葬品可达一二百件，有彩绘陶器、彩绘木器、玉或石制的礼器和装饰品以及整猪骨架等。已发现9座，经鉴定，墓主都是男性。值得注意的是还有蟠龙纹陶盘和鼍鼓、特磬等重要礼器。鼍鼓、特磬的配置同安阳殷墟出土的情况一致。

中型墓：占9%。长、宽尺寸略小。使用木棺。一般随葬成组陶器（包括少量彩绘陶器）、木器和玉、石器，几件至一二十件不等，常见猪下颌骨数个至数十个。这类墓占墓葬总数的近10%。死者多系男性，仅分布在大型墓两侧的为女性。

小型墓：占90%。墓坑小而狭长，一般长2米，宽0.5米左右。大多没有木质葬具和随葬品。随葬陶器有灶、陶鼎、陶斝、陶罐、陶壶、陶瓶、陶盆、陶盘、陶豆、陶瓠、"异型器"（可能即古文献中的"土鼓")等。除夹砂质的炊器外，各种泥质容器器表多施朱绘或多色彩绘，均为烧成后着彩，以黑色或褐色陶衣为地，或满涂朱红色为地，再用红、白、黄、绿色矿物颜料绘出圆点、条带、几何形纹、涡纹、回纹、龙纹、变体动物纹，构成斑斓绚丽的图案。一些彩绘纹样与商周青铜器、漆器花纹颇多相似。其中，以朱绘或朱、白两色彩绘蟠龙纹陶盘最具特色。

大、中型墓出土的朱绘或彩绘（漆）木器，构成了陶寺类型文化的另一特色。已知有案、俎、盘、豆、斗、勺、觚、杯、"仓形器"、高柄豆等多种器形。

陶寺文化早期遗址的大墓中，出土彩绘龙纹陶盘，通高9.0厘米，口径37.0厘米，可能是当时王室使用的礼仪用品。高炜、高天麟、张岱海等学者在研究陶寺彩绘蟠龙陶盘时指出："陶盘本是盛器或可作水器，但从出土物来看，火候很低且烧成后涂饰的彩绘极易剥落，故大约只是一种祭器而非实用器。彩绘其他纹样的壶、瓶、罐、盆等类祭器，某些中型墓也可使用，唯龙盘仅发现在几座部落显贵的大型墓中，每墓且只一件。这就证明龙盘的规格很高，蟠龙图象非同一般纹饰，似乎有其特殊的含义。它很可能是氏族、部落的标志，如同后来商周铜器上的族徽一样。"[注19][注20][注21]

同时出土的礼器还有彩绘陶瓶。陶寺文化中期遗址的大墓中，出土的彩绘陶簋，也是礼器。

陶寺中期小城的西北角是一处墓地，面积约1万平方米。墓葬曾遭到严重扰乱。但M22墓除棺室被扰乱以外，墓室里棺周围的随葬品并没有被扰动的痕迹，出土随葬品72件（套），其中彩绘陶器8件，玉石器18件套，骨镞8组，漆木器25件（不包括6件玉石钺的漆木柄），红彩草编物2件，另有猪10头，公猪下颌1件……墓室四壁根底共发现壁龛11个，龛内放置随葬品，北二龛主要放置彩绘陶器，有大圈足陶盆1件，小口折肩陶罐1对（其中一件口上放置璧1件），小口圆肩小盖陶罐1对，双耳陶罐1件。墓室西北边还放置带漆木架的彩绘陶盆1件。彩绘陶簋和圈足大盆形制不同于以往发掘所习见的陶寺文化陶器，但折肩罐、圆肩罐、双耳罐都具有早期向晚期过渡的特征。但是陶寺文化还没有进入青铜器时代，所用的礼器都是陶制的，没有青铜制品。

总之，在陶寺文化（山西龙山文化）时期，"礼"的观念已经形成，

阶级分化明显，并普遍出现专用的陶制礼器。[注22]

有学者认为龙山时代的礼器"地域分歧性还很强，各擅胜场，不相为用，与商周青铜礼器比较，尚不够普遍化"。在龙山文化系统中，无论鲁、豫、晋、陕、陶寺或良渚，甚至在同一地区或文化类型中尚未出现明显的规范格局，"礼"还尚未形成正式的"礼制"。龙山时代的礼制刚有雏形，尚属于"初级阶段的礼制"。[注23]

初步的结论

在大地湾文化时期（约公元前6000年至前5000年）、仰韶文化半坡时期（公元前4800年至前4300年）、大溪文化时期（公元前4400至前3300年），随葬品比较平等，先民尚未形成"礼"的观念。

大汶口文化中、晚期（公元前4000年至前3000年），崧泽文化（公元前3800年至前3300年）中、晚期的一些墓葬群中，出现了"礼"的萌芽。

到了龙山文化（约公元前2350年至前1950年）、良渚文化（约公元前2300年）、陶寺文化即山西龙山文化（约公元前2300年至前1900年）的时期，也就是陶器时代的新陶器时期，"礼"的观念已经逐步形成，阶级分化明显，并普遍出现专用的陶制礼器。如在龙山文化遗址的大墓中，出土有蛋壳陶高柄杯、白陶鬶、黑陶罍等三件组合；襄汾陶寺遗址的大墓中，出土有彩绘龙盘、陶瓶、陶簋及鼍鼓等；在良渚文化遗址的一些大墓中，出土有薄胎黑陶礼器以及玉琮、玉钺、玉璧等。龙山时代的"礼"还尚未形成正式的"礼制"，或者说，尚属于"初级阶段的礼制"。

许多学者认为，我国最早的礼器出现在夏商周时期。这种看法几乎成为中国考古学界的主流意识。通常又认为古代祭祀礼仪制度中使用的礼器，以青铜爵、鼎、簋、尊等为主。事实表明，这是一种很普遍又很久远的误解。实际上，"礼"起源于陶器时代的新陶器时期（父系氏族社会），更早于夏商周；礼器最早出现于龙山文化（约公元前2350年至前1950年）早期、良渚文化早期（约公元前2300年）和陶寺文化早期（约公元前2300年至前2100年），当时都还没有进入青铜器时代。在远古社会早期，随葬的最初的礼器，主要是陶器。

陶器的礼制组合是礼制的前驱

等级制度是礼制的基础,但从等级制度产生到礼乐制度形成,还有一个历史发展过程,陶制礼器的出现不等于礼制形成,还要看社会中上层是否已普遍使用礼器,并按等级使用礼器,形成一套规则,即规范的礼器系统。

鬼神崇拜——祭祀的礼器

如上所述,礼器的来源之一是随葬习俗。礼器的来源之二是鬼神崇拜。

华夏古代"国之大事,在祀与戎",就是祭祀和战争。古代祭祀礼仪制度是逐步形成的,历代统治者对于祭祀一直"有谨而不敢怠"。

《礼记·礼运》记载:"夫礼之初,始诸饮食。其燔黍捭豚,汙尊而抔饮,蒉桴而土鼓,犹若可以致其敬于鬼神。"从中可以看出"礼"之兴起,跟原始鬼神崇拜有密切关系。用来对鬼神表示敬意之物,乃是饮食,"民以食为天",鬼神亦然。至于所用之道具,乃为人类日常的饮食器,如:豆、鼎、簋(音 guǐ)、壶。

"豆",甲骨文和金文里的象形字,盛食器,也是祭祀的礼器。最初指一种高脚木制器,形如盘子,后来有陶器豆。豆起初是古代盛肉、盛菜的器皿,常用以装酱、醋之类的有汁调味品,但也用来盛酒。《考工记》有"食一豆肉,饮一豆酒"的记载。《说文》云:"豆,古食肉器也。"《诗经·大雅·生民》云:"卬盛于豆,于豆于登。"《郑玄·笺》解释说:"祀天用瓦豆,陶器质也。"意即:祀天用的瓦豆是陶制的礼器。

仰韶文化遗址中,即已出现陶豆,只是形制古朴,无明显的柄。以后的陶豆出现高柄、浅盘者,与高圈足者并行。山东大汶口文化遗址,出土了八角星纹彩陶豆,通高28.4厘米,口径26厘米,足径14.5厘米。河姆渡遗址也出土了陶器豆,高17.4厘米,口径26.4厘米。从出土情况看,彩陶豆盘内往往盛着猪蹄、猪头、颚骨等供品。如此精美的彩陶,在5000年前的原始社会不可能是日常普通用具,应该是先民最畏惧、最崇尚的祭祀活动中的礼仪用品。

历史观的新突破
LISHIGUAN DE XINTUPO

陶鼎，为远古祭祀时炊煮牲肉（牛羊肉）及盛放牲肉的用具，是祭祀的重要礼器。在仰韶文化遗址（约公元前3000年）中已出现陶制的鼎。一般为圆腹环底，三足两耳。《博古图》曰："鬲之用与鼎同，惟祀天地鬼神、礼宾客必以鼎，常饪则以鬲。鬲，其制自腹所容通于足，取爨火易达，故常饪用之。"就是说：空足曰鬲，实足曰鼎。日常炊具用鬲，祭祀和礼宾客时用鼎。鼎跟鬲的功用，就如此区别开来了。赤峰夏家店遗址（公元前1000年至前300年）出土陶鬲，高37厘米，出土陶鼎，高13.7厘米。形制不同，高度相差两倍多。可见这个陶鬲是日常生活用具，陶鼎是不实用的礼器。

常州新岗遗址进行考古发掘，出土陶豆、陶鼎等随葬礼器（明器）。这些礼器均小巧精致，带有大量纹饰，具有典型的崧泽文化时期礼器的特征。

陶簋，是远古盛食物（黍稷）的容器，圆口，双耳或四耳。《韩非子·十过》曰："臣闻昔者尧有天下，饭于土簋，饮于土簠。"可见从传说中的尧就使用"土簋、土簠"等陶器来盛装饭食。簋后来也发展成为与鼎密切配套的等级礼制器物。

陶壶是远古一种饮用的容器，可以盛酒，也可以盛水。磁山文化以及大致同时的裴李岗文化遗址都已有了陶壶。不过后者所出的陶壶形体较矮，与罐近似。仰韶时期的陶壶，则与瓶近似。

"礼"发展史的初期（公元前4000年至前2000年），祭祀主要是用陶器。古人祭祀的陶制礼器内外壁，均用人或牲血涂抹成网格（龟裂）纹饰，以示礼器与血已经相融合。礼器是人通神的媒介，神圣不可侵犯。古人相信，血有一种神奇的力量，血是生命本身，是有灵魂的，能孕育人或动物的生命。后来使用的青铜礼器，乃是仿造陶制礼器而成。商周时代不仅使用青铜礼器，而且也使用陶制礼器。

2009年11月，考古队在安徽蚌埠禹墟发现：夯土祭祀台器物坑内，一些白陶器为祭祀礼器，其中包括一尊高约30厘米的白陶鬶。这表明了禹墟曾经发生的聚集祭祀活动级别之高、规模之盛。这尊白土陶鬶腹径约14厘米，侈口鼓腹，三足中空，整体匀称。颈部上粗下细，有4道凸起纹饰的带状把手自颈至腹。敞口流部近锥形，流尖上翘。在器物坑中发现的多种陶器，造型各异，分别具备方圆近千公里内的各地区龙山文

化的典型特征，北到河南、山东，南到苏南、江浙，使黄河中下游——淮河流域——长江下游的龙山文化形成关联。[注24]

2009年2月，洛阳市文物工作队在考古中，发现了一处西周时期的祭祀遗址。西周洛邑祭祀遗址发掘出陶鼎、陶簋等陶制礼器。可见，一直到西周时期，陶制礼器仍在使用。[注25]

社交礼仪——以酒助礼

礼器的来源之三是社交礼仪。

古代华夏号称"礼仪之邦"，所谓"礼以酒成"，无酒不成礼。"礼（禮）"字的本意就是以"醴（酒）"举行的仪式。社交礼仪中往往要以酒助礼（饮酒礼）。

华夏的酒文化源远流长，陶器时代中期华夏已掌握了酿酒技术。酒的麻醉、致幻作用，使得它在世界范围内自古便是通神的工具。

酿酒粮食的大量出现，是社会生产力发展的结果。有了大量剩余的粮食，才能酿造出粮食酒浆；酒浆的礼仪应用，又加强了对礼仪酒具的追求。反过来，礼仪酒具的出现，也深化了礼制，出现了用酒祭祀天地，歃血盟誓等重要场合，并且促进了酿酒业。

所以有学者把肇始于龙山时代、兴盛于夏商时代的礼制概括为"酒礼"。有酒则必有酒器，酒器是礼仪制度的重要载体。当时大量使用的陶鬶、陶罍、陶壶等容器组成最早的酒器。以成套酒器入葬来表现墓主身份地位的习俗，最早见于陶器时代中期的黄河下游地区（大汶口文化），并为后来的二里头文化（公元前1900年至前1500年）所吸收。

龙山文化遗址出土了很多精美的陶酒器，如黑陶罍、高柄杯、白陶鬶等。黑陶器是山东龙山文化的代表器之一。里外皆黑，器腹皆经抛光，亮可照人，俗称"黑又亮"陶器。曾有学者将山东龙山文化称为"黑陶文化"。黑陶罍为小口，鼓腹，是盛酒器。精美的黑陶容器多出土在规格较高的墓葬中。

陶鬶是史前东夷人创造的陶制酒器。东夷人崇尚鸟，把陶鬶做成禽鸟的形象，造型独特，为周边部族模仿，在今江苏、浙江、安徽、河南、湖北甚至江西都发现了类似陶鬶的器物。龙山文化晚期，造型优美的白陶鬶和胎质细薄的黑陶罍已具有礼器的功能，它们多成组地被随葬在一

些大墓中，与薄如蛋壳的黑陶高柄杯共出，三者组成了成套的酒礼器，盛（黑陶罍）、斟（白陶鬹）、饮（高柄杯）功能俱全。

夏家店下层文化（公元前2300年至前1600年）是北方的早期青铜时代文化。因最初发现于赤峰夏家店遗址而得名，是地处长城以外西辽河流域的先民聚落。夏家店下层文化居民主要从事农业，虽然已进入早期青铜时代，但日常使用的器物仍旧以陶器、石器、骨器等为主。夏家店下层文化的陶器类型比较丰富，有陶鬹、陶爵、陶鬲、陶盘、陶盆、陶尊、陶罐、陶豆。其中陶罐、深腹腔的筒状陶鬲及折腹陶尊是遗址中最常见的几种日用器型，盘、豆数量较少，而陶鬹、陶爵仅局限于墓葬。贵族墓中发现了二里头式样的酒器陶鬹、陶爵，器物装饰纹样也与二里头文化的兽面纹等十分相似。

二里头文化遗址的礼器

二里头文化遗址位于河南洛阳偃师二里头村，于1959年发现，遗址年代约为公元前1750年至前1500年（一说公元前1900年至前1500年），是从陶器时代向青铜器时代过渡的阶段，相当于华夏历史上的夏、商时期，是探索夏文化的重要遗址。二里头遗址共分四期，一二期为陶器时代，属于村落文化；三四期进入青铜器时代，属于宫室文化。

二里头遗址出土的陶器为大宗，而青铜器很少。二里头文化第三期才出现少量的青铜容器爵，第四期出现最早的极少量青铜兵器。可见当时主要使用的还是陶器，处在陶器时代向青铜器时代过渡的时期。[参见注24]

二里头文化的陶制鬹、盉、爵、斝，都可以溯源自黄河下游地区盛行的陶鬹。不同处在于，二里头文化的陶鬹等陶酒器的体态，比黄河下游地区的陶鬹更显"苗条轻盈"。前者为专门酒器，而后者是酒器又兼水器。酒器陶鬹、陶盉、陶爵、陶盉，常出现于较高级别的墓葬中，显然是礼器，是礼制的物化表现。白陶器也是社会等级构造的物化表现，具有"明贵贱，辨等列"（《左传·成公二年》）的作用。二里头文化登封南洼遗址出土的白陶器，包括酒器、盛储器。其中酒器有：温酒器陶鬹、陶盉，饮酒器陶爵、陶盉、陶杯；盛储器有陶罐。在这些白陶器中，陶鬹的数量最多，陶爵次之，陶盉、陶盉等较少。二里头文化时期的白陶器在其他遗址也有发现，但多为酒器。[注26]

酒器是二里头文化礼器的核心。二里头早期遗存中，最初的礼器，有陶盉、陶爵、陶觚的组合。[注27]

陶盉出现得很早，如在河姆渡文化（公元前5000至前3000年）晚期遗址中，就有垂腹式陶盉出土。在良渚文化（公元前3000至前2000年）遗存中有了柱足的陶盉。而最早的铜盉，发现于二里头早商遗址中。二里头遗址共分为四期，第一、二期属石器、陶器作坊，村落文化；第三、四期属青铜和宫殿文化。多年来，学术界对二里头文化有不同看法，迄今尚无定论。但据可靠的碳14测定，二里头遗址的年代应在公元前1750年到前1500年之间（过去一度认为在公元前1900年到前1600年是并不准确的），而如今确定的公元前1750年无论如何也到不了传说中的夏代初年（公元前21世纪）。二里头文化第三期的年代为公元前1610年至前1555年或公元前1598年至前1564年，已经进入商代。二里头第四期的4个样品的年代，经拟合后分为公元前1561至前1529年，公元前1561至前1525年，公元前1564年至前1521年，公元前1560年至前1529年，也肯定属于商代。这一系列可靠的碳14测定数据显示，二里头文化第三期年代为公元前1600处左右的商代，而第四期的年代大多在公元前1560年左右的商代。同时科学家们还对郑州商城和偃师商城一系列样品进行了年代测定，证明两座商城的始建年代相当，均为公元前1600年左右。这与历史学家根据文献记载推算的结果吻合，是学术界多数人所接受的商代早年。因此笔者认为：根据最新的考古发现，二里头遗址一、二期可能是夏代晚期也可能是早商文物，而三、四期肯定是商代文物。所发现的宫城是商都。

爵是二里头文化三、四期（公元前1600年至前1500年）首创的酒器，起初主要用于温酒和注酒，后来用于饮酒。这些酒礼器当时用于神圣的祭祀仪式，因此都是用经过淘洗的黏土精心制作而成的陶爵。它们很少出土于日常生活场所，而大多随葬于墓中。在二里头遗迹可确切分期的三、四期礼器墓中，有6个墓随葬有青铜爵。而陶制礼器有陶盉10个，陶爵6个，陶盆5个，陶觚2个，等等。陶盉、陶觚、青铜或陶器爵，加上玉器，构成了二里头文化的独特器物组合。[注28][注29]

从二里头墓葬看陶制礼器的规范

自发现二里头文化遗存至今，已查明墓葬 400 座以上，这些墓葬是二里头最好的物质文化资料，也是推知社会结构的主要命脉。[注30]

二里头文化的中小型墓葬情况如下——

Ⅰ级墓：竖穴土圹墓，墓穴面积多在 2 平方米以上，墓圹长度一般在 2 米以上，宽度在 1 米左右。随葬有青铜礼器、玉礼器、绿松石器和比较精致的陶礼器，如白陶器。往往还随葬有漆器和圆陶片，圆陶片的数量一般与墓葬随葬品的丰富程度成正比。

ⅡA 级墓：竖穴土圹墓，墓穴面积一般在 1.2 平方米以上，有较多朱砂，一般随葬成组陶质酒礼器、玉礼器和圆陶片。

ⅡB 级墓：竖穴土圹墓，墓穴面积多数在 1 平方米左右，随葬有陶质酒礼器等。

Ⅲ级墓：随葬少量日用陶器或其他生活用品，基本不见陶质酒礼器。

Ⅳ级墓：竖穴土圹墓，墓穴面积一般在 0.8 平方米以下，无随葬品。

Ⅴ级墓：为乱葬墓。

可见，在二里头文化中，只有较高级贵族的Ⅰ级墓使用青铜礼器、玉礼器、陶礼器，一般平民不能使用青铜礼器而只能使用陶礼器，Ⅱ级墓中陶礼器使用最为普遍，Ⅲ级以下墓葬则只见日用陶器。礼制主要限于调整贵族内部关系，礼器只出于一定等级以上的墓葬中，组合规则、等差有序，这正是礼制形成的表现。[注31][注32]

陶制礼器与礼制系列化规范

龙山文化晚期，造型优美的白陶鬶、黑陶罍和高柄杯三者，组成了成套的酒礼器，盛酒器（黑陶罍）、调酒器（白陶鬶）、饮酒器（高柄杯）三合一，功能俱全。

二里头文化在礼器方面有独具的特点。邹衡认为：二里头文化出土礼器以"觚、爵、盉则比较常见，且经常成套出现。早商（即二里岗文化）文化中，很少见到盉，而斝则是常见的。由此看来，觚、爵、盉与觚、爵、斝这两种不同的组合，应该是代表了夏、商两种文化不同的礼俗"。这里主要不同点，在于夏（二里头文化）用盉，而商多以斝为礼器。

斝为商代流行的煮酒或温酒器，曾又名"散"，形似爵，却是比爵大的三足酒器，无流无尾，却有两柱，口圆，鋬比爵、角都大些，以三棱足居多，西周前期仍沿用。斝可分为分裆斝、三锥形足斝和体方四角圆四足带盖斝。

觚与爵是一组最基本的青铜器，常伴随出土，也有和斝成组合的。郑州白家庄 3 号墓、安阳小屯村 338 号墓中均出土二觚、二爵、二斝。[注33]

这就是说：白陶鬶、黑陶罍、高柄杯的三合一套，代表了龙山文化晚期的酒文化礼俗。

陶盉、陶觚、陶爵或青铜爵的三合一套，代表了二里头（夏）的酒文化礼俗。

陶或青铜制的斝、觚、爵的三合一套，代表了商代的酒文化礼俗。

商代早期，礼制采取系列化配置，礼器有成套的规定。商朝的国君、贵族酗酒成风，《史记·殷本纪》载：商纣王时代甚至"以酒为池，悬肉为林，为长夜之饮"。《说苑·反质》云："纣为鹿台糟丘，酒池肉林。"可见酒风炽盛。商代礼器以酒器斝、爵为核心。考古发现，商代酒器成组出土，日常有盛酒器斝、调酒器觚、饮酒器爵，所以商代的礼器组合是"重酒的组合"。

李济《殷墟陶器研究》云："殷墟遗物为古器物学家所最注意的，除甲骨文外，就是白陶。白陶被欣赏的特点，为所具有的特别纹饰……史语所的采集，有白陶 663 片，约占陶片总数千分之二点七。就白陶的表面看，可分二种，一为质料较粗，厚度较大，硬度较低，或为光面，或具绳纹，或划纹；又一类为质料较细，厚度较小，硬度较高，面或磨光或带绳纹或具复杂之雕刻纹饰。两种均呈现乳白色，也有较黄一点的。"

晚商时期是我国白陶器烧制技术的顶峰时期。有人认为："（白陶）从白陶器的形制和器表的纹饰看，是模仿同期青铜礼器的一种极为珍贵的工艺美术品。"究竟是白陶器模仿同期青铜礼器，还是青铜礼器模仿白陶礼器？实际上，先有白陶礼器，后有青铜礼器。考古资料表明：应该是青铜礼器模仿白陶礼器。

《说文》曰："爵，礼器也。"爵是一种典礼时用的酒器，君王赐酒给臣下用。所以派生出"爵禄"、"爵位"等名词。礼器"爵"用以饮酒，兼可温酒。

周代则鉴于商代酗酒误国的教训，发布了禁酒令，其礼器组合逐渐转为以鼎、簋为核心的"重食组合"了。[注34]

《春秋公羊传·桓公二年》何休解诂云："礼祭：天子九鼎、诸侯七、卿大夫五、元士三也。"也就是说，天子祭祀时，要陈列九鼎、八簋、九俎、二十六豆，诸侯七鼎、六簋、七俎、十六豆，大夫五鼎、四簋、五俎、八或六豆，士三鼎、二簋、三俎豆。各级鼎的盛放物品也各有规定。

《孟子·梁惠王下》记载：孟子做士的时候，丧父，以三鼎祭奠。后孟子晋为大夫，丧母，则以五鼎祭奠。这就是所谓的"名位不同，礼亦异数"。

《周礼》记载礼仪制度共"五礼"：吉礼、凶礼、嘉礼、军礼、宾礼。吉礼是五礼之冠，主要是对天神、地祇、人鬼的祭祀典礼，是古代神权思想在宗法等级制度中的物化。

陶制或青铜制的鼎、簋、俎、豆四件套，成为了"重食组合"礼器的核心。

礼数规范与陶礼器的官营制作，互为表里

礼数的规范，显然是在社会职能分化过程里，由专业管理的官吏人员来考虑、来制定的，并且从无到有、从少到多，逐步积累和发展完善，即从局部的、初级的"礼数"发展到正规的、系统的"礼制"。这是礼制观念的"形而上"。

礼器的制造与使用，都不同于普通的陶制生产或生活用品。礼器是当时社会的高级用品，用于众人的聚会，用于庄严隆重的祭祀。或者说，礼器不属于个体性成员的私人用品，它的职能与属有，从一开始就具有"公众性"，甚至为公众里面的领头人支配使用的"官方性"。这是礼制的"形而下"表现。

古代最早的陶制礼器，是白陶质料或者黑陶质料。白陶土和特别配制的黑陶土，这两种都不是制造普通器具的材料。从原材料的制备开始，礼器制造就处于高级地位。陶质礼器的制作工匠和陶器作坊，显然也是当时行业里的强势人群和作坊。而且陶质礼器在仪式里的具体使用者（首领、祭司），也不会采用像普通陶器那样的自由交换手段，来取得陶礼器和使用陶礼器。

就是说，陶礼器的生产，是在社会出现了礼制观念萌芽的时期，将那种萌芽的"礼"观念，物化为陶礼器的使用。而"礼"从本质上来说，是规定且表现人与人之间的公共关系准则，规定不同阶层人员的地位与差别。所以，为礼制服务的陶礼器，其制造生产从一开始就具有"公众性"的特点。这种为公共性质而生产的，高于普通日用品的器具，受到了氏族部落首脑们的额外关注，并随着社会的进一步发展，成为了官营手工业作坊的"专利"产品。

关于陶礼器的官营作坊，将在后续的《陶器促进史前社会分工》里专门论述。

结论

如上所述，华夏文化的主要特点之一的"禮（礼）"，在陶器时代从无到有。"礼"是随着原始公社解体、阶级出现而萌芽的。"礼"的重要物化载体是陶器，因此"礼"的发展史从头到尾都离不开陶器。龙山文化晚期以后发展了酒文化礼俗。二里头文化，形成了礼制系列化规范。在夏商周祭祀礼仪制度使用的礼器中，青铜器与陶器同时并用。只有少数较高级贵族能够使用青铜器，而在整个青铜器时代，平民日常都使用陶器。几千年间，陶器对于"礼"的作用，是任何石器都无法代替的。因此，从"礼"的角度也应该说：没有陶器时代就没有青铜器时代。

注释

[注1] 高炜：《龙山时代的礼制》，载《庆祝苏秉琦考古五十五年论文集》，文物出版社1989年版，第235~251页；许宏：《礼制遗存与礼乐文化的起源》，载《古代文明》第3卷，北京大学出版社2004年版，后收入中国社会科学院考古研究所夏商周研究室编：《三代考古》（一），科学出版社2004年版，第21页。

[注2] 甘肃省文物考古研究所：《秦安大地湾，新石器时代遗址发掘报告》，文物出版社2006年版，第271页。

[注3] 严文明：《仰韶文化研究（增订本）》，文物出版社2009年版，第122页。

[注4] 中国科学院考古研究所编辑：《西安半坡》，文物出版社1963年版，第213页。

[注5] 考古研究所西安半坡工作队：《西安半坡遗址第二次发掘的主要收获》，载《考古通讯》1956年第2期。

[注6] 半坡博物馆、陕西省考古研究所、临潼县博物馆编：《姜寨——新石器时代遗址发掘报告》，文物出版社1988年版，第348~349页。

[注7] 赵春青：《姜寨一期墓地初探》，载《考古》1996年第9期。

[注8] 林向：《大溪文化与大溪遗址》，载《中国考古学会第二次年会论文集》，文物出版社1982年版，第130、131页。

[注9] 山东省文物管理处：《大汶口：新石器时代墓葬发掘报告》，文物出版社1974年版，第30、31页。

[注10] 陈国强：《略论大汶口墓葬的社会性质——与唐兰同志商榷》，载《厦门大学学报》（哲学社会科学版）1978年第1期。

[注11] 李伯谦：《崧泽文化大型墓葬的启示》，载《历史研究》2010年第6期。

[注12] 中国硅酸盐学会主编：《中国陶瓷史》，文物出版社1987年版，第39页。

[注13] 何德亮：《山东龙山文化与中国古代文明的起源》，载《文物春秋》2002年第1期。

[注14] 《浙江余杭反山良渚墓地发掘简报》、《余杭瑶山良渚文化祭坛遗址发掘简报》，《文物》1988年第1期。

[注15] 吴汝祚：《试析浙江余杭反山、瑶山两良渚文化墓地的几个问题》，载《华夏考古》1991年第4期。

[注16] 李绍连：《从反山墓地和瑶山祭坛论良渚文化的社会性质》，载《中原文物》1992年第3期。

[注17] 诸汉文：《浙江余杭横山良渚文化墓清理简报》，载《东方文明之光：良渚文化发现60周年纪念文集》，海南国际新闻中心出版社1996年版，第69页。

[注18] 高炜：《中国大百科全书·考古卷》"陶寺遗址"条，中国大百科全书出版社1986年版，第520、521页。

[注19] 高炜、高天麟、张岱海：《关于陶寺墓地的几个问题》，载《考古》1983年第6期。

[注20] 中国社科院考古研究所、临汾地区文化局：《1978~1980年山西襄汾

陶寺墓地发掘简报》，载《考古》1983年1期。

[注21] 朱乃诚：《良渚的蛇纹陶片和陶寺的彩绘龙盘》，载《东南文化》1998年2期。

[注22] 严志斌、何驽：《山西襄汾陶寺城址2002年发掘报告》，载《考古学报》2005年第3期；又见何驽、严志斌、宋建忠：《陶寺早期小城、宫殿区、中期小城内墓地》，载《中国文物报》2003年1月31日。

[注23] 杜正胜：《从三代墓葬看中原礼制的传承与创新——兼论与周边地区的关系》，载《中国商文化国际学术讨论会论文集》，中国大百科全书出版社1998年版，第220页。

[注24] 朱青：《安徽蚌埠禹墟发现罕见白土陶鬶》，载《新华日报》2009年11月15日。

[注25] 洛阳市文物工作队：《西周洛邑祭祀遗址考古发掘情况汇报》2009年2月编印。

[注26] 李志鹏：《二里头文化墓葬研究》，载《中国早期青铜文化——二里头文化专题研究》，科学出版社2008年版，第66、70页。

[注27] 郑光：《二里头陶器文化论略》，载《二里头陶器集粹》，中国社会科学出版社1995年版，第24页。

[注28] 许宏：《二里头遗址考古新发现的学术意义》，载《中国文物报》2004年9月17日。又见许宏、陈国梁、赵海涛：《二里头遗址聚落形态的初步考察》，载《考古》2004年第11期。

[注29] 陈国梁：《二里头铜器研究》，载《中国早期青铜文化——二里头文化专题研究论文集》，科学出版社2008年版，第199、209页。

[注30] 〔美〕罗伯特·L·杜朴，张良仁译：《二里头遗址与夏文化探索》，载《夏文化论集》，文物出版社2002年版，第559页。

[注31] 杜正胜：《考古学与中国古代史研究——一个方法学的探讨》，载《考古》1992年第4期。

[注32] 李春华：《从二里头遗址的主要发现看夏代礼制的几个特点》，载《文物春秋》2006年第5期。

[注33] 邹衡：《关于探讨夏文化的几个问题》，载《文物》1979年3期。

[注34] 刘一曼：《安阳殷墓青铜礼器组合的几个问题》，载《考古学报》1995年第4期。

陶器促进史前社会分工：
手工业与农业分离

——全盘修正"史前史三分期学说"之八

【内容摘要】 木－石器时代末期、陶器时代初期，发生了"农业革命"。陶器使得先民的定居生活得到了保障，在农业革命中，木石器和陶器、骨器等都起了重要作用。陶器技术促进了史前社会大分工。制陶业是当时最重要的分工部门，陶纺轮、陶网坠、陶刀、陶镰、陶锉等，是与木石器、骨器（包括角、蚌）同等重要的生产工具。特别是陶器作为能盛水又能用火加热来进行生产的一种崭新工具，解决了煮茧抽丝的技术瓶颈问题，也为粮食蒸煮之后发酵酿酒，提供了技术前提，促使了纺织业、丝绸业、染整业、酿酒业、制药业的诞生。陶器在史前的火技术——火热应用技术（炊具及陶窑等）、火光应用技术（照明灯具）和火种存续技术（薋）三大技术范畴都具有决定性的地位。以陶器为主的这些高度专门技艺的手工业，实现了史前社会大分工。对这些重要分工说来，"新石器"的具体作用实在比不上陶器的作用。在这个意义上，更应该修正"史前史三分期学说"——在"木－石器时代"和"青铜器时代"之间必须划分出一个"陶器时代"。

【关键词】 制陶业；农业革命；陶纺轮；陶网坠；陶刀；陶镰；陶锉；纺织业；酿酒业。

陶器促进史前社会分工：手工业与农业分离

陶器时代是人类社会生产力发展史上的伟大时代之一。正是在陶器时代，人类摆脱了木-石器时代那种只能利用天然材料的被动生活状态，从漂泊不定的流浪、迁徙，变为较长时间主动的定居生活，从攫取性经济转变为生产性经济，[注1] 从而发明了制陶业、农业和（附带的）养畜业、捕鱼业等。与定居的陶器时代共生的"农业革命"，被认为是人类进化史上继"火的利用"以后第二次伟大的革命。接下来，人类就进入了"社会大分工"的历史发展阶段。

人类史前史上，在氏族内部手工业与农业的分离，是极其重要的一次"社会大分工"。原始先民的手工业，是一种专业化的生产劳动方式。它不同于此前的采集和渔猎生产那样——从自然界收集和取得现成的物质用品（首先是食物）；它也不同于耕种田地那样——从农作物周期性地获得种植的粮食等产品。氏族内部的手工业劳动，是以专门的手工方式，组织了一些专业的人员，集合、利用特定的原材料，制作出某种专门产品。

在陶器时代之前的木-石器时代，氏族内部早就有了个体从事的手工劳动形式，如木制、石制、骨制、角制、蚌制的用具加工，如用植物枝条编织席箔筐篮，如编织渔网，如纺线、织布、制衣，更古老的连缀兽皮或者用树叶"制衣"，乃至缝衣的骨针、麻线的制作，从而获得只供自己使用的生产工具，或供自己使用的蔽体、居室等生活用具。然而，这种种个体兼顾的劳动，完全为附带性的，并不是专人分工负责、专职从事的专业劳动。

空前的史前社会大分工，使得氏族内部的手工业从农业里分离出来，产生了专门的手工业行业，组织起氏族公社的一部分成员，不再兼任农业生产劳动，而专职从事手工业加工，制造特定产品，如制陶业、纺织业、丝绸染整业、酿酒业，等等。

陶器作为一种前所未有的崭新生产工具，为大量的手工业生产提供了加工工具，促进了技术条件。陶器可以盛水，又能加热，这种新型的工具功能为此前所有的生产工具都不具有。先民通过陶器工具，可以利用水与火这两种新的技术因素，开拓新器物制作类型，在氏族内部形成了各种专门的手工技艺。陶器的关键作用，有力地促成了史前社会大分工。"陶器时代"形成了历史上第一批新的手工业行业。

但是，关于"社会大分工"，在史学界曾有过不同看法。

绪论：关于摩尔根、恩格斯提出的"第一次社会大分工"

这里有必要首先简述一下有关"史前三次社会大分工"的讨论。[注2][注3][注4][注5]

恩格斯在《家庭、私有制和国家的起源》一书中提出"第一次社会大分工"的概念，指的是印第安原始部落和远古印欧－雅利安"游牧部落从其余的野蛮人群中分离出来——这是第一次社会大分工"。应该注意到：恩格斯所说的"其余的野蛮人群"，只是远古从事采集和渔猎的原始部落。因此，恩格斯认为的"第一次社会大分工"并不是专业的游牧业和农业的分工，而是游牧部落从采集和渔猎部落中分离出来。恩格斯认为谷物种植要晚于游牧经济而产生，因此，他认为农业的起源应在"第一次社会大分工"实现之后。

恩格斯所说的这种特殊情况，实际上，在广大的两河流域和埃及地区并没有发生，在广大的华夏地区也没有发生。华夏地区早期在氏族内部的农业往往农牧业兼营，附属的养畜业并没有从农业中分离出来。

一百多年前恩格斯提出"史前第一次社会大分工"的概念，主要依照了摩尔根《古代社会》的猜测说法，而摩尔根之所以认为"雅利安人的农业晚于畜牧业"的理由，是"印欧人（操雅利安语的）语汇中，牲畜名称是共通的，而农作物的名称则是互异的"。仅仅只有这唯一的根据，理由不够充分。

从近百年来中国及世界各地的考古发现来看，摩尔根从雅利安游牧部落得出"远古人类从游牧开始进入文明"的论断，并不符合大多数史前史的实际情况，因而不能成立，更不能作为世界文明起源的普遍规律。世界文明的起源不是一元的，而是多元的，经济文化类型形成的途径不是单一的，而是多样性的，用一个简单的理论框架或假说套用在各地区的文明起源史是不妥当的。

"农业与畜牧业的分离"，并不是在同一个氏族社会内部的"社会大分工"，而是在人类社会各个氏族之间的"社会大分化"，就是说，有的氏族发展为以农耕为主的社会，另外有的氏族发展为以游牧为主的社会，分道扬镳。这是人类整体的外部分化，并不是内部的分工。由此产生了几千年来农耕民族与游牧民族之间经久不息的冲突与战乱。

实际上,史前史首次"社会大分工",并不是游牧业和农业的分工,而是氏族内部手工业和农业的分工,其中占有特殊地位的,是制陶业和农业的分工。

制陶业——陶器时代第一手工业

根据考古发现,不少学者认为从事农耕的先民定居下来以后,才有制陶的需要和条件,这符合我国古代文献记载的"神农耕而作陶"的说法。

定居生活、农耕生活和制陶业,三者是相互影响、相辅相成的。[注6]

制陶业的起源

据考古发掘表明,我国江西仙人洞和吊桶环遗址、湖南玉蟾岩遗址、河北徐水县南庄头遗址等地,都出土了破碎的陶器(年代大约在一万多年以前),但是它们仅仅是最原始的"土器",采用堆烧法,就是把晒干的陶坯放在露天柴草中烧,可称为"无窑烧陶"。附近还没有找到持续性发展制陶业的文化遗存。因此,当时只是处在制陶业的萌芽阶段,还没有形成专门的制陶业。[注7][注8][注9]

在《没有陶器技术就没有青铜器时代》一文里,本文作者提出了:陶器制作的技术启示,即来自先民的半穴居内火塘灶坑壁火烧泥土的硬化和陶化现象。[注10]

泥土用水来调和均匀后,具有很好的塑性,能随人心意捏塑各种形状的泥件,这是制作陶器的基础。制作陶器的泥料分布广泛,先民可随时随地选取泥土来制陶,这是制陶业取之不尽的原料来源。泥土经受火烧后达到一定的温度和足够的保温时间后,某些低熔点的组分融化,均匀分布在高熔点组分周围,把原来松散的泥土结构变为粘结在一起的烧硬结构,形成了新材料,这就是陶化现象。泥土的陶化是不可逆的物理-化学变化。

先民通过烧火技术,使得泥土塑制的器物产生质变,出现了比土器更强、更稳定、不怕水泡软塌的新器物。新的陶质器物比传统的木-石器、骨器、草编器,能更方便地成形。大多数陶器是容器或炊煮器,极

历史观的新突破

大地方便了先民的劳动和日常生活。陶器成为人类不可缺少的用具，始终伴随着人类，直到今天。

最初，制造陶器还是属于家庭手工操作。例如距今 7000 年以上处于母系社会阶段的李家村遗址（位于今汉中西乡县城南），发掘出面积为数平方米的房屋遗址一处，小屋为圆形，屋后背水，室内地面夯烧坚固，室中有烧陶之窑迹（直径约 1 米），室外有陶窑坑和灰坑。这说明此户人家自己能够制作简单的陶器，仅供自家使用。[注11]

但是，泥土成形为坯件，火烧转化成陶，这两方面都需要特别的技能。一些心灵手巧的先民个体掌握了高技术含量的制陶技术，逐渐成为专门制陶的工匠，并世代积累、流传，形成专门化的手艺，这就是制陶业的起源。

我国境内迄今考古发现最早的一批持续性发展的彩陶和陶窑，来自大地湾一期文化遗址。在这个阶段，人类开始了史前史上，极其重要的一次"社会大分工"——手工业（主要是制陶业）与农业的分离。

制陶是专门技艺的作坊手工业

在氏族公社的先民中，掌握造型和烧陶两项技术的成员，有机会专门从事陶器生产，首先出现了耕种业与制陶业分工。后世的社会分化，还出现了专职管理制陶的工官（见《考工记》和《周礼》等古籍）。

制陶技术的积累和发展，不但表现在从业的工匠个体及群体身上，而且表现在制陶技术装备的出现——先后发明了陶窑和陶轮，特别是在龙山文化时期，普及了高速而稳定旋转的陶车（快轮）。陶窑和陶车，是史前制造业的里程碑。这标志着先民从简单的手持工具到复杂的技术设备的伟大进步。由此开始了以陶窑、陶车为中心，统率其他辅助工具集成的成套技术装备的新阶段。

只有专业化的规模性生产，才能有创新技术装备的需要，才能有工艺不断改进的良性循环。在这个意义上说，陶器时代的确是土文化与火文化的结晶。

从仰韶文化的半坡遗址、姜寨遗址，以及其他史前遗址里都可看到，几乎每一座居住房址都有一个烧火的灶坑。无论母系氏族社会，还是父系氏族社会，每个住所都是一个社会细胞单位（家庭）。每个史前聚落遗址的若干文化层里（比如半坡、姜寨遗址就有五层不同时期的文化堆积），沉积有数十甚至上百座居住房屋和灶坑遗迹。但是，一个聚落遗址里的陶窑遗迹，只有为数不多的几座。陶窑遗迹的数量，明显比房屋灶坑的数量少得多。而且，在半坡遗址、姜寨遗址里，居住区、陶窑区与墓葬区都是三个明显分割的区域，陶窑区与墓葬区都在环绕居住区的壕沟之外。[注12][注13]这种考古现象表明，陶器的烧制只是聚落里少部分成员特有的专业。陶窑遗迹在整个聚落遗址里的位置显示出，陶器限定在专门的制作地点烧制，即以陶窑为中心地位的手工作业区，也就是史前聚落遗址里最早的手工业作坊。

仰韶文化时期的制陶业

仰韶文化距今约5000年，制陶业初具规模，较好地掌握了选用陶土、造型、装饰等工序。多采用泥条盘筑法成型，用慢轮修整口沿，在器表装饰各种精美的纹饰。陶器种类有陶钵、陶盆、陶碗、陶盘、陶罐、细颈陶壶、小口尖底陶瓶与粗陶瓮等日常生活使用的汲水器、炊器、食器。

仰韶彩陶器以红陶为主，灰陶、黑陶次之。红陶分细泥红陶和夹砂红陶两种。主要原料是粘土，有的也掺杂少量砂粒。在仰韶陶器中，细泥彩陶具有独特造型，表面呈红色，表里磨光，还有美丽的图案，是最闻名的。细泥陶反映了当时制陶工艺的水平，具有一定代表性，所以考古上常将仰韶文化称为彩陶文化。西安半坡村发掘的彩陶盘属于仰韶文化的典型产品。

彩陶是将各种天然矿物颜料绘制到陶器上，形成五彩缤纷的各类图案，使陶器不再仅仅为实用品，而且还具备了艺术品的审美功能。其中大多数是先在陶坯上绘制，然后入窑烧制，颜料发生化学变化后与陶胎融为一体，这样的彩陶色彩不易脱落，经久耐用而且美观。还有一类称为彩绘陶，是将颜料直接绘制到烧成以后的陶器上面，此类彩绘贴附在器物表层。彩陶产生的技术条件有三：

首先，生产彩陶的首要技术条件，是对天然矿物颜料的认识。作为彩陶颜料，必须在高温烧窑时不分解，而且还要掌握矿物的显色规律，什么样的颜料烧制后会变成红色，或者会变为黑色，如此才能运用自如

历史观的新突破

地生产出理想的色彩。颜料经加工稀释后才能使用，粉末的粗细程度、加水稀释的浓度，都需要不断熟悉、掌握性能。

其次，陶坯表面必须达到一定的光洁度，颜料才能渗透到陶胎里面。这就需要认真对陶土进行筛选、淘洗，拉坯成型后对器表还要反复打磨。考古发现中的彩陶大多是泥质陶，即便是夹砂陶，器表也都较为细腻。

最后，烧陶的温度越高，颜料的附着力就越强，纹饰越牢固。彩陶烧制发展到一定阶段，人类便逐渐改变了陶窑结构，加大了窑室的密封力度，以达到烧制工艺对彩陶生产的保障。

当时彩陶的制作，主要经过四道工序。

第一，选料。常选用可塑性和操作性较好的红土、沉积土、黑土等，经过淘洗和沉滤后成为较纯较细的原料。从分析出土的彩陶片来看，泥质比后来的上等陶器并不逊色。

第二，制坯。彩陶坯最初大多是手制。小型器皿是直接捏塑而成的；较大的陶器，其体部坯子，一般采用泥盘筑法分两段制成。粗坯制成后再装上颈口，嵌入把手，制坯工序初步完成。其外形比较圆正，有近似的对称性，在器壁外有轮纹存在。这表明仰韶文化时期，已开始出现慢轮制陶。

第三，彩绘和纹饰。一些较精细的彩陶，在彩绘之前，往往将陶坯放入极其细腻的泥浆中，让它披上一层均匀的陶衣便于上彩。彩绘就是将有色的天然矿物涂绘在陶坯上。仰韶文化时期陶器的纹饰大多是用带有花纹的木印板拍印上去的。

第四，烧窑。从考古发掘的材料来看，仰韶文化时期的陶窑主要有竖穴窑和横穴窑。它们都是由火口、火膛、火道、窑室等所组成的，在火膛中燃烧起来的火焰，经火道到达窑室。这两种窑，由于有了窑室，陶器不是直接在火焰上烧烤，已较原始的篝火式或炉灶式有了很大的进步。分析出土陶片的烧结状况，彩陶的烧成温度大约已达950℃。

这些工序的技术含量非常高，只有少数的制陶工匠能够操作。

彩陶制陶业以黄河中上游为中心，向四周辐射，但是到长江流域和山东境内，彩陶出土都很少。慢轮在仰韶文化中期已经出现，然而一直应用得有限，而真正的轮制陶器，是以山东为中心向西扩散的。[注14][注15]

作坊手工业与家庭手工业的区别

氏族公社每个家庭都有穿衣吃饭的日常问题。于是家家户户都有采麻割葛（乃至种麻）、沤麻、剥缕、纺线、织布、缝衣缝被等劳作。这些劳作贯串了史前社会的采集、种植生产劳动和家庭的家务生活劳动。

史前的生产劳动与生活劳动，不可能划为截然分割的两个种类。虽然纺线、织布、缝衣，已是与农业劳动不同的手工制作劳动，虽然纺线、织布、缝衣，是广泛存在于每个家庭的普遍劳作形式，但是，每个家庭仅仅止于自己使用而去纺线、织布、缝衣，显然这只是一种家庭手工劳动。这种家庭手工劳动的世代积累、传承和发展，形成了中国几千年的"男耕女织"、自给自足的自然经济模式。

此外，几千年来，中国农村始终有大量农民掌握有某些手工制作的技艺，如木工，织工，竹器、藤器、草具编制工艺，甚至修房盖屋、泥瓦工等也用他们的手工劳作产品参与市场交换，但是兼作手工业制造的多数农民，并没有脱离土地耕种，并且是以农业耕种作为谋生的首要手段。就是说，仅仅家庭手工业本身，并没有造成农业与手工业分离的社会分工，至多表现为家庭成员之间年龄和性别的分工。

显然，陶器的烧制生产，并不是每个家庭都会去自己制作。陶器的烧制生产，是专门的作坊手工业劳作。只有制陶作坊才有需要，才有能力（包括技术经验、生产原料、组织制陶工匠等）去创建陶器生产的专用技术装备，这就是陶轮和陶窑为中心的全套制陶、烧陶装备。由于手工业作坊的出现，才形成了手工业从农业里的分离，导致了史前的重要社会分工。

讨论问题时，如果把专门的手工业作坊看作是问题的一个方面（形式方面），而把专门的手工业从业人员、他们具备的技术形态、作坊产品等看作是问题的另一个方面（内容方面），那么手工业作坊的形式和内容之间，也是一种相互激励、相互促进的互动循环发展模式——有了作坊这种生产组织形式，更有利于专业人员队伍的汇集与发展壮大，更有利于制陶机具装备的创造与更新，更利于陶器新产品的研发，而有了上述几方面内容的发展，也更稳定和壮大了作坊手工业生产这种形式。

历史观的新突破

普遍使用陶器产生了初期的交换

陶器作为一种崭新的日常生活器具和生产工具，改变了或决定了先民的行为方式。比如，陶炊器可以装水，可以烧火加热，于是中国的先民形成了饮用开水的卫生习惯，并且用陶钵、陶釜煮稀饭、煮菜汤、熬肉汤，用陶甑、陶甗（yǎn）来蒸粟黍饭食，导致了中国人很早就使用筷子吃饭的生活习惯，形成了中华民族的显著特征之一。[注16] 而西方民族不用陶器烧水，他们习惯喝生水，习惯用炉子烘烤食物，而不大用陶器煮食物。直到现在，对比使用同样的面粉原料，中国人用面粉蒸馒头、蒸包子、煮饺子、煮面条，而西方人用面粉烤面包、烤夹心饼、烤比萨饼、煎通心粉。西方的饮食品种决定了，他们在很长的历史时期里都是直接用手抓食、撮食，直到中世纪以后，才出现了讲究礼仪的刀叉餐具。笔者认为，东西方民族的不同饮食习惯与餐具，都是与史前早期出现陶器的时候，是否习惯于用陶器来烧热水，这个基本因素有密切关系。

从考古发掘聚落遗址的居处，可以见到史前先民普遍使用陶器。半坡时代和马家窑时代，人们日常生活用的器具主要是陶器。陶鬲乃为当时老百姓及农民、奴隶都常用的炊器和食具，几乎"人手一鬲"。此外，每个家庭还要有汲水、盛水的器皿，贮存食品和物件的坛坛罐罐等。总之，少不了陶器。还有，墓葬中出土的随葬品陶器（有些碎裂为陶片，可以复原），超过全部出土物总数的80％。有些大人物墓葬出土的陶器达到了几十件甚至几百件之多。

陶器在先民生活中成为必需品。但是大多数家庭无法自己单独制造陶器，他们只能"以物易物"换取这种生活必需品。于是，史前社会必然存在着陶器的产品交换。

龙山文化遗址出现了大规模、集中的陶器作坊，也有一些小型的家庭作坊。专业的陶器手工业，更看重的是流通价值，通过陶器换取其他财富。陶器作坊的众多产品，促进了社会的普遍交换。

作坊手工业产生了行业

我国境内迄今发现最早的一批持续性发展的彩陶和陶窑，来自甘肃秦安大地湾一期文化遗址。

陶器促进史前社会分工：手工业与农业分离

大地湾遗址（约公元前6000年）考古出土陶、石、骨、蚌器等文物近一万件，发掘房址241座，灶址104个，灰坑和窖穴321个，窑址35个，墓葬70座，壕沟9条。这在我国陶器考古中，无论就遗迹遗物的规模或是研究价值说来，都超过了西安半坡遗址。因此，大地湾遗址被称为中国"20世纪百项重大考古发现"之一。大地湾遗址迄今共发掘出4147件陶器，以及35座用于制陶的窑址。[注17]

大地湾遗址上的陶窑数量特别多，明显地超过了其他史前彩陶文化遗址。这种现象表明，史前大地湾遗址聚落的先民，为制造陶器的强势群体。

此外，在甘肃、青海境内还发现了另外一些规模很大的史前陶窑场遗址。

马家窑文化（约前3300年到前2100年间，甘肃西部、青海东部）的制陶业也非常发达，制陶工匠已有更多细致的技术分工。考古人员已经发现了一些规模很大的制陶窑场，如该文化较晚阶段的兰州东郊白道沟坪遗址的一座窑场，紧临黄河北岸，高出河面约60多米，共发现5组12座陶窑，还有一些已被后代破坏的陶窑残迹。每组陶窑共用一个烧火坑，各窑的窑门都朝向这个烧火坑。窑场中有一个备料坑，里面装有制造陶器的熟料和余料，其中的红胶泥条正与马家窑文化诸遗址出土的大量泥条盘筑而成的陶器相印证。窑场中还出土了用于研磨颜料的石板和调色、配色用的陶碟，这种陶碟是分格式的，上面还清楚存留着紫红色的调料，这些都是描绘陶器花纹的实用工具。

白道沟坪窑场发现的遗迹、遗物表明，当时的制陶工业包括淘土备料、制作熟料、制坯、彩绘、火工、成品包装、运输等一系列工序，掌握多工序有关技术的制陶工匠应该是有相应分工的。窑场的各窑室都呈方形，窑箅上有9个火眼，三三排列，非常整齐。

与这个窑场处在同时期的兰州青岗岔陶窑，以及更早一些时候的陶窑，窑室也都是方形的，这是马家窑文化陶窑的一大特点，与黄河中游普遍流行的圆形窑室判然有别。

大规模而又分组排列的窑场，充分显示了在原始公社制度下氏族成员有组织、有分工地进行生产劳动的情况。在这类窑场里生产的陶器，显然不仅是为了氏族内部的生活需要，必然有相当一部分产品用来同其

他氏族或部落进行交换。

从上述考古资料可看出,在彩陶文化阶段,制陶不但发展成为作坊手工业,而且往往表现出强势,并形成了史前占首要地位的陶器制造行业。按照本文作者的观点,彩陶文化属于陶器时代七个分期里的第三期。[注18]可以说,陶器制造业是手工业与农业相分离的史前社会大分工的第一行业。

商代,虽然进入了青铜器时代,但是普通人日常生活的主要用具仍离不开陶器。商代制陶业作坊的产品以灰陶为主,专门烧制泥质灰陶和泥质夹砂灰陶,不再生产彩陶。西周以后,陶器种类繁多,除生活器皿之外,还有砖瓦、陶俑和明器等。到战国、秦汉时期,用陶俑、陶兽、陶明器随葬已成习俗。因此,制陶业更加繁荣。

夏商时期的陶窑

根据已发掘的资料,华夏陶器的生产大多集中在黄河流域,如郑州洛达庙商代早期的窑,它虽然具有馒头形的窑型,但对窑的结构有所改进。窑底部直径增到1.4米,火膛增高（0.8米）,算孔（即火孔）增多加大（直径0.1米）且分布均匀。窑室的窑墙向内呈圆弧形倾倒收缩,这样燃料既可以得到充分燃烧,又可使热气流均匀地进入窑内,这对提高窑内温度,改进陶器质量是有利的。

商代中期的窑型基本上与早期的差不多,从河南郑州铭功路商代中期的窑型来看,更近似于现代馒头窑型。它的整个窑室位于火膛之上,即火膛直径与窑室底部直径相同（1.15米）,算孔直径为0.14至0.18米,火膛与支柱的高度约0.68米,这座窑的算孔直径较商代早期大。虽然这座窑的火膛和支柱较商代早期的稍低,但算孔较大,使进入窑内的火焰较多,增强了窑内的热量,对提高窑内的温度也是有利的。

商代晚期的窑被发掘较多,如郑州旭旮王烧陶的窑,与商中期的窑相比,窑室底部直径更大,约1.8米,火膛亦增高为1.1米,直径1.7米。又如河南安阳殷墟发掘出来的一座陶窑,在结构上除加大窑室和提高火膛外,最重要的是在窑室下面火膛中间的支柱取消了,这样一来,对于柴、草的充分燃烧以及提高窑内温度更加有利。

总之,由于商代制陶工艺的不断发展,窑炉结构继续改进,窑炉容积逐渐加大，烧成温度也随之提高，因而，陶器产品的质量和品种均相应的提高和增多，所以商代初期的陶器产品多为质地粗松的砂质红陶和棕陶。而到商代中晚期，以质地较细腻的、制作精致的泥质灰陶和夹砂灰陶居多，而且许多产品表面均有花纹装饰，此外在郑州二里岗的遗址中还发现有质地坚硬的釉陶。[注19]

2005年在福建省浦城县仙阳镇下洋村猫耳弄山，考古出土了九座商代窑炉，发掘面积1500平方米，是迄今发现的商早期窑炉中保存最为完整的窑群。其火膛、分焰柱、窑室等基本保存，且分布密集，窑炉形式多样。其中长条形窑炉可一次烧成近百件陶器，是迄今为止所知年代最早、保存最完好的龙窑。三种类型的窑炉之间，存在着叠压关系。其中长条形龙窑压着椭圆形窑，椭圆形窑压着圆形窑，说明圆形窑、椭圆形窑、长条形龙窑之间存在着传承、发展、演变的关系。[注20]此外，考古人员还发现了福建鹰潭角山商代窑址的半倒焰马蹄形窑与龙窑，窑址现存面积3万平方米以上。

纺织业：陶纺轮、煮茧、蒸锅、整染

人类进入渔猎社会后，就已经会搓绳子，这是纺纱的前奏。先民使用的绳索，最初由植物的整根茎条制成。后来发展了劈搓技术，就是将植物的茎皮劈开、松解为"缕"（纤维束），再把许多缕条撮合在一起，利用扭转以后各缕之间的摩擦力，可以接成很长的绳索。为了加大绳索的强力，人类后来还学会用几股绳子拈合在一起。浙江河姆渡遗址出土的绳子就是由两股合成的，直径达1厘米。[注21]

华夏最早的纺织品是麻布。陕西华县柳子镇遗址发现麻布织物残迹；山西襄汾陶寺遗址（公元前2500年至前1900年）墓葬中也出土了麻类编织物。[注22]

泥质灰陶是古代最普遍的陶器，表面上有绳纹或篮纹、席纹等编织纹的装饰。绳席纹陶鬲的形式与装饰方法，都表现了陶器与编织物（或皮革器）的密切关系。

远古陶制纺线用具——陶纺轮

最初的纺织业跟陶器有异常密切的关系。

先民的纺织业，是由"纺"和"织"两部分组成的。先把纤维松解，再把多根拈合成纱，称为"纺"。起初是用双手搓合，后来发明了"纺轮"。

纺轮又称"纺專"、"塼"、"瓦"。在殷墟甲骨文卜辞中，"專"（简体专）字是古人纺纱的姿态象形文字：字的上部表示把一束纤维集中起来绕在一根纺杆上，下部有一个陶制的瓦轮的形状"叀"；左边加一个"手"（寸）形，表示捻"专"纺纱的动作。"叀"兼作声符，表示"转"的意义。"專"字后世又衍生出了"轉"（像陶轮那样旋转的动作）、"磚"（与陶專同质而又重、大之物）等字。并将"專"（简体专）字意义扩展成了"集中于一"，如：专心、专注、专门。与之相关的字，如惠、转、传等引申意，实际上的含义仍来自"将散纤维集中成一根纱线"的形象动作。

屈家岭文化遗址也出土了彩陶纺轮。[注23]

由陶片做成扁圆形的回转体，中间有小孔插一短杆，称为锭杆或专杆，用以卷绕拈制纱线。纺轮和专杆合起来称为"纺专"或者"瓦"。古典文献中的"生女弄瓦"，就是指女孩子从小要用"纺专"学纺纱。利用纺轮回转的惯性，把长条纤维（须条）拈回在一起成为纱线，比用手搓拈又快又匀。

江苏大墩子遗址下文化层，即北辛文化层出土陶纺轮一件，泥质红陶，为扁平圆饼形，中有穿孔。这样的纺轮，是古代东夷人纺纱拈线的工具。[注24]

纺轮由塼盘和塼杆组成，陶制纺轮中的圆孔用来插转杆，当人手用力使纺盘转动时，塼自身的重力使一堆乱麻似的纤维牵伸拉细；塼盘旋转时产生的力使拉细的纤维拈成麻花状。纺塼不断旋转，纤维牵伸和加拈的力也就不断沿着与塼盘垂直的方向（即塼杆的方向）向上传递；纤维不断被牵伸加拈，当塼盘停止转动时，将加拈过的纱缠绕在塼杆上即完成"纺纱"过程。

小小的陶纺轮，已经具备简单的结构，原始人配合自己灵巧的双手，完成了至今为止现代纺纱工艺仍然沿用着的"五大运动：喂给、牵伸、加捻、卷取、成形"。现代纺纱机虽然已经有多种多样的传动机构，但是万变不离其宗，纺纱原理还是相同的：上述五个基本的运动，一个都不能少。

考古出土最早的纺轮可以追溯到公元前 6000 年的河南舞阳贾湖遗址，其"纺轮多用废陶片打制，中间穿圆孔。标本直径 2.7 厘米、孔径 0.5 厘米"。

甘肃秦安大地湾下层文化出土的陶纺轮，距今也有 8000 年左右的历史。仰韶文化遗址中广泛出现原始的纺织品。

在陶器时代遗址中，各地都有大量的纺轮出土，其中有河北磁山（公元前 5300 余年），稍后为河姆渡（公元前 4900 余年）。陶器时代用"纺专"纺纱已经很普及了。

河姆渡遗址出土的纺织工具定经杆、机刀、梭子和布轴与现在彝族的织机相似，所以，原始纺织机的复原可以参考彝族的织机造型。[注25]

陶纺轮，是远古陶制纺线用具，起初是用灰陶或红陶的陶片制作，后来就直接烧制。外观略成圆饼形或凸圆形，直径 3 至 6 厘米左右，厚度 0.5 至 1 厘米，其中有孔，孔径大约 0.5 厘米，插入木柄或骨柄可以捻线，在陶器时代文化遗址中常见。

1955 年陕西西安半坡遗址出土的纺轮，直径 6 厘米，中间有一圆孔，是陶制品。它是我国古代发明的最早的捻线工具，即在纺轮中间的小孔插一个杆，利用纺轮的旋转把纤维拧在一起，并用同样的方法把单股的纤维合成多股的更结实的"线"。在半坡以后的其他一些文化遗址，也出土了形式多样的陶质纺轮，可见当时这种捻线工具已被人们广泛使用。

先民用绳索编结捕鱼的网罟，也用藤条等编制筐席，由此发展出织造技术。

出土的陶器上有一些印有编制物。陕西半坡村遗址（公元前 4000 多年）出土陶器底部已有编织物的印痕。

福建昙石山文化遗址，距今约 4400 年至 5400 年。昙石山文化遗址分为三层，下层出土工具以石斤（锛）和陶纺轮居多，可见耕作与纺织是当时先民最重要的劳动内容；中层出土 138 件工具，其中石斤（锛）31 件、蚌铲 15 件、蚌刀 11 件，以及陶纺轮 40 件、陶网坠 10 件；上层出土 273 件工具，其中石斤（锛）77 件、石箭头 50 件、骨箭头 12 件、蚌斧 3 件、蚌刀 8 件，以及陶纺轮 64 件、陶网坠 31 件。显然，这表明

历史观的新突破

在陶器时代"木石陶骨"几种材料的工具同时并用,而其中陶纺轮(手工纺织业)、陶网坠(捕鱼业)占据了很重要的地位(远古木工具因易腐朽难以保存,故遗物极少见)。

福建闽江下游,与昙石山文化同一系统的各个遗址,许多墓葬的随葬品中,以石斤(锛)和陶纺轮居多,这就更加证实了:耕作与纺织是陶器时代先民最重要的劳动内容。[注26]

陶器解决了丝绸纺织的瓶颈技术——煮茧缫丝

关于嫘祖教民养蚕的传说,在考古资料中得到反映。山西夏县西阴村仰韶遗址中发现了半个蚕茧,经过鉴定确为家蚕;山西芮城西王村遗址(公元前3600年至前3000年)、[注27]河北正定南杨庄遗址也都出土过陶茧蛹,[注28]说明黄河中下游养蚕织锦的历史久远。而茧蛹的形象以陶器表示,更说明丝绸纺织业与陶器的密切关系。

在浩若烟海的中国古典诗词里,不少诗篇是以蚕桑丝绸为题材的。如《诗经》中反映妇女从事农桑事业的情景:"春日载阳,有鸣仓庚。女执懿筐,遵彼微行,爱求柔桑……"大量对蚕桑丝绸的描写,可以窥见丝绸对中国文化的巨大影响。

中国传统的丝绸纺织品从古至今一直是中国传统的对外贸易强势商品。由国家文物局和中国科协合编的《奇迹天工》书中,第一项就是"锦绣华服——古代丝绸染织术"。[注29]

丝绸纺织生产技术链条里的第一个环节,是从蚕茧里抽出蚕丝来。蚕茧的生理结构,是在蚕丝体的四周包裹着一层丝胶,外层丝胶之间的相互接触,把蚕丝纤维黏结到一起,形成茧壳。要把蚕丝体从丝胶黏着的束缚里解脱出来,才能抽出可以用于纺纱的长丝纤维。

干态的蚕茧,丝胶之间的黏结力接近细丝体的拉力极限。如果是干态撕开丝胶之间的粘连来抽丝,很轻易断头,甚至很不容易抽出干态的长丝。丝胶可以溶解在水里,而"释放"出蚕丝,但是丝胶在凉水里的溶解性很低。在没有出现能装水和烧水的陶器之前,蚕茧抽丝是一道技术瓶颈。陶器煮茧锅的出现,才解决了蚕茧抽丝的技术瓶颈问题,走出了煮茧缫丝这个源头工序的第一步。

传统的木制、石制、骨(包括蚌)制工具,都是单一的"制作型"

工具。而煮茧锅则是一种能装水、能加热的新性能的"反应容器型"生产工具。它创生了新的生产方式，制造出了新的劳动产品。

陶器煮茧锅，使得由蚕茧缫丝工序开头的丝纺织，成为了实在的、专门的手工业生产。由于丝绸的珍贵性，蚕丝织造只能是与社会上层密切相关的作坊手工业来生产。

公元前16世纪，黄河流域形成养蚕、栽桑、缫丝、织绸完整的生产过程，出现了縠、纱、罗、绮等丝织物品种。

在藁城台西商代遗址，考古人员发现了世界上最早的平纹绉丝纺织品，证明了早在公元前14世纪华夏先民已掌握了将蚕丝纺纱加捻、织成后使之缓劲产生皱纹的纺织技术。公元前8世纪，西周已有专职染匠用植物染料对丝织物染色。中国使用水渍楝灰和蜃蛤壳灰所得液体作为丝织物精炼剂，而这一切工序都离不开陶器。

陶器蒸煮锅，改善了麻葛衣料的纺前加工处理

除了蚕丝纺织品之外，普通民众穿的是麻皮纤维、葛皮纤维等质料的衣服。植物纤维的纺织制衣，也有一个麻（葛）皮软化脱胶的工序，这就是沤麻、沤苎、沤菅：《诗经·陈风·东门之池》云："东门之池，可以沤麻……东门之池，可以沤苎……东门之池，可以沤菅……"

有了陶质的蒸煮类生产工具——陶罐、陶缸、陶盆，也方便了先民对植物纤维衣料的纺前加工。《诗经·周南·葛覃》里有蒸煮麻葛纤维的唱诵："葛之覃兮，施于中谷，维叶莫莫。是刈是濩，为絺（chī）为绤（xì），服之无斁（yì）"。孔颖达注疏云："于是刈取之，于是煮之。煮治已迄，乃缉乃绩之，为絺为绤之。"也就是有了可以装水和加热的陶罐、陶缸、陶盆，使得广大先民能够比过去更好地处理麻葛衣料纤维脱胶，穿衣问题有了较大的改善。这方面的劳作，属于家庭手工业。

用草灰碱水蒸煮麻料头，制得寒衣和被褥里的保暖填料"著"（麻絮）的加工工艺，不但改善了先民的衣被御寒，后来还成为了古代中国发明植物纤维造纸术的技术渊源。[注30]

台西出土的麻布残片，是迄今发现最早利用人工脱胶技术纺织的麻织品。

在《中国大百科全书·纺织卷》的《纺织大事年表》[注31]里，记述

历史观的新突破

了史前的纺织技术大事，兹摘录如下：

公元前4900年，浙江河姆渡地区使用纺轮、打纬刀、绕线棒等纺织工具纺织苎麻纤维。

公元前4000年，西安半坡居民掌握不同粗细纱线的纺制技术。

公元前2700年，浙江钱山漾留存苎麻织物和较为精细的丝织物。

陶器作为"反应容器型"的工具（陶罐、陶缸、陶盆），在织物染色过程中是最实用的染缸，解决了史前先民至关重要的穿衣问题，发挥了陶器之前的其他工具所不能做到的重要作用，并且促成了家庭手工业和作坊手工业的出现。

纺织品的整染也离不开陶器技术

陶器促进了众多手工行业的发展，也表现在纺织品（麻葛、丝绸及其他文饰）的整治与染色领域。《考工记》就载有专门整染丝绸的手工职业——"慌氏涷丝"、"钟氏染羽"、"画缋之事"。仰韶文化时期纺织品的情况，可以从陶器的印痕看出来。元君庙陶器上的布纹印痕，经线清晰、纬线较模糊，每平方厘米经纬线各十二根，粗细均匀，线径约0.84毫米。考古资料表明，当时纱线细到只有0.5毫米，粗的为4毫米。纺织品的织法及元君庙织品纱线的粗细，均和近代农家的平纹布水平相似。

据半坡遗址出土陶器上的编织物印痕可知，当时制作已使用了斜纹编织法、缠结编织法、棋盘格式或间格纹编织法。使用斜纹编织法制作编织物最为普遍。这些新型的手工业技艺，出于美化的需求。此外还来自一个重要因素：陶器时代的发展，早就形成了彩陶。彩陶表面的花纹、绘图与施彩，给予纺织品的文饰彩色提供了丰富多彩的技艺渊源。先民绘制彩陶，世代积累的手法技巧和调制、敷设颜料的经验，都被运用到了纺织品的加工方面。

陶器的其他工具作用

捕鱼业：陶制网坠是原始捕鱼业的重要部分

《易·系辞下》记载了传说中的伏羲氏"作结绳而为网罟，以佃以

陶器促进史前社会分工：手工业与农业分离

渔"。

最迟在 7000 多年前，华夏先民就已使用渔网了。这一点，在各地陶器时代遗址出土的陶网坠中得以印证。磁山文化、半坡文化、龙山文化、良渚文化、河北永年台口[注32]等文化遗址中，都发现了原始的陶网坠（Pottery Net Pendant）。

捕鱼撒网要用网坠，拉网也要用网坠。网坠的作用是结在渔网的下端，使渔网下沉。考古发掘出土的网坠多为灰陶烧制，黑陶网坠稀见，其形制大同小异，表面均打磨光平，中间一般设一横向凹槽，两端各有一个竖向凹槽（凹槽也称绳槽），这类网坠称为双缢形网坠，用绳子把网坠固定在网上。

陶器、木-石器、骨器并用

几千年间，为了解决远古农艺定居者的衣食住行问题，单靠使用石器工具是远远不够的。不仅需要汲水、存贮和烹饪食物的陶器，还需要从事耕耘、播种、收割的农具，制作线绳的陶纺轮，缝制兽皮麻布的骨制工具，交通运输的车船载具，定居房屋的建筑业材料，都需要很多木石器、骨器——例如，农艺耕作普遍使用木石复合农具耒耜、犁（由坚硬树木的枝杈改造而来），鹿角制作的耕田器具、铲子、镰刀（蚌壳或石片或陶制，木柄），缝制用的针、锥子（由骨头加工而来），制陶业的木轮盘，作为房屋宫室结构的木柱、木梁、木门，等等。此外，运输工具，如车子、轮子、船、桨、舵等，大多用木头制作（古埃及与两河流域的许多船只，用莎草为材料制造，也可算作木制的）。商代、周代农具的水平，并无多少变化。如收割用的镰和刀，仍以骨制、石制、陶制、蚌制为多。

因此，仅仅把公元前一万年左右开始的"农业革命"时期称为"新石器时代"远远不够全面，应该称为"陶器时代"，在这一时代里，陶器、木器、石器、骨器并用。

这里要特别说一下"骨器"。

骨器是指人类以兽骨或（广义的）动物头角（如鹿角和犀牛角）、牙（如象牙）以及蚌壳研磨而制成的器具。骨器可用来渔猎甚至穿刺、缝纫、装饰。

历史观的新突破
LISHIGUAN DE XINTUPO

以动物的骨、角、牙和蚌壳为原料制作各种生产工具、生活用具、兵器和装饰品，历史非常悠久。在公元前一万年左右开始的"农业革命"时期，骨器制作更快地发展。动物骨、角、牙和蚌壳的来源丰富，制作比较方便，所以当时骨器的数量很大，使用也很广泛，人类氏族社会的许多考古遗址都有骨器出土，从一个侧面反映出当时经济发展和生活习俗的状况。考古学中，骨器的出现常被视为人类文明萌芽阶段的重要指标，理由是磨制骨、角、牙、蚌壳需要更多锯、切、削、磨、钻的技能。

怎样加工制作骨器？主要依靠陶刮削器和陶甑。

骨器工具虽然于旧石器时代开始少量出现，到陶器时代普及，然而在青铜器时代骨器工具仍大量使用，到铁器时代才逐渐消失，被铁器的广泛使用代替。在历史上骨器的重要性仅次于陶器。

一直到青铜器时代，在生产工具方面，仍然是陶器、木－石器、骨器并用，但是骨器很少。而比较贵重的青铜器主要用作贵族专用的礼器、乐器，以及高级的饮具、食具和兵器，青铜器很少用作生产工具。青铜器时代，平民百姓大多数日常仍然使用陶器。历史上陶器使用的年月，大大长于青铜器使用的年月。

陶制刮削器用来加工木器和骨器等

现代科学考古有一个重要发现，就是远古先民使用大量的陶制刮削器和陶甑，是加工制作骨器、木器的重要工具。

在陶器时代的生产工具里面，首先要注意到陶制刮削器和陶甑。

在仰韶文化半坡遗址中，出土的陶制刮削器和陶甑数量惊人，可以说成千上万。[注33]陶制刮削器为圆片形，直径约7厘米，厚约0.5厘米，用陶片制成，边缘经单向打击而很锐利；陶甑为长条的扁梭形或柳叶形，长约20厘米，宽约3至5厘米，厚约0.6厘米。陶制刮削器和陶甑的主要用途为加工制作骨器和木器的工具，如骨铲、骨锥、骨箭头（簇）、骨匕首、鱼叉、鱼钩，等等。

在姜寨一期遗址出土的先民使用的工具中，也是陶工具最多，达5000多件，大大超过石器和骨器的总量。而在这5000多件陶制工具里面，陶刀1500件，陶刮削器3881件，陶甑880件，陶纺轮50件[注34]

（远古木质具因易腐朽难以保存，故遗物极少见）。陶刮削器数量之多，几乎占半坡遗址出土的工具总数的一半。

陶刀、陶镰、陶锉

史前考古出土了数以万计的刀具，多矩形和半月形，有单孔、双孔和两侧带缺口等多种形式，质料有陶制、石制和蚌制，皆装有木柄。陶刀的使用率很高，往往超过石刀，例如：姜寨遗址出土的工具，有陶刀1500件，石器1342件，骨器1468件，陶刀的数量超过了石器总量。在收割工具及翻土工具方面，庙底沟类型的王家咀出土的石刀与陶刀的比例是1比1，而半坡类型的半坡及北岭遗址出土的石刀不及陶刀的一半。

考古发掘的文物证明：半坡人收获庄稼用木柄的陶镰或石镰；商周时期使用的收获农具依然是木柄的石刀、陶刀和陶镰、蚌镰，河北平山灵寿城、新郑县郑韩故城都出土过陶镰范。先秦有一种兵器"戈"，就是仿造木柄陶镰而作。

可见在夏商周当时，陶刀和陶镰的使用之广。

浙江省博物馆收藏的河姆渡文化遗物陶刀（尺寸：纵6.5厘米，横5厘米）为长方形泥质灰陶，上端厚而圆，有两个圆孔，下端刃部薄。两面均刻有纹饰。一面为兽面纹样，一面为一组云雷纹。线条纤细。[注35]

此外，在史前的采集和狩猎阶段，鞣制兽皮来制衣的传统，也因为后世有了能够盛装溶液的陶器工具，使得鞣制技术有了长足的发展。

各遗址普遍发现的陶锉，是一种通体制成颗粒状麻面的鞣制皮革工具。陶锉的发现往往作为仰韶文化的一个判断标志。[注36]

粮食煮熟之后的发酵制酒

史前先民的酿酒，分为果酒与粮食酒两大类。果酒的得来，是在采集经济阶段就见到了水果的自然发酵为酒。要大量酿酒的技术前提，是要具备可靠的、能长期盛装液体的容器。粮食酿酒，也会从粮食的保管贮存不当而自然发酵得到启发，同样也会有生料粮食发酵，与熟食粮食发酵的偶然机会。只在有了蒸煮粮食的陶炊具和盛装酒液的陶容器之后，才可能从偶然的熟料发酵走向有意识地发酵酿酒。陶器的使用，促进了史前出现专门酿酒的作坊手工业。

历史观的新突破

姜寨遗址里发掘出的第五期文化遗物，陶鬶、陶盉、陶壶，它们的外观造型都是大腹、收口、带手把，口沿都做有流或嘴，便于倾倒液体。[注37]这是典型的饮器，反映出制酒已经成为一种普遍的手工业。

1979年，考古工作者在山东莒县陵阴河大汶口文化墓葬中发掘到大量的酒器。尤其引人注意的是其中有一套组合酒器，这套酿酒器具包括煮料用的陶鼎，发酵用的大口陶尊，滤酒用的漏缸，贮酒用的陶瓮，同处还发现了饮酒器具，如单耳杯，觯形杯，高柄杯等，共计100余件。据考古人员分析，墓主生前可能是一位职业酿酒者。[注38]在发掘到的陶缸壁上还发现刻有一幅图，据分析是滤酒图。在龙山文化时期，酒器就更多了。国内学者普遍认为龙山文化时期酿酒是较为发达的行业。

1974年和1985年，考古人员在河北藁城台西商代遗址中发现了一处完整的商代中期的酿酒作坊。这是迄今保存最完整、年代最早的酿酒作坊遗址。其中的设施情况也类似于大汶口文化时期。在台西酿酒作坊遗址内，出土了46件酿酒用的陶器，包括壶、豆等盛酒器及煮粮食用的陶鬲和灌酒用的陶器漏斗等。台西酿酒作坊遗址的残瓮中出土了8.5公斤酵母残骸，经中科院专家鉴定，这是人工培植的酒曲酵母。虽然此前国内其他商代遗址也曾发现过类似的白色沉淀物，但因未经科学鉴定而不能确认为酒曲，因此台西酒曲是世界上保存年代最久的酒曲实物。[注39]

以上考古得到的资料都证实了：古代传说中的夏禹时代确实存在着酿酒这一行业。

中国历史进入了礼制的文明时代，在重大的祭祀与集会、宴饮场合里，酒在礼仪过程里起着重大的作用。酒对礼仪的作用反馈到制陶业与后世的青铜器制造业，派生出了专门的酒具祭祀礼器与饮用礼器以及精美的贮酒器。春秋晚期曾侯乙墓出土的青铜贮酒器内装贮的酒液，经历了地下埋藏的两千多年之后，仍然保持着醇郁的酒香。这是中华文化的奇迹，亦是世界酿酒史上的奇迹。

总之，就像陶器技术与青铜器技术之间的互动协调发展一样，制酒业与制陶业、制酒业与青铜器制造业之间，也有相互促进的互动作用，深化了人类社会早期的社会大分工。

史前社会至关紧要的陶器工具"罃"（yīng）——火种罐

华夏史前考古发现了多处保存火种用的陶器罐子。

在半坡遗址的灶坑壁上，正对灶口处放着一个粗砂小陶罐，发掘遗址的考古学家们分析认为，这就是保存火种的地方。[注40]

在宝鸡北首岭仰韶文化遗址晚期遗存里，也发现有的房屋"进门处有一桃形或瓢形或椭圆形的火塘，其上一端嵌置一陶罐以存火种"。[注41]

历史年代更早的，则是属于仰韶之前的大地湾（老官台）文化类型，陕西邠县下孟村文化遗址。在下孟村遗址里，房屋的居住面中部有圆形或瓢形的灶坑，"后部有保存火种的陶罐"。[注42][注43]

在史前的火技术里，可划分为火热应用技术、火光应用技术和火种存续技术三大技术范畴。甚至，在现代技术里也可以这样划分。

燃烧技术和加热技术属于火热技术的应用范畴。前者要解决如何保证燃烧得猛烈或温绵，获得尽可能的高温或较低温的长时间保温匀热，也就是极限高温和可控燃烧。后者则要解决如何加热均匀，并保证加热透彻，不发生局部的过烧或者局部烧不透的夹生。在陶器烧制里，还要讲究陶窑里的氧化性燃烧气氛或还原性燃烧气氛，分别获得红陶或灰陶。这是燃烧技术和加热技术的巧妙配合（作者将在后续的论文里专题讨论）。火光应用技术是解决黑暗处的照明问题，由此发展出了照明灯具技术（详见下文）。

取得火种和保存火种，则属于火的存续技术范畴。在没有出现较为简便普及的取火技术（铁火镰与燧石碰擦火星点燃火绒）之前，火种的存续技术是史前非常紧要的一项生存技术。称之为"生存技术"而且"紧要"，就是认为其重要性超过了一般的生产技术和家务劳动技术。不怕火烧而又形状稳定的陶罐，自然成为了保存火种的重要工具。由仰韶之前的大地湾（老官台）文化里就有了火种罐来看，陶器从发明初期的应用开始，就当作了保存火种的容器工具。有了保存可靠而且携带方便的火种罐，加上水罐，方便了先民的定居生活和在定居前提下的远足活动，扩大了先民的活动范围。

从《说文解字》的记载来看古代的火种保存技术。在"缶"部有个"罃"字，解释为"备火长颈瓶也"。用"长颈瓶"来"备火"，显然与

史前时代在灶坑边上的火种罐相比，有了进一步的改进变化。史前灶坑边的火种罐，为大口的小型陶罐（参见《半坡》里相关图片），方便在灶坑烧火时，随时把红木炭头放入火种罐里。那种大口小陶罐可以存放火种，也可作别用。而《说文》里用"长颈瓶"来"备火"，是一种专职的陶器工具了——小口长颈的造型结构，限制了瓶内外空气的大量交换，有利于限制住瓶内火种缓慢燃烧，尽可能增长留火的时间。

远古保存火种一事，不但用专门的陶器瓶工具来担职，而且在史前时代和夏商周三代还有专职的火政官员来采取火种和保存火种，足见保存火种在古代的紧要性。《礼记·夏官·司马第四》有对火政官的记载："司爟（guàn），下士二人、徒六人……司爟掌行火之政令。四时变国火，以救时疾，季春出火，民咸从之。季秋内火，民亦如之。时则施火令。凡祭祀，则祭爟。凡国失火，野焚莱，则有刑罚焉。"郑玄注："故书爟为燋。杜子春曰：'燋当为爟，书亦或为爟，爟为私火。'"贾公彦疏："民间理爨之火为私火。"

从古代对"爟"字的解释里可以体会到，在取得火种的技术和技术装备没有广泛普及之前，"火"有"官火"与"私火"之分。"官火"就是由政府设立的专职取火的官员"爟"来掌控取火的技术装备，来行使取火的具体技术操作——这就是《说文》里讲的："爟，取火于日，官名。举火曰爟。《周礼》曰：司爟掌行火之政令。"显然，"官火"还有由公共机关来保存火种的含义。所谓"私火"，就是民间理爨之火。在还未能广泛拥有采集火种的技术装备之前，民间除了精心保护好自家的火种外，万一火种熄灭了，就或者要去"官火"处，或者要去邻里处借火。

无论是从史前时期开始公共保存的"官火"火种，还是普通人自家保存和使用的"私火"火种，陶器的火种瓶都是古代至关紧要的一种火技术工具。后世的青铜器时代采用了一些青铜礼器替代陶质礼器，而陶质的火种瓶"鬶"，却是青铜器无能为力取代的专门工具，一直沿用到后代（汉朝）。

最早的照明用器：陶豆——燈（灯）

远古最原始的照明方式为火堆或者火把（火炬）。古文中，手上可以举着的、已被点燃的火把，称为"爥（烛）"；放在地上、点燃的成堆细草或树枝叫做"燎"；燎放在大门外的称为"大爥"，放在大门内的则称为"庭燎"。由此看来，先民一开始还没有专用的灯具。

灯具属于火光应用技术。最早的照明用器是"燈（灯）"，即"登"，来自陶器"豆"。豆，是远古的一种饪食器，用以盛放腌菜、肉酱等的器皿，也是古代的礼器，多用陶瓦制成。《尔雅·释器》曰："木豆谓之豆，竹豆谓之豆笾，瓦豆谓之登。"

陶豆是迄今考古所见的最早的灯具。例如：在战国墓葬中，可以看到一种盘底中央突起可插灯芯的"细把陶质豆"，它就是当时的照明器具，是古代灯具的主要形式。后来有用青铜豆制成的灯，写为"镫"，应是字义的假借。我们由此可追溯豆—登—燈（灯）的历史。

上文所述"爑"有三意：（1）音 jiāo，即烧焦东西的"焦"，指引火用的柴禾；（2）音 zhuó，古同"灼"，意为火烧；（3）引申义，音 jué，古同"爝"，意为火炬。把"爝"做成灯芯，插在"细把陶质豆（登）"里面，就成为最早的照明用器：燈。

初期的能用来盛脂膏当作发光燃料的器具，以陶器灯具的性能最佳。在铜绿山古铜矿的矿洞里，考古学家还发现了古代井下采矿的陶器矿燈（灯）。火光技术进一步发展出了烽火报警技术。

陶器"燈"对于先民生活的重要性，不言而喻，类似于汲水盛水的"罐"，以及取得火种和保存火种的"窑"。

陶器生产促进了官营手工业的出现

本文论述陶器引发史前社会大分工。社会大分工首先出现了专职的制陶手工艺匠人和制陶手工业行业，促进了手工业技艺的积累与提高，促进了当时社会生产力的大发展。社会生产力的发展促进了社会财富的增多，相对剩余的社会财富分配，又进一步引发了社会的阶级分化，出现了国家机构和官吏。陶器还直接促进了官营手工业的出现，而官营手工业在世界各个民族的社会结构里，无论是从业者还是生产品，都是加工制造业的精英。

陶质礼器的制造带有"官方色彩"

礼器的制造与使用都不同于普通的陶器生产工具,或者陶制生活用品。礼器是一种当时社会里高等级的用品,用在了众人的聚会,用在了庄严隆重的祭祀。或者说,礼器不属于个体性成员的私人用品,它的职能与属有,从一开始就具有"公众性"。

古代最早的陶制礼器是白陶质料或者黑陶质料,白陶土和特别配制的黑陶土,这两种都不是制造普通器具的材料。从原材料的制备开始,礼器制造就处于高等级的地位。陶质礼器的制作工匠和陶器作坊,显然也是当时行业里的强势人群和作坊。而且陶质礼器在仪式里的具体使用者(首领、祭司),也不会采用像普通陶器那样的自由交换手段来取得陶礼器和使用陶礼器。

就是说,陶礼器的生产,是在社会出现了礼制观念萌芽的时期,将那种萌芽的"礼"观念,物化为陶礼器的使用。而"礼"从本质上来说,是规定并且表现人与人之间的公共关系准则。所以,为礼制服务的陶礼器,其制造生产从一开始就具有"公众性"的特点。这种为公共性质而生产的,高于普通日用品的器具,受到了氏族部落首脑们的额外关注,并随着社会的进一步发展,成为了官营手工业作坊的"专利"产品。

白陶在龙山文化和二里头文化早期,一直地位重要,后世出现的青铜礼器制作,与白陶的先期生产制作,有很大的关系。[注44]

在《礼记·冬官》(即《考工记》)里就规定有对官营陶器制作管理的工官:"陶人制甗(yǎn)"和"㼽(fǎng)人制簋(guǐ)"。整部《考工记》记述的都是官营手工业作坊的制造技术,它是中国最早的一部关于制造技术分门别类、制造工匠和工官、制造官用产品的质量规定等技术的"百科全书"。书里多处提到技艺高超的各种工匠,称他们为"国工",即归属国家所有的工匠。这显然是官营手工业作坊里的优秀专职人员。

像前文里提到的丝绸的纺织和染整加工,直到制衣、文饰,显然不是穿用丝绸的上层人物自己动手制作的,也不是其家庭的自我制作,而是由上层人物直接控制和管理的丝绸纺织工匠、制衣绣衣工匠来具体劳作的。这些为社会上层人物服务的手工业作坊,再一次从普通手工业作坊里分离了出来,成为了官营的手工业作坊。《考工记》就是对官营手工业作坊的记述。

本小节只是从陶质礼器的角度,论述陶器与官营手工业的关系,是史前社会大分工的进一步深化发展。作者将另用专文讨论陶器与古代中国礼制的密切关系。

陶器手工业发展出了官营青铜器手工业

作者曾在论文《没有陶器技术就没有青铜器时代——关于陶器时代的论证之一》中,论述了史前陶器技术对青铜器技术的奠基性作用[参看注10]——该文主要是从制造加工技术的角度来讨论陶器的重要作用,本文则从史前社会大分工的角度,来谈论陶器制造手工业与青铜器制造手工业。

冶炼青铜和铸造青铜器,在最初之时,是一种新鲜事物。这种新事物不是从天而降,不可能突然出现一个专门熔铸青铜器的作坊,而是在既有劳动技术的基础上被发现、被关注,逐渐摸索和发展起来的。青铜冶炼和青铜器的铸造,显然是一种家庭手工业劳作无能力承担的"技术密集型"劳动。熔炼和铸造都是与火有关的技术工艺,自然要在使用火制造产品的作坊里才能继续摸索和发展。青铜的熔炼炉、坩埚、陶范等必须的行业工具和设备,都是陶器制作技术的延伸。

从社会分工的角度来看,青铜技术的摸索和诞生,都首先在陶器作坊里实践。当青铜技术在母体作坊里发育成熟,成为了一门独立制造的手工业时,才从陶器作坊里分离了出去,形成新的手工业行业,深化了社会分工。而且,新的青铜手工业还把母体行业里的技术带了过去,继续使用并发扬光大,又还把青铜技术里取得的制陶进步、烧火进步反馈给制陶手工业技术里。

显然,金属的冶炼和熔铸制器,属于社会的稀缺资源利用和稀有产品的使用,一开始就带有官营的性质。特别是在二里头文化诸遗址里发现了青铜箭镞。箭镞是一种消耗性器物,只有官营的作坊才有经济能力去生产它,持续供应它的消耗。[注45]

有研究者指出,与河南郑州二里岗商城遗址同时期的铸铜遗址也多

有发现，但是其他遗址里没有制造青铜容器的证据，郑州商城二里岗是唯一使用复合范制造青铜礼器的地方。而二里岗离铜锡金属矿藏地都很遥远，大规模青铜器作坊所使用的金属铜锡原料，只能是官方组织由远方的铜锡矿区炼出了金属初级产品，再送到王都（二里岗）的官营作坊制作器物。[注46]

结论

综上所述，在人类农业革命后发生的极其重要的"社会大分工"——手工业与农业分离的历史阶段中，陶器起了巨大的、不可代替的作用。这种划时代的作用，是石器（无论旧石打制或磨制石器）所无法比拟的。史前"社会大分工"最主要的一个部门就是制陶业，而对于纺织业、丝绸业、捕鱼业、皮革加工业、染整业、木器和骨器制造业、酿酒业、制药业，等等，陶器也都是不可缺少的重要因素。但是对这些重要分工说来，"新石器"的具体作用更比不上陶器的作用。在这个意义上（还有其他重要理由），我们更加坚定地主张：应该修正"史前史三分期学说"——在"木-石器时代"和"青铜器时代"之间必须划分出一个"陶器时代"。

注释

[注1] 陈明远：《修正"史前三分期学说"》，载《社会科学论坛》2011年第4期。

[注2] 宋敏桥：《50年来我国史学界对第一次社会大分工问题研究综述》，载《郑州大学学报》（哲学社会科学版）2003年第2期。

[注3] 丁任重：《对第一次社会大分工的再认识》，载《云南财贸学院学报》1986年第3期。

[注4] 朱明光：《怎样认识人类第一次社会大分工》，载《学术月刊》1986年第5期。该文还指出：马克思和恩格斯在另外的地方，例如在《哲学的贫困》中，也说过"城乡分离是第一次社会大分工"。

[注5] 李根蟠：《马克思恩格斯原始社会理论的若干问题》，载《中国社会科学院经济研究所集刊》第9辑，中国社会科学出版社1987年版，第19页。

[注6] 林耀华主编：《原始社会史》，中华书局1984年版，第226页。

[注7] 刘诗中：《江西仙人洞和吊桶环发掘获重要进展》，载《中国文物报》

1996年第4期；又见张驰、刘诗中：《江西万年仙人洞与吊桶环遗址》，载《历史月刊》（台北）1996年6月号。

［注8］袁家荣：《湖南道县玉蟾岩遗址》，载《历史月刊》（台北）1996年6月号。

［注9］保定地区文物管理所等：《河北徐水县南庄头遗址试掘简报》，载《考古》1992年第11期。

［注10］陈明远、金岷彬：《没有陶器技术就没有青铜器时代——关于"陶器时代的论证之一"》，载《社会科学论坛》2012年第2期。

［注11］陕西省社科院考古所汉水队：《陕西西乡李家村遗址1961年发掘简报》，载《考古》1962年第6期。

［注12］中国科学院考古研究所、西安半坡博物馆编著：《西安半坡——原始氏族公社聚落遗址》，文物出版社1964年，第9页。

［注13］西安半坡博物馆、陕西省考古研究所、临潼县博物馆编著：《姜寨》，文物出版社1988年版，第15页。

［注14］李新燕：《甘肃彩陶制作工艺实验与探索》，载《考古与文物》2005年第6期。

［注15］陈雪香：《龙山陶器其在山东省东南部两城镇的制作》，载《山东大学历史文化学院院刊》第18期（2005年）。

［注16］金岷彬：《从古代陶器看中西文化的早期差异》，载《陕西历史博物馆馆刊》第16集，三秦出版社2009年版，第211、213页。

［注17］李文杰、郎树德、赵建龙：《甘肃秦安大地湾一期制陶工艺研究》，载《考古与文物》1996年第2期。

［注18］陈明远、金岷彬：《陶器时代的分期》，载《社会科学论坛》2012年第3期。

［注19］佚名：《夏商周时期的陶窑和改进》，中华古玩网2008年5月。

［注20］王树瑜：《商代窑群佐证龙窑起源》，《福建日报》2007年6月21日。

［注21］余姚市文广局：《河姆渡文化展》，河姆渡遗址博物馆2008年4月编印。

［注22］黄河水库考古队华县队：《陕西华县柳子镇第二次发掘的主要收获》，载《考古》1959年第11期。

［注23］孙天健、万媛华：《新石器时代长江流域彩陶文化》，载《中国陶瓷工业》1998年第3期。

［注24］逄振镐：《东夷史前纺织业简论》，载《齐鲁学刊》1989年第4期。

［注25］余姚市文广局：《河姆渡文化展》，河姆渡遗址博物馆2008年4月编

印。

[注26] 佟柱臣：《中国新石器研究（下）》，巴蜀书社1998年版，第784～795页。

[注27] 中国科学院考古研究所山西工作队：《山西芮城东庄村和西王村遗址的发掘》，载《考古学报》1973年第1期。

[注28] 唐云明：《正定南杨庄遗址试掘记》，载《中原文物》1981年第1期。

[注29] 国家文物局、中国科学技术协会编：《奇迹天工》，文物出版社2008年版，第19～90页。

[注30] 林川：《纸文化研究的补充》，载《北京印刷学院学报》，1995年第1期；《中华印刷科技学会年报》（台北）1996年。

[注31] 《纺织大事年表》，《中国大百科全书·纺织卷》，中国大百科全书出版社1984年版，第388页。

[注32] 《河北邯郸永年台口遗址考古发掘取得重大收获》，《邯郸日报》2010年8月26日。

[注33] 中国科学院考古研究所，陕西省西安半坡博物馆：《西安半坡》，文物出版社1963年版，第59～105页，148～152页。

[注34] 佟柱臣：《中国新石器研究（上）》，巴蜀书社1998年版，第154～168页。

[注35] 陈星灿：《中国古代的收割工具——石刀、陶刀和蚌刀的用法初探》，唐晋的长安博客，2009年11月30日。

[注36] 石兴邦：《半坡氏族公社》，陕西人民出版社1979年版，第136～147页。

[注37] 西安半坡博物馆、陕西省考古研究所、临潼县博物馆编著：《姜寨》，文物出版社1988年版，第336～337页。

[注38] 王树明：《大汶口文化晚期的酿酒》，载《中国烹饪》，1987年第9期。

[注39] 河北省博物馆、文管处台西考古队编：《藁城台西商代遗址》，文物出版社1977年版，第176页。

[注40] 中国科学院考古研究所、西安半坡博物馆编：《西安半坡》，文物出版社1963年版，第34～35页。

[注41] 郭引强：《宝鸡北首岭的分期及有关问题》，载《中原文物》1987年第3期。

[注42] 陕西考古研究所泾水工作队：《陕西邠县下孟村遗址发掘简报》，载《考古》1960年第1期。

[注43] 李诗桂：《陕西邠县下孟村仰韶文化遗址续掘简报》，载《考古》1962

年第6期。

　　[注44] 陈国梁：《二里头铜器研究》，载《中国早期青铜文化——二里头文化专题研究》，科学出版社2008年版，第199~209页。

　　[注45] 陈国梁：《二里头铜器研究》，载《中国早期青铜文化——二里头文化专题研究》，科学出版社2008年版，第143页。

　　[注46] 刘莉：《中国新石器时代和铜器时代早期礼器的生产》，载《桃李成蹊集——庆祝安志敏八十寿辰》，香港中文大学中国考古艺术研究中心2004年编印。从陈国梁文《二里头铜器研究》第203页转引。

人类历史上最早的陶器

——全盘修正"史前史三分期学说"之九

【内容摘要】 迄今发现有距今万年以上陶器的遗址，主要分布在东亚和西亚。华夏距今万年以上陶器遗址的数量最多，超过十余处，而湖南道县玉蟾岩遗址、江西万年仙人洞及吊桶环遗址、广西柳州大龙潭鲤鱼嘴遗址下层和桂林庙岩遗址出土的陶片皆为最早，距今约13000年以上。河北徐水南庄头及阳原于家沟遗址的早期陶器，在华北具有代表性。

华南早期陶器时代的后继者是彭头山文化、皂市下层文化、城背溪文化和大溪文化，主要分布在长江流域的原始稻作农业地区。华北早期陶器时代的后继者是磁山文化、兴隆洼文化、大地湾文化和裴李岗文化，主要分布在黄河流域的原始粟作农业地区。由此，陶器时代早期经过六七千年的持续发展和积累，华夏文化的南北格局大体形成。

【关键词】 陶器时代；遗址；玉蟾岩；仙人洞及吊桶环；鲤鱼嘴；庙岩；甑皮岩；顶蛳山；于家沟；东胡林；南庄头。

迄今发现有距今万年以上的陶器遗址，主要分布在东亚和西亚。其中，东亚地区最早是日本列岛和西伯利亚，紧接着是华夏，西亚则有利凡特（Levant，今以色列、巴勒斯坦、黎巴嫩和叙利亚）、安那托利亚（Anatolia，今土耳其）和扎格罗斯（Zagros）山前地区，即所谓农业起源的"新月形"地带等。华夏距今万年以上陶器遗址的数量最多，超过十余处，而湖南道县玉蟾岩遗址、江西万年仙人洞及吊桶环遗址、广西柳州大龙潭鲤鱼嘴遗址下层和桂林市庙岩遗址出土的陶片皆为最早，距今约13000年以上。陶器的发明，跟原始人群进入定居生活直接相关，跟农业的发生、发展也有相互促进作用，而跟磨制石器（公元前7000年至前6000年左右）并没有什么相关性。陶器在旧大陆各地的多元起源，说明了发明陶器有多种途径，而华夏早期的陶器遗址，明显分为华南、华北两大地区。

华夏最早的陶器遗址

自从20世纪60年代初期考古发掘江西省万年仙人洞遗址以来，先后有报告称，在以下15处遗址都发现了早期陶器：

（1）湖南道县玉蟾岩遗址（公元前12000年以前）

（2）江西万年仙人洞及吊桶环遗址（约公元前12000年至前9000年）

（3）广西柳州鲤鱼嘴贝丘遗址（约公元前12000年至前9000年）

（4）广西桂林庙岩遗址（（约公元前13000年）

（5）广西桂林甑皮岩洞穴遗址（约公元11000年至前9300年）

（6）广西桂林大岩遗址（约公元前10000年左右）

（7）广西南宁顶蛳山文化豹子头遗址（约公元前8700年至前7000年）

（8）河北阳原于家沟遗址（约公元前9700年至前8000年）

（9）北京门头沟东胡林遗址（约公元前9100年至前7600年）

（10）浙江浦江上山遗址（约公元前9000年至前7000年）

（11）河北徐水南庄头遗址（约公元前8500年至前7700年）

（12）北京怀柔转年遗址（约公元前7800年至前7200年）

（13）江苏溧水神仙洞遗址（约公元前8000年）

（14）广东英德牛栏洞遗址（约公元前8000年）

（15）甘肃庆阳教子川十里坡底遗址（年代待验证）

其他可能还有一些遗址，尚未见到详尽的考古发掘报告，故暂未能进行讨论。

历史观的新突破
LISHIGUAN DE XINTUPO

这南北15处遗址中发掘出的早期陶器，经过多种方法测定，其年代皆在距今1万多年前（甘肃庆阳教子川十里坡底遗址的年代待验证）。

其中，反复进行细致考古工作的几个遗址，测出的地层关系明确又具备系列年龄的，有湖南玉蟾岩、江西仙人洞与吊桶环、广西桂林庙岩、桂林甑皮岩、柳州鲤鱼嘴、河北阳原于家沟及徐水南庄头等处。

概而言之，湖南玉蟾岩、江西仙人洞与吊桶环遗址、广西桂林庙岩、柳州鲤鱼嘴等遗址出土的早期陶器的特征及年龄，代表了华南早期陶器的特征。河北徐水南庄头及阳原于家沟遗址的早期陶器，在华北具有代表性。

湖南玉蟾岩洞穴遗址（公元前12000年以前）

2009年6月2日出版的美国《国家科学院学报》上有报告称，中国和以色列科研人员借助放射性碳测年法，测定出在中国湖南出土的一些古代陶器碎片已有大约1.4万年至2.1万年的历史，这是迄今所知的人类最早的陶器制品。

湖南玉蟾岩洞穴遗址出土的陶片，当时便被专家测定为与江西万年仙人洞等遗址出土陶器均为中国已知最早的陶制品。

玉蟾岩洞穴遗址位于湖南省西南部南岭山地北侧的道县寿雁镇白石寨村，亦名蛤蟆洞。洞穴较现代地面高出5米，洞口部分呈一宽敞的洞厅，洞口朝向东南，洞厅阳光充足，洞前地势平坦开阔，适宜人类生存。1993年、1995年先后进行过两次发掘，均获得了距今万年左右的陶器和水稻壳遗存。遗址面积约100平方米，文化层堆积厚1.2至1.8米。地层变化复杂，文化现象、面貌性质单纯，为旧石器向新石器过渡时期的文化。文化遗存除发现烧火堆等生活遗迹外，还发现较多的石、骨、角、牙、蚌制品。

石器均为打制，制作技术简单，为单面加工，计有刮削器、切割器、尖状器等，以中小型石器为主。未发现磨制石器。骨器有打制的角铲、磨制的骨铲、骨锥等。此外，还有穿孔蚌饰及刻槽牙饰。玉蟾岩最重大的发现是早期陶片和水稻谷壳的出土。陶器呈黑褐色，制作粗糙，夹砂，砂粒最大直径达2厘米，质地疏松，内外装饰绳纹。1995年出土的陶片复原为敞口尖圆底的釜形器。稻谷共出土4枚，同时在文化堆积土样中分析出有稻属硅酸体，经农学家鉴定，1995年出土的稻谷为栽培稻，但兼具野、籼、粳的特征，是一种由野稻向栽培稻演化的古栽培稻类型。文化层中出土了大量的动、植物化石，计有哺乳动物28种属，鸟、禽类27种，鱼类5种，螺蚌类33种，以及龟鳖类和昆虫类等种属。

道县玉蟾岩遗址，是一处文化性质单纯、内涵丰富的史前洞穴遗址，呈现出旧石器文化的面貌，时代约在1.4万年前。出土的黑褐色陶片，与江西万年仙人洞等遗址出土陶片均被确认为中国已知最早的陶制品。[注1][注2]

江西仙人洞与吊桶环遗址（约公元前12000年至前9000年）

江西仙人洞与吊桶环遗址位于江西万年县城东北方向约20公里处，是地处怀玉山东麓的石灰岩洞穴遗址，距大源村不远。两处洞穴遗址，相距约800米。洞穴所处的大源盆地四面环山，东西长约4公里，南北宽约1公里。盆地东北屏障是夏后山，西南邻接红土壤山丘。文溪河水从西北穿过盆地。

下层为旧石器末期，上层出土夹砂陶片和磨制石器以及有对称倒刺的骨鱼镖、针、锥、镞等。出土陶器的地层为1.4万年至1.2万年。再一处为吊桶环，是高出盆地约30米的岩棚遗址，其文化遗存和分期大体与仙人洞遗址相同。

通过对1993年发掘出的陶片进行仔细观察，从中提取出8块具有代表性的陶片并对它们进行岩相分析，可以把它们初步分为3个主要类型。年代最早的陶片类型是以掺杂石英粒的陶片为代表的"仙"类型。烧制火候不高，一般呈褐色。器形大约为圜底筒腹直口或圜底鼓腹口微敛的罐（或釜）形器，这类陶器显然是由小块片状粘土捏合而成。仙人洞、吊桶环的早期陶器经历了植物茎叶纹、素面无纹、绳纹三个发展阶段。1995年发掘出土有陶片516件、石器625件、骨器318件、穿孔蚌器26件。石器多见打制的卵石石器，骨、角器有铲、锥、针、镞、鱼镖等。主要的各地层几乎没有见到磨制石器，可见该遗址处于旧石器阶段。[注3][注4][注5][注6][注7][注8]

广西柳州鲤鱼嘴遗址（约公元前12000年至前8500年）

柳州鲤鱼嘴遗址位于柳州市区南部大龙潭公园内大龙潭东北、龙山南麓之岩厦下，北距柳江河约3公里。

柳州鲤鱼嘴遗址第2层出土陶器均为残片，以夹粗砂红褐陶为主，部分为灰褐陶，质地疏松，火候较低，器形以敞口、束颈之圜底陶釜（罐）类器物为主，器表多饰粗绳纹或中绳纹，以印痕较浅、较凌乱之粗绳纹为主，部分器物之口沿上压印一周花边，口沿下施一周附加堆纹，附加堆纹贴附不牢，极易脱落。

柳州市南郊的鲤鱼嘴下文化层出土有陶片8片，器形不清，均为手制，火候很低，质软。这一层下部螺壳经碳元素测年为距今21020±450年、18560±300年，上部人骨经碳元素测年为距今11450±150年、10510±150年。

陶器制作方法基本为泥片贴筑法。在稍晚的上部地层中的出土陶器，饰粗绳纹或中绳纹，为敞口、束颈、圜底之陶釜（罐）类器，与桂林甑皮岩遗址第3层文化器物及南宁顶蛳山遗址第2层文化之同类器物具有相似性，其年代也大致相同，约在距今9000年前后。该遗址出土了大量打制石器，及大量燧石质细小石器，但无磨制石器，可见仍属中石器阶段。[注9][注10]

此外在桂林庙岩遗址、大岩遗址皆发现了距今超过1万年以上之陶器。

2004年发掘的广西柳州鲤鱼嘴第2层遗存和南宁顶蛳山遗址第1~2层遗存、桂林甑皮岩遗址第1~4层遗存、庙岩遗址第2~6层遗存、大岩遗址第2~3层遗存等，只见陶器与打制石器，而不见磨制石器。

广西桂林庙岩洞穴遗址（约公元前13000年）

广西桂林发现的72处洞穴遗址，大致分为三个聚落群：甑皮岩聚落群、大岩聚落群、庙岩聚落群等，处于旧石器时代末期，各层年代距今大约15000至7000年，建构了华南地区史前文化基本发展序列。这么丰富和集中的大规模洞穴遗址，从中国目前的考古发现来看，只有桂林具备。

广西桂林庙岩洞穴遗址位于桂林市东郊的一座石灰岩小山上，洞穴海拔高程150米，高出地面13米。1988年7至8月桂林市考古队作了发掘，发掘面积50平方米，文化层堆积厚约2.4至2.9米，共可分6层，第2层至第5层均有各种文化遗存，第5层发现5块原始的陶片，为灰褐色、素面，部分陶片表面有烟炱（可能属于炊器），质地粗疏，吸水性强，夹石英颗粒和炭粒。未见磨制石器。庙岩遗址第5层的陶片，经北京大学考古系实验室测定，年代分别为距今15560±500年（BA94137a）、15660±260年（BA94137b）。上层出现的石器，计有砍砸器、刮削器、穿孔器、铲形器、石砧、砺石等，骨器有锥、铲等，蚌器有蚌刀及穿孔器等。

庙岩遗址只见陶器与打制石器共出而不见磨制石器。[注11][注12]

广西桂林甑皮岩遗址（约公元前11000年至前9300年）

桂林甑皮岩遗址位于广西壮族自治区桂林市南郊的独山西南麓，是一处保存比较完全、内涵丰富的新石器时代洞穴遗址。1965年该遗址被发现，1973年6月以来曾多次发掘，发现了大量人类文化遗存。1973年6至9月的第一次发掘成果已发表，后几次的发掘材料正在整理和研究。在初步整理和研究的基础上，有关学者已发表了对历次发掘出土的陶器的研究文章。

桂林甑皮岩下层已发现有大量的陶片，由于碳元素年代早晚混杂，彼此差距较大，资料又发表得不够充分，研究者对地层存有争论，但经观察，这些早期陶片多数系露天堆烧的较原始的红陶，烧成温度在680℃左右，其中编号SB36C的陶片热释光测年达10370±870年。

研究者认为甑皮岩遗址的陶器经历了2个阶段。1974年和1979年从DT5、DT6、DT7、DT8、DT9的第三钙华板之下发掘到的粗砂红陶，胎色驳杂不匀，胎壁特厚，质地疏松易碎，纹饰为粗绳纹，与从其他部分出土的陶片明显不同，显得原始得多，应属于第一阶段。

2001年对桂林甑皮岩进行二次发掘中，发现了距今12000年之素面夹砂陶器，烧制温度不超过250℃。有人认为此是当时所发现的最原始之陶器。

遗址第5期文化层陶片出现有刻划纹、戳印纹、水波纹、曲折纹等

历史观的新突破
LISHIGUAN DE XINTUPO

纹饰，器型包括陶罐、陶釜、陶钵、圈足陶盘、陶豆等（距今7000年以前）。

甑皮岩遗址1~4期遗存，只见陶器与打制石器共出而不见磨制石器。[注13][注14][注15][注16][注17]

桂林大岩遗址（约公元前10000年左右）

大岩塘洞遗址，位于广西曲江县枫湾镇骑马石村后的石灰岩溶洞内。年代为旧石器时代晚期。遗址所在的山上有四个溶洞，其中第二层溶洞发现有遗物、化石。

2001年发现的桂林附近的大岩遗址堆积被发掘者分为6期，第2期出现两件烧制的陶土块，泥质，均残，完整器形难辨，一件略成圆柱状，一件较薄，表面具有凹凸不平的捏按坑窝，整体呈一凹形。从残余部分观察，这两件器物均不是陶容器，但它们显然经过有意的捏制和烧制。第3期发现3件陶容器，器壁极厚，制作技术相当原始，从地层、陶器的制作方法及形态观察，发掘者推测年代应不晚于公元前一万年左右的湖南道县玉蟾岩发现的陶器。其第4期的饰粗绳纹、敞口、束颈、圜底的陶釜（罐），与湖南澧县彭头山遗址的同类物具有相似性，间接证明了前两期遗存在陶器起源方面的重要性。

华南地区由于遗址大都位于石灰岩地区，除南宁附近的顶蛳山外，都是洞穴或岩厦类遗址。由于石灰岩地区特有的碳富集现象，目前对某些年代数据尚存在一些争议。但是，随着研究的进展和测年数据的多样化及不断增加，可以肯定前述大部分遗存的年代即使扣除碳富集的最大偏差以后，仍然在距今万年左右。

庙岩、鲤鱼嘴的年代数据有所疑问但依然相当早，表明在距今大约15000年至12000年的华南地区开始了制陶的试验。而且，从类型学角度看，这些早期陶器的形态的确十分原始，据研究，大岩最早的类似陶器的烧制物、最早的成型陶器从器形上观察，均比玉蟾岩陶器表现出更多的原始性。这些都表明了：早期陶器有一个漫长的试验和发展过程是客观存在的。特别是，在大岩和顶蛳山这样持续很长时间的连续堆积的遗址中，都发现了这些早期陶器之后存在着和湖南地区陶器文化已经比较成熟的彭头山文化（距今8000至9000年）相类似的遗存，进一步可

220

以确定：广西地区是早期陶器的起源地区之一。[注18][注19]

广西南宁顶蛳山遗址（约公元前8700年至前7000年）

广西南宁顶蛳山贝丘遗址，位于南宁邕宁区距蒲庙镇西南三公里的顶蛳山——豹子头贝丘。

南宁顶蛳山遗址出土的陶器具完整，且多达20多件，其数量在广西史前考古史上为空前，文化层位明确，序列清楚无混乱，第1~2层出土陶器与江西万年仙人洞所发现的早期陶器特征相似，其年代也大体一致，约距今10000年左右。

广西南宁东南的顶蛳山遗址被发掘者分为前后承继的4层，距今万年左右的第1层就出现了陶器，器类仅见圜底罐或釜形器。制作和装饰手法均极原始。

顶蛳山遗址的第1~2层只见陶器与打制石器共出，而不见磨制石器。[注20][注21][注22][注23]

河北阳原于家沟遗址（约公元前9700年至前8000年）

于家沟遗址，位于河北省阳原县境内桑干河北岸的虎头梁村西于家沟的源头。河北省文物研究所和北京大学考古系合作，于1995年至1998年对河北省阳原县泥河湾盆地进行发掘，1998年重点对泥河湾中部虎头梁一带的于家沟遗址等10个旧石器遗址和姜家梁新石器时代遗址、墓地进行了揭露，发掘面积达2700平方米。

于家沟遗址的重要收获，在于找到了华北地区极为难得的更新世末至全新世中期的地层剖面和文化剖面，发现了从旧石器晚期到细石器中期的连续堆积文化层——厚度达7米多。出土了丰富的石器、陶器、骨器及大量动物骨骼。[注24][注25][注26][注27]

在剖面下部距今8000至14000年前的细石器文化层中，出土有细石器以及年代超过万年的夹砂黄褐陶片。陶器发现于灰黄色粉细砂层，亦即遗址第3层中，陶片为夹砂陶，红褐色，最大的一块似为一平底器的底部。

剖面上部含有新石器初期文化遗物，年代约为距今5000至8000年前。

从河北省阳原县泥河湾地区（于家沟）发现的旧石器时代晚期的陶片来看，在华北地区陶器的产生距今已有11700多年的悠久历史。

北京门头沟东胡林遗址（约公元前9100年至前7600年）

东胡林遗址位于北京市门头沟区斋堂镇东胡林村西，永定河支流清水河北岸的二级阶地的马兰黄土上，高出河床29米。这处遗址是1966年北京大学地质地理系同学在门头沟区实习期间发现的。

遗址出土的遗物主要有石制品、骨制品、陶片、动物骨骼和果壳等。以石制品为大宗，包括有打制的石核、石片、石锤等；骨制品有骨锥、骨笄等；陶器仅见残片，多为器物腹片及底片，偶有口沿残片。

发现的60多件陶器多为红褐色，均为夹砂陶，质地疏松，火候不均，有的陶片外表呈红褐色，内壁则为黑色，除个别有附加堆纹外，均为素面陶。从断面观察，有的陶片内外成片脱落。从整体来看，多为罐类器物残片。制作方法有泥条盘筑和泥片贴筑，都是平底器和圜底器，而且还有花纹。

在遗址中发现了大量夹砂陶器和火塘，前者无疑是烹煮食物的炊具，后者则具有烧烤和灶具两重功能。夹砂陶器烹煮的很有可能是谷物，即去皮壳的小米，也可以烹煮河蚌等软体动物，这类软体动物如果不经过烹煮很难去掉腥味。[注28][注29][注30][注31][注32]

浙江浦江上山遗址（约公元前9000年至前7000年）

上山遗址位于浙江浦江县黄宅镇渠南村、渠北村和三友村之间，在钱塘江支流浦阳江上游的河谷地带。2001至2006年，考古人员对上山遗址进行了三次发掘，发掘面积约1800平方米，发现灰坑、房址，遗物有石器和陶器。年代约在距今11000年至9000年间。[注33]

陶器中大敞口盆是最重要的器物形态，此外还有双耳罐、大平底盘、镂空圈足盘等。从众多陶片中，复原的两件陶釜的底部均发现了圈径很小的圈足痕迹，这种器形在东南沿海地区陶器时代遗址中罕见。陶质大多为外红内黑的夹炭陶，胎质中普遍有糠和草本植物碎料。胎体内部可见到分层挤压的层理现象。陶器的装饰手法除红衣外，还发现少量的绳纹、堆贴、镂空，口唇部位还见有均匀分布的短线刻纹。

晚期陶器以夹砂陶为主，陶色偏灰褐，偶见黑陶片，器形有釜、罐、盆、盘、钵及圈足器，值得指出的是，陶片中还发现有短小柱状足。在釜类器的口沿片中，可以看到跨湖桥、楼家桥等遗址中常见的呈外薄内厚、沿面微凹特征的标本。[注34]

河北徐水南庄头遗址（公元前8500年至前7700年）

南庄头遗址位于河北省徐水县境内，地处太行山东麓前沿，华北冲积平原的西部边缘，海拔21.4米，面积约20000平方米。经放射性碳素测定年代为距今9700年至10500年左右，属旧石器时代晚期。1986年、1997年作了发掘，发掘面积300余平方米，先后发现50余片陶片，夹砂或夹云母，为深灰夹砂陶器和红褐夹砂陶器。胎厚一般在0.8厘米至1厘米，烧制火候低，质地较疏松，表面多呈灰色，少数为红褐色，陶色不匀。器型主要是罐，平底，底部常有烟熏火燎痕迹，有的陶片还有钻孔，个别器物可能为小钵形器。

据7个测年数据，该遗址的年代跨度为距今9690±95年～10815±140年（未经树轮校正）。

生活于平原湖沼边缘之南庄头先民缺乏洞穴条件，虽以采集、狩猎经营为主，但已发明制陶及原始家畜饲养，原始农业可能业已发生，此必然与定居生活相联系。南庄头遗址不见石锄、石铲等工具，此外还存有许多鹿角，推测应有尖木棒。鹿角之角根部或分叉部多有一周切割痕，切割之目的可能为利用其做挖坑、点播之工具。由此情况看，南庄头人尚处于"火耕农业"之初级阶段。[注35][注36][注37][注38][注39]

北京怀柔转年遗址

北京怀柔转年遗址（约公元前7800年至前7200年），位于怀柔宝山寺乡转年村西、白河西岸第二阶地上。阶地高出河面约10米。这是北京市文物研究所和中国科学院古脊椎动物与古人类研究所联合组成的考古队在1992年北京地区史前考古调查中发现并试掘的一处陶器时代早期的重要遗址。

怀柔转年遗址发现有典型之细石器、打制石器。陶器种类有筒腹罐和盂等残片，以夹砂褐陶为主，火候不匀，质地疏松，陶土中含有大量

石英颗粒，颜色不纯，有些陶胎呈黑色，似未烧透。陶片内表粗糙，外表经过打磨，不少陶片内外颜色不一且多为素面。从陶片断面观察，可看出片状贴塑之痕迹，有些陶片内外成片状脱落。

经测定之两个数据，一为距今9200年，一为距今9800年，均未经树轮校正。

位于北京左近的几个早期陶器时代遗址，以河北阳原于家沟最早，其次为北京门头沟东胡林遗址，再次为河北徐水南庄头，最后为北京转年。除南庄头可能是一处湖边堆积外，另三处都是河岸台地遗址。四个遗址都以平底的罐形炊器为特色，在最晚的转年还发现了可用于进食的盂形器。

近年，北京房山区镇江营遗址文化层下部，发掘出公元前7000年至前6000年的陶器时代早期遗存，被称为"镇江营一期类型"。遗存发现若干素面陶器，如红陶双耳壶。石器多以河卵石打制而成，亦属于旧石器时代。[注40][注41][注42][注43]

江苏溧水神仙洞遗址（约公元前9000年）

溧水神仙洞位于江苏溧水县东南21公里的回峰山中段西北坡，属白马乡，1977年4月被发现。经挖掘和考察，考古人员认为神仙洞是由石炭系石灰岩沿层面及裂隙经地下水溶蚀而成。遗址的时代应属全新世早期，距今约1.1万年。遗址中发现的动物群遗骸可能代表了由晚更新世向全新世的过渡类型。以往出现于中-晚更新世的最后鬣狗与新石器时代文化的标志产物陶片共生，该洞遗址中的陶片，当时被认为是迄今我国发现最古的一些陶片。[注44][注45][注46]

其主要成果是在地质学上为更新世和全新世的分界提供了一个绝对年代，即洞内出土的碳屑经北京考古所实验室测定为距今11200±1000年，以往地质年代表划定以公元前10000年为更新世与全新世的界限。

广东英德牛栏洞遗址（约公元前8000年）

英德牛栏洞遗址，位于广东省英德市云岭镇东南面约2公里的狮子山南麓。狮子山是一座石灰岩孤峰，相对高度约100米，周围是石灰岩地区的蚀余丘陵山地。牛栏洞因当地村民在洞中圈牛而得名。洞内主要

人类历史上最早的陶器

为廊道型。全洞平面略呈曲尺形，洞高5米至15米，宽2.5米至5米，总面积约400平方米。牛栏洞人的生活时代距今约8000至12000年。

1996年，考古人员对英德牛栏洞遗址进行试掘，发掘面积约20平方米，获得了一批打制石器、少量磨制石器和陶片以及大量的动物骨骼，经确认这是一处具有重要意义的距今1万年前后的史前时期洞穴文化遗存。

英德牛栏洞堆积分层为3个大时期，在其距今9000年至10000年的第3期早段发现了陶器遗存，年代相当于玉蟾岩时代。牛栏洞第3期已出现少量磨制石器，玉蟾岩却尚未出现。主要磨制石器为石斧与磨刃切割器，主要用于砍伐与切割，即砍伐树木或兽骨、切割兽肉之类，这表明牛栏洞第3期居民的狩猎生活占的比重相当大，或者说，狩猎生活占主导地位，这才会精心加工石斧与切割器。而玉蟾岩没有磨制石器，也没有石斧与细小石器，狩猎生活并未占主导地位。相反，它拥有打制的锄形石器，可能用于播种栽培，证实农耕文化已萌芽。[注47][注48][注49][注50]

玉蟾岩堆积厚1.2至1.8米，牛栏洞堆积层厚3.14米，表明玉蟾岩内人类生息的时间短，牛栏洞内人类生息的时间长。玉蟾岩遗址比牛栏洞早几千年，稻作农业活动相异。

由以上分析可见：华夏陶器的起源存在华南、华北两个中心。两者相距非常远，从生态环境、出土文物组合、动植物资源等方面观察，两者的文化背景并不相同。可大体看出：华南早期陶器多为圜底，华北早期的陶器多为平底；陶器的制作方法、器表的装饰手法也有明显的差异。

因此，两者的陶器应是各自独立起源的，后来交流汇合起来。以年代相比，华南地区早于华北。

以上一些遗址地层的年代，约开始于公元前12000至前10000年，终结于公元前7000年至前6000年，历经6000年左右，而陶器的制作工艺进步迟缓，停滞在陶器时代的第一期初始阶段。例如，始终没有出现陶窑和陶轮。但是它们的进一步发展后继有人，跟南北的一些第二期陶器文化相衔接（详见下文）。

华南地区以南岭一带为中心，已发现8处遗址，这一地区石灰岩洞穴密布，仅1983年对湖南道县附近4个区的普查，就发现各类石灰岩洞穴130余处，其中5处发现了与玉蟾岩相类似的石器时代晚期遗存。这

历史观的新突破
LISHIGUAN DE XINTUPO

些洞穴为远古先民提供了栖居地，成为华南先民发明陶器、驯化水稻、孕育新文化的摇篮。这一地区开始的早期陶器文化跟彭头山文化、皂市下层文化和城背溪文化相衔接。

华北地区以今北京附近为中心，已发现4处遗址，相距不远，年代相续，文化内涵和生态位也相似，这一地区开始的陶器文化跟磁山文化、大地湾文化（初称老官台文化）、裴李岗文化等前仰韶时期相衔接。

陶器时代第一期的这些遗址发现的陶片通常比较厚，烧制温度较低，陶泥中大都夹有石英、云母末或蚌末。有的断面有层理现象，似乎是一层层贴敷制作的。器型有罐与钵类，其中在道县玉蟾岩发现的一堆陶片复原为一个尖圜底斜腹直口罐，显示出极为原始的状态。这些陶器残片，应是我国陶器起源阶段的产品。

玉蟾岩遗址复原的那件陶罐的埋藏年代，早于古栽培稻谷；华北阳原于家沟的陶片，发现于距今1万多年的细石器文化层中；江西万年仙人洞、广西桂林庙岩发现的陶片的年代，可早至约距今15000年等；从这些现象分析，我国陶器的起源，很可能是在栽培作物发生之前，但与栽培作物发生的社会背景相同，也是在发达的采集经济下逐步诞生的。

广西有一些陶器时代遗址，只见陶器与打制石器共出而不见磨制石器，如顶蛳山遗址1期、甑皮岩遗址1至4期遗存、庙岩遗址、大岩遗址2至3期遗存、鲤鱼嘴2期遗存等，都还没有出现所谓的"新石器"（磨制石器）。[注51]

因此，关于中国早期陶器与陶器起源的问题，根据目前的发现，我们可以得出以下初步的认识：

大约在公元前12000年至前11000年左右，先民在华南首先开始制陶的试验，到公元前6000年左右大致完成了陶器的发明和探索，陶器成为遗址中普遍存在的文化因素。因此，我们可以将公元前12000年至前6000年这六千年间定为中国陶器的试验和起源阶段，也就是陶器时代的第一期初始阶段（在裴李岗遗址，才发现了迄今所知第一座圆形的横穴窑址，进入陶器时代的第二期）。

公元前7000年至前5000年，当农业聚落在黄河和长江流域产生时，制陶技术已经相当普及。这一阶段的环境，恰值末次冰期结束并向全新世转变的过渡阶段，陶器的发明，应视为这个大过渡阶段的产物。

人类历史上最早的陶器

甘肃庆阳教子川十里坡底遗址

甘肃庆阳教子川十里坡底遗址出土的陶器，与晚更新世动物群遗骸共存于同一地层，该地层中的钙质结核测定的年代为距今 25290 ± 500 年（待验证），如果年代检验核实，那么这就是迄今发现的最早的陶器。

1992 年以来，考古发掘甘肃庆阳地区第四纪地层时，在庆阳县城附近和环县曲子一带晚更新世萨拉乌苏组河湖相沉积地层中发现了陶片，同一层位中还有哺乳动物化石及旧石器、炭屑、灰烬等文化遗物。上述陶片发现于自然沉积地层之中，均为红色，除一块较大（13 厘米×9 厘米）且略显器皿形状外，其余多为 5 厘米×8 厘米或 3 厘米×4 厘米左右的碎片。庆阳教子川十里坡底萨拉乌苏组剖面，有上、下两层产陶片：底部砾石层中的陶片有的含砂，部分砂粒较粗呈砾状，成分为石英，制作粗糙。陶片厚 0.7 厘米至 1.2 厘米，内壁凹凸不平，表面有划纹和绳纹。[注52]

贝丘遗址（Shell Mound）

贝丘（Shell Mound）是远古先民在河湖海沿岸的一种居住遗址，特征是留存了大量古人食剩、抛弃的贝壳堆积，日本称为贝冢。贝丘广泛分布于世界各地。所含贝类基本上分为海生和淡水两大类。贝丘遗址的文化堆积层中夹杂了贝壳、各种食物的残渣以及石器、陶器等文化遗物，还往往发现有房基、窖穴和墓葬等遗迹。由于贝壳中含有钙质，致使骨角器等往往能保存完好。这种遗址反映出渔捞活动在经济生活中占有相当比重。

世界各地发现的贝丘生活方式，最初都是在冰川消退以及史前人类猎取的更新世大型动物消失以后发展起来的。

根据北京周口店山顶洞发现的旧石器时代的贝壳及其顶部被磨成圆孔的情形，可以推测：远在一万多年前，先民已知道利用贝类。在远古墓葬中，出土有红螺、荔枝螺、蟹守螺、锈凹螺、毛蚶、牡蛎、青蛤、蛤仔、文蛤、蚌和蚌器等。有些墓葬中还发现货贝（就是黄宝螺，学名：Monetaria Moneta）等，几千年前，先民便已广泛利用贝类用于饭食、器物或货币了。

历史观的新突破
LISHIGUAN DE XINTUPO

华夏贝丘遗址南起两广沿海一带，北至辽东和山东半岛。内陆河畔具有代表性的遗址，有广西南宁桂林、柳州一线（邕江流域）以及广东诸贝丘遗址。[注53]

在长达几千年连续堆积的华夏贝丘遗址中，都发现了在上述早期陶器之后存在着类似的遗存，证明了华夏陶器时代第1期的持续发展和多元性、继承性。

广东封开黄岩洞贝丘遗址，位于封开县渔涝镇狮子岩西南山麓，虽然未发现早期陶器，但是在以后晚期墓葬发掘中，出土了三足陶器的器足、陶釜、陶罐等。

广东佛山禅城区河宕村的贝丘遗址，面积达一万平方米，发现三层的文化遗迹：中层有火烧土硬面、遗物和墓葬51座；下层为贝壳层，有密集洞穴遗迹、遗物和墓葬26座。遗址中下层的年代距今3600年至5700年，出土了一大批陶器、玉器、骨器、石器等，有上万件印纹相当丰富的几何陶片，19具保护比较完整的男女骨架。它证明了几千年前佛山先民在陶器时代生活的延续性。

广东高明市西北角的古椰遗址，可分为7层。最重要的是出土了20多粒稻谷。陶器以夹砂绳纹陶为主，灰或灰白泥质陶的比例有所增加，器型有釜和泥质圈足盘等。第7层为黑灰色黏土，含大量木块、树枝条和少量陶片、果核、碎骨等。第3至7层的陶器具有明显差别，表明本遗址的文化遗存具有分期的延续性。

出土遗物分为人工制品和动、植物遗存。人工制品有陶、石、木、骨器等，其中以陶器为主。陶器中多为夹砂陶，以釜为主。泥质陶主要是圈足盘、钵等。文化遗存分4个阶段，分别与水田区的第3、5、6和7层相对应。第一阶段的陶器均出自水田区的第7层，可复原的陶器为陶釜和带腰沿的陶钵等。陶釜为夹砂陶，敞口，球腹，颈腹结合处有一周明显的抹痕，腹部施垂直或左上至右下的绳纹和横向的弦纹或右上至左下的篦划纹，这些特点非常明显，在本遗址陶器上贯彻始终。陶钵为泥质陶，敛口，圜平底，腹部外侧有一周较宽的腰沿，内部施酱红色陶衣（彩）。圈足盘个体较大，足较高，上敞下敛呈盘口状，饰2层弦纹、竖向刻划纹和指甲纹等。第二阶段为水田区的第6层，器型有罐、釜、钵、钵形釜、圈足盘等。其中罐的变化不明显，但器型较第一阶段丰富，圈足盘内壁多见放射状的刮彩，圈足也多有镂孔。第三阶段为水田第 5 层和坡脚区的第 8 层，可复原器物 2 件，最突出的特点是开始出一定数量的盘口器，同时也出有镂孔圈足盘，但数量很少。第四阶段以第 3 至 4 层和山岗坡脚区的第 6 至 7 层为代表，陶器的器类趋于简单化，主要以夹砂的盘口釜、罐类为主，少见其他器型，但第四阶段出土的较多石器，与前 3 期有较大的区别。另外，人工制品中首次发现一定数量有加工和使用痕迹的木质工具。[注54][注55][注56]

广西冲塘遗址的文化应来自于邕江流域顶蛳山。年代距今 6000 年左右，是顶蛳山文化的后继者。冲塘有两处遗址，位于崇左市江州区濑湍镇，在左江左岸的台地上。何村遗址发现了超过 50 具墓葬个体。出土了制作精美的双肩蚌铲，还有火候较高的折肩陶器残片。

胶东贝丘文化大约从距今 6000 年开始，经历了一千年左右。在半岛的分布比较广泛，有 80 多处。

胶东半岛贝丘遗址，是海边先民食用的蛤、蚌、蚬、牡蛎等暗滩海洋生物，在生活地长期积累形成的堆积。烟台福山邱家庄、芝罘白石村、牟平蛤堆顶、蓬莱南王绪和大仲家、海阳翁家埠、莱阳泉水头等地均有贝丘遗址存在，甚至远离大陆的庙岛群岛也有发现。

在白石村贝丘遗址发掘出木骨泥墙建筑的住房柱洞 210 多个，分布甚为密集，分为两类，一类是直接在地面上挖一个比柱子略粗的洞，埋上柱子，构架房屋，可称为直柱法；另一类是先在地面挖一个长、深各 1 米左右的椭圆形大坑，在大坑中间再挖一个与柱子粗细差不多的柱洞，可称为坑法。柱洞一般比较深，这种柱洞的使用比例达 34%，当时已普遍应用。贝丘遗址地层中发现大量的红烧土块，来自经过焙烧的居址地面。在庙岛群岛北庄遗址中，考古人员发现了布局完整的房址群，均为圆角方形的半地穴式建筑，显示出当时先民的定居活动已经初具规模。

贝丘遗址中有大量陶器出土。主要是夹砂陶，还有少量的泥质陶。各式鼎作炊器用，罐、盆和钵作盛器用，还有各式各样的支脚。贝丘遗址出土的陶器已经比较成熟。

在青岛即墨北阡贝丘遗址的考古发掘中，出土了距今 7000 多年的北辛文化时期的文物标本，又出土了距今 6000 多年前的大汶口文化早期的各种文物，如陶器、石器、骨器和大量的贝壳等，也出土了进入文明时

期的西周和春秋文物。[注57]

华南、华北早期陶器时代的后继者

华南早期陶器时代，以桂林甑皮岩、道县玉蟾岩、万年县仙人洞等遗址为代表。它们的后继者是彭头山文化、皂市下层文化、城背溪文化和大溪文化，主要分布在长江流域的原始稻作农业地区。

华北早期陶器时代，以河北徐水南庄头、北京东胡林等遗址为代表。它们的后继者是磁山文化、兴隆洼文化、大地湾文化（亦称老官台文化）和裴李岗文化，主要分布在黄河流域的原始粟作农业地区。

由此，陶器时代早期经过几千年的持续发展和积累，华夏文化的格局已经大体形成。

甑皮岩文化与彭头山文化存在着一定的共性
（公元前6200年至前5800年，一说公元前7000年前6000年）

彭头山遗址位于湖南省澧县澧阳平原中部。主要文化堆积为彭头山文化遗存，是长江流域最早的陶器时代文化，测定年代距今约8200至7800年，一说距今约9000至8000年。

彭头山文化仍属于陶器时代第一期，属于旧石器时代旧陶器时期，尚没有陶窑。出土的陶器比较原始，器坯系用泥片粘贴而成，胎厚而不匀。大部分陶器的胎泥中夹有炭屑，一般呈红褐色或灰褐色。器类不多，主要是深腹罐与钵，普遍装饰粗乱的绳纹。胎泥所夹的炭屑中明显有稻谷与稻壳的痕迹，是中国最早的人工栽培稻谷。彭头山遗址，有大片的红烧土和厚达数十厘米的草木灰。

甑皮岩文化（第2至4层文化遗存）与彭头山文化遗存存在着一定的共性。这种共性主要体现在文化遗物的相似上，如两者陶器的成型工艺都以泥片贴筑法为主，陶器底部明显厚于腹部，剖面可见贴片痕迹；陶器器表颜色驳杂，都采用平地堆烧法；器表纹样均以粗绳纹为主，都存在少量的戳印纹、刻划纹等；器形上，甑皮岩第2层文化各种类型的敞口罐与彭头山文化的大口深腹罐、小口深腹罐等在器物造型及器表纹饰风格上均大体相同或相近。[注58]

甑皮岩文化与彭头山文化，都还处于陶器时代的第一期。

人类历史上最早的陶器

皂市下层文化陶器遗址
（约公元前 5000 年左右）

皂市遗址位于湖南石门县城西 15 公里南溪流入溇水处，地处溇水东岸的坡地上。1977 年、1981 年考古人员先后两次在这里进行了发掘。皂市遗址分上、下两个文化层，上层为商代遗存，陶器遗存在下文化层。文化遗物主要是石器和陶器。据碳 14 标本测年为距今 6920±200 年。比彭头山文化的时代略晚。从其分布范围及时代看，应为彭头山文化的后继者。

皂市下层文化出土的陶器除了少量陶质疏松的夹炭陶和酱色陶外，基本属红陶系。陶器手制，可能采用泥条叠筑法，在许多器物的内壁可见手指按窝痕迹，陶器烧造火候提高，陶胎变薄，陶色较匀。已出现为数不多上有光亮红色陶衣的陶器，夹炭陶大为减少。[注59]

皂市下层文化，还处于陶器时代的第一期。

城背溪文化陶器遗址
（约公元前 5000 年左右）

城背溪文化地处长江中游，遗址在湖北省宜都市红花套镇，1983 和 1984 年被发掘。距今约 7000 年。石器中多为打制的刮削器、网坠等，通体磨制的较少，有些只磨光刃部。陶器使用原始的泥片贴塑法成形，多呈红色，主要有釜、大口罐、双耳罐、扁壶、钵、圈足盘和支座等，陶胎内普遍夹有稻草末、稻壳一类的羼和料，证明当时已有初步发展的原始稻作农业。遗址中还出土有较丰富的鱼、鳖、鹿、水牛等动物残骨，表明渔猎在经济生活中也占有重要地位。在鄂西地区分布的与城背溪遗址同类的遗存，已命名为城背溪文化，其后继者为大溪文化。[注60][注61][注62]

陶器是城背溪文化的主要遗存，也是独具特色的遗存。陶质有夹砂、夹碳、夹蚌、泥质四种，其中夹砂陶最多，约占 70% 以上。红褐色陶是城背溪文化的主要陶色，次为黑褐色陶、灰褐色陶、浅红色陶等。纹饰以绳纹占绝对优势，且呈交错状施于器表，有的器物（如釜、钵）从口到底通体施绳纹，除此而外，还有少量的细线纹、刻划纹、戳刺纹、镂

孔纹等，并有极少量的彩陶，图案简单，以直线条为主。圈底、敞口、矮颈、圆唇是城背溪文化的主要器型特征。主要器类有釜、钵、罐、盆、碗、小口扁壶、支座等。釜通体饰绳纹，有球腹和深腹两种。钵体均为半球状。罐多为外卷沿罐，口径较大。双肩小口扁壶很有特点，均素面无纹，泥质陶，小口外侈，深腹平底，肩部有两个对称的呈尖圆形的小乳突状。支座最具特色，其形制大体可分为二类：一类器身瘦高而弯曲，呈蘑菇状，多饰戳刺纹；另一类卧式支座，器身横卧，顶端呈圆形在一侧突起。城背溪文化中还出土有少量的平底器、圈足器，三足器少见。陶器制作方法均为手制，到目前为止，尚未见有轮制的痕迹，城背溪文化的陶器和陶片，皆无泥条盘筑之痕迹，而是由若干块大小不一的泥片来互相粘贴成型。这说明当时制陶方法比较原始，还处于陶器时代的第一期。

磁山文化遗址
（公元前6000年至前5600年）

磁山文化遗址，因1972年发现于河北武安县磁山而得名。遗址位于靠近洺河的台地上，总面积近14万平方米。1976年至1978年在这里进行了三次发掘，至1978年底，发掘面积达6000平方米，文化层厚1至2米，不少窖穴深达6至7米。出土了陶器、石器、骨器、蚌器、动物骨骸、植物标本等约6000余种。类似的遗址在武安的岗南牛宗堡、西万年、容城和河南北部的淇县等地也有发现。

夏鼐先生指出："磁山文化遗址的发现是我国新石器时代考古的重大突破。"

在遗址发现了两座房基址，均为半地穴式房屋。在房基遗址器物中，有一烧土块，沾有清晰可辨的席纹，说明在7300年前这一带即编制苇席，由此也可想象苇席给人们生活带来的极大便利，考古学家称此器物为全国之最。

磁山遗址共发掘灰坑468个，其中88个长方形的窖穴底部堆积有粟灰，层厚为0.3米至2米，有10个窖穴的粮食堆积厚度近2米以上，数量之多，堆积之厚，在我国发掘的陶器时代文化遗存中是不多见的。粟的出土，尤其是粟的标本公诸于世之后，引起了国内外专家的极大重视。

以往认为粟起源于埃及、印度，磁山遗址粟的出土，提供了我国粟出土年代为最早的证据。这一发现，把我国黄河流域植粟的记录提前到距今7000多年，填补了前仰韶文化的空白，也修正了目前世界农业史中对植粟年代的认识。[注63][注64]

磁山文化遗址迄今没有发现陶窑，只有室内烧陶的痕迹。这说明它还处于陶器时代的第一期（在裴李岗遗址发现了迄今所知的第一座圆形的横穴窑址，这标志着人类进入了陶器时代的第二期）。

兴隆洼陶器遗址
（约公元前6200年至前5600年）

兴隆洼文化，因首次发现于内蒙古敖汉旗兴隆洼村而得名。兴隆洼遗址中，出土的大量陶器均系夹砂陶，多罐、钵类陶器，深筒直腹罐为其典型器物。多数陶器质地疏松、胎厚重，烧制火候较低，外表多呈灰褐色和黄褐色，内壁多呈黑灰色。陶器外表纹饰以压印为主，以装饰压印网格纹及"之"字形纹为特征。纹饰并有横人字纹、席状纹等。所有陶器均为手制。住房系半地穴式之方形或长方形建筑，排列有序。居民以从事农业生产为主。石制工具多系打制，尚处于旧石器类型。[注65][注66]

经放射性碳素测定，兴隆洼文化之年代为距今8200年至7400年，还处于陶器时代的第一期。

大地湾文化陶器遗址
（约公元前6000年至前5000年）

大地湾文化（亦称老官台文化）地处黄河中游，分布于渭河流域、关中及丹江上游地区。主要遗址在甘肃天水秦安县城东北45公里处的五营乡邵店村东，距今约7800年至4800年。

大地湾文化的陶器的特征，易与其他史前文化区别。从外观上看，器表色泽不统一，常见褐色斑块，陶色或红或褐，或内黑外红，质地不甚坚硬，陶片分层。陶质多为夹细砂陶，陶片断茬处砂粒清晰可见。器物类别不多，形制简单，常见器物有圜底钵、三足钵、深腹罐、三足罐、圈足碗、小口壶等，有200多件。大量使用的纹饰是交错绳纹或细密的斜绳纹，尤其是同一器物同时使用彩绘和绳纹，是该文化独有的现象。

其陶器制法是在陶模上分层敷泥而成，简称为模具敷泥法，它不同于大多数彩陶文化使用的泥条盘筑法。

大地湾一期出土的陶器上共发现了十几种彩绘符号，这些符号比过去国内最早发现的西安半坡陶器刻划符号时间早了一千多年。

大地湾人居住的大多是半地穴式的窝棚，居住面积仅六七平方米，屋内地面也不那么平整，只有一层长期踩踏而形成的比较坚硬的硬土面。氏族成员死去以后，埋葬在深仅容身的长方形墓坑中，随葬品极少。[注67][注68][注69]

裴李岗文化陶器遗址
（公元前5300年至前4600年，一说距今约7200年或8000年左右）

裴李岗文化地处黄河中游，由于最早在河南新郑的裴李岗村发掘并认定而得名。裴李岗文化的分布范围，以新郑为中心，东至河南东部，西至河南西部，南至大别山，北至太行山。重要的遗址还包括临汝中山寨遗址、长葛石固遗址等。1977年至1982年春，考古工作者先后对新郑县的裴李岗、唐户和沙窝李遗址进行发掘，其中对裴李岗和沙窝李进行了5次较大规模发掘，发掘面积3550多平方米，清理墓葬146座、灰坑44个、陶窑1座，获陶器299件、石器212件。陶器以泥质红陶数量最多，夹砂红陶和泥质灰陶也有发现。陶器均为手制，大多为泥条盘筑。有纹饰的器物较少。石器以磨制为主，有石斧、石镰、石磨盘等。[注70][注71][注72]

在裴李岗遗址发现了迄今所知的第一座圆形的横穴窑址。在贾湖遗址发现的陶窑就达9座。这标志着裴李岗文化阶段进入了陶器时代的第二期。

在裴李岗文化时期，烧制陶器已有了简单的窑。早于裴李岗的陶器烧成温度大约在700℃左右，裴李岗陶器的烧成温度在820℃~920℃之间。华北的磁山陶器和浙江河姆渡早期陶器的烧成温度，都和裴李岗陶器烧成温度大致相当。[注73]

附考：裴李岗文化的年代

裴李岗文化遗址的年代，有不同的记述，前后差距较大。[注74][注75]

为此，本文对于裴李岗遗址年代的各种说法作一对比考证，以获得比较可信的判断。

（1）新郑裴李岗遗址的年代：1992年，李友谋、薛文灿《裴李岗文化》记述为，经中国社会科学院考古研究所实验室碳14测定，第一次标本测定为距今7885±480年（公元前5935±480年）；第二次发掘采集木炭测定两个数据，即距今7145±300年（公元前5195±300）、距今9300±1000年（公元前7350±1000年）；第三、四次发掘、采集木炭测定三个数据，即距今7455±200年（公元前5459±200年）、距今7185±200年（公元前5235±200年）、距今6435±200年（公元前4485±200年）。

以上六个数据，最高为9300年，最低为6435年，相差竟然达2800年。李友谋等认为9300年代偏早，6435年代偏晚，裴李岗遗址的延续年代当距今7885±480年至7145±300年之间。

（2）1993年，薛文灿《新郑县文物志》记述三个数据，即距今7145±300年、7885±480年、9300±1000年，分析认为"裴李岗遗址距今约8000年"。

（3）1993年许顺湛《许顺湛考古论集·论前仰韶文化》也得出三个数据，与前略有不同：一个是树轮校正年代距今7879年、距今7935±480年、距今9350±1000年，综合分析为距今约8000年左右。

从裴李岗诸遗址墓葬情况看，裴李岗文化早期正处于母系氏族社会旺盛时期，晚期处于母系氏族社会向父系氏族社会转变时期，并且父系氏族已占导地位。这是一个十分漫长的历史发展过程。

（4）李友谋、薛文灿《裴李岗文化》记述密县莪沟遗址两个数据，即距今7240±80年、距今7256±180年，综合约在距今7200年。

（5）长葛石固遗址有三个数据，即距今7450±90年、7295±85年、7019±85年，最早距今7400年。

（6）舞阳贾湖遗址有四个数据，即距今分别为7920±150、7581±125、7135±150年、7017±131年，最早年代距今约7900年。

由此，我们可以认为，裴李岗文化遗址的年代为公元前5300年至前4600年，或距今约7500年左右（2011年10月整理）。

结论

华夏陶器时代的第一期,大约从公元前 12000 年以前开始,延续到公元前 5000 年左右,持续了六七千年之久。分为华南和华北两大地区,华南地区的后继者是彭头山文化、皂市下层文化、城背溪文化和大溪文化,主要分布在长江流域的原始稻作农业地区。华北地区的后继者是磁山文化、兴隆洼文化、大地湾文化(亦称老官台文化)和裴李岗文化,主要分布在黄河流域的原始粟作农业地区。到了裴李岗文化阶段,人类发明了陶窑,才进入了陶器时代的第二期。裴李岗文化早期正处于母系氏族社会旺盛时期,晚期处于母系氏族向父系氏族社会转变时期,并且父系氏族已占导地位。华夏陶器时代第一期处于母系氏族社会,是一个十分漫长的历史发展过程。

注释

[注1]《湖南玉蟾岩遗址发现陶器被测定为最早陶器遗址》,载美国《国家科学院学报》2009 年 6 月 2 日。

[注2]袁家荣:《湖南道县玉蟾岩遗址》,载《历史月刊》(台北)1996 年 6 月号。

[注3]江西省文物管理委员会:《江西万年大源仙人洞洞穴遗址试掘》,载《考古学报》1963 年第 1 期。

[注4]江西省博物馆:《江西万年大源仙人洞洞穴遗址第二次发掘报告》,载《文物》1976 年第 12 期。

[注5]刘诗中:《江西仙人洞和吊桶环发掘获重要进展》,载《中国文物报》1996 年第 4 期。

[注6]张驰、刘诗中:《江西万年仙人洞与吊桶环遗址》,载《历史月刊》(台北)1996 年 6 月号。

[注7]〔美〕大卫.V.希尔(David Hill)著,唐舒龙译:《江西万年两处新石器时代洞穴遗址出土陶片的初步分析》,载《南方文物》1997 年第 2 期。

[注8]孙其刚:《仙人洞陶罐与仙人洞遗址——兼谈对其年代的认识过程》,载《中国历史文物》2002 年第 4 期。

[注9]杨清平:《广西地区新石器时代早期文化初步分析》,广西壮族自治区博物馆 2001 年编印。

[注10] 柳州市博物馆等：《柳州市大龙潭鲤鱼嘴新石器时代贝丘遗址》，载《考古》1983年第9期。

[注11] 杨清平：《广西地区新石器时代早期文化初步分析》，广西壮族自治区博物馆2001年编印。

[注12] 谌世龙：《桂林庙岩洞穴遗址的发掘与研究》，《中石器文化及有关问题研讨会论文集》，广东人民出版社1999年，第150~165页。

[注13] 广西壮族自治区文物工作队：《广西桂林甑皮岩洞穴遗址的试掘》，载《考古》1976年第3期。

[注14] 阳吉昌：《略论桂林甑皮岩洞穴遗址的重大意义》，载《广西师范大学学报》（哲学社会科学版）1980年第2期。

[注15] 北京大学历史系考古专业碳十四实验室等：《石灰岩地区碳14样品年代的可靠性与甑皮岩等遗址的年代问题》，载《考古学报》1982年第2期。

[注16] 王维达：《河姆渡和甑皮岩陶片热释光年代的测定》，《考古学集刊》第四集，中国社会科学出版社1954年版，第324页。

[注17] 张军妮：《"甑皮岩模式"探索文化遗址开发保护新思路》，载《中国社会科学报》第258期，2012年1月18日。

[注18] 《桂林大岩史前遗址延绵一万多年》，新华社2001年4月24日。

[注19] 梁亮：《大岩遗址发现岭南地区最原始陶器》，载《桂林日报》2013年2月16日。

[注20] 广西壮族自治区文物考古训练班等：《广西南宁地区新石器时代贝丘遗址》，载《考古》1975年第5期。

[注21] 李淀：《南宁顶蛳山贝丘遗址》，载《中国文化遗产》2008年第5期。

[注22] 张龙：《广西南宁市豹子头贝丘遗址的发掘报告》，载《考古》2003年第10期。

[注23] 中国社会科学院考古研究所广西工作队、广西壮族自治区文物工作队、南宁市博物馆：《广西邕宁县顶蛳山遗址的发掘》，载《考古》1998年第11期。

[注24] 谢飞：《泥河湾盆地旧石器文化研究新进展》，载《人类学学报》1991年第4期。

[注25] 泥河湾联合考古队：《泥河湾盆地考古发掘获重大成果》，载《中国文物报》1998年11月15日。

[注26] 李珺、谢飞、周云：《河北阳原县姜家梁遗址的发掘》，载《考古》2001年第2期。

[注27] 夏正楷等：《我国北方泥河湾盆地新-旧石器文化过渡的环境背景》，载《中国科学》2001年第5期。

[注28] 周国兴，尤玉柱：《北京东胡林村的新石器时代墓葬》，载《考古》1972年第6期。

[注29] 郝守刚等：《北京斋堂东胡林全新世早期遗址的黄土剖面》，载《地质学报》2002年第3期。

[注30] 侯毅：《从东胡林遗址发现看京晋冀地区农业文明的起源》，载《首都师范大学学报》（社会科学版）2007年第1期。

[注31] 北京大学考古文博学院、北京市文物研究所：《北京市门头沟区东胡林史前遗址》，载《考古》2006年第7期。

[注32] 夏正楷、张俊娜等：《距今1万年前后北京斋堂东胡林人的生态环境分析》，载《科学通报》2011年第34期。

[注33] 蒋乐平：《浙江浦江县上山遗址发掘简报》，载《考古》2007年第9期。

[注34] 蒋乐平、盛丹平：《浙江浦江上山遗址进行第三次考古发掘》，新华网2006年2月13日。

[注35] 保定地区文物管理所等：《河北徐水县南庄头遗址试掘简报》，载《考古》1992年第11期。

[注36] 原思训等：《南庄头遗址14C年代测定与文化层孢粉分析》，载《环境考古研究》第1辑，科学出版社1991年版，第136~139页。

[注37] 周延兴等：《河北徐水南庄头遗址出土石器（石块）鉴定报告》，载《考古》1992年第11期。

[注38] 李云：《徐水县南庄头遗址又有重要发现》，载《中国文物报》1998年2月11日第1版。

[注39] 郭瑞海：《从南庄头遗址看华北地区农业和陶器的起源》，载严文明等主编的《稻作、陶器和都市的起源》，文物出版社2000年版，第62页。

[注40] 于德源：《北京转年遗址的农业考古意义》，《农业考古》2003年第3期。

[注41] 宋大川主编：《北京考古发现与研究》，科学出版社2009年版，第9页。石材的整体性状决定了石器的性状。旧石器时代早期石器多为砂岩。

[注42] 侯毅：《从东胡林遗址发现看京晋冀地区农业文明的起源》，载《首都师范大学学报》（社会科学版）2007年第1期。

[注43] 《北京门头沟区斋堂镇东胡林遗址发掘又获重要突破》，载《北京晚报》2005年10月28日。

[注44] 葛治功：《溧水神仙洞一万年前陶片的发现及其意义》，载《东南文化》1990年第5期。

［注45］鞠魁祥等：《溧水神仙洞综合考察报告》，载《全国地质资料馆档案》1978年4月。

［注46］鞠魁祥：《江苏溧水神仙洞的发掘和研究》，载《火山地质与矿产》2001年总第22卷第3号。

［注47］金志伟、张镇洪等：《英德云岭牛栏洞遗址试掘简报》，载《江汉考古》1998年第1期。

［注48］英德市博物馆、中山大学人类学系、广东省文物考古研究所合编：《英德史前考古报告》，广东人民出版社1999年版，第102页。

［注49］张镇洪等：《英德牛栏洞史老墩遗址发掘有重要收获》，载《中国文物》1998年9月20日。

［注50］赵朝洪、吴小红：《中国早期陶器的发现、年代测定及早期制陶工艺的初步探讨》，载《陶瓷学报》2000年第4期。

［注51］杨清平：《广西地区新石器时代早期文化初步分析》，广西壮族自治区博物馆2001年编印。

［注52］袁效奇、闵琪、杨俊杰、郭忠铭、刘冠邦：《甘肃庆阳晚更新世萨拉乌苏组中发现陶器残片》，载《高校地质学报》1999年第1期。

［注53］邢湘臣：《贝丘遗址与贝丘人》，载《化石》1989年第2期。

［注54］何乃汉、覃圣敏：《岭南贝丘文化初探》，载《中国考古学会第四次年会论文》（1983年）。

［注55］《广东高明古椰贝丘遗址入选2006年十大考古发现》，载《广州日报》2007年4月12日。

［注56］《广西6000年前贝丘遗址》，载《南国早报》2007年12月2日。

［注57］烟台市博物馆：《贝丘人》，载《烟台日报》2007年11月11日。

［注58］湖南文物考古研究所：《彭头山与八十垱》，科学出版社2006年版，第57页，彭头山陶片；第308页，八十垱陶片。

［注59］《湖南石门县皂市下层新石器遗存》，载《考古》1986年第1期。

［注60］李文杰：《城背溪文化的制陶工艺》，载《中国历史文物》1993年第1期。

［注61］杨权喜：《城背溪文化花边陶盆》，载《江汉考古》1998年第1期。

［注62］陈振裕、杨权喜：《宜都县城背溪新石器时代遗址》，载《中国考古学年鉴》1984年；《城背溪遗址复查记》，载《江汉考古》1988年第4期；又见：《宜都县城背溪新石器时代早期遗址》，《中国考古学年鉴》（1985年）；又见：宜昌地区文物普查资料。

［注63］邯郸市文物保管所等：《河北磁山新石器遗址试掘》，载《考古》1977

年第 6 期。

［注 64］孙德海、刘勇、陈光唐：《河北武安磁山遗址》，载《考古学报》1981 年第 3 期。

［注 65］赵宾福：《兴隆洼文化的类型、分期与聚落结构研究》，载《考古与文物》2006 年第 1 期。

［注 66］吕昕娱：《兴隆洼文化陶器初论》，载《赤峰学院学报》（汉文哲学社会科学版）2007 年第 2 期。

［注 67］甘肃省文物考古研究所：《秦安大地湾：新石器时代遗址发掘报告（上下）》，文物出版社 2003 年版，第 23 页。

［注 68］阎毓民：《老官台遗址陶器分析》，载《文博》1998 第 1 期。

［注 69］李文杰、郎树德、赵建龙：《甘肃秦安大地湾一期制陶工艺研究》，载《考古与文物》1996 年第 2 期。

［注 70］李友谋：《裴李岗文化》，文物出版社 2003 年版，第 55 页。

［注 71］任万明、王吉怀、郑乃武：《1979 年裴李岗遗址发掘报告》，载《考古学报》1984 年第 1 期。

［注 72］丁清贤，《裴李岗文化的发展阶段》，载《中原文物》1987 年第 2 期。

［注 73］赵世纲：《裴李岗文化的陶器制作工艺》，载《景德镇陶瓷》1984 年第 1 期。

［注 74］安志敏：《关于裴李岗文化的性质和年代》，载《社会科学战线》1982 年第 1 期。

［注 75］靳松安：《试论裴李岗文化的分期与年代》，载《中原文物》2007 年第 6 期。

西亚陶器时代也经历近万年

——全盘修正"史前史三分期学说"之十

【内容摘要】陶器发展路线的第二条主要源流,是从西亚传播到埃及和爱琴海地区,之后又传播到中亚等地。实际上西亚和北非的陶器,在近万年前就已出现。大约在公元前9000到前7000年,西亚各地先后进入陶器时代的第一、二期,远古两河流域北部具有典型意义和代表性的文化遗址是耶莫,此后有哈苏纳陶器文化、萨马拉陶器文化、哈拉夫陶器文化、欧贝德陶器文化等第三期彩陶文化。乌鲁克文化时期开始出现轮制陶器,由此进入了陶器时代的第四期,即新陶器时期。西亚的陶器文化对周围地区产生了明显的影响,一是向北非尼罗河流域传播,二是向爱琴海地区及欧洲扩展,三是向中亚、南亚扩展。中亚陶器文化的代表是哲通陶器文化和安诺陶器文化。它们都与两河流域等地发生了密切的文化联系。

【关键词】西亚;北非;陶器文化;耶莫;哈苏纳;萨马拉;哈拉夫;欧贝德;乌鲁克;哲通;安诺。

19世纪后半叶以来,历史学界逐步认识到原始先民发明陶器的重大意义,L. H. 摩尔根指出:"在人类的进步过程中,制陶术的出现对改善生活、便利家务开辟了一个新纪元。"[注]英国著名考古学家V. G. 柴尔德也指出:"学会烧制陶器是人类历史上应用化学变化而具有划时代意义的

一件大事。"[注2]

根据目前得到的考古结果看来，在人类历史上，已知陶器的发展路线有两大主要的源流：

（1）从东亚的华南与华北两个陶器发源地传播到整个华夏地区；

（2）从西亚传播到埃及和爱琴海地区，之后又传播到中亚等地。

大约在公元前9000到前7000年，西亚各地先后进入陶器时代（过去称为"有陶新石器"时期）。最早的陶器乃是一种粗糙的"土器"，火候极低；稍后有厚胎的素面灰褐陶，最后出现彩陶。这时农业已有所发展，某些地方已有灌溉农业。到公元前3000年，"陶器时代"孕育出"青铜器时代"，然而陶器仍在居民生活中广泛使用，公元初年，制陶工艺又有新的发展。

近万年间的西亚陶器文化，依时代先后顺序，有如下的发展过程：

西亚最早的陶器

实际上西亚和北非的陶器，在近万年前就已出现。

在土耳其托罗斯山脉东部、地中海北岸的贝尔狄比（Beldibi）等遗址发现了公元前8500年至前8000年时的陶容器。[注3]伊朗扎格罗斯山区的甘尼·达勒（Ganji Dareh Tepe，又译为宝谷丘）遗址的D层曾出土原始陶器罐。其中，较大的一件陶器，烧成火候在500℃~600℃之间，同层出土的尚有球形小陶器，这一层的年代距今9300年左右。[注4]安那托利亚半岛（小亚细亚）出土的陶器，约在公元前7000年左右。考古学界公认，欧洲陶器的出现和发展受到近东地区的很大影响。在欧洲，最早出土的陶器是在希腊半岛的马其顿，时间约在公元前6000至前5000年；在美洲大陆，已发现的陶器约在公元前6000年前左右。

北非的撒哈拉周边也曾发现早期陶器，如阿尔及利亚南端的阿麦科尼（Amekni）[注5]、利比亚南部的阿卡库斯（Acacus）、尼日尔的塔马亚·麦里特（Tamaya Mellet）[注6]以及马里的廷巴克图近郊的欧泰得特（Outeidat）[注7]等遗址所见，时间在距今9000年前后。至于地处尼罗河流域的苏丹的哈尔特姆（Khartoum）遗址出土的早期陶器[注8]，年代甚至还可能更早些，达到一万年前。

西亚已知的陶器出现于公元前8000年左右。在利凡特北部穆赖拜特遗址（Tell Mureybet）中，发掘出5件迄今所知的最早陶器。

穆赖拜特位于幼发拉底河东岸，距阿勒颇东南约86公里。据放射性碳素断代，年代约在公元前9000年至前8000年。这些陶器很粗糙，没有烧透，气孔犹存，不能盛水，还不能代替木石制作的容器。不过，没有发现当时在穆赖拜特有农耕及饲养家畜的迹象，远古居民以狩猎和采集野生植物为主。

几乎与此同时或稍晚（公元前8000年左右），在今土耳其卡塔·休裕（Catal Hüyük）遗址出土的早期陶器"胎中掺有草和砂砾，颜色为奶黄色或浅灰色，表面光亮，器型常见平底的深碗、浅盆，火候较低"。考古学家认为当时陶器数量不多，年代约在公元前7000年左右。[注9]

1964年M.范隆等人对于穆赖拜特遗址（Tell Mureybet）进行了调查，次年开始发掘。这一遗址的发现，证明在真正的农耕畜牧生产产生之前，人类曾经历长期的定居狩猎采集阶段。遗址为一圆形小丘，有17个文化层，可分为三个时期。穆赖拜特Ⅲ（10至17层）又称方屋层，以长方形房屋的首次出现为标志，但仍有圆形建筑物。这一阶段最引人注目的发现是5件低温烧制的陶器，其中4件属穆赖拜特Ⅲ初期，年代约为前8000年初，比近东其他遗址出现陶器的年代早500至1000年，但年代较晚的地层中却没有发现陶器。有人推测，在封闭式的陶窑发明之前，未经高温烧制的陶器较软且易渗漏，人们宁愿使用木质或石质的容器。也有人推测，由于陶器火候不高，陶片可能已成为粉末。在穆赖拜特没有发现农耕和饲养家畜的迹象，居民主要靠狩猎和采集野生植物为主。

过去有些学者认为西亚文化起源于两河流域南部灌溉农业区，其主要原因是20世纪50年代以前，系统的大规模的考古发掘工作，几乎全集中在两河流域南部地区进行。但从20世纪60年代以来，考古工作者在两河流域北部地区（尤其在今伊拉克和伊朗交界的札格罗斯山山麓）系统地从事探测和考察，发掘出一大批古文化遗址和遗物，[注10]从而证明了：上古西亚文化不是起源于两河流域南部平原灌溉农业区，而是起源于两河流域北部旱粮农业区。最早的陶器时代文化，看来是位于两河流域北部、伊朗、叙利亚等高原和安那托利亚高原西南部。[注11]

这时最原始的制陶方法是堆烧法，即把晒干的陶坯放在露天柴草中

烧，就地燃起篝火，有时以泥土封闭烧陶（残留灰坑），可称为"无窑烧陶"。此属于陶器时代第一期。

耶莫陶器文化
（Jarmo Culture，公元前 7000 至前 6500 年）

远古两河流域北部具有典型意义和代表性的文化遗址是耶莫。

耶莫遗址面积为 1.2 至 1.6 公顷，位于今伊拉克的基尔库克（Kirkuk）之北，经碳 14 测定，其年代为公元前 6750 年。当时居民住在泥墙方屋里，地板铺草涂泥，火炉用粘土围成。耶莫文化遗址是由伊拉克人纳沙邦迪首先发现的，后由美国考古学家布雷伍德率领一批专家进行发掘。许多考古学家把耶莫视为"世界古代最典型的公社"、"两河流域文明的摇篮"。

这一遗址显示出世界上最初的农业村落之一的轮廓。建造和重修房屋的遗迹大致形成十二道地层。出土的器物中已经有陶器，代表了与新的食物生产方式相似的新技术。耶莫文化说明两河流域先民逐渐由游牧生活过渡到定居的农耕生活。

房屋为长方形，墙壁以粘土构筑。每座房屋由数个小间组成，地面铺芦苇后敷泥。屋顶可能是平的，上铺芦苇，并涂一层厚泥。房间里有炉灶。死者埋在居址之外，因此遗址内人骨遗存较少。发掘者估计，当时人口约 150 人。

西亚首先出现的是泥塑、灰泥容器和陶器（约公元前 7000 至前 6000 年左右），比较原始的类型有（1）粗红陶器，（2）黑灰陶器，（3）灰泥容器到黑褐色陶器。此后流传到中亚（公元前 6000 年至前 5000 年）。

当时先民用手直接捏成陶坯，把陶坯放在火上焙烧，制成从浅黄到橘黄、以彩绘为图饰的陶器，被称为"耶莫彩陶"。时代较晚的陶器则多粗制陶，但仍处于陶器时代第二期。

由于在这里没有发现原始陶器，所以学术界认为耶莫遗址的彩陶技术可能是从邻近的伊朗传入的。

绘画艺术开始在陶器上得到表现。出于宗教观念所崇拜的偶像，也是烧制成的。当时种植大麦、小麦、扁豆和豌豆等旱粮作物，已驯养山羊、绵羊、狗等家畜。随着定居生活和农业、畜牧业的发展，手工业也开始发展了。当时的手工业主要有制造石器工具、制陶、纺织、编结（植物茎、毛发、皮条）等。[注12]

耶莫文化是上古西亚旱粮农业文化的早期代表，它沿着基尔库克附近的低地边缘向四面八方传播，促使旱粮农业文化在两河流域的北部地区逐渐扩展。舒木沙拉、萨拉布、阿里库什、萨约吕等都是与耶莫文化属于同一类型的遗址。

哈苏纳陶器文化
（Hassuna Culture，公元前6500至前5500年）

耶莫文化衰落后，两河流域北部地区进入哈苏纳文化时期。此时期旱粮农业、畜牧业、手工业（尤其制陶业）都有了进一步的发展。旱粮农业以种植大麦为主。畜牧业除继续大量饲养绵羊、山羊、狗外，已开始饲养猪和牛等家畜。牛的饲养与农耕发展有着密切的联系。随着社会生产力的发展，各地的氏族部落规模扩大了，氏族部落组织结构更加完备。以亲属关系为纽带所结合成的各个部落，各自有固定的生活和生产地区，有固定的名称，有同一的方言和宗教信仰。从此时期遗址中，发掘出了一些神像和专供祭祀使用的神殿长方形建筑物，当时宗教信仰和宗教祭祀仪式日益复杂化。

哈苏纳陶器文化分布于底格里斯河两岸的摩苏尔地区，主要遗址哈苏纳已是定居的村落，属于两河流域北部一种相当先进的农业文化。哈苏纳文化的显著特征是有刻纹陶和彩陶。器形多矮颈球体罐和钵，彩绘为红色或黑色，纹样简单，仅见人字纹和三角纹。代表性文物是一个内面带波纹的椭圆大盘子。

考古发现表明，大约公元前7000年至前6000年在美索不达米亚，出现了多处繁荣的文化。从哈苏纳最底层出土了箭头、石器、骨器工具和简陋陶器，而较浅地层则发现了食物储藏室、石磨、烤面包的简易炉灶、大量农具和牛、羊和驴的骨头，同时还发现了更为精细的萨马拉陶器。在遍及该区域的许多遗址中，出土了前5700年的精美的哈拉夫陶器，这表明当时的不同地区已经存在贸易往来。在萨马拉，考古学家还发现了前6000年的灌溉渠。这些发现表明在公元前6000年左右的美索

不达米亚，人类已经掌握了农业和灌溉技术，而这是在冲积平原南部被称为苏美尔的地区定居所必须具备的两项条件。

哈苏纳文化表明人类已懂得从事农业灌溉。[注13]

遗址中房屋密集，反映出文化的繁荣。当时流行女性崇拜，出土有女性塑像，还发现不少玉髓珠串及印章等。[注14]

世界各地区，各种古代陶器文化最早期的彩陶，都有如下两个显著的共同特征：一是早期彩陶的彩绘都是红彩或者以红彩为主，二是纹样都以围绕器物口沿一周的宽带纹为标志，从而形成了早期彩陶以红宽带纹为主的世界性特征。这些早期彩陶虽然彩绘特征相同，年代也大致相同，但它们遍布于西亚、中亚、埃及、印度、欧洲、中国、美洲，绝不可能是在某一个地方首先产生以后传播到另一个地方去的。

西亚、中亚早期彩陶器，带有简洁纹饰，产生于公元前6000至前5000年之间。考古发现的遗迹有：伊朗中西部以古兰遗址为代表的早期彩陶器，两河北部哈苏纳遗址早期彩陶器，伊朗南部法尔斯地区早期彩陶器（达休特彩陶器），伊朗东北部和中亚地域的早期彩陶器，安那托利亚中部地区的早期彩陶器以及地中海东海岸地区的早期彩陶器，等等。

彩陶的分布带有世界性，地点相对集中于西亚、中亚一带。核心鼎盛时期大约在公元前4000年。华夏与之基本同期，但一直持续到西周。

萨马拉陶器文化

（Samarra Culture，公元前6000至前5000年）

分布于底格里斯河支流小扎卜河沿岸的萨马拉文化，以精美的彩陶著名，房屋用泥砖建造。萨马拉文化层中还发现一些塑像与护身符，说明了两河流域先民已有了宗教信仰与"法术"。死者的殉葬品包括陶器。萨马拉文化早期阶段（公元前5500至前5300）已组成灌溉农业村落；中期阶段（公元前5300至前4800）彩陶达于全盛，已出现神庙建筑，陶制印章的出现可能反映了私有制的萌芽；至后期阶段（公元前4800至前4000年）趋于衰落，许多遗址被废弃。

1911年，德国学者E.赫茨费尔德（1879~1948）在索万之北11公里处的萨马拉遗址，发现了与标准的哈苏纳陶器相似，但制作更精巧、装饰更精美的陶器，人们称之为"萨马拉陶"，并将它划归哈苏纳文化后期。

在西亚地区大体并行的两支文化——哈苏纳文化和萨马拉文化中,哈苏纳文化分布区出土了萨马拉彩陶,是萨马拉的陶工所制,[注15]这说明当时可能存在巡游的陶工。

哈拉夫陶器文化
(Halaf Culture,公元前5500至前4500年)

哈苏纳文化衰落后,两河流域北部地区进入了哈拉夫文化期。哈拉夫陶器文化主要分布于伊拉克、叙利亚北部和土耳其东南部的山区,村落多建在河边。最初发现于叙利亚北部哈布尔河畔的哈拉夫土丘,故名。

这时两河流域北部地区居民在人类历史上首先开始利用天然铜,大多是借石器用冷锻法把天然铜块加工制成器具或装饰品,后来,逐渐学会了从熔点较低的铜矿石中提取和冶炼纯铜。从哈拉夫文化遗址发掘有铜针和铜锥等铜制器具,经碳14测定,其年代为公元前5000年左右,这是人类掌握冶铜技术、进入金属器时代的最早实物记录。但纯铜质地柔软,用途有限,因而陶器、石器仍在劳动和生活中占主要地位。有些考古学家把这一时期称为铜石并用时代。两河流域北部地区比之埃及、中国、印度等文明发源地都更早地跨进了铜石并用时代。此时,神庙已产生。街道的出现,说明商业已经开始。

哈拉夫文化有精美的彩陶,为两河流域手制陶器之冠。早期的哈拉夫陶器只是用红色或黑色简单绘制,后期用红色和黑色在白色的底色上进行更复杂的绘制。遗址出土了大量彩陶,技艺精巧,特征是釉陶上彩绘的几何和动物图案,其存在时间可追溯至公元前6000年。在古代两河流域的陶器中,哈拉夫文化的彩陶是最优秀的。器壁甚薄,表面涂有奶油色或浅黄色的泥釉,饰以黑色、白色和橘红色的彩色图案。图案大多为几何形,但也有表现鸟、人和其他动物的画面。由于经过高温焙烧,陶器具有近于瓷器的光泽。器形有平底钵、盘、碗、壶、带流器等。[注16]

两河流域最精美的陶器出现在哈拉夫文化层中。在哈拉夫文化晚期前段,巴扎尔成为制陶中心,是附近若干村落使用陶器的主要承担者。[注17]

哈拉夫彩陶替代了两河流域北部的哈苏纳陶器,并传播到伊拉克北

部、叙利亚和黎巴嫩，这使得哈拉夫文明的影响延伸到地中海西岸。哈拉夫文化存在于公元前 5500 年至前 4500 年。约在公元前 4400 至前 4300 年，哈拉夫传统文化被欧贝德后期文化所取代。

欧贝德陶器文化
（Ubaid Culture，公元前 5000 至前 3500 年）

上述几个时期的陶器文化主要分布在两河流域北部，唯有欧贝德陶器文化先出现在两河流域南部，然后才逐渐向北传播。欧贝德文化以 20 世纪初在乌尔附近发现的欧贝德遗址而得名，作过较多发掘研究的主要为英国考古学家 L. 吴雷等人。该文化分布于两河流域及今沙特阿拉伯东部地区，属于西亚铜石时代文化，典型遗址为埃利都文化遗址、欧贝德遗址等。

欧贝德文化的特征是平面印章（Stamp – Seals）和铜器的出现。人类大约在公元前 4000 年进入铜石并用时代（Chalcolithic Age）。出土的各类陶器都极具特色。最值得注意的是一件"女性裸体小塑像"（"Female Figurine"）是哈拉夫文化期的作品，颇有现代印象派雕塑的风格。

欧贝德文化时期，陶器以手制彩陶为特征。处于旧陶器时代的第三期。

被称为欧贝德文化的人们从幼发拉底河引水灌溉农田，人们生活在小村庄中，住着泥砖坯堆砌的小屋，使用陶质生活用具。欧贝德时期的陶器呈淡黄色或淡绿色，经常装饰有棕色图案。同样年代的陶器在乌尔和埃里都等地也有出土，因为风格和欧贝德相同，考古学家将其也归入欧贝德时期。以陶器的风格为线索，我们可以发现当时欧贝德文化沿今天的科威特的东海岸传至伊拉克北部，之后向西穿过叙利亚，直到地中海沿岸。根据比较发现，欧贝德陶器在南方已经不用后，北方仍在使用，考古学家据此推测美索不达米亚南方的文明进程应领先于北方。

伊朗境内出土了欧贝德时期的陶器。

约在公元前 4000 年，欧贝德时期的人们在制陶过程中引入了慢轮和高温技术，为制陶术带来革命。

欧贝德人已掌握了先进的人工灌溉技术，学会了种植大麦、小麦和亚麻等农作物。另外，他们还饲养牛等牲畜，并从事渔猎活动。这里的小城镇多以神庙为中心而建,房子相当简陋。在丧葬方面,人死后多是仰身直肢而葬,幼儿则放于陶容器中下葬。

遗物中陶器最富特色,主要为素面的粗制陶和彩陶。晚期出现轮制陶,器形有高脚杯、瓶、碗、椭圆形大盘及流前端外张的带流陶器。彩绘多为黑、绿、棕色单彩,纹饰母题以动物、植物、几何形图案为主。除陶容器外,其他陶制品有纺轮、饰物、人像。在美索不达米亚南部发现有陶镰、陶斧。墓葬中发现有红陶制人物小雕像,均为裸体,头部呈蜥蜴状。女性雕像大概象征母亲女神;男性雕像的臂、肩、胸部有很多泥丸,左手执一小杖,它的出现标志着母权制社会向父权制社会的过渡。

有学者认为欧贝德文化是苏美尔文明的源头,提出了萨马拉文化——过渡陶类型——欧贝德文化的发展谱系,找到了冲积平原最早定居者的故乡。他们从欧贝德文化内部发展和对外联系两个角度,阐述了该文化对两河流域文明形成的贡献。[注18]

埃利都遗址(Eridu Site)的陶器分属不同的文化发展阶段,以单色彩陶为特征,陶器多赭色,有时为棕色、黑色,偶尔也有红色,常涂以黄色和米色陶衣,纹饰主要是带状、斑马线、方格等几何形图案。哈吉·穆罕默德文化典型的器物为深底碗、钵,器表多为紫黑色,略有光泽。欧贝德陶器则以半球形小碗及奇异的几何图案装饰最富特征。此外,在遗址中还发现有陶网坠、奉献于祭坛的小型容器等。[注19][注20]

乌鲁克陶器文化
(Uruk Culture,公元前3500年至前2900年)

可分为前期乌鲁克文化(Uruk I,公元前3500年至前3100年)与后期乌鲁克文化(Uruk II,公元前3100至前2900年)。乌鲁克出土的文物中,特别值得注意的是神庙、陶器、圆筒印章和最早的文字。乌鲁克文化的陶器,除少数漆上黑色和深红色外,多数陶器都不着色。发掘中还发现了能够转动的陶轮及少量彩陶器,以及写在泥版上的图画文字、地名符号等。

一说:迄今世界最古的陶轮发现于西亚两河流域,时间是公元前3500至前3300年。最早的陶轮只是一些圆形的板,和轴牢牢地钉在一起(南亚在公元前3000年左右使用陶轮,有学者认为是从两河流域流传

过去的）。乌鲁克文化时期开始出现轮制陶器，由此进入了陶器时代的第四期，即新陶器时期。

乌鲁克文化流行轮制的红色或灰色磨光陶器，有的饰以简单刻纹，器形以高柄长嘴的钟形罐为主。金属制品的盛行也是这一时期的特色，主要为矛、棍棒头等铜制武器及金银制容器等。石斧、石刀和陶镰仍继续使用。居民从事农业和畜牧业，已知人工灌溉。手工业，特别是制陶和采石从农业中分离出来，成为独立的行业。

但是陶器的制作质量，显得比萨马拉文化和哈拉夫文化退步。退步的原因大约有二：一是陶器的制作使用了陶轮，大批生产，于是质量平凡而精品很少了；二是铜器的大量使用，代替了一部分陶器。[注21]

陶器流传到古埃及、爱琴海地区和中亚

西亚的陶器文化对周围地区产生了明显的影响，一是向北非尼罗河流域传播，二是向爱琴海地区及欧洲扩展，三是向中亚、南亚扩展。

考古证据表明：北非古埃及的陶器是由西亚流传而来，时代稍后。[注22] 考古发现的埃及远古最早的陶器是在公元前 5500 年。中东、近东及埃及的制陶技艺，传至欧洲的希腊与爱琴海的一些岛屿。公元前 3000 年，希腊中部的特萨里区和爱琴海的克里特岛已成为当时的制陶中心。特萨里的陶器为单一红色，偶尔有彩绘图案；克里特岛的陶器以抛光陶器为主，有的饰以刻划纹。公元前 16 世纪，希腊已出现用快轮拉坯和还原焰烧成工艺而制成的灰陶，表面磨光而有滑腻感。迈锡尼文化期间（公元前 14 世纪至前 13 世纪），克里特岛的陶瓶向埃及出口，并西传至意大利及西西里岛。

有人认为在陶器时代的游牧部落从巴勒斯坦经西奈来到北非，埃及的陶器时代可能从巴勒斯坦引进。北埃及遗址出土的双面镰看起来也受到巴勒斯坦样品的启发。特别值得一提的是：在埃及梅里姆达（Merimda）陶碗上的鱼骨形雕刻方式，跟先前在巴勒斯坦约姆克亚的器皿上的图形相同，可见两者之间存在先后继承的关系。

随后出现了埃及古陶器的成型、装饰、烧成等工艺，前王朝至早期王朝时代，出产了黑粗陶器、黑顶红陶器、褐胎白线陶器及彩陶器（公元前 5500 年至前 2686 年）。

英国牛津大学《技术史》一书认为:"我们从波斯湾和底格里斯河越往西走,利用陶车(快轮)制成的花瓶首次出现的时间就越晚。大致的时间是这样的:苏美尔,公元前 3250±250 年;叙利亚和巴勒斯坦的地中海沿岸,公元前 3000 年;埃及,公元前 2750 年;克里特岛,公元前 2000 年;希腊大陆,公元前 1800 年;意大利南部,公元前 750 年;苏格兰,公元前 400 年。……苏美尔和印度河流域的陶工所共同拥有的陶轮,是一种由带凹窝的圆盘组成的旋盘,它可能已经从印度河流域传播到印度的其他地区。"[注23]

《技术史》一书的作者们没有看到,华夏地区的陶轮与陶车——快轮制陶工艺是跟西亚同时甚至更早出现的。

中亚哲通陶器文化
(Dzheytun Culture,公元前 6000 至前 5000 年)

中亚哲通陶器文化(Dzheytun Culture),年代为公元前第 6 千年初至前第 5 千年初,分布于今土库曼斯坦境内的科佩特山支脉。陶器手制,以泥条盘筑法成形,胎中掺大量草末。器形有碗、罐、大杯等。一部分陶器施有红彩,纹饰母题有横向或纵向的波浪纹、直线纹、三角纹等。工具多为几何形细石器,其中最重要的是嵌入骨柄的镰刃,也有加工兽皮的刮刀和加工箭杆的凹口石片,属于中石器时期。该文化的遗址与西亚的耶莫遗址、耶利哥遗址等有许多相似之处,石器则与本地中石器时代的细石器传统有联系。[注24]

安诺陶器文化
(Anau Culture,公元前 5000 至前 3000 年)

因最初发现于土库曼斯坦南部科的佩特山北麓平原的安诺而得名。从 20 世纪 50 年代起,苏联考古学家 Б. А. 库夫廷和 B. 马松等人对此进行了大规模的发掘。[注25]

安诺先民主要经营农业,有引水灌溉工程,主要作物有小麦和大麦。家畜饲养业相当发达,有牛、羊、骆驼和猪。住房为单间和多间组合的土坯建筑,还有公共使用的集会房间。有手制彩陶,以及动物和人的陶塑像。房屋内设祭祀的灶火,墙壁或地面施以红、黑色的几何纹单彩或双彩。

安诺文化的陶器为手制的平底钵、碗、罐。彩陶为深褐色的单彩或红、黑色的双彩，绘出三角、菱形、方格、十字、平行线等几何纹及山羊等像生纹。不施彩绘的陶器胎呈灰色或红色，器表常磨光，间或施划纹。屡见红陶人像和动物塑像，人物塑像多为女性，可能是丰收女神。此外，还发现陶纺轮和陶车模型的轮子。

居民属欧罗巴人种东地中海类型。主要经营农业和家畜饲养业。早期农业利用河流泛滥灌溉，晚期已开始人工引水灌溉。作物主要有小麦、大麦，家畜有牛、羊、骆驼、猪。从住房类型、红陶女像和墓葬尚无明显贫富分化来看，当时社会当处于母系氏族公社阶段，但晚期屡见男子陶塑，似为母权制衰微的象征。

关于安诺陶器文化的起源，一说源于伊朗高原，一说是在哲通文化基础上吸收伊朗高原的文化因素而形成。该文化在发展过程中，曾与阿富汗、伊朗、两河流域等地发生密切的文化联系。

结论

西亚陶器时代也经历了近万年。大约在公元前 9000 到前 7000 年，西亚各地先后进入陶器时代的第一、二期，此后有哈苏纳、萨马拉、哈拉夫、欧贝德等第三期彩陶文化。乌鲁克文化时期开始出现轮制陶器，进入了陶器时代的第四期即新陶器时期。西亚是西方陶器文化的源头，先后向埃及、希腊、欧洲、中亚、南亚扩展。

注释

[注1]〔美〕摩尔根（Morgan, L. H.）：《古代社会》（新译本）上册，商务印书馆 1977 年版，第 13 页。

[注2]〔英〕柴尔德（Childe V. G.）：*Man Makes Himself*, Originally Published in England, 1936. 中译本《人类创造了自身》，安家瑗、余敬东译，上海三联书店 2012 年版，第 70 页。新译本的相关译文是：制陶"这种新的工业，对于人类思想和科学的肇始，具有很大的意义。制陶也许是人类最早有意识地利用的一个化学变化"。

[注3]〔英〕W. C. Brice（ed.）1978, *The Environmental History of the Near and Middle East Since the Last Ice Age*, PP. 111 – 139, London.

[注4]〔英〕Smith, P. E. L. 1968, *Ganji Dareh Tepe*, Iran 6, PP. 158 – 160.

［注5］〔法〕Camps, G. *Les Civilizations Prehistoriques de L Afrique du Nord et du Sahara*, 1974, Paris.

［注6］〔英〕Williams, M. A. J. and Faure, H. (eds.), *The Sahara and the Nile*, PP451-465, Rotterdam 1980.

［注7］〔法〕Gallay, A., *Quelques Gisements Neolithiques du Sahara Malien*, J. Soc. Africanistes, 36: 167—208, 1966.

［注8］〔英〕*University Museum of Archaeology and Anthropology*, Cambridge.

［注9］林志纯译述：《西亚新石器时代和铜石并用时代文化》, Neolithic and Chalcolithic Cultures in West Asia, 译自〔英〕I. E. S. Edwards and others, eds., *The Cambridge Ancient History*, 3rd edition, vol. I, part I, The University Press, Cambridge, 1970. J. Mellaart, The Neolithic of the Near East, Thames and Hudson, London, 1975.

［注10］〔英〕麦拉亚特：《西亚的最早居址，公元前9—前5千年代》，《剑桥古代史》卷1第1分册（1970年版），第254页。

［注11］〔英〕威廉·兰格主编：《世界史编年手册》（古代和中世纪部分，上），生活·读书·新知三联书店1981年版，第22、23、43页。

［注12］〔美〕布雷伍德（Robert Braidwood）等：《伊拉克库狄斯坦史前研究》(*Prehistoric Investigations in Iraqi Kurdistan*) 美国芝加哥大学东方研究所《古代东方文明丛书》，(S. A. O. C), No. 31, 1960年版。

［注13］中华世纪坛世界艺术馆、宾夕法尼亚大学考古和人类学博物馆：《美索不达米亚文明》第1版，文物出版社2007年版，第30页。

［注14］〔美〕布赖恩·费根（Brian M. Fagan）著，杨宁等译：《世界史前史·苏美尔文明》，世界图书出版公司2011年版，第235页。又见苏梦薇：《揭秘美索不达米亚》，农村读物出版社2006年版，第11页。

［注15］杨建华：《两河流域史前时代》，吉林大学出版社1993年版，第17页。

［注16］〔美〕Davidson, Thomas, Eletc: *Pottery Analysis and Halaf Period Trade in the Khabur Headwater's Region*, Iraq Vol. 38, 1976.

［注17］〔美〕Ghossoun. *Aramean Gods of Tell Halaf in Syria Rises from Rubble in Berlin*. Syrian Arab News Agency. February 05, 2011.

［注18］杨建华：《苏美尔文明探源——欧贝德文化研究》，载《吉林大学社会科学学报》1991年第6期。

［注19］〔美〕J. Finegan, *Archaeological History of the Ancient middle East*, Westview Press, Boulder, Colorado, 1979.

［注20］〔美〕I. E. S. Eswards and others eds., *The Cambridge Ancient History*, 3rd edition, vol. I. part I, The University Press, Cambridge, 1970.

［注21］林琳：《论上古西亚两河流域文化的两个问题》，载《湖北大学学报》（哲学社会科学版）1996年第1期。

［注22］田明：《古埃及与地中海文明的交流》，载《内蒙古民族大学学报》（社会科学版）2002年第1期。

［注23］〔美〕查尔斯.辛格、E.J.霍姆亚德、A.R.霍尔主编，王前等主译，《技术史·第Ⅰ卷》，上海科技教育出版社2004年版，132～133页。

［注24］王涛：《国外早期陶器的发现与研究》，载《中原文物》2007年第2期。

［注25］〔美〕A.H.丹妮、V.M.马松编，芮传明翻译：《中亚文明史》（中译本）第1卷，中国对外翻译出版公司2002年版，第25～26页。安诺陶器文化（Anau Culture）位于中亚土库曼斯坦、乌兹别克斯坦地区，或称为大夏·玛剑类型，时代约为公元前5000至前3000年。安特生1921年曾经认为仰韶彩陶文化是由该文化传入（即华夏陶器西来说），但后来考古发现证明：史实恰恰相反，陶器由华夏传往新疆和中亚。

陶窑发展史：
从陶窑到青铜器的冶炼铸造

——全盘修正"史前史三分期学说"之十一

【内容摘要】 陶窑是陶器制造最关键的技术要素。如果没有陶窑装备，就不会有成熟的陶器，也不会有后来的青铜冶铸业。史前时期的几千年间，陶窑发展经过了露天堆烧的"无窑烧陶"、掘坑穴为窑、连通灶坑的"室内烧陶"以及横穴窑、竖穴窑等几个阶段，最后形成了集中制陶的陶器作坊区，制陶业发展为史前占首要地位的作坊手工业。陶窑热加工技术远远高于石器的冷加工技术，并且为青铜器的冶炼与铸造准备了技术基础。考古发掘见到的华夏陶窑的生产大多集中在黄河流域，是受了居住方式（地穴或半地穴式房屋）灶坑条件的制约。制陶技术经过几千年的进化，陶窑火力加热的烧成温度从600℃提高到1100℃，并且由制陶术衍生出了泥范－陶范法铸造青铜器，于是制陶业直接孕育了青铜冶铸业。

【关键词】 制陶工艺；火候；陶窑；连通灶坑；横穴窑；竖穴窑；陶器作坊；青铜冶铸业。

英国著名考古学家戈登·柴尔德（V. Gordon Childe）指出，发明制陶是人类历史上应用化学变化而具有划时代意义的一件大事。制陶业的里程碑，就是创造了燃烧室（火室）和加热室（窑室）分开的陶窑。作

历史观的新突破

为高层次的热加工技术（火技术），陶窑远高于木－石器时代徒手打制、磨制石器的冷加工技术。没有成熟的陶窑技术，就不可能烧制出性能优良的陶器，也不会发展出后来的青铜冶铸业。而且，作为人类历史上第一种复杂的技术装备，是以重点设备陶窑为中心，由其他的周边辅助性设备和工具协同配合，才能发挥整套装备的综合作用。陶窑设备是制陶业里面最关键的因素，几千年间这项重要技术一直延续下来，陶窑发展到今天成为现代工业的组成部分。这也是主张把"陶器时代"作为史前史上一个独立时代的重要理由。

露天堆烧的"无窑烧陶"方式

考古发掘表明，江西仙人洞和吊桶环遗址、湖南玉蟾岩遗址、广西桂林甑皮岩遗址、河北徐水县南庄头遗址等地，都出土了破碎的陶片（年代约在一万多年以前）。我国南方与北方的先民，早在陶器时代初期已能利用可塑性粘土，将其加水调和，手捏成坯体晾干后，再用火烧成陶器。但它们仅是最原始的土器，至于当时是否用"陶窑"烧成，迄今无发掘资料实证。上述史前考古遗址附近，尚未找到持续发展制陶业的文化遗存。因此，应认为一万年以前只是处在制陶业的萌芽阶段。[注1][注2]

上述遗址考古发掘出的古老陶片，都呈现出粗糙易碎、火候很低、质地疏松、陶色不均匀等特点。从陶窑技术的角度去看，那些古老的原始陶片，正是没有陶窑来烧陶的客观证据。[注3]

民族学调查的佐证

民族学的调查，可供远古陶器制作的历史研究做参考。

云南有长达四千余年的制陶史，明初钱祖训所著《百夷传》称：傣族"惟陶冶之器是用"。傣族制陶是由妇女世代相承的。西双版纳傣族自治州的景洪曼斗寨、勐罕曼峦站寨、勐海曼扎寨及勐龙寨等地，均保留着较为完整的傣族传统制陶工艺。

20世纪60至70年代以来，民族学野外调查发现，云南西双版纳傣族和西盟佤族等少数民族，仍然采用就地篝火堆烧的方式，就是把晒干的陶坯放在露天柴草中烧，可称为"露天堆烧的无窑烧陶"。近几十年来，云南景洪傣族仍有人采用原始方式烧制陶坯成器。有调查资料记录，

陶窑发展史：从陶窑到青铜器的冶炼铸造

一位傣族老年女陶工采用泥条盘筑方式捏制砂锅陶坯后，把半成品陶坯放在竹筛上，慢慢地边转动竹筛边修整陶坯（这就是慢轮的雏形），然后再将砂锅陶坯自然晾干。傍晚在平地摆放柴草，柴上放置陶坯，用稻谷、糠皮围没砂锅陶坯，再用稻草维持糠皮的堆积状态，最后抹泥封住糠皮表面，点火燃烧。次日早晨，陶制砂锅烧成，封泥也自行坍塌，取出砂锅后，灰堆也就弃置无用了。如此烧出的陶器砂锅火候很低，并不耐用，但可在当地市场出售，当时傣族农村集市还接受这种自产自销的陶制沙锅。

半个世纪以前，就有民族学家组成傣族制陶工艺联合考察小组，做了多次类似的调查，90年代并有电视纪录片。从偏远少数民族保留的原始烧陶工艺看来，先民在用陶窑烧制陶器之前，必然经过一个"无窑烧陶"的阶段。[注4][注5]

无窑烧陶的模拟实验

更有学者模拟史前无窑烧陶的方法，来验证露天堆烧陶器的工艺。

李文杰曾做过一次性的烧陶实验：

"在平地上铺一层松柴，面积约1平方米，厚约10厘米，上面放置坯体。再盖一层稻草，厚约15厘米。其上抹一层泥壳，厚约1厘米。下部留三个通风口，每个直径3厘米，顶部留三个排烟口，直径约1.5厘米。从通风口点火。三小时后，泥壳顶部被烘干，出现裂缝。六小时后，顶部变成红烧土。可知窑内温度已达到烧成温度（650℃左右），坯体已成为陶器。"李文杰在这次平地堆烧的实验里，继续做"还原性窑氛"的渗碳实验："这时将排烟口封闭，用泥将裂缝堵严。窑内松柴因缺氧而产生浓烟。十五小时后，泥壳已坍塌，但炭火尚未熄灭。"[注6]

李文杰的模拟实验说明，在正式的陶窑还没有出现之前，更古远的先民烧制陶器也需要注意火场的保温。否则在无遮蔽的燃烧、气流自然对流的状态下，火场内陶器坯的温度不容易达到泥土陶化的最低限温度。在火焰自然舔烧陶坯的情况下，陶坯所受的温度也不均匀。为了让烧陶温度达到泥土陶化的最低限度，史前先民在陶坯外面覆盖柴草燃料，然后抹泥层聚温、保温，以提高烧陶火场的整体温度。这是一种还没有陶窑概念的烧陶方式，可称为"露天堆烧"的无窑烧陶，是一次性的工艺

和设备。

良渚先民可能露天堆烧黑陶

良渚文化（公元前3300至前2000年）至今未发现陶窑。半个多世纪以前在杭州水田畈遗址的考古发掘中，曾在良渚文化居址外的东南隅，发现了由泥块堆砌的火坑，周围有厚达30厘米的红烧土堆积层，虽然火坑内见有稻谷，也见有不少陶片，但判断并非窑址。1989年，在余杭大观山果园曾发现6处略呈圆形的红烧土坑，附近有大量的砖形土块，但也不能认定为陶窑。考古人员又曾发现一些黑陶往往成堆出土，并且与木炭末堆积在一起，在附近还可找到少量红烧土。这可作为良渚文化当时可能是采用平地露天堆烧、没有陶窑的佐证（后文还将阐述）。红烧土坑及大量的砖形土块，也很可能是良渚先民采用构筑法建造的地面以上的陶窑。按目前资料看，良渚先民可能直接在平地或浅坑上堆烧陶器，行将烧成之际，用掺入植物茎秆的泥土封顶，还原气氛时即成为灰陶；如以烟熏渗碳，尔后再封窑顶，也可烧成黑陶。良渚先民的无窑堆烧法，与黄河流域的横穴、竖穴型陶窑明显不同。[注7]

无窑烧陶的火力温度

无窑烧陶的火力温度究竟是多少？笔者查阅有关资料发现，日本鹿儿岛简仙山出土的至今1.5万年前的陶片，烧制温度只有400℃～500℃，质地疏松，没有完全陶化，[注8]还只能算是"土器"，不能算作陶器。李文杰认为，烧制成陶的最低温度需要600℃，在较高温度烧成陶后降温，用烟气作渗碳的工艺温度为500℃～400℃。[注9]

2001年中科院考古所对桂林甑皮岩遗址作第二次发掘，发现了距今12000年的素面夹砂陶器。据说，测定其烧制温度不超过250℃。[注10]有人认为这大概是所发现的最原始的"陶器"。笔者认为，烧制温度不超过250℃的，还属于烧硬土的范畴。因为在250℃的温度下，泥土里能够烧熔成陶的成分极少，所以还谈不上泥土的陶化，不能算作真正的陶器，但这是发明陶器的先期脚印。

湖南省澧阳的彭头山史前遗址，是长江流域最早的陶器时代文化遗址之一，测定年代约为公元前6200至前5800年（一说距今9000至

8000年）。对于彭头山文化的研究指出[注11]，甑皮岩文化与彭头山文化遗存有着相似性，如两者陶器的成型工艺都以泥片贴筑法为主，陶器底部明显厚于腹部，剖面可见贴片痕迹；陶器器表颜色驳杂，都采用平地堆烧法，尚未能有陶窑。另外，河姆渡、马家浜等文化还停留在"平地堆烧"的阶段，陶器的烧成温度约在700℃左右。

单坑的穴式陶窑

陶器发明的初期，处于摸索状态，制陶工艺很幼稚。起初先民并没有用陶窑烧陶的意识，陶器的烧制就像烘烤食物那样，把土器的坯子直接放在火上烧烤，处在"无窑烧陶"时期。

本文作者认为，远古穴居或半穴居者，在室内的灶坑烤食及御寒烧火，灶坑周围泥土被长期的烧烤硬化，且遇到旺烧的高温而陶化，是最早发明陶器的技术诱导因素之一。[注12] 同样，产生陶窑的技术诱因，也是来自先民在室内烧火的灶坑。有了最初的陶器，华夏先民就使用陶器来煮饭食，产生了华夏古陶的炊煮器。陶器的炊煮，促使了灶坑的建造。从灶坑的修筑，发展到陶窑的修筑，于是从无窑烧陶摸索进步到有窑烧陶（而西亚、埃及的先民烘烤麦粉面包，则是从简单的烘烤炉发展出了陶窑）。居室里的灶坑发展出的小型陶窑，显然是一种家庭烧陶的生产方式。

贾湖遗址的坑穴式陶窑

《舞阳贾湖》专著讲述了贾湖前期考古的9座史前陶窑，关注到了从原始的平地堆烧陶器发展到掘坑为窑的"坑穴窑"。贾湖前期考古发现的9座陶窑，可以分为两类：第一类是特意修建的横穴式陶窑，有窑室、火门、烟道和烟孔，考古编号为Y8、Y9的两座横穴窑遗迹都能见到烟道；第二类窑，比第一类横穴式窑简陋，仅挖一个圆形或椭圆形的圜底浅坑，甚至不是特意挖窑坑，而是利用废弃的灰坑平整铺垫后，形成一平底或圜底的浅坑。在9座陶窑里，只有2座属于横穴窑形式，其余7座是坑穴式窑。[注13]

贾湖遗址的这种坑穴式陶窑与横穴式陶窑的结构差别，在于坑穴式窑没有发现专门的火门和火膛，所以在考古发掘的初期，并没有立即认

为那种坑就是陶窑，而把它们作为灰坑而统一编为灰坑号。在后来对贾湖遗址的继续发掘和研究里，考古人员将它们认定为坑穴式陶窑，因为这些在灰坑群里数量较少的特殊"灰坑"，都留存着火烧硬化的坑壁和坑底土层，而普通的灰坑和窖穴不可能有这样一层硬化的坑壁坑底。一些没有火门的坑穴窑甚至还有烟道和烟囱口（Y5、Y6）。编号为 Y6 的窑址，烟道内口烧成红褐色，烟道内壁和出烟口均为砖红色。此窑可复原为一个带出烟口的就地封顶窑。考古学家在《舞阳贾湖》里对坑穴式窑的修建和使用程序作了推测描述："先挖一圜底坑穴，铺一层柴草后，在上面架一层陶坯，然后柴草陶坯层层相隔，最后在上面铺一层柴草并用泥封抹，捅出若干烟孔，在一侧点火。"[注14]

贾湖遗址是裴李岗文化类型，早于仰韶文化，已经有了横穴式陶窑，而贾湖遗址的坑穴式陶窑，展示了从无窑烧陶进展到用窑烧陶的具体进展足迹。

或许，在其他的史前遗址里也会有不分火室与窑室的坑穴式陶窑，就可能像贾湖考古的初期阶段那样，由于没有窑室的特征结构，把这种能烧火又大于灶坑的遗迹，当作了一般的灰坑。从技术的角度看，分不开火室与窑室的坑穴窑，是比分出了窑室的横穴窑还要早先，还要原始。

居室内的连通灶坑——简易陶窑

有资料说：20 世纪 70 年代，在裴李岗遗址挖掘出了第一座圆形小窑址（直径约 1 米）。考古报告表明，裴李岗遗址的陶窑是在居室里发现的。

裴李岗文化（公元前 7000 年至前 5000 年）以河南省新郑县的裴李岗遗址而定名。这种文化的分布以嵩山周围比较密集，在太行山东麓、大别山以北也留下了裴李岗人活动的踪迹。在裴李岗文化各遗址中都发现了汲水的壶、炊煮的三足钵和鼎、盛水和贮谷的深腹陶罐等陶器。这类器形小，火候低，种类也不多，都是手制的，大量采用贴塑的方法，容易剥落和破碎。在这种文化的后期，出现了圈足碗和形体较大的罐，但与后来仰韶文化常见的敛口钵和大型瓮、罐类储藏器还是不能比拟的。从氏族营地和公共墓地的发掘表明，裴李岗人的定居生活时间还不很长，农业经济也不够发达。部落的面积普遍较小，文化堆积很薄，除了在墓

陶窑发展史：从陶窑到青铜器的冶炼铸造

葬中有少量随葬品外，营地的房址中遗物很少。他们在寒冷的季节居住在简陋的半地穴式窝棚里，夏天则露宿在营地中的坪场上，点燃起一堆堆篝火。各遗址的房屋遗迹，多是首先在地面上挖出一个直径约2至3米的坑穴，周围埋上几根木柱以搭盖草棚。房屋南面挖出一个斜坡形或阶梯式门道以便出入，房内中间或离门稍远的地方设置火塘（膛），有的火塘还用黄泥、草拌泥筑成灶圈，有的火塘则修成簸箕形，室内一般都修垫得很平整，有的还开始在居住地面上铺设一层比较硬实的灰白色干土，踩踏得很坚固。面积很小的营地和构造非常简陋的窝棚，反映出当时的人们生产力水平较低，生活是艰苦而不稳定的。

"裴李岗室内陶窑，是最早的窑，也是家庭烧陶的证据。"[注15] 详细描述如下：裴李岗陶窑由燃烧室（火室）和加热室（窑室）两大部分组成。陶窑残留着一个直径约96厘米的圆形窑室和一个长约80厘米、宽约50厘米的火道。窑室的一壁上可见五个直径约为6至8厘米的半圆形孔洞，似为通火孔。窑室和火道的壁上，及其底部均有约10厘米左右的红烧土层。[注16]

在仰韶文化类型的西安半坡遗址和姜寨遗址里，都可以见到居室内的"连通灶坑"。

考古发掘资料《姜寨》描述了居室遗址F47内的连通灶坑。[注17] 在这个居室遗址内，有"大型连通灶坑，编号为K130及K131。K130，瓢形，长径1.16米；K131，圆桶形，长径1.32米。两个灶坑之间有火道相连，灶坑深度均为1.0米（作者注，《姜寨》原文数据如此，与该书所附插图略有差异）。灶壁均为草泥涂抹，厚2至3厘米，呈青灰色或红色。"

已发掘的西安半坡遗址内，只发现了一座连通灶，编号为K20a与K20b。[注18] 位于东边的灶坑（K20a）的平面为"舟形"，西边灶坑（K20b）为圆竖坑，二者相距1米，底部为一狭长火道沟通。两灶坑之间的连接火道大口在东坑（K20a）的西端，底宽66厘米，中高75厘米，为三角形断面，向西延伸渐次缩小，到西坑（K20b）的东端处，仅高45厘米，底宽34厘米。火道渐次收缩的结构，显然是在东边舟形的灶坑里烧火，而把火焰从火道里引向西边的圆形竖坑。在西安半坡已发掘的遗址，虽只见到一座连通灶，但"此种连通灶，在华县泉护村仰

文化遗址的大型住屋中，也有发现。"[注19]

再看《西安半坡》对连通灶遗迹的发掘记述。

东边灶坑（K20a）灶壁被烧成红烧土，厚约3至5厘米；灶坑内堆满红烧土和木炭残块等。西边灶坑（K20b）是很规则的口大底小的圆形深坑，底平整，口径116至118厘米，直径76至101厘米，残高102厘米。坑壁及底部均为硬红烧土，厚4至17厘米，表面皆系薄的灰蓝色硬面，坚硬如石，多龟裂痕。

由上述考古记录可见，半坡连通灶的燃烧室在东坑，而西坑是一座单纯的加热室。西坑由于只是接受火道传来的能量，没有添加燃料的操作，所以坑壁损坏程度不大，持续使用了下去，以致西坑的坑壁经受火烧的硬化层比直接烧火的东坑还厚。这种连通灶的形式表明，仰韶先民认识到，可以把灶坑的燃烧室与加热室分开设置。笔者认为，这种连通灶就是最早的室内陶窑。因为，半坡连通灶西坑的直径为1米左右，深度为1米左右；姜寨的连通灶坑直径和深度也都在1米多。如果用来炊煮，这样大的圆灶坑是无法放置锅釜的。半坡和姜寨遗址里出土的陶炊器尺寸小得多，只能将锅釜全器都深深淹没进那个灶坑里。在姜寨和半坡遗址的其他单眼灶坑，保存完好的，深度多在40厘米以下。因此，灶眼直径和深度尺寸为1米多的大型连通灶，不是用来烧饭而是用来"烧陶"的小型家庭陶窑。

对于室内简易穴式窑的分析

但是，半坡连通灶西坑那种敞开的大口，如果当作烧陶窑，显然对烧陶的聚气保温不利。或许，大口的圆灶坑正是为了方便陶坯的装入和取出，在装好"窑"之后，再像旧有的平地堆烧方式，或者坑穴窑那样，给灶坑抹泥封口。但是，这种灶坑毕竟有了坑壁。其一，与平地堆烧涂抹的薄层泥壳相比更有利于烧陶时的保温。其二，坑穴的周壁能够长期保留，持续使用（坑）。其三，陶器放在与烧火坑不同的另一个坑里加热，烧火坑里可以不断添加柴火，保持旺烧的火势。而平地堆烧法，或者贾湖坑穴式窑只能在装窑前配置一次柴火燃料，不能后续添柴。独立火室的继续添柴有利于提高烧陶温度。联通灶坑的火室，已经做到了可以随烧陶人的意愿，通过添加或者撤减柴火来直接控制烧陶火势。而平地堆烧法，或者贾湖坑穴窑，在装柴、码放陶坯并封口之后点火烧陶，其燃烧过程的火势不可以直接控制。其四，这是史前先民从无窑堆烧陶器过渡到用窑烧陶的思维发展的体现。对史前遗迹考古资料做如上分析，笔者认为连通灶应是"陶窑"的雏形，由这种尺寸较大的连通灶（包括燃烧室和加热室两部分），发展出了横穴式陶窑。这是从"无窑烧陶"进步到"用窑烧陶"的关键性一步。

在姜寨与半坡遗址中，这种特殊的连通灶仅出现在少数房址里。这说明，连通灶并非每个家庭日常煮饭的生活设备，而是少数先民的特有"生产设备"。连通灶一类烧陶设备雏形，只是少数掌握了制陶和烧陶技术的先民家庭里才具备。

家庭式的烧陶遗迹，在陕南西乡县的李家村文化（大地湾类型）遗址里也有发现。公元前5000年（距今7000年以上）的李家村遗址，发掘出面积为数平方米的房屋遗址一处，小屋为圆形，屋后背水，室内地面夯烧坚固，有烧陶的窑迹，直径约1米，室外有陶窑坑和灰坑。说明这一家能制作陶器供自家使用。[注20]室内烧窑的结构简单，都是就地挖掘而成，窑室较小，略呈圆形，直径约1米。烧时都是在窑底以柴草为燃料，火焰由窑室四周火道进入，无烟囱。由于窑内热损失较无窑烧陶要小得多，故烧成温度亦稍高。从热工观点分析，尽管窑型结构还较原始，但有了窑以后，不仅热损失小，而且当燃料燃烧时，进入窑内的火力比较集中，温度易于升高，坯体易于烧结，有利于提高陶器质量。所以，从无窑到有窑烧陶在制陶技术方面是一大突破，由此进入了陶器时代第二期。

考古发现的早期陶窑集中在北方的原因

至1982年的考古遗址统计，我国所发现西周以前的114座陶窑里，只有4座是在南方发现的。[注21]此后，到1998年，我国又发现大量陶窑，只有3座普通陶窑在长江中上被发现。除这7座陶窑之外，其余都是在我国北方发现的。

这种考古现象跟远古先民的居住方式与生产方式有关。

作者认为，史前进入农耕经济社会后，中国北方地区是以种植粟、黍、稷等旱作粮食作物为主，而南方主要是种植水稻的稻作农业形式。

历史观的新突破

在简陋的垦殖工具和运输工具生产条件下，无论是南方还是北方，耕地的开垦首先要考虑接近水源。聚落居住区地理位置的选择，与农业耕作的大片土地，相依相靠，相互影响并且会尽可能接近对方，这是第一层次的地点选择。而陶窑的构建地，则是在聚落定居地的第二层次选择地点。北方旱作农耕区的聚落居址可以选择在土层厚实，适宜耕种也适宜居住的地区，在这种土层里挖穴建屋、挖穴建窑都比较方便。南方最早的水稻栽种应起步于在潮湿多水的自然沼泽地区。先民对野生稻的观察和驯化，随后在沼泽区开垦出最早的水田（如河姆渡遗址、崧泽遗址、良渚遗址、马家浜遗址，现今的地名都带着"水"的要素）。所以稻作农耕的居住区域地下水位浅，加上南方多雨，不可能像北方那样挖穴居住。地下水位浅的土层，也不宜挖坑筑建陶窑——水分含量高的土层，窑火烧不旺，而且土层里的大量水分在火烧时的汽化，会涨坏陶窑，在陶窑停火期间，甚至会有地下水浸渍窑坑的可能。这些因素，不论出现任何哪一种，都会导致挖穴建窑的努力泡汤。

北方的先民（如半坡人）主要居住在半地穴式房屋，而南方先民（如河姆渡人）主要居住在干栏式房屋。从考古出土遗址、遗迹看来，南方干栏式建筑最早为9300多年以前，在长江下游地区，浙江余姚的河姆渡遗址发现干栏式建筑在公元前7000多年。干栏式建筑是指在木（竹）柱底架上建筑的、高出地面的房屋，这种"构木为巢"的、简单的木构架，经过不断改进，已成为我国南方建筑的主要结构方式。[注22]这种底下架空，上带长廊的干栏式建筑，很适应南方的地理环境——潮湿多雨、地下水位浅，但是建筑过程要比同时期黄河流域居民的半地穴式房屋复杂得多。建筑外观与现在云南等地少数民族的干栏式民居很相似。

显然，南方干栏式建筑，跟北方地穴或半地穴式建筑全然不同，加上居住区地下水位浅，无从发展出室内简易穴式窑——家庭小型陶窑和聚落区的地穴式陶窑。而长江流域，除大溪文化和屈家岭文化的个别残窑外，其他尚未发现地穴式陶窑。河姆渡文化、马家浜文化等地，或许还停留在"平地堆烧"的阶段，陶器的烧成温度相对较低，约在700℃左右，[注23]这是一种情况。

本文有几处引用的考古资料，表明南方也会有一些利用土坯块构筑得较好的陶窑个案，考古发现南方也有几个烧制温度较高的突出陶样。

作者进一步推测,南方的早期陶窑构筑,或许会跟居屋相仿,倾向于地面构筑模式。但早期所用的原材料只能是石块、土坯块或红烧土块,还没有陶质的砖。在没有解决料浆砌筑技术之前,泥浆堆砌的持久性很低,如前文所述。[参见注7] 良渚文化遗址有土块堆积的火坑,周围有厚达30厘米的红烧土堆积层,也有不少陶片,还有大量的砖形土块。至于保留到如今的地面陶窑,考古发掘尚未发现。

也要看到,初期简陋的地面窑,其燃烧功能不如地穴封闭式的陶窑。因为地面构筑的陶窑必须解决烟囱技术,否则燃烧不利,而穴式窑从地下烧火坑到地面有一段自然高度差,有利于抽烟供风。再者,用泥浆砌筑石块、土块而成的地面窑,窑壁的密封性不如坑穴式窑,不可能得到较高的烧陶温度。所以早期北方陶器烧制温度,普遍高于南方烧陶温度。

但是,南方的一些地面构筑式陶窑,导致依山坡而建的地面窑,最后发展出南方龙窑。

史前先民在地面构筑物(包括陶窑)里使用烧制的土块,最终导致陶质砖瓦的出现。随着生产力的进步,在南方也不断有穴式陶窑被发掘出来。

横穴式陶窑

我国北方的远古先民,在仰韶文化半坡时期,由地穴、半地穴居室内的连通灶坑——简易陶窑,发展出横穴窑与竖穴窑。横穴窑的年代在先(半坡类型,公元前4700至前3600年),竖穴窑在后(庙底沟类型,公元前3900年至前2780年)。然而在考古发掘中,两者也有同时出现的情况。横穴窑不仅有燃烧室(火膛)和加热室(窑室),而且增加了火道和窑箅(即箅孔火眼)两部分。

横穴窑的考古记录

20世纪七八十年代有人认为,在裴李岗遗址发现了当时所知的第一座圆形的横穴窑址。[注24] 横穴窑是较原始的一种陶窑,由火膛、火道、窑箅和窑室四部分组成,此外有的还带有出烟口(后来发展为烟囱)。其特点是火膛、火道与窑室作横向排列,窑室在火膛后方并略倾斜向上,两者通过两条或更多的火道相连。窑室底部为窑箅,上有箅孔(即火

眼），火苗经过火道和火眼进入窑室。横穴窑还可依其火道和箅孔的长短、形状而细分为四种形式。至于竖穴窑，主要特点是燃烧室（火膛）位于加热室（窑室）的下部，两者基本相垂直。[注25]

贾湖遗址，是典型的裴李岗文化聚落遗址，出土木炭标本经碳14测定，距今约7600年至8600年（经树轮校正）。1983年至1987年河南省文物研究所进行6次发掘，发掘面积2600多平方米，发现房基30多座，灰坑300多个，陶窑10座。2001年4至6月，中国科技大学科技史与科技考古系和河南省文物考古研究所合作，对贾湖遗址进行了第7次发掘。这次发掘面积300多平方米，发现房基8座，灰坑66座，陶窑3座。在制陶技术方面，发现的陶窑均为横穴式，上口近圆形，残存有火门、火膛、火台、窑壁、烟道和出烟口。出土陶片以夹砂陶为主，泥质次之，还有夹炭陶、夹云母陶以红色为主，褐色占一定比例，灰色和黑色较少。由于火候不匀，陶色多不纯正，陶胎多呈灰或黑色。器表以磨光和素面为主，夹砂褐陶和红陶普遍施赭石色陶衣。

已发现仰韶文化各时期的陶窑上百座，构造可分为横穴窑（在先）和竖穴窑（在后）两种，以横穴窑最为常见。

北首岭遗址，是仰韶文化早期的村落遗址，位于黄河中游陕西宝鸡市金陵河西岸，1958至1978年多次被发掘。北首岭遗址揭示了仰韶文化起始阶段。

北首岭遗址发现的烧陶窑址共有四座，但保存情况均不太好，难以看出整体原貌，从残迹可以了解到均是横穴式陶窑。有一个采用了三股火道进入窑室的先进形式，为其他仰韶遗址所少见。北首岭出土陶器及残片数量巨大，与四座陶窑很不相称，故可以推测真正的制陶区在两次发掘中均没有被发现。[注26]北首岭遗址早期为公元前5150至前5020年，文化层厚0.8至1.20米。遗存中有少量灰坑、一座陶窑。陶窑为筒形，分火塘（膛）、火道、窑室三部分。窑室较火塘（膛）略高，火塘接近窑室的一端有两个大的火道，紧接窑室内的小火道。灰坑主要有圆形圆底袋状、长方圆角、椭圆形等几种形状。陶器以红陶、红褐陶为主，陶色不纯。陶胎较薄。

早期的陶窑平面作"裤裆状"。火膛在"裤腰"，两个火道顺火膛向两边斜开如"裤腿状"。火膛是凹下去的一个深坑，两火道与火膛相连，并倾斜向上，加柴烧火时，似由上面向下点燃，火从火膛顺火道而上，上部放置陶器的地方已破坏，不知原状。保留较好的 6 号窑，窑内堆积物除石块、碎陶片和各种颜色的灰烬外，还有一件没有烧过的粗陶罐泥坯。

在半坡遗址里被考古学家认为类型比较进步的两座横穴窑，"火膛、火道、火眼和窑室壁基本保存完好"。考古学现场记录的横穴窑形态和数据如下："火膛后部紧接的是三条大火道，两边的两条全通窑室的周围，作倾斜式向窑室伸展，火道宽约 0.1 米，高约 0.6 米。三条火道向上汇成一个圆形通道，分别由周围的小火眼与窑室相通。窑室与火道垂直，平面接近圆形，直径约 0.8 米。……窑室周围的窑壁厚 0.5 厘米左右。紧切窑的周壁围绕着一圈小的火眼，保存好的有 10 个，皆作长方形。火眼平均长约 10 厘米，宽 4 厘米；最长的 17 厘米，最短的 6 厘米；最宽的 5 厘米，最窄的 2 厘米。接近火道的部分火眼较小，远的部分则较大，似为调节火力的强弱而有意这样做的。……此窑因使用时间较长，特别是着火的火膛上部，因长期受热而变成青色和红色土层，厚将近 20 厘米。"[注27]

陶寺遗址已经清理出庙底沟二期文化的陶窑一座（编号为 Y311），非常残破。龙山文化陶寺类型早期陶窑 5 座，其中 3 座比较完整，平面为葫芦形，前为火膛，后为窑室；晚期陶窑 3 座，仅 1 座保存稍好，平面也为葫芦形。上述陶窑均属横穴窑。[注28]

横穴窑由北向南扩展

考古发掘表明，在公元前 3000 年至前 2400 年左右，黄河流域的横穴窑技术，逐渐向南方（长江中下游，今四川、湖南到福建一带）扩展。

大溪文化（公元前 3800 年至前 2400 年）位于长江中游，当时的制陶业有其自身的创造。划城岗遗址发现了一座保存较好的窑址。结构分为火膛、斜坡状火道、窑室、出烟口几部分。窑的底和壁都用大块红烧土铺垫或垒砌而成。火膛直径为 1.2 米，其上未见窑箅，在高出火膛底部 0.3 至 0.4 米处，围绕窑壁一周有宽 0.2 米的平台，构成直径 1.6 米的窑室。待烧制的陶器就摆放在平台上。这种陶窑使用的材料和构筑形

式，在中国陶器时代尚属少见。

在湖南澧县城头山古城遗址，古城中部，发掘出制陶作坊区，共清理出 8 座陶窑。它们或烧制红烧土这样的建筑材料，或烧制某类陶器。这几座陶窑除一座为屈家岭文化时期以外，其余均为大溪文化二、三期的遗存。

福建闽江下游的壳丘头遗址（公元前 5000 年至前 4000 年）未发现原始窑炉遗迹，从出土的原始陶器陶胎粗疏、器形简陋、烧成火候不匀等特点观察，是采用平地堆烧方法，即在地面上直接堆起树枝、树叶等柴草，把陶器放在柴草上进行露天烧成，或者将陶器与柴草堆好后，外边用草拌泥涂封起来，下边留出点火孔，上边留出烟口，然后点火烧成。

在福建闽侯县昙石山遗址中层内（公元前 2500 年至前 2050 年）有制陶遗迹的重要发现，出土陶窑 5 座，分布较集中。陶窑利用缓坡地面挖掘构筑，方向朝东或东偏南。窑炉平面呈瓢形，由窑室与火膛两部分构成，属无窑箅的横穴式结构。其中完整的一座，窑室略呈圆形，直径 0.7 至 0.8 米，深 0.56 至 0.62 米；底比口大，类似袋状。窑壁不甚平整，隐约可见铲、斧之类工具挖掘的痕迹。由于高温焙烧的缘故，内壁形成一层青绿色坚硬的烧结面，厚 3 至 4 厘米。窑底的灰烬厚 2 至 3 厘米，夹少量的木炭碎块，火口旁也堆积着一片厚 3 至 8 厘米的灰烬，说明当时烧窑的燃料是草和树枝。火膛在窑室的前方，平底拱顶，成 150° 斜坡通向窑室。这种窑炉结构，主要特点是就地挖穴构筑，烧窑时预先在窑室内装置陶器，点燃火膛的柴草，火焰通过火腔进入窑室焙烧陶器，烟火从窑室的顶部排出。由于不断地在火膛添加柴草，以至烧柴过多，窑室内产生游离烟火，致陶器熏烟氧化而呈灰色或黑色，估计烧成温度在 900℃ 上下，每次烧窑可烧成大小件陶器 10 至 20 件。[注29]

武夷山兴田镇葫芦山遗址，约在夏、商之际（公元前 1800 至前 1300 年），大体相当于昙石山文化的晚期阶段。与马岭陶器时代相当的遗迹有陶窑群和开凿在山岩中的排水沟、蓄水坑，出土有一批涂有黑色或红色陶衣的陶器残片。根据发掘者提供的一座陶窑平剖面图观察，窑炉系横穴式结构，平面呈葫芦形，由火膛、火腔与窑室组成。窑室略呈圆形，直径 0.8 米，高度约 1.3 米，火膛大小接近窑室并略低于窑室，总体结构已有所改进。

对于横穴窑的技术讨论

显然,横穴式陶窑采用了多条火道,比连通灶的单火道,加强了通导高温气流和长火焰的能力,而且在火道与窑室的交接处,火道再散开成为分支火眼,多个火眼通进窑室。这种火道结构,比连通灶更能提高加热室的整体温度和加热室内温度场的均匀性。横穴窑比连通灶的技术进步,还表现在火道从燃烧室的火膛,通向加热室,采用了倾斜向上的火道。这符合热气上升的原理,有利于加强横穴窑的抽烟通风能力,有助于火膛的柴草充分燃烧,提高窑室的温度。这种火道布置方式,还导致了窑室底面要高于火膛底面。于是在窑室部分,除了向地下挖坑构筑火道之外,还发展出地面以上的结构,而且这种有地坑又有地面结构的筑窑形式,与当时半地穴半地面的房屋结构、思维方式和技术方式都一致。陶窑地面以上的结构,技术复杂程度显然比简单的地坑连通灶为高。所以从发展时序来看,窑的地面结构出现在地坑形式之后。这种进步,彻底走出了"灶坑"的技术层次,真正进入到了"陶窑"的技术层次。

考古发现仰韶文化后期有一座多火道陶窑,它的火道好像汉字"业"字形或"韭"字形。[注30] "业"字形表示主火道是端直方向,而分火道斜向前方;"韭"字形表示每边有三条分火道,是横平状态,而不是斜向前方。显然,增多分火道的陶窑,是扩大陶窑直径的结果:直径1.3米,残高0.4米,窑壁略向内倾斜。要修建尺寸更大的陶窑,必须提高筑窑技术和烧火技术。

为保证陶窑的正常运作,需要燃料储备,需要对各种木柴、草柴燃烧的火力特性(是否容易烧着、燃烧的火力大小、燃烧的耐久性及灰分、烟气状况等)有了解,需要对烧火操作(加柴、架火、出灰)的熟练掌握,需要对窑内环境温度以及陶坯实际温度进行感知和控制,还需要了解和调节窑内气氛,以获得红陶或者灰陶,这就是必须掌握"火候"。要烧得出好的陶器制品,更重要的是窑师还必须了解窑内陶坯的土性、陶坯的制作工艺过程、陶坯的物理尺寸,以及该窑次的装窑状况。总之,陶窑热加工技术远远高于石器的冷加工技术,并且为青铜器的冶炼与铸造准备了技术基础。

从横穴窑进步到竖穴窑

仰韶前期陶器的烧成温度，高于同时期其他地区，为 900℃～950℃，这时期的陶窑均由火口、火膛、火道、窑箅及窑室组成。窑室或窑箅的直径为 90 厘米左右，火眼长宽分别为 8 厘米或 3.5 厘米。后者环列窑箅周壁，下通火道。火道分作两股由火膛左右斜上通入窑箅下部，于火膛相对的一端汇合环成一周。火口隔着火膛位于窑室对应的一端。

横阵陶窑遗址，位于陕西华阴县敷水镇西南约 1.5 公里的横阵村西面台地上，时间跨度包括仰韶文化（约前 3600 年）和龙山文化（约前 2300 年），1955 年由黄河水库考古工作队发现，1958 年至 1959 年由陕西分队进行了发掘。仰韶文化层厚度约 1 米左右，龙山文化层厚度为 2 米左右。仰韶文化层中发现陶窑 1 座，窑室呈圆形，口小底大，火膛口向西，有四条火道通向窑室。

在已经发掘的半坡遗址范围里，一共发现了 6 座陶窑（其中有 1 座比较完整）。被考古学家认定的陶窑都不在居住区域里，与墓地分布在聚落居住区的外围，显然已经有用火安全的考虑了。这些陶窑的规模都很小，估计每窑每次烧的器物并不多，大的 1 至 2 件，小的 4 至 10 几件。从地层关系说，早期陶窑只有一种类型，共 2 座（第 5 号和第 6 号窑）；晚期的共 4 座，有中柱横穴窑（第 1 号窑）、普通横穴窑（第 3 号和第 4 号窑）和竖穴窑（第 2 号窑）。

庙底沟类型的竖穴窑

下孟村遗址位于长武县下孟村，面积约 15 万平方米，1958 年被发现，1959 年至 1963 年由陕西省考古研究所和西北大学联合发掘，文化层堆积 2 至 4 米，从下到上可分为半坡类型、庙底沟类型。共清理出房址 7 座，均为方形圆角半地穴式，陶窑 5 座，有横穴窑和竖穴窑两种。横穴窑 2 座，由火口、火膛、火道、火孔、窑室等组成。竖穴窑 3 座，由火口、火膛、火道、窑室等几部分组成，窑室垂直在火膛的上部，高出地面。陶器以细泥红陶和夹砂粗陶占多数，下孟村遗址发掘的主要收获，是从地层上证实了老官台文化早于仰韶文化，而仰韶文化半坡类型早于庙底沟类型。[注31]

陕西南部城固宝山遗址，陆续发掘出一批形状特别的仰韶文化后期（约公元前 3700 年）的陶窑，数量达 13 座。这批陶窑构造奇特，窑室底部向上筑起一个桶形卷，为窑室内壁，高度略低于外壁。这个向上筑起的桶形卷，是陶窑的构筑型部件，而不是挖掘型构件。内外壁之间形成一周宽为十几厘米的空间，与火塘（膛）相通，是火道。窑室底中部开有长条形洞槽，通向窑室侧面，再由此沿窑壁往上是一个封闭形烟道，烟道上部高于窑室口部。烧制陶器时，将做成的窑坯装入窑室，火塘内火苗向上进入火道，由于开口窑室底部的烟道形成冲力，火塘内火苗迅速漫过窑室内壁上延而冲入窑室，形成倒火焰。这种陶器不是直接用火烧出来的，而是烤出来的。这种方法提高了产品的烧成率，消除了废品，陶器颜色均匀，不容易变形。[注32]

半坡类型和庙底沟类型陶窑的区别是，前者陶窑的火膛完全位于窑室的一侧，以致火口与窑室的距离是庙底沟类型陶窑的 4 倍，因而半坡类型的陶窑往往被考古学者称为横穴窑而庙底沟类型陶窑被称为竖穴窑。竖穴窑（庙底沟类型）提高了利用能源的效率，横穴窑比连通灶的工艺有很大改进，竖穴窑又比横穴窑有很大改进。

河南陕县庙底沟遗址的陶窑，由火膛、火道、窑室三部分组成，窑室位于火膛之上，火膛较深，位于窑底的火道分三股主火道，两侧的主火道还有支火道，火道上还分布有 25 个火孔。窑室呈圆形，直径约 1 米。由于火膛较深，一次空气供应充足，使柴、草等燃料得以充分燃烧，火焰均匀地从窑底的火道进入窑室。窑室结构有利于窑内温度的提高，一般为 900℃ ~ 1050℃，这对保持窑内温度的均匀以及减小窑内的各部温差是有利的。这种竖穴窑较裴李岗文化和仰韶文化时期的横穴窑前进了一大步。

龙山文化时期的竖穴窑

到龙山文化时期（公元前 2350 至前 1950 年），烧制陶器基本上都改用竖穴窑，且已广泛采用快轮陶车。

河南平顶山蒲城店遗址，2004 发掘出一处保存基本完整的陶窑，为龙山文化时期半地穴单室双火道竖穴窑，窑残高 1 米，窑长 2.2 米，窑室直径为 1.5 米。整个窑室、火塘、工作面及灰坑等组成部分齐全。顶

部接近圆形,残留着13个碗口大小的火孔,火孔及窑室内呈褐红色。窑室旁边是一个高半米的火塘,整个陶窑东北及北面分别是工作面及灰坑。

山东龙山文化时期的竖穴窑,窑烧温度可达950℃～1050℃。在窑烧的最后阶段,再以浓烟熏黳,使陶胎渗透大量的炭粒,于是就成为黑陶。再用砾石或兽皮加以打磨,熠熠发光,就是著名的蛋壳黑陶。黑陶以胶县三里河遗址出土最多。黑陶粗柄高足杯,是陶器文化中的精品,代表了山东龙山文化制陶业的最高水平,标志着进入了陶器时代第五期。以黑陶为主的龙山文化亦称黑陶文化。[注33]

河南陕县三里桥陶窑,结构又有新的改进,较庙底沟竖穴窑更趋合理,它不仅加大了窑室容积,增设了四条间隔均匀的火道,而且燃烧室(火膛)也设在距窑室较近的前面,这对于燃料的充分燃烧、窑室温度的提高和均匀分布更为有利。这种窑型一直延续到龙山文化后期,烧成温度可达1050℃,窑内气氛也便于控制,为以后演变为馒头窑、倒焰窑的设计奠定了良好的基础。

陶窑区——集中的陶器作坊区

我国境内迄今发现的最早的一批持续性发展的彩陶和陶窑,来自甘肃秦安大地湾一期文化遗址。大地湾遗址(约公元前6000年)考古出土4147件陶器,以及35座用于制陶的窑址。在我国陶器考古中,无论是遗迹、遗物的规模或是研究价值说来,大地湾遗址都超过了西安半坡遗址。[注34]这表明,史前大地湾遗址聚落的先民,为制造陶器的强势群体。

在甘肃境内还发现了另一些规模很大的史前陶窑场遗址。

制陶业发展为史前占首要地位的作坊手工业

半坡村落由居住区、墓地及窑场结合而成,面积约5万平方米。居住区外环是大致呈椭圆形的围沟,沟北为墓地,沟东有窑场。和半坡所见情况类似,姜寨类型村落也分为居住区、窑场和墓地三类遗存。居住区位于中央,外环围沟。东南越过壕沟分布着两片墓地,西面靠近临河岸边是一个不大的窑场。

马家窑文化(公元前3300年至前2050年,一说公元前4000至

2350年）的制陶业也非常发达，制陶工匠已有更多细致的技术分工。遗址的居住区、墓葬区和陶器作坊区三者明显分开。考古人员已经发现了一些规模很大的制陶窑场，

如马家窑文化后期，兰州东郊白道沟坪遗址（约公元前2200年）的一座窑场，紧临黄河北岸，高出河面约60多米，共发现5组12座陶窑，还有一些已被后代破坏的陶窑残迹。每组陶窑共用一个烧火坑，各窑的窑门都朝向这个烧火坑。窑场中有一个备料坑，里面装有制造陶器的熟料和余料，其中的红胶泥条正与马家窑文化诸遗址出土的大量泥条盘筑而成的陶器相印证。窑场中还出土了用于研磨颜料的石板和调色配色用的陶碟，这种陶碟是分格式的，上面还清楚留存着紫红色的调料，都是描绘陶器花纹的实用工具。白道沟坪窑场发现的遗迹遗物表明，当时的制陶工业包括淘土备料、制作熟料、制坯、彩绘、火工、成品包装、运输等一系列工序。窑场中除了陶窑，还发现有备料坑、储放陶土和制作陶器的场所。掌握多工序有关技术的制陶工匠们，应该是有相应分工的。窑场的各窑室都呈方形，窑算有9个火眼，三三排列，十分整齐。[注35]

考古发现，甘青地区马家窑文化马厂类型是中国史前随葬陶器数量最多的文化区。在青海乐都柳湾，仅这一时期的872座墓葬就出土了随葬陶器13227件。根据一个墓地（M564）随葬器物的平面图，以及白道沟坪方形窑室1米的边长，初步推测该墓随葬的91件陶器大约需要4窑方能烧制完成。依此类推，整个墓地的所有随葬陶器大约需要580窑，即12座窑经过约48轮方能完成。[注36]

与这个窑场同时的兰州青岗岔陶窑，以及更早一些时候的陶窑，窑室也都是方形的，这是马家窑文化陶窑的一大特点，与黄河中游普遍流行的圆形窑室判然有别。

大规模而又分组排列的窑场，充分显示了在原始公社制度下氏族成员有组织、有分工地进行生产劳动的情况。在这类窑场里生产的陶器，显然不仅是为了氏族内部的生活需要，必然有相当一部分产品用来同其他氏族或部落进行交换。

在秦岭南坡的宝山遗址，2001年考古工作者发现了仰韶文化后期（约公元前3000年）的一个陶器作坊区，包括10座陶窑，其独特的结构，与以往考古实例明显不同。此次发现的陶窑群位于宝山遗址南部，

分布面积达500平方米，共有4组，每组包括2至3座陶窑。这些陶窑由火膛与窑室组成，其做法与以往发掘的仰韶时期陶窑有明显不同：其窑室分为内外两个，从正上方俯视，两窑室在平面上呈现为两个互不相连的圆形。当人们在火膛内燃火后，火势直接进入内外室之间的空隙，对置于内室的陶坯进行烘烤，与以往考古实例发现的直接烧烤方式迥异。其中一座的结构更为奇特，在火膛之后，又挖有一洞与火膛相通，如同风门，用于控制火势的大小。[注37]

湖南澧阳平原城头山遗址（约公元前3500年）是环濠聚落，遗址内有较大的制陶作坊和椭圆形祭坛等遗迹，说明那里曾经是一个制陶业中心和宗教中心。[注38]考古人员于1994年发现1处窑场，位于城址中部，发掘区内一共出土陶窑8座，多数属于大溪文化早、中期，1座为屈家岭文化时期。在窑场中，除陶窑外还有料坑、储水坑，以及工棚等相关设施。在那些陶窑中，有的专门烧造一种陶支座，有的专门烧造红烧土疙瘩。当地长期流行圜底器，故陶支座一直是那里颇具特色且数量较多的器类之一。由于气候潮湿，用红烧土疙瘩铺垫房基、道路早已成为当地流行的建筑模式。窑场规模较大，设施齐备，位置靠近聚落中心，使用期也特长，前后跨越近千年。因此，该窑场理应是一处聚落集体所有，是一座中心窑场。不过，窑场毕竟规模有限，也容不下整个聚落的全体成员。因此，不同时段具体负责生产的就完全可能是聚落内部某一具有制陶技能的、独立的经济与社会单位。根据遗址同期的房屋基址结构推测，当时最可能的生产单位应该还是小型血缘家族。[注39]

2008年，陕西考古研究院发掘了陕西高陵杨官寨史前遗址，出土了成组分布的住房和陶窑。这组窑洞式建筑遗址共17座，排列在杨官寨村附近泾河边一处断崖上，属于半坡四期文化遗存，距今约5500年。房屋呈"吕"字形，单座面积十几平方米，分前后相连的两间，前室为住房，后室为窑洞。屋旁，还发现了陶窑和储藏陶器的洞穴，内存大量陶器、陶胚残片和一些制陶工具。考古专家认为：此处极可能是当时的制陶作坊区，一般是一间房址旁有一个陶窑，表明当时部分家庭专事陶器制造，分工已较明显。各家庭专设窑穴储藏陶器，说明私有财产的观念强化，而以前考古发掘的陶窑通常为公用的。[注40]杨官寨遗址意义重大，被评为2008年十大考古发现第一位。

从上述考古资料可看出,在彩陶文化阶段,制陶不但发展成为作坊手工业,而且往往表现出强势,形成了史前占首要地位的陶器制造行业。按照本文作者的观点,彩陶文化属于陶器时代七个分期里的第三期。[注41] 可以说,陶器制造业是手工业与农业相分离的史前社会大分工的第一行业。

在临汝煤山氏族居住营地,考古人员发现4座陶窑集中在一起,窑室底部挖筑两条主火道和两条分火道,火道较宽处架有"土坯砖"以便控制火苗和放置陶器。值得注意的是,在煤山的两座窑穴中考古人员还发现了炼铜用的坩埚残片,说明人们当时已开始能铸造铜器了。[注42]

陶器在先民生活中成为必需品。但是大多数家庭无法自己单独制造陶器,他们只能"以物易物"换取这种生活必需品。于是,史前社会必然存在着陶器的产品交换。

龙山文化遗址出现了大规模、集中的陶器作坊,也有一些小型的家庭作坊。专业的陶器手工业,更看重的是流通价值,通过陶器换取其他财富。陶器作坊的众多产品,促进了社会的普遍交换。

夏商周时期的陶器作坊

商代虽然进入了青铜器时代,但是普通人日常生活的主要用具仍离不开陶器。商代制陶业作坊的产品以灰陶为主,专门烧制泥质灰陶和泥质夹砂灰陶,不再生产彩陶。

根据已发掘的资料,中原的陶器生产大多集中在黄河流域,如郑州洛达庙商代早期陶窑,它已具有馒头形的窑形,对陶窑的结构有所改进。窑底部直径增到1.4米,火膛增高为0.8米,箅孔(即火孔)增多加大(直径0.1米)且分布均匀。窑室的窑墙向内呈圆弧形倾倒收缩,这样燃料既可以得到充分燃烧,又可使热气流均匀地进入窑内,这对提高窑内温度,改进陶器质量是有利的。[注43]馒头形的陶窑是地面构筑型陶窑,已经从挖穴建窑方式走向地面的炉窑,这是陶器时代筑窑技术的重大进步。炉窑的出现,为青铜器的熔炼和熔铸,提供了技术和设备的基础。

商代中期的窑型基本上与早期差不多,从河南郑州铭功路商代中期的窑型来看,更近似于现代馒头形窑型。它的整个窑室位于火膛之上,即火膛直径与窑室底部直径相同(1.15米),箅孔直径为0.14至0.18

米，火膛与支柱的高度约 0.68 米，这座窑的箅孔直径较商代早期大。虽然这座窑的火膛和支柱较商代早期的稍低，但箅孔较大，使进入窑内的火焰较多，增强了窑内的热量，对提高窑内的温度也是有利的。[注44]

商代晚期陶窑被发掘者较多，如郑州旭旮王陶窑，与中期的陶窑相比，窑室底部直径更大，约 1.8 米，火膛亦增高约 1.1 米，直径 1.7 米。又如河南安阳殷墟发掘出来的一座陶窑，在结构上除加大窑室和提高火膛外，最重要的是在窑室下面火膛中间的支柱取消了，这样一来，对于柴草的充分燃烧以及提高窑内温度更加有利。

总之，由于商代制陶工艺不断发展，窑炉结构继续改进，窑炉容积逐渐加大，烧成温度也随之提高，因而，陶器产品的质量和品种均相应地提高和增多，所以商代初期的陶器产品多为质地粗松的砂质红陶和棕陶，而到商代中晚期，以质地较细腻的、制作精致的泥质灰陶和夹砂灰陶居多，而且许多产品表面均有花纹装饰，此外在郑州二里岗的遗址中还发现有质地坚硬的釉陶。[注45]

2005 年在福建省浦城县仙阳镇下洋村猫耳弄山，考古出土 9 座商代窑炉，发掘面积 1500 平方米，是迄今发现的早期窑炉中保存最为完整的窑群。其火膛、分焰柱、窑室等基本保存，且分布密集，窑炉形式多样。其中长条形窑炉可一次烧成近百件陶器，是迄今为止所知年代最早、保存最完好的龙窑。三种类型的窑炉之间，存在着叠压关系。其中长条形龙窑压着椭圆形窑、椭圆形窑压着圆形窑，说明圆形窑、椭圆形窑、长条形龙窑之间存在着传承、发展、演变的关系。[注46]此外，考古人员还发现了福建鹰潭角山商代窑址的半倒焰马蹄形窑与龙窑，窑场现存面积 3 万平方米以上。

馒头窑（圆窑）的雏形最早出现于商周时期，定形于战国时代，火膛和窑室合为一个馒头形，故名，主体在地面上，一般长约 2.7 米，宽约 4.2 米，高约 5 米以上。窑室突出一个烟囱，通常是半倒焰、倒焰式窑炉。馒头窑多分布在中国北方各省，至今仍在使用。馒头窑容易控制升温和降温的速度，保温性能好，适于烧制胎体较厚的瓷器。但是由于升温、降温都慢，烧成时间较长，常出现窑内温度不均的问题，容易出现次品。点火后，火焰自火膛先喷至窑顶，再倒向窑底，流经坯体，烟气从后墙底部的吸火孔进入后墙内的烟囱排出。由于馒头窑窑墙较厚，限制了瓷坯的快烧的速冷，相应的便减低了瓷器的半透明度和白度，为减少坯体变形，又使坯体加厚，因而便形成了古代北方瓷器浑厚凝重的特色。北方著名的耀州窑、定窑、钧窑、磁州窑、临汝窑均采用这种窑炉焙烧瓷器。

西周以后，陶器种类繁多，除生活器皿之外，还有砖瓦、陶俑和明器等。到战国、秦汉时期，用陶俑、陶兽、陶明器随葬已成习俗。因此，制陶业更加繁荣。

为青铜器的冶炼和铸造打下基础

青铜器是由青铜（bronze 铜锡铅合金）制成的各种器具。由于青铜器在五大文明发源地均有出现，所以也是人类进入文明社会的象征。最早的青铜器出现于公元前约4000年的西亚两河流域。苏美尔文明时期的雕有狮子形象的大铜刀是早期青铜器的代表。

青铜合金的熔点在700℃~900℃之间，比红铜的熔点（1083℃）低。含锡10%的青铜，硬度为红铜的4.7倍，性能良好。青铜出现后，对人类社会发展起了划时代的作用。两河流域、伊朗南部和土耳其一带在公元前4000年至前3000年已使用青铜器，欧洲爱琴海地区在公元前3500年至前3000年、印度和埃及在公元前3000年左右，也有了青铜器。而华夏地区进入青铜器时代较晚，约在公元前2100年左右。

当初主持安阳殷墟发掘的李济曾提出："殷商以前、仰韶以后，黄河流域一定尚有一种青铜文化，等于欧洲青铜文化的早中二期，及中国传统历史的夏及商的前期。这个文化埋藏在什么地方，固然尚待考古学家的发现，但对于它的存在，我们根据我们考虑各方面事实的结果，却可以抱十分的信心。"[注47]

李济先生写出那段预言之后的几十年里，中原大地上陆续发现了河南偃师二里头文化遗址、河南郑州二里岗商文化遗址，呈现了中国早期的青铜器文化。有研究者指出，二里岗时期的铸铜作坊遗址发现得比较多，包括曲垣商城、夏县东下冯、陕西怀珍坊、湖北盘龙城等，但是没有制造容器的证据。郑州商城是唯一的使用复合范方法铸造铜礼器的地点。郑州地区离铜矿资源丰富的地区比较远，在中条山、陕西秦岭、湖北铜绿山、江西铜陵等铜矿产地往往有二里岗类型的中型聚落分布，并

在文化面貌上与郑州商城一致。这反映了二里岗文化进一步向周边地区扩张，即早期国家对铜矿资源的控制加强。[注48]

青铜器的火力热加工技术从陶窑发展而来

冶金专家张以诚指出：对于石器的加工，旧石器是打制，新石器是磨制，二者都是冷加工。由石器的冷加工，难以直接过渡到青铜器的火力热加工，因为冷加工不可能达到冶炼青铜合金所必要的高温。自然铜（红铜 copper 即纯铜）工具通过打制可以得到，但是黄铜（brass 铜锌、铜铅锌）或青铜（bronze 铜锡、铜铅、铜锡铅等）工具却不可能通过打制而得到，只有通过冶炼才可以获得。考古发掘表明，公元前4700年的仰韶文化早期姜寨遗址中，已发现黄铜片。黄铜是红铜与锌的合金，铜含量为62%~68%的黄铜，其熔点为934℃~967℃，经原北京钢铁学院（现北京科技大学）冶金史组反复实验证实，在"有铜锌矿存在的地方，原始冶炼（可能通过重熔）可以得到黄铜器物"。纯铜熔点为1083℃，我国黄河流域存在着铜锌或铜铅锌共生矿，为早期黄铜的冶炼提供了客观的物质条件。金属锌的冶炼比较困难，因为氧化锌被还原的最低温度是904℃，锌的沸点是906℃，金属铜的存在可使锌蒸气通过扩散作用溶解于铜，并降低铜的熔点，这样就可以得到黄铜。[注49]先民通过长期实践而能够区别矿石以后，便淘汰了偶然由铜锌共生矿冶炼得到的黄铜，有意识地挑选孔雀石、锡石等进行冶炼，从而得到纯铜、锡、铅金属及它们的合金——青铜制品，这当视为冶铜技术的进步和发展。

人类若要从石器时代过渡到铜器时代，必要的火力热加工高温技术从何而来？只有从烧制陶器的陶窑技术中来。

1.5万年前的陶片，烧制温度只有400℃~500℃，还只能算是"土器"。史前露天堆烧的无窑烧陶方式，烧成温度也低，大致在600℃~700℃之间，如在广东翁源青塘遗址出土陶片的烧成温度仅为680℃。进入横穴窑时期，陶寺遗址的陶器烧成温度为600℃~850℃。其中褐陶类属于低温陶（600℃~700℃），灰陶类烧成温度较高，最高达850℃。[注50]

约公元前6000年，在陕西老官台、浙江河姆渡、河北磁山、河南裴李岗、甘肃大地湾等遗址出土的早期陶器，烧成温度为600℃~

700℃；[注51] 在公元前 5150 年的裴李岗文化时期，陶窑的烧成温度提高到 820℃~920℃。华北磁山文化（公元前 5600 年）中的彩陶，是经 900℃ 左右的温度焙烧而成。仰韶前期陶器的烧成温度，高于同时期其他地区，为 900℃~1000℃，[注52] 由此可做出这样合理的推测：早期铜器的冶炼正是通过烧火或烧制陶器而逐步发明出来的。

在仰韶文化烧制陶器的过程中，烧成温度可达 1000℃，已经为青铜器的出现，准备了火技术的基础，在仰韶文化多处遗址里分别发现了青铜器遗物。到了龙山文化阶段，烧制白陶等火候较高的硬质陶器，烧成温度已达到了 1050℃~1100℃，相应的在龙山文化遗址也出土了更多的青铜器。

现代考古发掘获得的二里头文化遗址的铅青铜刀，其合金的成分为：铜 81.31%，铅 18.34%，锡 0.35%。[注53] 从相关二元相图可查得，该合金在 1000℃的温度时，就可以全部呈液体状态。二里头文化遗址的锡青铜刀成分为：铜 94.43%，铅 1.16%，锡 4.41%。[注54] 该合金由于锡含量比较低，铅量更低，要接近纯铜熔点 1083℃，才能全部熔融。当锡的含量在 25% 时，只要加热到 800℃，就可以获得全液态的青铜合金。

制陶业为青铜器的冶铸打下基础

史前的先民为了改善制陶的粘土原料的工艺性能，有意识地往粘土里加入砂子、稻壳、贝壳粉屑等"羼合料"。这些羼合料在陶坯干燥收缩和烧成收缩中，起着降低陶坯变形与开裂的作用。史前先民在往陶土里加入羼合料时，在铜矿石产地会有加入含铜矿石粉的事情发生，这种羼合有含铜矿石粉的陶器坯，在随后的烧陶高温还原气氛里会有少量的铜被还原出来。这是铜矿区的先民认识铜矿石的可能之一，给先民从矿石炼铜以启示。远古人类在寻找石器的过程里认识了铜矿石（孔雀石等），并在烧陶生产中发展出了冶金技术。[注55]

在实际工艺里，铸造青铜器的铜液温度并不是只达到相图上的液相线温度就能浇注器物，熔炼温度需要比液相线的温度高 200℃左右。因为这里有一个铜液出炉到浇进范腔的转移过程，这个过程在不断的散热降温。所以，青铜的熔炼温度要达到 1200℃左右。炼铸青铜器所获得的高温技术，又反过来帮助制陶技术获得更高的窑温，提高了陶坯烧成陶

器的火候，烧制出了更多的硬陶。

同时，制作陶器的模制法也为青铜器的铸造打下了基础。模制法是用泥条盘筑（或圈筑）在模具的外面，再拍打或滚压成与模具形状相同、大小相近坯体的方法。黄河中游是模制法最流行的地区，出现于庙底沟二期（公元前3300年左右），盛行于中原龙山文化地区。模制法工艺发展出了青铜器的陶范法。

要制作青铜器铸件，必须先有目标铜器的模子（泥型），还必须由模子再次翻制成"范"，目的是用陶范所围成的空腔来承接熔融的铜液，冷却以后再成为实在的铜器。用模型来翻制陶范，仍然应用了陶器技艺。在二里头遗址的青铜器作坊废墟里，集中发掘出大量的陶范。用于浇注青铜器的范具不能含有水分，否则高温的铜液会使水分迅速气化撑坏型范。特别是一些大型的青铜重器，更是先要把泥范烧成陶范，再用于浇注。形状复杂的青铜器要用复合范来铸造，也就是用多个的范块（包括范芯）来组装成为整体范。[注56]

总之，陶窑设备是制陶业里面最关键的因素，几千年间这项重要技术一直延续下来，陶窑发展到今天成为现代工业的组成部分。这也是主张把"陶器时代"作为史前史上一个独立时代的重要理由。

注释

[注1] 刘诗中：《江西仙人洞和吊桶环发掘获重要进展》，载《中国文物报》1996年第4期；张驰、刘诗中：《江西万年仙人洞与吊桶环遗址》，载《历史月刊》（台北）1996年6月号。

[注2] 袁家荣：《湖南道县玉蟾岩遗址》，载《历史月刊》（台北）1996年6月号。

[注3] 保定文物管理所等：《河北徐水县南庄头遗址试掘简报》，载《考古》1992年第11期。

[注4] 林声：《云南傣族制陶术调查》，载《考古》1965年12期。又见傣族制陶工艺联合考察小组：《记云南景洪傣族慢轮制陶工艺》，载《考古》1977年第4期。

[注5] 程朱海、张福康、刘可栋：《中国科学技术史·陶瓷卷》（李家治主编），科学出版社1998年版，第29页。

[注6] 李文杰：《中国古代制陶工艺研究》，科学出版社1996年版，第143页。

[注7] 费国平：《余杭大观山果园及反山周围良渚文化遗址调查》，载《南方文物》1995 年第 2 期；孙维昌等：《良渚文化陶器珍品》，载《收藏家》2008 年第 1 期；又见《杭州水田畈遗址发掘报告》，载《考古学报》1960 年第 2 期。

[注8]〔日〕横滨市ふるきと歴史財団埋藏文化財センタ，『花见山遗迹』(1995)。转引自朱延平：《中国陶器起源阶段及相关问题》，载《中国考古学跨世纪反思》，商务印书馆（香港）1999 年版。

[注9] 李文杰：《中国古代制陶工艺研究》，科学出版社 1996 年版，第 122 页。

[注10] 张军妮：《"甑皮岩模式"探索文化遗址开发保护新思路》，载《中国社会科学报》第 258 期，2012 年 1 月 18 日。

[注11] 湖南文物考古研究所编著：《彭头山与八十垱》，科学出版社 2006 年版，第 128、286 页。

[注12] 陈明远、金岷彬：《没有陶器技术就没有青铜器时代》，载《社会科学论坛》2012 年第 2 期。

[注13] 河南省文物考古研究所编著：《舞阳贾湖》，科学出版社 1999 年版，第 131~132 页。

[注14] 河南省文物考古研究所编著：《舞阳贾湖》，科学出版社 1999 年版，第 135、138 页。

[注15] 丁清贤：《裴李岗文化的发展阶段》，载《中原文物》1987 年第 2 期。

[注16] 裴李岗陶窑数据，引自《中国科学技术史·陶瓷卷》，科学出版社 1998 年版，第 28 页。

[注17] 西安半坡博物馆、陕西省考古研究所、临潼县博物馆：《姜寨》，文物出版社 1988 年版，第 25 页。

[注18] 中国科学院考古研究所、陕西省西安半坡博物馆编著：《西安半坡》，文物出版社 1963 年版，第 13、37 页。

[注19] 黄河水库考古队：《陕西华县柳子镇考古发掘简报》，载《考古》1959 年第 2 期。

[注20] 陕西省社科院考古研究所：《陕西西乡李家村新石器时代遗址》，载《考古》1961 年第 7 期；又见陕西省考古研究所汉水队：《陕西西乡李家村新石器时代遗址 1961 年发掘简报》，载《考古》1962 年第 6 期。

[注21] 徐元邦、刘随盛、梁星彭：《我国新石器时代——西周陶窑综述》，载《考古与文物》1982 年第 1 期。

[注22] 劳伯敏：《河姆渡干栏式建筑遗迹初探》，载《南方文物》1995 年第 1 期。

[注23] 李辉柄：《新石器时代的陶器》，载《紫禁城》2004 年第 3 期。

［注24］李家治主编：《中国科学技术史·陶瓷卷》，科学出版社1998年版，第2、29页。

［注25］中国科学院考古研究所、西安半坡博物馆：《西安半坡》，文物出版社1963年版，第157、160页。

［注26］郭引强：《宝鸡北首岭的分期及有关问题》，载《中原文物》1987年第3期。

［注27］李家治主编：《中国科学技术史·陶瓷卷》，科学出版社1998年版，第49~50页。

［注28］李家治主编：《中国科学技术史·陶瓷卷》，科学出版社1998年版，第112页。

［注29］福建博物院：《闽侯县石山遗址第八次发掘报告》，科学出版社2004年版。又见若珩：《闽侯县石山遗址简介》，载《考古》2004年第5期。

［注30］李家治主编：《中国科学技术史·陶瓷卷》，科学出版社1998年版，第50页。

［注31］陕西考古所泾水队：《陕西邠县下孟村遗址发掘简报》，载《考古》1960年第1期。

［注32］西北大学宝山考古队：《陕西发现我国最早全倒焰结构陶窑》，载《三秦都市报》2003年6月25日。

［注33］吴汝祚：《山东胶县三里河遗址发掘简报》，载《考古》1977年第4期。又见李林、高愈诚：《山东胶县三里河出土一件陶鬶》，载《文物》1981年第7期；严文明：《山东史前考古的新收获——评胶县三里河》，载《考古》1990年第7期。

［注34］李文杰、郎树德、赵建龙，《甘肃秦安大地湾一期制陶工艺研究》，载《考古与文物》1996年第2期。

［注35］甘肃省文物管理委员会：《兰州新石器时代的文化遗存》，载《考古学报》1957年第1期。

［注36］裴安平：《中国史前晚期手工业的主要特点》，载《中国经济史研究》2008年第4期。

［注37］冯国：《宝山遗址发现仰韶时期陶窑群》，载《中国矿业报》2001年2月11日。

［注38］张学海：《东土古国探索》，载《华夏考古》1997年第1期。

［注39］湖南省文物考古研究所：《澧县城头山》，文物出版社2007年版，第190、257页。

［注40］冯国等：《陕西杨官寨遗址陶窑》，新华网2009年1月18日。

[注41] 陈明远、金岷彬：《陶器时代的分期》，载《社会科学论坛》2012年第3期。

[注42] 洛阳市博物馆：《河南临汝中山寨新石器时代遗址》，载《考古》1978年2期；袁广阔：《临汝煤山遗址1987~1988年发掘报告》，载《华夏考古》1991年第3期。

[注43] 河南省文化局文物工作队第一队：《郑州洛达庙遗址发掘报告》，载《华夏考古》1989年第4期。

[注44] 罗平、明远：《邢台商代遗址中的陶窑》，载《文物》1956年第12期。

[注45] 唐晋：《夏商周时期的陶窑和改进》，中华古玩网2008年5月。

[注46] 王树瑜：《商代窑群佐证龙窑起源》，《福建日报》2007年6月21日。

[注47] 李济《殷墟铜器五种及其相关之问题》，载《庆祝蔡元培先生六十五岁论文集》（历史语言研究所1935年编印）。

[注48] 刘莉：《中国新石器时代和铜器时代早期礼器的生产》，载《桃李成蹊集——庆祝安志敏八十寿辰》，香港中文大学中国考古艺术研究中心2004年版，第105~106页。转引自陈国梁：《中国早期青铜文化——二里头文化专题研究》，科学出版社2008年版，第201页。

[注49] 张以诚：《雕龙碑引发矿业史上"陶器时代"争论》，国土资源网2010年3月18日。

[注50] 李家治主编：《中国科学技术史·陶瓷卷》，科学出版社1998年版，第204页。

[注51] 李家治、陈显求、邓泽群、谷祖俊：《河姆渡遗址陶器的研究》，载《硅酸盐学报》1979年第2期。

[注52] 冯先铭主编：《中国陶瓷》，上海古籍出版社2001年版，第4页。

[注53] 陈国梁：《二里头文化铜器研究》，载《中国早期青铜文化——二里头文化专题研究论文集》，科学出版社2008年版，第168页。

[注54] 〔俄〕Н. П. 梁基谢夫主编，郭菁蔚等译，《金属二元系相图手册》，化学工业出版社2009年版，第523~524页，铜锡相图。

[注55] 金岷彬、陈明远：《没有陶器技术就没有青铜器时代》，载《社会科学论坛》2012年第2期。

[注56] 华觉明：《殷墟出土商代青铜瓿铸造工艺的复原研究》，载《中国冶铸史论集》，文物出版社1986年版，第81~84页。

【附录】

评论文章选

评论(一):关于全盘修正三分期学说的讨论(综述)

王罗兰

《社会科学论坛》2012年发表了陈明远、金岷彬的一系列论文——关于"全盘修正史前史三分期学说"的新观点以后,引起学术界的关注。

陈明远、金岷彬的新观点,有两个主要内容:(一)着重阐述了"木石复合工具"在人类发展史上的关键性作用。他们认为在史前史三分期的第一个时代,在生产与生活用具中,木质跟石质同等重要,可称为"木石前盟";因此所谓的"石器时代(Stone Age)"应该修正为"木-石器时代(Wood-Stone Age)",以代替过去所谓旧石器与中石器时代(Palaeolithic and Mesolithic Periods)。(二)在木-石器时代之后的第二个时代,应该是"陶器时代(Pottery Age)"[注1]以代替过去所谓新石器时代(Neolithic Period)。然后才进入第三个时代——青铜器时代。

陈明远、金岷彬提出的新观点,是三十年来我国历史学界一系列探讨的延续和深化。本文对于1980年以来直到目前,三十年间有关"史前史三分期学说"的多次学术讨论,做了一个比较全面的、综合的回顾。

关于"木器时代"和"石器时代"的不同意见

在20世纪80年代,我国历史学界曾经有过一次关于"人类历史上究竟有没有木器时代"的讨论。1980年至1982年,张鸿奎、任凤阁、李克、周星等人先后提出:"人类社会最早的时代是木器时代。"他们推断,人类从动物界分离时,居住在森林中,过着以采集天然现成产品为主,偶尔从事狩猎的生活。这时,树枝随手可得,且易于加工,折断或

评论（一）：关于全盘修正三分期学说的讨论（综述）

磨尖成木棒、木枪、木矛等工具，以作采集野果或击毙野生动物之用。因此，人类社会最初很可能先经历一段以木器工具为主的时代。

一些学者对不久前尚存的原始人作了考察："达斯马尼亚人投掷用的棍棒和投枪，几乎能给予大动物以致命的打击"，"秘鲁的原始民的农具，还是由尖锐的棒、踏脚的横木以及扫帚形的木片组成"。（《氏族社会的生产力》，上海辛垦书店1935年版）"澳洲土人常使用投枪，其形状亦有种种，长约三英尺之棒，其一端附之以柄，他端则附以木钩，此为主要形式"，"印第安人之武器仅有极长之竹、木枪，以鸵鸟之毛羽装饰之，其尖端则附以尖锐之木刃"。（《化石人类学》，商务印书馆1951年版）在考古发掘中，是否发现过人类初期所使用的木制工具呢？由于木质容易腐烂，木制工具不能像许多石制工具那样完好地保存下来，但是零星的实物还是有的。一些论述原始文化的著作表明："在非洲早更新世（约100万至300万年前）的静水堆积中曾发现过木质的工具。"（见《石器时代文化》，科学出版社1965年版）于是有学者推算，"木器时代"大约在公元前300万年至公元前60万年间。[注2]

但是，戴尔俭等人不同意这种观点，他们认为，"人类对木制工具的使用，不会比石制工具早。同时，木器的加工和修理，也只有在使用石器的基础上才能进行。因此，原始人的主要工具应是石器。"他们认为，史前原始人最早使用的是石器，因为石材获取方便，有些石块还有天然的刃口，对于原始人狩猎、采摘、缝纫都有帮助，且实用时间较长。而起初使用的木器为棍、棒等，虽然也可从自然界获得，但一般使用并不合手，早先的木器应该也是用石器所加工过的。所以在人类发展史上，石器的重要性是第一位的。国外考古发现的零星木质工具，都不过只是说明了石器时代的人类使用过木器而已。在中国的许多古文化遗址中，极少有木器发现。木器的制作和加工，与当时作为主要加工工具的石器质量的优劣密切相关，很大程度上受制于石器制作工艺技术和石器工具本身的使用。由于原始社会没有可靠的文字记载，木器易于腐朽而保存下来的极少，人类社会最初究竟是使用木器工具为主，还是使用石器工具为主，有没有一个大量使用木器而很少使用石器的时代，这还需要通过考古发掘，对原始部落的考察，对古人类进化规律的探求和远古传说资料的分析之后才能有一个定论。[注3]

历史观的新突破
LISHIGUAN DE XINTUPO

上世纪80年代关于"有没有木器时代"的讨论，双方都缺乏具有说服力的真凭实据。这场讨论当时并无结果，不了了之。

陈明远、金岷彬关于"木－石器时代"的观点

陈明远、金岷彬在上述两种观点之外，提出第三种新的观点，[注4] 他们认为，百万年之间的考古资料足以证明：原始社会的木质和石质工具是同等重要、同时发展而且经常并用的。所以，他们并不着眼于"石器与木器孰高孰低、孰前孰后"的争执，而是认为在人类发展史的初期两者并举、各有重大作用，相辅相成，史前先民获得了比单一的木质工具，或者单一的石质工具更为有效的"木石工具共用"的生产力。对于史前人类来说，大自然给予他们既有木头又有石头来制作工具的条件，先民自然而然的同时使用这样的资源。远古从来没有过只单独使用木质工具，或者只单独使用石质工具的历史时期。因此，过去所谓的"石器时代"应该修正为"木－石器时代"。

陈明远、金岷彬认为：史前人类没有采用单一的石头来制作工具的历史阶段，而是综合利用自然环境给予的木头、石头等资源和火技术。原始社会的先民最初是将木器与石器并用，后来发展到同一工具上以石质与木质材料有机结合起来，构成"木石复合工具"。最早的例证就是从手斧到木柄石斧的演化。细小石器是随着木石复合工具的发展而兴盛起来的，如果没有更早时期的木石复合工具的发明，也就不可能有为镶嵌使用的细小石器的出现。弓箭的发明是人类技术的一大创造，石质与木质共同配合才实现了弓箭的完整功能。其他一切木石复合工具的结构都是如此。

史前"农业革命"与"新石器"两个不同的事件之间，并没有必然的联系。史料记载，华夏农业起源时期的主要农具是以木质为主的耒和耜。"农业革命"时期，农具的种类分为农耕用具、收割用具和加工用具三类。农耕类有耒、耜、锄、铲等；收割类有刀、銍、镰、桐等；加工类有杵、臼、栁等。有些为木质，有些为石质，而大多为木质或木石复合工具。在石器时代遗址中已发现了一批留存在远古土层中的木制农具的痕迹，而且，近年来出土了远古农具耒、耜等考古实物。民族学调查也为研究远古农具耒、耜等提供了许多旁证资料。考古发掘出的磨制

评论（一）：关于全盘修正三分期学说的讨论（综述）

石器刀、斧和斤（斫、斫），大多装有木柄，是古代狩猎、格斗、切割的武器，又是伐木、砍柴、刮削木料、制作梁柱的工具。到"农业革命"时期，加工木石复合农具是磨制石器最基本的功能，而纯粹的"新石器"本身绝大多数并不是农具。此外，先民还发明了木石复合的汲水灌溉农具——井栏、辘轳、桔槔等，其结构多半以木质为主、石质为辅。

陈明远、金岷彬指出：百年来对"石器时代"的传统概念，是在"以石器为主"，甚至是在"以石器为唯一基准"的前提下做出的。但如果一味着眼以石质工具为考古研究对象，是极其狭隘的意识，必然引入歧途，造成误解。

史前史绝不是唯石器一统天下的时代，而是一个"木石前盟"的时代，没有这种"木石前盟"，就没有最初的复合工具和机械，就没有房屋建筑和车船交通，就没有后来文明时代的工业结构基础。

"石器时代"这个片面的说法，容易导致一些人忽视木质工具在人类进化史上的重要作用，导致历史观念的偏斜。

由此，陈明远、金岷彬着重阐明"木石复合工具"的重大历史作用，并且建议：采用"木石-器时代（Wood-Stone Age）"的说法，代替单一的"石器时代（Stone Age）"这个术语。比较起来，这样的解决方案更合情合理，看来可望得到学术界的支持和公认。

在青铜时代之前应有个陶器时代

21世纪初，几乎与陈明远同时，冶金学家张以诚和美学家林少雄等人分别提出：在青铜时代之前应有个陶器时代。

张以诚从冶金学的角度提出：[注5]首先，石器的加工不管是旧石器还是新石器，基本方法是打制和磨制，二者都是冷加工。由石器直接过渡到青铜器，没有可能达到必要的温度。自然铜（红铜）通过打制可以得到，黄铜或青铜（铜铅、铜锌、铜铅锌、铜锡等）却不可能通过打制而得到，只有通过冶炼才可以获得。我国在公元前4700年的仰韶文化早期姜寨遗址中，已发现黄铜片，经原北京钢铁学院（现北京科技大学）冶金史组反复实验证实，在"有铜锌矿存在的地方，原始冶炼（可能通过重熔）可以得到黄铜器物"。我国黄河流域铜锌或铜铅锌共生矿比较丰富，为早期黄铜的冶炼提供了客观的物质条件。金属锌的冶炼比较困难，

历史观的新突破

因为氧化锌被还原的最低温度是904℃，锌的沸点是906℃，往往刚一还原就变成气体飞散。不过金属铜的存在可使锌蒸气通过扩散作用溶解于铜并降低铜的熔点，这样就可以得到黄铜。……中国早期的陶器工艺经过了从无窑到有窑的过程，在距今9300年至7150年的裴李岗文化时期，烧制陶器已有了简单的窑，早于裴李岗的陶器烧成温度大约在700℃左右，裴李岗陶器的烧成温度在820℃~920℃之间变动。华北的磁山陶器和浙江河姆渡早期陶器的烧成温度，都和裴李岗陶器烧成温度大致相当。合理的推测是，早期铜器的冶炼正是通过烧火或烧制陶器而逐步发明出来的。

张以诚认为：自史前考古学作为一门严谨的科学诞生以来，考古学界一直把陶器的成分、颜色、花纹、型制以及烧成温度等作为划分文化类型和确定时代归宿的重要标志，在某些方面所起的作用甚至要比石器更为重要和准确。石器可以用作划分历史时期的标志和名称，陶器却不可以作为时代来命名，只是作为新石器时代的附属标志，这是令人不好理解的。由于陶器的重要标识作用和分布的广泛性，以及它向青铜器人类文明时代过渡的直接关联性，在青铜器时代之前划出一个"陶器时代"，应是顺理成章的事情。

美学家林少雄研究了中国彩陶文化以后，从美学与文化学的角度，认为：陶器不仅是我们研究的重要对象，为我们的研究提供了系统而明晰的断代及划分凭证，同时也成为了这一时期文明发生、发展的重要标志和文化创造的具象表征。[注6]用"陶器时代"完全可以概括这一时代的物质特征和文化内涵。陶器的创造发明，在人类文明发展史上有着异乎寻常的重大意义，这一点已被学术界所公认。因此，在石器时代和青铜器时代之间，还应有一个"陶器时代"。首先，陶器是遍布于华夏大地的一种独特文化现象，中国陶器在地域上呈多元分布的状态，其中尤以整个黄河流域和长江中下游最具代表性。其次，陶器是遍布于史前时代人们意识中的一种文化创造物。在古代典籍和神话传说中，有许多古代人物都是陶器的发明者。女娲补天和抟黄土造人传说的灵感，皆得之于陶器的制作过程。这种神灵抟土造人的神话，不仅古代中国和埃及有，而且几乎遍布于世界各地的神话传说中。再次，陶器曾被广泛地运用于史前时代人们的社会生活。如饮食器皿、生产工具、宗教祭祀用具、陪

评论（一）：关于全盘修正三分期学说的讨论（综述）

葬品、葬具、建筑材料，等等。陶器几乎成为了这一时代物质生活和精神生活的全部表征，且在世界各地，所有这一时期的物质和精神文化内涵，都具有某种程度的相似性，而不像青铜文化一样，只有鲜明的地域性和浓郁的民族风格，在世界上不具有一种普遍性，因此，这一时期可以称之为"陶器时代"。

以上，冶金学家张以诚和美学家林少雄等人，各自从冶金学或美学、文化学角度提出的有关"陶器时代"的建议，都比较笼统与简单，缺乏详尽的专业论证，曾受到考古学界的冷遇。张以诚在中国科学院考古所讨论时，有学者感慨："考古所是干什么吃的？划陶器时代这样的主张应由我们所提出。"张以诚在雕龙碑学术会议上做报告以后，毕业于北京大学考古系、现任职武汉大学的一位考古学教授，当即表示了反对意见："划陶器时代，绝对不可以！"张以诚回答："您说'绝对不可以'，是否太绝对了？您能否说出石器时代过渡到青铜器时代必要的温度从何而来？"此公无言以对。主持研讨会的中国考古学会副理事长、故宫博物院原院长张忠培教授和曾主持西安半坡遗址发掘的石兴邦教授，也都奉劝这位考古专家："说话不要绝对化，陶器时代的问题可以继续研究。"[注7]此外，有学者提出，过去对史前阶段人类发展时期的划分，是根据生产工具以及农业、狩猎、生活方式等因素综合考虑，主要是根据生产工具，而陶器是作为生活工具，其中很大部分又是作为祭祀用具，所以不能划出陶器时代。

这时，争论双方谁也不能说服谁，进入了相持阶段。

陈明远、金岷彬关于"陶器时代"的观点

陈明远首先在《质疑四大文明古国》一书中提出了：农业革命时期应称为"陶器时代"。[注8]此后，陈明远和金岷彬又先后在《社会科学论坛》发表了系列论文7篇，以20多万字的篇幅，全面地、系统地、深入地阐述了"陶器时代"的概念。[注9]

陈明远、金岷彬认为：一百多年来的考古学、历史学进展表明：在木－石器时代和青铜器时代之间，确实存在一个以陶器工艺和农耕畜牧业为代表的历史发展阶段，这是人类从野蛮走向文明的过渡阶段，即"前文明阶段"，或叫做半开化阶段。这个孕育文明的历史阶段，即"陶

器时代"(Pottery Age)。木－石器时代向陶器时代的过渡,就是从游动的攫取天然产物的掠夺经济,转变为定居的以种植农业、饲养家畜为主的生产经济的过程。使用陶器是人类定居的必要条件。

大约一万年以前,东亚、西亚和南亚,都进入了陶器时代,相应地,出现了定居的氏族社会和巫术－神话阶段。此外,在全球大部分文明发源地,铜器时代已经接近或进入了文明社会,"冶炼铁器"在大多数情况下已不是野蛮与文明的分界线。"史前考古学"的主要划分应该是:石器时代、陶器时代和铜器时代。全球只有少数地区(如西欧、北欧等)在使用铁器以后还停滞在野蛮阶段。

陈明远、金岷彬分别从以下七个方面对于"陶器时代"加以阐述?——

(一)没有陶器技术就没有青铜器时代。

历经250万年的木－石器时代以后,在公元前1万年左右,在旧大陆的六个地区,不约而同地出现了最早的陶器。这是人类文明史前最重大的创造之一。史前先民对陶器的制作,涉及以下四方面:陶坯泥料的选择和配合,烧制陶器对火的使用和控制,泥坯的成形技术和艺术——陶钧,技术装备——陶窑的建造。这些工艺,都是单纯的石器打制(旧石器)和磨制(新石器)所没有的。特别要指出:陶窑和陶钧(以及快轮陶车)已经超越了石器时代简单的手持工具层次,进步到了技术装备层次。相比之下,后来的青铜冶炼和铸造,需要以下先决条件:事先制作泥模和陶范,调整铜锡(铅)合金的成分比例,火的加热和温度控制,浇铸前对铸范预热,冶炼和熔铸炉以及预热窑等技术装备。并非石器的打磨制作方法,而正是陶器的制作方法、装备,为青铜器制作奠定了配料、造型、制范、用火、控火的技术基础。绝大多数青铜器的原型是陶器,或由陶器形制发展而来。所以,在石器时代进一步发展过程中,如果没有陶器技术装备的创始与积累,就不会有后来的铜器时代。因此,陈明远、金岷彬认为,在石器时代与青铜器时代之间,必须划分出一个"陶器时代"。

(二)陶器促进史前社会分工——手工业与农业分离。

石器时代末期、陶器时代初期,发生了"农业革命",而"农业革命"的前提是必须有定居生活。陶器使得先民的定居生活得到了保障。

评论（一）：关于全盘修正三分期学说的讨论（综述）

在农业革命中，陶器和磨制石器、木器、骨器等都起了重要作用。而且，陶器技术促进了史前社会大分工。制陶业是当时最重要的分工部门。陶纺轮、陶网坠、陶刀、陶镰、陶锉等，是与木器、石器、骨器、角器、蚌器同等重要的生产工具。特别是陶器作为能盛水又能用火加热来进行生产的一种崭新工具，解决了煮茧抽丝的技术瓶颈问题，也为粮食蒸煮之后发酵酿酒，提供了技术前提，促使了纺织业、丝绸业、染整业、酿酒业、制药业的诞生。以陶器为主的这些高度专门技艺的手工业，实现了史前社会大分工。对这些重要分工说来，"新石器"的贡献并不大。在这个意义上，更应该修正"史前史三分期学说"——在"石器时代"和"青铜器时代"之间必须划分出一个"陶器时代"。

（三）人类史前史的陶器时代。

陶器时代早在中石器时期就开始形成，而陶器一直跟青铜器同时使用，甚至延伸到铁器时代，时间跨度远远超越出新石器时期。陶器时代分期的根据是：一、制作陶器的方法和设备；二、陶器本身的特点。陶器时代可分为七个时期：其中第一期至第三期是旧陶器时期，第四期至第七期是新陶器时期。第一期萌芽期（与中石器时期交叉），第二期出现陶窑，第三期流行彩陶，第四期（新陶器早期）普及陶车，第五期（新陶器中期）黑陶和白陶，第六期（新陶器晚期）硬陶兴盛，第七期（陶瓷器早期）。

（四）"礼"起源于陶器时代。

"礼（禮）"是华夏文化的主要特点之一，"礼"是随着原始公社解体、阶级出现而萌芽的。"礼"最初表现为：尊重死者的随葬品，祭祀天神和崇拜祖宗，人际关系出现等级观念。"礼"起源于陶器时代。远古祭祀礼仪制度中，陶器是最早的也是首要的礼器。通常认为"华夏礼仪之邦"使用的礼器主要是青铜器，这是一种很普遍又很久远的误解。实际上，"礼器"包括陶器和青铜器，甚至在陶器时代，祭祀主要使用陶器。青铜礼器完全是由陶制礼器发展而来，夏商周的礼器中，青铜器与陶器同时并用。只有少数较高级贵族才能够使用青铜器，而在整个青铜器时代，平民日常都使用陶器。陶器对于"礼（禮）"的作用，是任何石器都无法代替的。因此，从"礼"的角度也应该说：没有陶器时代就没有青铜器时代。

（五）八卦起源于陶器时代的数符卦。

远古华夏陶器时代首先出现了数目字的刻符。在仰韶文化西安半坡遗址出土的陶器上、陕西姜寨遗址出土的陶器上、河南二里头文化遗址出土的陶器上，分别刻有最早的数目字。陶文数字刻符与占筮术结合起来，就出现了"数符卦"。如崧泽文化遗物、安阳殷墟陶罐以及商代朱家桥遗址出土的陶器上，都出现了数符卦，这与用甲骨占卜同时。古代汉字并非起源于八卦，而是相反，八卦由陶器时代的数字占筮发展而来。也就是说，八卦起源于原始陶文数符（十进制而非二进制）。

（六）人类历史上最早的陶器出现于东亚。

迄今发现有距今万年以上陶器的遗址，主要分布在东亚和西亚。华夏距今万年以上陶器遗址的数量最多，超过十余处，而湖南道县玉蟾岩遗址、江西万年仙人洞及吊桶环遗址、广西柳州大龙潭鲤鱼嘴遗址下层和桂林庙岩遗址出土的陶片皆为最早，距今约13000年以上。河北徐水南庄头及阳原于家沟遗址的早期陶器，在华北具有代表性。

华南早期陶器时代的后继者是彭头山文化、皂市下层文化、城背溪文化和大溪文化，主要分布在长江流域的原始稻作农业地区。华北早期陶器时代的后继者是磁山文化、兴隆洼文化、大地湾文化和裴李岗文化，主要分布在黄河流域的原始粟作农业地区。由此，陶器时代早期经过六七千年的持续发展和积累，华夏文化的格局大体形成。

（七）西亚陶器时代也经历近万年。

陶器发展路线的第二条主要源流，是从西亚传播到埃及和爱琴海地区，以后又传播到中亚等地。实际上西亚和北非的陶器，在近万年前就已出现。大约在公元前9000年到前7000年，西亚各地先后进入陶器时代第一期、第二期，远古两河流域北部具有典型意义和代表性的文化遗址是耶莫，此后有哈苏纳陶器文化、萨马拉陶器文化、哈拉夫陶器文化、欧贝德陶器文化等第三期彩陶文化。乌鲁克文化时期开始出现轮制陶器，由此进入了陶器时代的第四期，即新陶器时期。西亚的陶器文化对周围地区产生了明显的影响，一是向北非尼罗河流域传播，二是向爱琴海地区及欧洲扩展，三是向中亚、南亚扩展。中亚陶器文化的代表是哲通陶器文化和安诺陶器文化。它们都与两河流域等地发生过密切的文化联系。

通过以上七个方面的阐述，陈明远对于"陶器时代"的新观点，就

评论(一):关于全盘修正三分期学说的讨论(综述)

首次提供了全面系统的依据。

注释

[注1] 陈明远、金岷彬:《关于陶器时代的论证之(一)至(六)》,载《社会科学论坛》2012年第2至7期。

[注2] 张鸿奎:《人类原始社会有个木器时代》,载《社会科学》(上海),1980年第4期;任凤阁:《木器先石器问世考》,载《中国世界古代史研究会原始社会史分组第一次学术讨论会论文》(1982年);李克:《人类早期文明:木器时代——关于人类社会存在"木器时代"的假说》,载《潜科学杂志》1982年第1期;周星:《最初的工具和人类历史的第一章》,载《西北大学学报》(哲社版),1982年第2期。

[注3] 戴尔俭:《人类历史上究竟有没有木器时代》,载《史前研究》1984年第3期;范志文:《木质工具在原始社会中的地位和作用》,载《农业考古》1989年第1期。

[注4] 陈明远、金岷彬:《人类的第一个时代是木－石器时代》,载《社会科学论坛》2011年第8期。

[注5] 张以诚:《青铜时代之前似应划出一个陶器时代》,载《中国矿业报》2011年10月27日。

[注6] 林少雄:《人文晨曦——中国彩陶文化读解》,上海文化出版社2005年版,第45页。

[注7] 张以诚:《雕龙碑引发矿业史上陶器时代争论》,国土资源网2010年3月18日。

[注8] 陈明远:《质疑四大文明古国》,中央编译出版社2010年版,第48~49页。

[注9] 陈明远:《修正"史前史三分期学说"——在"石器时代"和"青铜器时代"之间必须划出一个"陶器时代"》,载《社会科学论坛》2011年第4期;金岷彬、陈明远:《没有陶器技术就没有青铜器时代——"陶器时代"论证之一》,载《社会科学论坛》2012年第2期;陈明远、金岷彬:《陶器时代的分期——"陶器时代"论证之二》,载《社会科学论坛》2012年第3期;金岷彬、陈明远:《陶器促进史前社会分工——手工业与农业分离——"陶器时代"论证之三》,载《社会科学论坛》2012年第4期;陈明远、金岷彬:《"礼"的起源和发展——"陶器时代"论证之四》,载《社会科学论坛》2012年第5期;陈明远、金岷彬:《八卦起源于陶器时代的数字卦——"陶器时代"论证之五》,载《社会科学论坛》2012年第6期;陈明远、金岷彬:《西亚陶器时代也经历近万年——"陶器时代"的论证之六》,载《社会科学论坛》2012年第7期。

历史观的新突破
LISHIGUAN DE XINTUPO

评论（二）：历史考古理论的一个新突破
——"陶器时代"：对于史前史三分期学说的重大修正

田 方

我国学者陈明远在《社会科学论坛》2011 年第 4 期发表《修正"史前史三分期学说"——在"石器时代"和"青铜器时代"之间必须划分出一个"陶器时代"》，2012 年第 2 期又发表了金岷彬、陈明远：《没有陶器技术就没有青铜器时代》，已经在国际学术界得到反响。一些学者认为，这是件大事，必将带来深远影响。本人愿意参与讨论，这里介绍一下"三分期悬案"的来龙去脉。

19 世纪中叶，丹麦学者 C. J. 汤姆森（Thomsen, C. J. 1788 – 1865）提出"三分期学说"，就是把"史前史"分为三个时代：石器时代（Stone Age）、青铜器时代（Bronze Age）和铁器时代（Iron Age），从而奠定了现代考古学的基础。C. J. 汤姆森出生于商业世家，他自己本来也是个商人，但业余爱好收集古钱和历史文物，他出任丹麦皇家北欧古物博物馆馆长（同时还继续经商，这个博物馆馆长乃是一个兼职）。为了安排馆藏的古物陈列，汤姆森按照当时北欧考古发掘出的石器、青铜器和铁器三大类出土文物，布置一系列的展览柜。1836 年，他在所著的展览说明书《北方文物陈列指南》中第一回介绍了这种"三分期"陈列法，试图通过历史上生产工具和生活用具质料的演变，说明原始社会的发展过程。这是汤姆森首次正式提出"三分期学说"。这部丹麦皇家古物博物馆说明书《北方文物陈列指南》的英译文，于 1848 年出版。从当时的学术水平来看，它具有较强的科学性，所以先后陆续被一些学者接受，逐渐对欧洲学术界产生了影响。

后来，丹麦考古工作者 J. A. 沃尔索进而把"三分期学说"应用于田野考古遗迹的分期，并以发掘工作中所见到的地质层面关系进行论证。1843 年，沃尔索发表了《丹麦原始时代古物》一书，使"三分期学说"得到认同，发展成为史前考古学研究的一个指导思想。

"三分期学说"明显受到林奈生物分类学的影响，并且有力地支持了

评论（二）：历史考古理论的一个新突破

当时刚兴起的达尔文进化论，从而风行一时。一百多年来，全世界的历史考古学界，都是在"三分期学说"的总体大框架内，从事田野考古工作和历史理论研究的，未曾逾越雷池一步。

但是近几年以来，我国学者陈明远（还有其他几位，如旅美华人学者金岷彬、冶金学家张以诚、美学家林少雄等）对于"三分期学说"提出了挑战。

陈明远认为：一百多年来的考古学、历史学进展表明：在石器时代和青铜器时代之间，存在一个以陶器工艺和农耕畜牧业为代表的历史发展阶段，这是人类从野蛮走向文明的过渡阶段，即"前文明阶段"，或叫做半开化阶段。这个孕育文明的历史阶段，即"陶器时代"（Pottery Age）。因此，应该实事求是地把史前史三分期修正为四分期：石器时代、陶器时代、青铜器时代和（少数野蛮地区的）铁器时代。

这个重要的新观点，有如下八条依据——

第一，陶器是人类第一次对于自然材料高热加工形成的人工材料。陶器的出现，开创了人工材料制作新器物的历史。

第二，制陶业是青铜冶炼工艺的基础，陶器形制是后来青铜制作的容器、礼器、饮食用具的原型。如果没有陶器技术，就没有后来的青铜器时代。

第三，陶器的出现，保障了氏族社会的家庭定居日用。

第四，陶器是由图像、刻画到线条文字的最初载体，八卦起源于原始陶文数字。陶器刻画对文字的发明，起了巨大作用。

第五，陶器是先民定居后最早的私有财产里面特别重要的一部分。

第六，"礼"起源于陶器时代。远古祭祀礼仪制度中，陶器是最早的也是首要的礼器。陶器对于"礼"的作用，是任何石器都无法代替的。

第七，陶器是人类艺术史上的重要飞跃，是极其重要的艺术财富的创造。

第八，制陶业是史前手工业最重要的部门。农业与手工业的分工，是人类进入文明社会的一大前提。

由此看来，陶器具有石器无可比拟的空前进步性。在历史演化的长链上，"陶器时代"的意义甚至比青铜器时代更为深远、更为关键。

最后要问：为什么汤姆森等学者制定出了"三分期"而没有领悟到

历史观的新突破

"四分期"呢？

这是因为历史条件的局限性。汤姆森等学者，都局限于他们所能掌握的史前考古的石器、青铜器和铁器资料。他们没有来得及看到后来世界上一系列重大考古发掘和研究的成果。特别必须指出，在北欧、西欧史前考古中，陶器很少见，当时当地绝大多数出土文物是石器、青铜器和铁器。C.J.汤姆森等学者只能以他们当时所掌握的考古资料作为依据，来进行系统分类。如果当时汤姆森等学者能够看到如今世界各地出土的这样众多的陶器遗存，按照考古分期原则"通过历史上生产工具和生活用具质料的演变，说明原始社会的发展过程"，那么，他们肯定会实事求是地把陶器列入"史前史分期"的一个重要时代。

我们不能以西欧、北欧"使用雅利安语"的各族文明史作为人类文明史的唯一标准参照系，而必须"从全球的大视野看各地万物"。所以，C.J.汤姆森等人对于"史前史"的三分期，并不符合目前我们所了解的全部历史真相。

由此看来，我国学者陈明远等提出修正"三分期学说"——在"石器时代"和"青铜器时代"之间划分出一个"陶器时代"，是有充分理由的。今后的任务，是进一步完善这个新观点，还有大量的艰巨的工作要做。

评论（三）：全新世与陶器时代
——评陈明远、金岷彬：《没有陶器技术就没有青铜器时代》

[美国学者] 梅琳达（Linda Mei）

（梅琳达，美籍华人学者，主要从事地球史气象学研究，现居美国纽约）

读了《社会科学论坛》2012年第2期金岷彬、陈明远：《没有陶器技术就没有青铜器时代》，[注1]本人完全同意他们的学术观点，现就地球史的气象学成果作一补充，认为"石器时代处于更新世、陶器时代处于全新世"。

按照现代科学的论据，新生代是地球史的最新阶段，而第四纪（Quaternary Period）是新生代最后的一个纪，其间250万年以来，生物界已演变到现代面貌，灵长目中完成了从猿到人的进化。地质学的第四纪包括更新世和全新世两大阶段。学术界认为：更新世与考古学的木－石器时代相当。本文补充一个情况，即全新世与陶器时代相当。

更新世与全新世

在地球历史上，更新世（Pleistocene Epoch）是第四纪的第一个世，距今约250万年至1万年，又称为"冰川世"（Glacial Epoch），因为更新世是冰川作用活跃的时期。更新世中期，气候周期转型，全球冰量增加，海平面下降，哺乳动物迁徙或灭绝。

更新世占据第四纪的大部分，即占第四纪约250万年中除去最后1万年(全新世)外的所有部分,反复经历了六次冰期和五次间冰期。学术界认为人类出现在更新世之初,随着六次冰期大起大落的气候突变而步履维艰、侥幸苟活,漫长停滞的旧石器时代也大体上在更新世终止时结束。

地质上的全新世（Holocene Epoch）开始于12000年至10000年前，持续至今。全新世与更新世的界限，以第四纪冰期最近一次冰期结束、气候转暖为标志，因此又称为"冰后期"。全新世气候基本平稳而略有波动。海面变化与气候相一致，冰后期海面迅速上升，到距今11000年上升到－60米位置。距今6000年海面已接近现今位置，其后仅有轻微

的变化。

全新世气候普遍转暖，中、高纬度的冰川大量消融，海平面迅速上升，生物界已接近现代面貌，喜暖动植物逐渐向较高纬度和较高山迁移（因为高纬度和高山地区变暖了），全球自然地理环境完全演进到现代面貌。在较好的气候条件下，人类进化加速，实现了"农业革命"以及陶器的发明，促进了社会发展。

过去考古学界的说法是：石器时代的旧石器时期处于更新世，而所谓"新石器时期"进入了全新世。其间又夹杂有"细石器时期"、"中石器时期"和"铜石并用时期"等种种不够确切的提法，至今众说纷纭，没有达成一致的共识。

比较起来，我认为"木－石器时代处于更新世、陶器时代处于全新世"的提法，比上述这些提法更妥当。

更新世与木－石器时代相当

人类大约在距今250万年开始，但直到1万年以前，发展非常迟缓，其最主要原因就是受气候因素的制约。在整个更新世，地球上气候经常发生剧烈变化。北半球的高、中纬度地带，以及低纬度的一些高山地带，在这时期出现过大规模的冰川活动。冰川的前进和退缩，形成了寒冷的冰期和温暖的间冰期的多次交替，并导致海平面的大幅度升降、气候带的转移和动植物的迁徙或灭绝。生活环境险恶多变，严重限制了人类的进化历程，甚至停滞、退化、反复。整个更新世二百多万年间，人类都在石器时代徘徊。[注2][注3]

旧石器时代的结束时间，与更新世的下限是基本一致的。关于更新世的下限年代，地学界有两种倾向性意见，一种意见认为是距今10000年，另一种意见认为是距今12000年。考古学中有些学者采用距今12000年的说法，作为旧石器时期的终止。过去学术界关于所谓"新石器时期"的开始时间并没有确定的意见，只是笼统地提出在距今1万年内，其中还包括可能的中石器（细石器或铜石并用）时代，尚无定论。[注4][注5]

评论（三）：全新世与陶器时代

定居农业的起源及其发展

在公元前1万年左右的全新世初期，人类进入了"现代人"阶段。地球上的最后一次冰期结束了。随着气候的逐渐变暖，自然环境发生了变化。

农业的产生是人类发展史上的一件大事，著名考古学家柴尔德称其为"农业革命"是恰如其分的。没有农业的产生，就没有定居生活和房屋，也无法产生聚落和中心聚落，人类只能永远停留在狩猎、捕捞和采集的原始生存状态；没有农业的产生，人类也不会饲养家畜，后来的手工业和各种社会分工也就无从谈起；没有农业作为基础，人口的增殖就只能维持在很低的水平。这些都是显而易见的。农业是受气候变化影响最显著的产业之一，它的起源及发展，跟气候变化关系密切。

像其他伟大的革命发生都需要机会一样，农业的产生也同样需要机会。这种机会虽然有很多要素，但其中最重要的就是自然环境，特别是气候环境。地质科学研究表明，距今23000年到12000年的更新世晚期，是末次冰期最后一个高峰，不仅比现在年平均气温低10℃，而且很干燥。到全新世初期（距今12000年）以后，全球性的气候环境发生了急剧变化，气候显著变暖，冰川大规模后退，最后一次冰期气候已经成为强弩之末，温暖湿润的冰后期气候环境成为不可逆转的发展趋势。从距今12000年（即公元前1万年左右）开始，逐渐出现了非常有利于农业产生的气候环境。在世界最早的农业起源地之一——两河流域，通常认为迅速改善的气候条件刺激了人口的增长，而接着气候的波动，促使人类开始驯化作物并从事农业。华夏地区也是世界重要的农业起源地，尤其是粟（小米）、黍（黄米）和稻米被认为起源于此地。气候变化在华夏农业起源中，也产生了重要的作用。而磨制石器与农业起源并没有直接关系。

在新环境下，原始人群的生产活动也随之改变，发生了"农业革命"和"发明陶器"这两大事件，导致了旧石器时代的结束，而开始了向陶器时代的过渡。恩格斯总结说："蒙昧时代是以采集现成的天然产物为主的时期；人类的制造品主要是用作这种采集的辅助工具。野蛮时代是学会经营畜牧业和农业的时期，是学会靠人类的活动来增加天然产物生产

的方法的时期。"[注6]

旧石器时代向陶器时代的过渡,就是从游动的攫取天然产物的掠夺经济,转变为定居的以种植农业、饲养家畜为主的生产经济的过程。

考古发现证实,陶器时代的特征是:发明了烧制陶器;出现长期定居的村落;经营原始种植农业及饲养家畜。与旧石器时代相比,狩猎、采集、捕捞活动已逐步退居次要地位,文化面貌也有了极大改观。而在生产中尚未一定使用磨光石器,大量木－竹制(取自植物性材料)、骨－蚌制(取自动物性材料)的农具开始普遍采用。从早期磨制石器种类以及一些文化现象分析,磨制石器的起源主要是基于以房屋建筑及复合工具为核心的木加工的需要而发生的,与农业起源并没有直接关系。[注7]

全新世初期与陶器时代相当

全新世开始的时间,也正是木－石器时代向陶器时代转化的时间。

试问:农业生产与定居生活,这两大进步,跟什么因素最相关?显然,跟陶器最相关,而跟磨制石器的关系,处于次等重要的地位。农业生产只有小部分使用石器加工工具(包括打制的和磨制的),而主要使用木－竹制、骨－角－蚌制和陶制的农具;磨制石器与农业起源并没有直接关系。而先民定居的日常生活则一刻也离不开陶器。

再试问:与农业分工的手工业,跟什么因素最相关?显然,跟陶器最相关。不仅制陶业本身,而且纺织业、捕鱼业等,都离不开陶器(如陶纺轮、陶网坠、陶刀、陶锉等),而跟磨制石器的关系并不大。进入全新世的先民定居生活亟须汲水、饮水、存贮食物,种植和捕鱼获得食物后需要烧煮谷粒和鱼虾类,于是,最初的陶器应运而生。

考古证明:在更新世的墓穴中,较多的随葬品是石器(狩猎与采食用具);而在全新世的墓穴中,较多的随葬品转成了陶器(生活用具)。在更新世的考古发掘遗存物件中,较多的乃为石器;而在全新世考古发掘物件中,较多的乃为陶器。

故此,对于先民说来,在更新世的游猎采食的流动生活中,木－石器最重要;在全新世的定居生活中,木－石器的重要性已经让位给陶器了。

故此可以说,更新世与木－石器时代相当,全新世初期与陶器时代相当。

注释

［注1］金岷彬、陈明远：《没有陶器技术就没有青铜器时代》，载《社会科学论坛》2012年第2期。

［注2］裴文中：《中国旧石器时代的文化》，载《中国人类化石的发现与研究》，科学出版社1955年版，第10页。

［注3］贾兰坡：《中国的旧石器时代》，《科学》（中译本）1982年第7期。

［注4］王幼平：《更新世环境与中国南方旧石器文化发展》，北京大学出版社1997年版。

［注5］侯光良、肖景义：《晚更新世末期—全新世早期的气候突变和中国农业的起源》，载《热带地理》2011年第2期。

［注6］〔德〕恩格斯：《家庭、私有制和国家的起源》，《马克思恩格斯选集·第4卷》人民出版社1995年版，第25页。

［注7］钱耀鹏：《略论磨制石器的起源及其基本类型》，载《考古》2004年第12期。

后 记

这一部《历史观的新突破——史前史三分期学说的重大修正》，全文酝酿并讨论了十多年，反复修改，三易其稿，写成于2009至2011年，连载于2011至2012年《社会科学论坛》杂志。附录3篇评论：《关于全盘修正三分期学说的讨论（综述）》、《历史考古理论的一个新突破》、《全新世与陶器时代》，发表于《社会科学论坛》2012年第4期。

实际上我们的探讨还远远不够。在本书写作过程中，经常发现许多重要问题有待补充、修订。

（1）

例如：关于"人类"存在几种不同的定义，人类古生物学就有两种定义。一些学者认为：人类是"会制造工具的高级灵长类动物"，开始于距今约250万年前；另一些学者认为：人类是"两足直立行走的高级灵长类动物"，开始于距今约450万年。但到21世纪学术界发现：人类进化到有语言能力是在约25至10万年前，进化到较完备的有声语言是在约10至5万年前（大致如此）。此后人类的语言和智力仍在不断发展中。

古生物学意义的"人类"（Human）跟人文科学意义的"人类真人"（Real Human）即"掌握有声语言、能够思维、通过语言进行思想交流的高级灵长类动物"之间，相距400万年以上。

后 记

那么，我们就必须对木－石器时代到真人时代的史前史，重新认识：原来，使用石器的直立人——猿人几百万年间并不能够说话，缺乏抽象思维能力，因此至多称为"形成过程中的半人"而并非"真人"！

恩格斯在《自然辩证法》一书里主张："语言和劳动一起，成了两个最主要的推动力，在它们的影响下，猿的脑髓就逐渐地变成人的脑髓；……语言是从劳动中并和劳动一起产生的，这是唯一正确的解释。"恩格斯认为：在语言和劳动的"一起"推动下，猿的脑髓就变成人的脑髓。因此，"语言和劳动一起"是古猿转变到人的"两个最主要的推动力"。

问题在于：猿的发声器官变化，导致语言的产生，这过程需要多少年？猿脑发展为人脑，语言中枢是如何形成的？这过程又需要多少年？"语言和劳动"两者是否同步？恩格斯由于时代的局限性，他没有能够看到劳动（制造工具）和形成有声语言两者之间相隔数百万年的差距。

最新科学成就，发现了人脑的独特基因——LAMC3，以及控制语言能力发展的 Fox P 2 基因。人类的 Fox P2 基因突变，是猿人变成真人的一个飞跃，从此人类才学会了使用抽象思维和符号解决问题，并有了复杂的语言。只有大脑产生了语言和抽象思维系统，才变成了真人（Real Human）。

那么，"人的历史"究竟从单独劳动开始，还是从掌握语言开始？应该说："人的历史"不仅在于劳动，而且在于掌握语言。按照这样的观点，严格说来，史前史应该从掌握了抽象思维能力的木－石复合工具时期才算"正式开始"。

(2)

人类起源研究开始于欧洲，欧洲"旧石器时代"的考古记录，被当作人类早期（猿人）行为和非欧洲人的对比标准。而首要的证据，就是木石复合工具的创造。人类历史上不会说话的"旧石器时代"时间跨度最长，占99%以上。最早发现木石复合工具的过硬证据，是在25万年至6000年之前的东非。在所谓旧石器时代晚期（4.5万至1.2万年前），欧洲首次出现了智人化石和木石复合工具技术，还有雕凿的骨制工具、复杂的投射武器——投枪、弓箭等，以及先进的用火技术、洞穴艺术、珠链和其他个人装饰品。类似的行为普遍存在，与现代人类逐步接

近，因此考古学家将这些行为作为人类"行为现代性"（behavioral modernity）的证据。

真正的现代人行为，其中最重要的是认知行为，而最有代表性的就是象征符号。早期的象征符号包括两种：身体的装饰品（如穿孔贝壳、身体彩绘等），以及居住环境的装饰品。这些装饰品的出现，表明人类对于世界的认知已经发生了本质变化。这些符号的象征意义，即附加在符号上的人的思维。象征符号的出现，说明人类已有能力将这些意象在大脑里重新组合，这就意味着人类已在头脑中有了自己所认知的世界。于是构成人类思想的最基本要素之一，开始进行抽象的思维。

"人类革命"指的是人类从生理到心理、行为上的根本性改变。学者们以"行为现代性"为标准，将早期的"古代"非洲人、亚洲人和旧石器时代晚期智人进行对比，来解释二者之间在"人类革命"中的差异。"木石复合工具"的出现，是人类"行为现代性"（behavioral modernity）的最重要标志，是"人类革命"的划时代成就。

(3)

"人类的第一个时代是木－石器时代"。长久以来"石器时代"这个片面的说法，容易导致人们忽视木制和木石复合工具在人类进化史上的重要作用，只见石质残骸而忽视全体真貌，导致历史观念的偏斜，失去了认识的完整性和深刻性。学者们的着眼点片面集中在"石"上面，仅关注考古出土的石质器"石斧、石斤、石刀、石矢、石簇"而忽视了非石质的"木柄、木杆、木耒、木矢、木弓、矢杆、箭弦、木架投石器"以及大量木石复合工具的关键意义。

从现代系统论的观点看来，1+1大于2，组成有机的整体——复合系统，它并非各元素（木－石构件）的简单相加，而是能够发挥各元素在孤立状态下所无的整体功能。这就是说，有木柄的石斤、石斧、石钺（戊）等，能够得心应手地使用，比直接手持单个石块，具有高得多的效益性、安全性，并能大为扩展社会功能，如有段石斤可用于斫造独木舟、凿木为屋；石钺（戊）可作为神权、王权的象征，供礼仪、墓葬用，等等。木－石复合工具的特点之一为"元素复合性"，特点之二为'结构复杂性"，特点之三为"多样实用性"，特点之四为"外观审美性"。这些，关键的因素在于"智力进化"，掌握抽象思维能力，而不仅在劳动或制造简单工具。

（4）

华夏最古老的文字——甲骨文，是具有特殊考古作用的"文字化石"。甲骨文反映了史前一系列劳动工具（如耒、斤、斧、网等）和武器（如干、戈、兵等）及其进化过程，雄辩地证实了史前"木－石时代"的长期客观存在。殷商甲骨文成熟之前有一个漫长时期的预备过程，即由图画到纪事到符号到意向表达与交流的过程，而这些预备过程跟"行为现代性"、"智力进化"是同步的。

任何文字都是有智力表现的、反映现实的符号系统。甲骨文也不例外，它反映了史前人类智力进化的情况。甲骨文里的"皿"部"豆、盂、盘"等字表现了远古主要使用木器为饮食工具；甲骨文里的"缶"字表现了远古制作陶器的过程，而"鬲、鼎、爵、盧（卢）、徹（彻）、員（圆）"等字描画了远古使用陶器的形象；甲骨文里的"王"字反映了王权、"示"部字表示神权、信仰；"卜"部字反映了占卜，"巫"部字反映了巫术；甲骨文里的"贝"部字说明远古华夏直到周秦仍使用贝为货币。甲骨文里罕见"金"和金部字，说明华夏文字起源时，金属器时代（铜器时代）尚未到来，而甲骨文"易"（"锡"的本字）、"铸"形象地记录了史前融金属铸铜器的生产过程。金文里多见"金"和金部字，说明殷周进入了文明史初期的铜器时代。……于是，我们建议广泛深入运用甲骨文、金文的原始记录资料，作为可信的史前考古学依据。由此，可建立一门新的学术分支："甲骨文、金文考古学"。

系统的甲骨文成熟于公元前14世纪，但它忠实反映了更早的史前社会。甲骨文对于我们探讨史前史的价值，远远高于半真半伪、"层累构成"、掺杂臆想与作假的神话传说。

史前史的研究，也必须具备实事求是、去伪存真、还历史以本来面目的基本功。

鉴于上述种种原因，这一部《历史观的新突破——史前史三分期学说的重大修正》，只是引玉之砖，本身也还必须继续做出重大修正、补充、扩展，不断完善化。

我们欢迎读者提出质疑和修改意见，以备今后再出修订版。

作者衷心感激曾给予教诲与帮助的夏鼐先辈、顾颉刚先辈、甲骨文专家陈梦家先辈，以及周有光老师、挚友丁东先生、《社会科学论坛》社长兼主编赵虹先生、山西人民出版社副总编辑石凌虚先生及责任编辑李鑫先生，在他们的热心支持下，本书得以面世。

作者：陈明远、金岷彬（B. Jinmin）

2013年5月于北京—普林斯顿

跋

自从我们正式提出"修正史前史三分期学说"并于2010至2012年在《质疑四大文明古国》一书和《社会科学论坛》陆续发表12篇系列著述以来,已有三年过去了。对于"修正史前史三分期"这个论题,逐步引发了国内外读者的关注和讨论。迄今已发表的评论和综述已有五篇;在互联网《中国学术期刊网络出版总库》、《知网空间·学术百科》、《百度文库》及其他网站中,累计阅读率共达数千人次、下载量总计百余次。其间,许多读者陆续提出了认真的评论与建议,令我们充满感激且倍受鼓舞。

将"石器时代"修正为"木-石器时代"这一观点,作为"一家之言"看来已经得到了许多赞同,而负面理由难以成立,所以基本上可以站得住了。在本书写作时,我们又得知:"考古学家在德国的旧石器时代早期Schningen遗址中又发现了距今约40万年前的狩猎木矛的遗物。"这再一次证明了,人类在猿人时代同时使用石质和木质工具,完全是确切无疑的。[注1]

讨论中许多读者达成这样一个"共识":"木-石器时代"的观点比单独的"石器时代"更正确地反映了历史真实,更全面、更客观,能够自圆其说,合乎逻辑思维,很少反对意见,应该可得到广泛的接受。

但是"陶器时代"的说法,引起一些争议,启发我们反复思考。

诚然,"史前木质工具跟石质工具同等重要"的论断是不错的;"史

历史观的新突破
LISHIGUAN DE XINTUPO

前农业革命的主要农具是木石复合器"而并非单纯的"磨制新石器"是不错的;"没有陶器技术就没有青铜器时代"的论证是不错的;"陶器促进史前社会分工——手工业与农业分离"等观点也是可以成立的。但是出现了一个情况:"陶器时代"长达一万五千年以上,它的前期和"中石器(细石器)时代"以及"新石器时代"(约五千年)在时间段上面有所重叠,另一方面"陶器时代"的后期和"青铜器时代"(不到三千年,青铜器时代比陶器时代的历时短得多)在时间段上也有所重叠。[注2]这个问题怎样看待?

从"工具史"、"材料史"和"社会发展史"的角度看来,社会越是进化,人类所掌握的工具、器材越是趋向复杂化、多元化。多种适用的工具、器材越来越可以共存、并行不悖,而显得不再适用的工具、器材逐渐被淘汰,从而退出了历史舞台。

问题的关键在于:在人类进化链的各个特定的历史时期,是哪一种或几种工具起主要作用?是哪一种或几种技术更先进、更有社会效用?人类进化到智人以后的几万年间,"木石复合工具"起了重大历史作用。实际上,在木－石器时代以后,出现了技术含量较高的陶器技术,保障了先民的日常定居生活,因此可称为"陶器时代"。在陶器技术的基础上,接着又出现了技术含量更先进、社会效用更重要的青铜器技术,因此可称为"青铜器时代"。

"铜器时代"一词最初由丹麦国家博物馆汤姆森(Christian Jurgensen Thomson,1788~1865)所创,他给出的定义是"以红铜或青铜制成武器和切割器具的时代"。[注3]

在长达一万五千年以上的岁月中,人类先民是将木－石器与陶器同时并用的;在青铜器时代到来之后,先民仍然将木－石器、陶器与青铜器同时并用。它们都具有各自的社会效用和地位。

铁器时代到来之后,石器工具很快就消亡,完全被淘汰了,铜器工具也趋向消亡,大多被铁器取代。但,值得注意的是:木器与陶器却都在新形势中延续了下来——木质与铁质组成新结构的"木铁复合工具",陶器进一步发展为瓷器,都一直沿用至今。由此可见,"木－石器时代"和"陶器时代"的提法,是有充分根据的,是有长远生命力的。

作为历史参照系,再看看当前的时代,可以说是"计算机时代",可以说是"电器时代",可以说是"原子能时代",可以说是"航天时代",也可以说是"信息时代",等等。这些说法各自都有理由能够成立,因为人类长期以来处于一个不断革新、众象缤纷的"多元化时代"。

类似地,我们回顾史前史,从公元前一万多年到人类进入初级文明阶段,这一时代可以说是"陶器时代",可以说是"陶冶(高温加工)时代",也可以(在某种程度上)说是"新石器时代",等等。这些说法各自有理由可成立,因为当时人类也开始了初级的"多元化时代"。而"陶器时代"或"陶冶时代"的说法,看来更能代表一个时代的特征,从而更有道理一些。

作者 2013 年 12 月 26 日

注释

[注1] 沈辰等:《北京猿人怎样制作和使用工具》,载《化石》2011 年第 4 期。

[注2] 世界范围内的青铜时代,约从公元前 4000 年开始。两河流域和伊朗一带在公元前 4000～前 3000 年已使用青铜器,欧洲在公元前 4000～前 3000 年、埃及和印度在公元前 3000～前 2000 年,也进入了青铜器时代。接着,约在公元前 1400 年,小亚细亚西台帝国已掌握铁冶炼技术;公元前 1200 年左右,中东地区也掌握了铁器技术,公元前 1000 年左右,在欧洲出现了铁制工具,华夏最晚在公元前 6 世纪出现铁制品。所以,青铜器时代延续了不到 3000 年,历时比"陶器时代"短得多。

[注3] 〔丹麦〕汤姆森(C. J. Thomson), Ledtraad til Nordisk Oldkyndighed, 哥本哈根, 1836 年。转引自张光直:《中国青铜时代》,生活·读书·新知三联书店 1999 年版,第 2 页。